中國古代物質文化史

金银器

齐东方 陈灿平 著

开明出版社

编委会

主　　编：张文彬

执行主编：孙　华

副 主 编：罗世平　蒋迎春

编　　委：（按姓氏笔画排序）

王仁湘　王贵祥　白云翔　冯　时　朱凤瀚　刘守安
孙　华　李裕群　杨　泓　张文彬　陈振裕　陈滨滨
罗世平　赵　超　赵　辉　顾　森　蒋迎春　焦向英
谭徐明　霍　巍

项目编辑组

组　　长：柴　星

副 组 长：魏红岩　程　锦

出版说明

在人类历史长河中，我们的民族创造出光辉灿烂的中华文明，虽历经坎坷而连绵不绝，成为我们这个星球上唯一从远古走来，中途不曾断裂的最完整的一脉文化体系，留下了博大丰厚的文化遗产，对人类文明进步作出了独特而巨大的贡献。完整而丰富的地上、地下物质文化遗存就是中华文明传承与发展的最好佐证。然而遗憾的是，到目前为止，尽管我们的物质遗存如此丰赡，却没有一部全面系统基于实体的物质资料而构建和叙写的中国古代文化史。我们这个出版项目的主旨，就是尝试弥补这个巨大缺憾和学术空白。

以往我们看到的中国历史著作，大都是基于传统文献资料，来进行政治、经济、军事、文化等各个领域的书写和诠释。当我们开始有意识地利用考古资料、地上文物遗存资料，并借助人类学、民族学、社会学等研究方法和手段来观察历史时，我们的研究空间和视域顿时更加广阔，某些隐藏至深的信息得以深入发掘，原有的历史认识进一步丰富而立体。这是因为历史本身的复杂性，决定了我们发掘历史信息的方法和途径也应该是多方面的。而随着近几十年考古发掘工作的不断推进，地下考古发现越来越丰富，地上文物遗存越来越受关注，同时学界的相关研究也越来越多，这些地下、地上文物遗存所展示给我们的信息就越来越系统，这些信息所构成的历史文化空间就越来越恢宏。最终使得我们不仅有必要而且也有可能不再拘泥于传统的历史记述与研究的路数，另辟蹊径，书写一部基于物质的中国古代文化史，即首先立足于地下、地上文物遗存，同时充分参考文献资料来诠释这些文物遗存的文化内涵与外延而构建的中国古代物质文化史。

这样的一部中国古代物质文化史，必然是一部能够让我们从物质实体出发来认识博大精深的中国古代文化的历史，一部广阔而深邃、客观而生动、系统而完整的历史，既能反映政治、经济、军事、文化、法制、科技、社会各方面情况，又能反映人们的生产、生活、信仰以及思想观念、审美理念、价值取向、生活情趣等。从中我们可以感受到历史发展的脉搏，探索历史最生动的层面，还原历史本来面貌。

从某种意义上来说，编纂这样一部系统科学的物质文化史不但势在必行，而且极具创新价值、学术价值和开拓意义。这样的工作，对于彰显中华民族的伟大创造力、诠释中华民族优秀的历史文化、使我们更好地认识源远流长的中华文明有着极为重要的意义。同时这种注重物质的客观性和系统关联性的学术视角，也必然会在学术领域产生积极的影响，对于推动历史学、人类学、考古学等学科的深入研究具有积极意义。此外，我们也希望这部书能够进一步唤起我们珍视历史、热爱文物、保护文物的意识。一个爱护文物、爱护历史文化遗产、尊重历史的民族，才是一个有未来的民族。

我们的中国古代物质文化史项目从策划到最终立项经过了数年时间的酝酿，从立项到陆续开始出版又经历了数年。我们计划全套书共出70卷，除索引卷外，分为通史和专题两个系列，以纵、横的脉络建立历史时空坐标。纵的是通史系列，分为史前、商周、秦汉、魏晋南北朝、隋唐五代、宋元明清六个阶段，按中国历史的时间顺序，遵循物质文化变化节奏和规律，在历史大背景下宏观阐述中国古代物质文化史的发展进程，使读者对文化遗存在中国历史洪流中有个整体、全局性的把握。横的是专题系列，按照材质、用途和功能、艺术表现形式等的不同分为石器、陶器、瓷器、玉器、青铜、金银器、漆器、兵器、乐器、家具、纺织、货币、天文历法、水利、建筑、墓葬、雕塑、绘画、书法篆刻等类。内容丰富的类别再做进一步的细致分类，并分册出版，如绘画类包括壁画（寺观壁画、墓室壁画、石窟寺壁画）、卷轴画等；雕塑类包括石窟寺雕塑、墓葬雕塑和其他雕塑等。各专题或以时间为轴或以类别为序，展现各个物质形态继承与发展、沿袭与嬗变的过程，通过点线面结合，揭示物质遗存所特有的发展曲线和深层次的历史内涵。每卷随文附图200幅左右，以体现内容和版面的活泼生动，强调实证效果，增强视觉感知及可读性。对于某些卷册，如龟兹、敦煌等，由于涉及大量译名，还会附加名词索引。

经过编委、各位作者和编辑人员的共同努力，如今这套书终于要依次与读者见面。个中滋味，甘苦各半。回顾起来，我们不得不说，这样大规模高难度的项目，在当今要集合如此众多的专家学者，进行如此大量的资料、图片的收集与整理工作，其难度远超我们的预期；尤其是若没有足够的资金支持，仅凭一家出版社的力量，几乎是不可能开展也不可能完成的。对此，国家出版基金会给我们提供了最大限度的支持，不仅是资金方面，还有精神方面，使得我们有决心、有信心也有力量把这个项目逐步完成。也正因为这样，这套书才能有幸与读者见面。在此，我们对国家出版基金会表示由衷的感谢。此外，参与主编策划和书稿撰写的各位专家、学者也付出了异常艰辛的努力，他们每个人本身的工作都很忙，可为了这套书的构思策划，为了每一卷书稿的高质量完成，还是付出了大量的时间和精力，做了最严谨而细致的工作，在此也对他们表示诚挚的谢意。

项目编辑组

总序：中国历史和文化的物质表征

《中国古代物质文化史》经过参与该书策划、撰写和编辑的诸多学者的共同努力，现在终于问世了。这个总序本来应该由项目的主编、前国家文物局局长、北京大学兼职教授张文彬先生来写，以阐述项目成果即本套书的编写宗旨、设计体例、内容特点，并介绍每分卷的写作情况等。由于张文彬先生在主持项目过程中遇身体不适，我这个后来被指定的执行主编只有勉为其难，代张文彬先生撰写这个《中国古代物质文化史》的总序了。鉴于这套书的编写宗旨、内容特点及框架体例等在出版说明中已有介绍，每分卷的写作情况在每本书的后记中也多有述及，无须我在这里重复。下面，我拟从中国物质文化史的概念定义、发展历程、专项分类三个方面，谈谈自己对中国古代物质文化史以及编写这套书的粗浅认识。

一、中国物质文化史的含义

人们通常这样认为，"物质文化，是指为了满足人类生存和发展需要所创造的物质产品及其所表现的文化"。物质文化既然是文化的一种呈现形态，那么，与"物质文化"相对应的另一种文化呈现形态就应是"非物质文化"，它们之间的关系是怎样的呢？要弄清这个问题，还需要从"文化"这个最基本的概念说起。

关于文化的定义很多，20世纪50年代有人作过统计，据说那时就有164种之多。文化人类学的鼻祖英国学者爱德华·伯内特·泰勒（Edward Burnett Tylor, 1832—1917）是第一个从学术的角度对文化进行定义的学者。他认为，文化是复杂的整体，它包括知识、信仰、艺术、道德、法律、风俗，以及其他作为社会成员所习得的任何才能与习惯的综合体，是人类为使自己适应其环境和改善其生活方式的努力的总成绩[1]。泰勒关于"文化"的定义，尽管还存在不全面等问题（如泰勒没有提及需要后天习得的文化要素"语言"），却已给后人奠定了很好的解释基础，以后的学者又不断有补充和发展。英国功能主义人类学家A. R. 拉德克利夫—布朗（Alfred Radcliffe-Brown, 1881—1955）认为，文化是一定的社会群体或社会阶级与他人的接触交往中习得的思想、感觉和活动的方式，是人们在相互交往中获得知识、技能、体验、观念、信仰和情

1 [英]爱德华·泰勒著，连树声译：《原始文化》，上海文艺出版社，1992年。

操的过程，文化只有在社会结构发挥功能时才能显现出来，如果离开社会结构体系就观察不到文化。美国学者阿尔弗雷德·克鲁伯（A.L Kroeber）和克莱德·克拉克洪（Clyde Kluckhohn）在1951年出版的著述中，对西方164种文化的定义进行了评析后，提出了他们新的定义，即“文化存在于各种内隐的和外显的模式之中，借助符号的运用得以学习与传播，并构成人类群体的特殊成就，这些成就包括他们制造物品的各种具体式样，文化的基本要素是传统（通过历史衍生和由选择得到的）思想观念和价值，其中尤以价值观最为重要”[1]。以后，还有一些学者对文化下过定义，如美国学者罗伯特·F.墨菲(Robert F.Murphy)这样定义文化：“文化是意义、价值和行为标准的整合系统，社会的人们据此生活并通过社会化将其在代际传递。”文化具有这样一些特点：“文化定义关键部分就是，它意指行为的规则和确定方式，而不是指行为的本身”“文化是我们在这个世界上的行为导引和对这个世界经验的符号表达”“文化也是所有知识、信念和生存技能的百科全书”“行为的不同习惯方式，以及某些特定的物质制品或艺术风格，可以使文化具有典型特征”[2]。根据以上学者对文化这一概念的解释，我们可以将文化理解为：

文化是人类社会在长期发展过程中凝固下来并在代际传承的价值观念、社会机制和行为规则，社会的人们据此思维、交流和行为，并且产生和创造具有特征的物质制品或艺术风格。

上述对文化的解释，包括了三个层面：其核心层面是人们的社会性，其中间层面是人们基于这种社会性的思维和行为，其外表层面则是人们思维和行为的产物。文化从表至里的三个不同的层面，其他两个层面都蕴含在表层的物质层面之下，故文化的三个层面又可以归结为两个不同的范畴（或两种不同的存在状态）——无固定形态的非物质的范畴就是所谓“非物质文化”（无形文化），有固定形态的物质范畴就是通常所说的“物质文化”（有形文化），这两种文化范畴构成了完整的文化形态。作为前人的完成了代际传承，经历了时间的筛选的两种文化的存在形态，已经成为我们需要加以关注、保护和传承的遗产。按照通行的解释，“非物质文化遗产”是人类创造这些物质文化的过程以及人类各社群为了满足自己精神生活需要的具有社会性、凝固性和典型性的行为，它是被各地区和社群视为其文化传统的表现形式、知识和技能，包括了口头传说、表演艺术、社会风俗、礼仪节庆、传统工艺等；而“物质文化遗产”，则是人类这些思维和行为的创造物，是有固定形态的可以被视觉感知的人类创造、制作和使用的人工遗留物。

说到文化的物质层面，就不得不提到考古学的一个核心概念“考古学文化”。我的专业是考古学，我们考古学家天天都在与考古学的文化打交道，不少考古学家还强调我们的考古学文化与别的学科的文化如何的不一样。翻开《中国大百科全书·考古卷》，该书对考古学文化的解释代表了目前中国考古界的主流认识：“文化一词有着不同的含义，一般是指人类社会在科学、技术、艺术、教育、精神生活以及其他方面所达到的总成就，如中国文化、文化遗产等。考古学中所讲的文化，有其特定的含义，专门指考古发现中可供人们观察到的属于同一时代、分布于共同地区、并且具有

1 A.L.Kroeber & Clyde Kluckhohn, Culture: A Critical Review of Concepts and Definition, Random House, New York, 1952.

2 [美]罗伯特·F.墨菲著，王卓君译：《文化与社会人类学引论》，北京：商务印书馆，2009年。

共同的特征的一群遗存。”[1]从这个定义中也可以看出，所谓具有独特性的考古学文化，与其他学科的文化概念并没有什么不同。文化的物质表层要素——即可以观察到的一定时期、一定区域的一群经常共存的具有共同特征的遗迹和遗物——就是考古学的文化；获取并研究这些文化的物质表征，透过现象去发现本质，揭示隐藏在物质表层之下的创造和使用这些遗存的人们的行为及其社会关系，即这些物质遗存所蕴含的非物质的东西，就构成了考古学这一学科的基本内涵。

考古学在包括中国在内的不少国家和地区的学科分类中，是历史学的分支，是以物质材料为主要研究对象去探究人类历史的一门学问。这里，我们有必要再谈谈物质文化史与考古学的联系与区别。考古学是通过调查和发掘地下古代物质遗存、并通过这些遗存提供的信息来理解和复原古代社会历史的学科，物质文化研究也是通过古人的物质文化遗存来重构古代社会历史，从研究目的上来看，二者并没有什么不同。正是由于这样的原因，苏联的全国性考古研究机构曾经被命名为“物质文化史科学院”或“物质文化研究所”[2]，以后才改为“考古学研究所”。仅从研究机构名称上来说，物质文化研究与考古学之间无疑具有密切的关系。不过，物质文化研究与考古学尽管内涵大致相同，其外延（主要是研究对象、研究内容等）也还存在差异。考古学研究的主要是埋藏在地下的古代物质遗存，物质文化研究的对象则包括了地下、地上和传世的古代文化遗存，后者比前者的研究范围要宽；考古学不仅研究古人遗留下来的物质遗存所包含的历史文化信息，还要研究获取这些物质遗存并提取其包含信息的技术和方法，后一方面的研究已经不是物质文化史研究所关注的问题。就中国的考古学科而言，其构成包括了考古学理论与方法、中国考古学、外国考古学、专门考古学等，如何开展田野考古和如何更多地提取遗存的历史信息，已经包含在考古学方法和专门考古学的分支中。可以这样说，中国考古学是基于考古获取的物质资料和考古学的研究方法所构建的中国物质文化史；而中国物质文化史，则是通过考古发现和现存于世的实物资料所构架的能够反映历史发展主线的中国古代史。

英国学者鲁惟一（Michael Loewe）和美国学者夏含夷（Edward Louis Shaughnessy）在《剑桥中国古代史》的序言中，将研究中国古代史的材料分为“文献资料”和“物质资料”两类，前者包括了出土文献和传世文献，后者也就是通过考古调查和发掘获取的实物资料。他们指出：“一个不注意考古证据的历史学家会感到他无法去顺应当代的学术潮流；同样，一位不熟悉传统文献的考古学家会难以把握相当一部分的中国文化之精髓。”正是基于这种考虑，这两位学者在主编《剑桥中国古代史》时，组织了历史学家和考古学家两个领域学者，各自基于不同类型资料来分别撰写同一个时期同一个区域的历史。《剑桥中国古代史》的先秦卷面对的是文献资料并不丰富的“原史时代”，所以他们采取了历史学家和考古学家各自表述而不加整合的编写方式。即使在文献资料逐渐丰富的汉唐时代，甚至文献资料已经非常丰富

1 中国大百科全书总编辑委员会《考古学》编辑委员会：《中国大百科全书·考古学》，北京/上海：中国大百科全书出版社，1986年。

2 王伯洪、王仲殊：《苏联考古工作访问记（一）》，《考古》1959年第2期，101—104页。

3 The Cambridge History of Ancient China: From the Origins of Civilization to 221B.C., Edited by Michael Loewe and Edward L. Shaughnessy. Cambridge University Press, 1999.

的宋元明清时代，主要基于通过物质的资料来编写一套中国古代的历史，与主要采用文献资料编写的中国古代历史并行于世，这对于全面认识和理解中国的古代文化和古代社会，仍然会有很大的帮助。

二、中国古代物质文化发展的历程

我们这套“中国古代物质文化史”是由纵、横两部分组成。最前面的是“中国物质文化史综述”，这是按中国历史的纵向时间顺序来概述中国古代物质文化史的发展进程。中国古代漫长的物质文化发展进程从来不是匀速前进，波澜不惊的，发展中会有大小不同的转折，高低不同的峰谷。根据物质文化面貌变化节奏的不同和撰写史书详略的不同，一套多卷本的中国古代物质文化史也有不同的分卷方式。如果编写比较简明的中国古代物质文化史，我个人倾向于以魏晋之际将其划分为两个阶段，也就是一套两卷本的书系。如果编写稍微详细的中国古代物质文化史，我希望划分为四卷，四卷本除了以魏晋之际作为一个分界外，另两个分界可定在龙山时代与二里头文化时代之间、五代十国与北宋之间。如果要编写更为详细的中国古代物质文化史，也就是类似本书系的规模，我们可将其细分为史前中国、商周、秦汉、魏晋南北朝、隋唐五代、宋元明清六个阶段即六卷，这样分卷主要基于这样一些理由。

我们知道，最能导致物质文化发生大变化的因素，是重大技术发明带来的产业革命。这些发明或本土自身产生，或域外传播而来。正是基于这些重大发明，才导致了中国古代社会的巨大变化，才引起中国物质文化的多次明显转折。在这些创造性的发明中，首先应该提到的是谷物栽培和动物驯化。谷物中的人工粟等人工栽培作物大约在距今一万年前后出现在中国北方的黄河流域，以后向周边传布，甚至远布至青藏高原地区，形成了范围广大的北方旱地粟作农业区。而稻等人工栽培作物，更远在一万多年前就出现在中国南方长江中游地区，以后更传播至东北至朝鲜半岛，东南至东南亚等广阔的温暖湿润的区域，形成了广大的南方水田稻作农业区。农业的发生和推广，使得人类的生活资源趋于稳定，从而脱离了栖居山洞和追猎迁徙的不稳定生活，开始走出山洞步入旷野，在平川形成了定居的聚落，产生了钻孔、磨制和制陶等新的工艺，促使社会逐渐复杂化和多样化，奠定了中国万年农业文明的基础。大约在距今4000年前后，大麦、小麦和青稞等作物传入中国，这种适应性强的谷物丰富了旱地农业的种类，除了在低海拔地区普遍种植外，青稞这类作物还经过了高原严酷的自然选择，成为青藏高原的单一谷物。至于工业的技术革命，从先前的手工业发展成为近代化的大工业，在中国开始较晚，直到清代晚期的鸦片战争后才逐渐引入西方工业革命的成果，从而从某种程度上推动了社会的变革。因此，以农业革命的发生和工业革命的引入为标志，将中国的物质文化史划分为三个大的时代，也就是猎取时代、农业时代和工业时代（相当于以生产工具为标准划分社会发展史的旧石器时代，新石器、青铜、铁器的时代，以及机器的时代），应该是比较恰当的。只是中国的工业时代已经属于近代，古代的物质文化史不宜包括工业革命时代；而旧石器时代的人类物质文化遗存较少，如果把它作为书系中的一本就显得单薄，故将其与新石器时代合并称为“中国史前物质文化史”，只是在这个“史前时代”

中，也明确划分出这两个时代而已。换句话说，这套中国古代物质文化史去掉了工业时代，弱化了猎取的时代，强调的是建立在农业革命基础上的石器、铜器、铁器三个时代。物质文化材料的年代越早，保存至今的也就越少，因而石器时代和青铜时代只能各自作为一卷，而物质文化材料丰富的铁器时代却被划分为四卷，可能会给人以前轻后重之感，尽管历史时代考古学的重要性已不如更早的时代。

谈到史前时代，这就不可避免地会涉及介于史前与历史时代之间的“原史时代”。学术界一般认为，原史时代是一个过渡性质的时期，这一时期无论是属于本社群文字还是他社群文字的文献记录都相当有限，仅据这些零星和片段的文字和文献资料无法复原该社群历史的主要梗概，要认识一时期该社群的历史需要综合考古学、人类学、文字学、历史学及自然科学的知识体系和研究手段[1]。原史时代可有广狭二义：严格的原史时代不包括传说时代，而是以成熟文字体系的出现为开始，以这种文字体系撰写的史书出现为结束。具体到中国古代史来说，也就是商代晚期至西周时期，其开端以殷墟甲骨文的出现为标志，结束以中国最早的编年体史书《春秋》开始的年代为标志，二者间的年代跨度很小[2]。宽泛的原史时代以中国古史传说时代为开始，以文字产生后出现史书为结束，具体到中国古代史来说，其开端可以上推到传说中的夏代甚至龙山时代，而其下限则与狭义的原史时代相同。不过，就物质文化这个层面来看，无论是技术上还是艺术上，大约相当于夏代后期的二里头文化与先前的龙山时代诸文化都发生了许多变化，而这种变化在战国中期又一次出现。这之间的时间幅度约略相当于中国考古学界的夏商周时代或史学界的先秦时代，也约略相当于西方汉学界所说的“从文明起源到秦统一”的阶段[3]。在这个时代里，青铜既是一种制作工具、武器和礼仪用器的最重要材料，制造青铜器又是当时技术含量最高的工艺，青铜器具这类作品还是当时艺术的集中体现，如果史前时代是以石器制作为标志的石器时代，这个时代就是以青铜为标志的青铜时代。尽管关于中国青铜时代开始和结束的时间，学术界还有一些不同的说法。

按照我个人的见解，中国的原史时代应当定位在二里头文化中期至战国前期，这是基于这样几个考虑。首先，从二里头文化兴盛开始，具有中国金属铸造的特色的泥范铸造技术开始出现，并完成了从红铜时代（或称铜石并用时代）向青铜时代的转变；而人工铁器尽管早在两周之际就已引入中国，却也是在战国前期偏晚才与青铜冶铸技术相结合，使得大量冶炼铁和普遍使用铁器成为可能，才真正进入了铁器时代。其次，也是从二里头文化兴盛期起，青铜鼎等礼器、青铜戈等兵器，以及兽面纹等动物纹样才出现并流行，独特的中国艺术传统才开始形成；而到了战国前期以后，先前流行的礼器种类和装饰纹样已经趋于消失，来自北方草原地区的艺术风格已经占据主导地位。其三，从中国的史学传统来看，中国古人向来有将秦以前的历史划分为五帝时代和三王时代的传统，现代的史学家也还将先秦史单独出来，并将夏以前的传说时代与夏商周三代区分开来。因此，我们将夏、商、周三代作为中国物质文化

1 Glyn Daniel, A Short History of Archaeology. London: Thames and Hudson, 1981.

2 李学勤先生就这样说，这样一个原史时代与中国古代历史时代的对应关系，学者们认识也不尽相同，李学勤先生认为，商与西周时期属于原史时代，而不同于商和西周的东周已脱离了原史时代而跨入真正意义的历史时代了。参看李学勤《东周与秦代文明》，北京：文物出版社，1984年。

3 鲁惟一、夏含夷主编的《剑桥中国古代史》，其副标题就是“从文明起源到秦统一”，由此可见一斑。

发展历程中的第二个时期，也就是这套书通史系列的第二卷。

中国中心地区在战国后期就已出现了统一的趋势，东齐西秦是当时最有可能推进统一事业进行的大国，在齐国当时就有一批学者聚集在一起，开始构拟大一统后的政治构架，勾画新王朝的理想图景。秦国结束了战国时期诸侯割据的局面，建立了中央集权的大一统王朝，开创了中国历史的一个全新的时代。从此广泛推行的郡县制代替了传统的封建制，由中央政府控制的官营手工业作坊遍及全国各地，各地间的商业往来也较过去更为频繁。在这种背景下，秦汉王朝直接统治范围内物质文化产品，无论是工艺、种类，还是形制、纹饰，都逐渐呈现高度一致的状况，中国大部分地区的延续了千百年的区域文化差异从此逐渐减弱甚至消失。尽管从战国后期到西汉前期，这一时期物质文化的总体面貌还处在从商周旧制向秦汉新制的转变过程中；尽管在三国至两晋时期，中国的物质文化的发展进程发生了从“早期中国”到“晚期中国”的大转变；但如果模糊这个具体的分界，将秦汉时期这个中国古代文化发展的高峰期作为中国物质文化史的一个时期，单独设置秦汉卷作为这套书通史系列的第三卷，这应该是恰当的。

从三国鼎立局面形成一直到隋代，除了西晋短暂的统一外，中国出现了长达三百余年的分裂局面。北方古族在这期间纷纷进入中原，出现了空前的民族大融合。在这种历史背景下，各地区在文化面貌上的差异也进一步缩小，但由于从西晋以后长期的南北对峙，以及僻处一隅的某些由少数民族建立的国家保留了比较多的自身文化传统，这一时期文化除了存在着比较明显的南北差别外，在北方还存在一些更小的地区之间的差异。隋王朝结束了自西晋以后长期的分裂混乱局面和南北对峙的政治文化格局，中国遭受长期战乱破坏的社会经济得以恢复和发展。唐王朝继承了隋王朝的统一基业，实行了一系列重要的政治、经济和军事的改革措施，将中国古代社会推向了秦汉王朝以来又一个空前鼎盛的发展阶段。盛唐气象强大而持久，流风余韵，一直延续至五代十国间。基于这种考虑，虽然两晋南北朝和隋唐都是宗教热情极度高涨的时期，但两晋南北朝与隋唐五代的物质文化仍然存在比较大的差异。因此，我们将两晋南北朝与隋唐五代各自作为中国物质文化史的一个时期，各自单独作为一卷。

至于宋元明清时期，这个时期文献资料已经非常丰富，考古学家讲历史时期考古一般都只讲到元，北京大学过去的中国考古学教材最后一卷就是《宋元考古》，就反映了这个问题。我们认为，尽管在中国历史的重要性中，明清时期的物质遗存的确不如早先时期，但作为中国物质文化史应该是一个完整的过程。因此，我们这套中国古代物质文化史通史系列的最后一卷，从宋代一直写到清代，希望这些年代较晚的物质文化资料有助于丰富对这段时期历史的认识。

三、中国古代物质文化的种类

如同历史著述有通史和专门史一样，按照中国物质文化发展阶段编写的历史，只是基于物质文化遗存透露的历史文化信息，按照时间发展顺序和物质文化表征的变化程度连缀而成的中国物质文化的“通史”，“通史”中不同时段的物质文化史则相当于“断代史”。就整个中国物质文化史来说，有了这个“通史”系列，虽然可以从纵向认识整个中国古代物质文化发展的概貌，却难以从横向全面展示中国古代物质文化的方方面面。因此，还需要根据中国古代物质文化遗存的分类，按“类”来叙述某类物质文化遗存的分述系列，这个系列就是中国物质文化的“专门史”。

物质文化具有可视性，不同的物质文化具有不同的面貌特征，因而可以根据这些特征展开分类。物质文化是一个笼统的概念，我们所面对的古代物质文化是过去人们行为创造的物质遗留，也就是人们通常所称的“物质文化遗产”或“文物”。物质文化遗产的体量有大有小，大的文化遗产如建筑、壁画、纪念碑等，当初选址、设计、创造时就考虑了永固性等因素，没有考虑其位置变换，今天我们采取保护措施时也不便于将其移至他处，只能在原地保存（从保留关联信息的角度，也只能在原地保存）；小的文化遗产如家具、陈设、用具等，当初设计制作时就考虑了方便移动的使用功能，今天我们对其进行保护时，可以将其搬移到博物馆等具有良好保存环境的空间去保存。因此，物质文化遗产即文物首先可以划分为不可移动文物和可移动文物两大类，这两大类文物各自可以作为中国古代物质文化史“专门史”中的一个系列。

不可移动文物包括了大到历史城镇、传统村落、古代遗址等综合性的文物，也包括了宫殿衙署、寺观祠庙、陵园坟墓、石刻造像等专门性的文物，这些文物有三类不同的保存状态：第一类文物在历史上就已经废弃，成为历史的陈迹，呈现在人们面前的只是残缺不全的局部，有的还全部或大多掩埋在地下。历史上城镇村落的废墟、曾经一度兴旺的工矿作坊场所、废弃并垮塌殆尽的寺观祠庙、地面建筑甚至封树都已经不存的帝陵坟墓，乃至于一座房屋或一座塔幢的废址等，都属于这类文物。第二类文物虽然失去了它在历史上的作用，却仍然屹立在地表，被作为其他用途或作为历史名胜而存在。已经没有皇室官员使用的宫殿衙署、中断了宗教活动的寺观祠庙、原有功能已经退化或消失的石窟碑刻、已经弃置或被改做他用的城堡等，都属于这类文物。 第三类恐怕已不能简单地称之为文物，而是具有“物”和“非物”的综合体。至今还基本保持着原来的功能和文化传统，并随着时代的推移，继续在发生着变化，古今重叠且文化延续的城镇和村落，至今还有人居住的古村落民居，仍在使用传统工艺进行生产的作坊、农庄、牧场等，都可归属此类。

可移动文物，包括历史上各时代的重要工具、武器、礼仪用器、生活用器、艺术品、文书、档案、图书等，这些文物的材料和材质大致有两大类：第一类采用曾经具有生命的物质制作而成，也就是被称为“有机质文物”的一类，如竹木漆器、骨牙角器、纤维制品等。这类文物的存在周期相对较短，对保存条件要求也较高。第二类采用没有生命的物质制作而成，也就是被称为“无机质文物”一类，包括地球自然演化形成的天然材料和人工合成的金属材料，如玉石制品、金属制品等。这类文物的存在周期相对较长，对保存条件的要求也相对较低。

上述对于物质文化遗产即文物的分类方式，是以文物的保存状态和保存条件作为分类标准，这对于文物的保护研究来说，无疑是最恰当的分类方式。不过，这种分类没有考虑这些文物的用途和功能，而文物这方面的属性恰好是从文物这一文化的表层物质现象通向创造和使用这些文物的人、人的行为及其社会关系的桥梁，是将物质资料变为物质文化史的重要途径。因此，我们这部中国古代物质文化史的“专门史”不采取上述分类方式来分卷，而是按照材质和功能对不可移动文物进行分类。

中国文物管理部门对于不可移动文物的分类，以全国重点文物保护单位的分类最具代表性。该文物分类体系将不可移动文物分划为古遗址、古墓葬、古建筑、石窟寺及石刻、近现代重要史迹及代表性建筑等类。这些类型的不可移动文物，除了古遗址是以文物的保存状态为分类标准，近现代重要史迹及代表性建筑是以时代为分类标准，其类型与以功能作为分类标准的类型有所不同外，其他诸类都可以作为中国物质文化专门史的不可移动分系列。由于遗址大多都在中国物质文化通史系列中曾经引述，且通史系列的物质材料主要就是遗址加上遗址和墓葬等出土的各类可移动文物，专门史系列可以不必再列出遗址作为一卷；由于中国物质文化史只是有关古代中国，不涉及近代中国，故本丛书也没有近现代重要史迹及代表性建筑的内容。

中国文物管理部门对于可移动文物的分类，以全国首次可移动文物普查的分类标准最为详细。该分类标准“根据文物的异同，即构成每件文物基本物质的自然属性和社会属性之差异性、同一性”，将可移动文物划分为金/银器、铜器、铁器、陶/泥器、瓷器、砖瓦、宝/玉石器、石器石刻、漆/竹器、绘画、书法、拓片、珐琅器、玻璃器、骨/牙/角器、纺织/绣品、皮革、玺印、文具/乐器/法器、货币、雕塑/造像、古人类遗体遗骸、文献图书、徽章/证件、邮品、票据、音响制品、交通/运输工具、度量衡器、武器装备/航天装备、古脊椎动物化石和古人类化石、其他共32类[1]。正如该分类系统的分类标准有文物的自然属性和社会属性两个一样，可移动文物实际上可以划分为两个小系列：一个系列是按照文物的自然属性即材料和材质划分的系列，如玉石器、金银器、铜器、铁器、陶器、瓷器、玻璃器、骨牙角器等；一个系列是按照文物的社会属性即功能用途等划分的系列，如纺织品、货币、雕塑、武器、度量衡器等。我们编写的这套中国物质文化史的可移动文物部分基本就按照这个体系进行划分，只是一些偏小的文物类型和产生年代较晚的文物类型难以单独成册，我们这套古代物质文化史只能暂且舍弃了。

在艺术史学界，尤其是西方关于中国艺术史的研究，往往综合考虑其时代、功能和形式等方面的因素，将能够基于视觉观察的物质文化领域的中国艺术品划分为四大类。第一大类是主要兴盛于商周时期的青铜艺术；第二大类是主要存在于两汉时期的汉画艺术；第三大类是风行于晋唐时期的佛教艺术；第四大类则是从宋代以后大盛的以卷轴画为主体的绘画艺术。青铜艺术比较单纯，其物质材料就是青铜器。绘画艺术也不复杂，主要是卷轴画，此外就是壁画。汉画艺术的涉及面较广，包括了汉代画像砖、画像石、独立雕塑和建筑雕刻等诸多类型的文物。佛教艺术就更为广泛，与佛教相关的石窟、雕像、壁画、供器等，乃至于佛教寺庙建筑等都可归属于佛教艺术。以上四大类，只是中国艺术门类的主流，其他如产生于中国本土且长期与佛教艺术并存的道教艺术，在东亚地区具有广泛影响的建筑艺术（尤其是园林建筑），具有中国特色的玉器、漆器、瓷器等艺术类型，也从不同的方面丰富和补充着中国艺术史和中国物质文化史。

正是基于以上诸方面的考虑，我们主编的这套中国物质文化史的专门史划分为了不可移动文物和可移动文物两大系列，前者又包括了古建筑、石窟寺、古陵墓、古水利、古天文等不同的功能类型，后者更包括了玉器、铜器、铁器、瓷器、金银、玻璃

1 国家文物局编：《第一次全国可移动文物普查工作手册》，北京：文物出版社，2013年。

等不同的材料材质类型，雕塑、绘画等不同艺术表现形式的类型，以及兵器、货币、纺织品等不同社会功能的类型。每个类型作为一卷，有的类型因文物丰富再细分为若干册。这种最终分卷的分类标准的不一致，我想读者应该是能够理解的。

四、另类的中国物质文化史

编写一套系统的中国古代物质文化史，是主编张文彬教授提出的构想。张文彬教授早年就读于北京大学历史系考古专业，以后曾在郑州大学历史系任教，对中国古代物质文化史自然非常熟悉；他又曾担任国家文物局局长和中国博物馆学会会长，熟悉全国的文物状况和博物馆藏品情况，是主编中国古代物质文化史的最好人选。在已经拟定了基于文物分类的物质文化史编写纲要，这套书各卷刚启动编写不久，张文彬教授就因病卧床，不能继续主持编写工作。还在张文彬教授患病之前，我就受他之命协助联络作者；张文彬教授患病后，我受参与编写工作的朋友的推举，担任这套书的"执行主编"。我基于自己对中国古代物质文化史的理解，增强了这套书的纵向通史系列，其他基本上按照张文彬教授原先拟定的编写体例来组织。现在大部分分卷已经定稿，回过头来看当时全书的设计框架，总觉得还有一些不尽如人意之处。这些主要表现在以下两个方面：

首先，一套完整的古代物质文化史通史不仅要有以时间为纲的通史主干，还应该有相应的纵向旁支。就如同北宋司马光主持编写《资治通鉴》（下简称《通鉴》），他首先按照年代编出汇集史料的"长编"，以此为基础才编写《通鉴》这部翔实的编年体通史。与此同时，为了说明自己对史料异同的取舍，还编写了《资治通鉴考异》作为附属，以驳斥相反意见并客观保存异说。由于皇帝日理万机，没有那么多时间来翻阅294卷的《通鉴》，他们还编写了简写本30卷的《通鉴目录》，以满足特定读者的需要。除此之外，为了弥补《通鉴》覆盖时间跨度上的不足，司马光等还编写了20卷的《稽古录》这样的简录，时间上溯至传说中的伏羲，下延至宋英宗末年。可见司马光等人编写《通鉴》，原本有一整套完整周密的构想，即便都是编年体的史书，也有主有从，有繁有简，有纲有目，所以《通鉴》才显得与众不同，为史家所重。作为一套体例完整的中国物质文化史，在通史部分也需要像《通鉴》那样，除了需补充强化史前的旧石器时代卷和新增近现代卷，编写与中国古代物质文化史相关的资料和研究汇集外，还需要考虑简化本的中国古代物质文化史。

简化本的中国古代物质文化史以上下两卷最为恰当。这是因为基于可视的物质文化形态和面貌，在公元3—4世纪间，也就是三国至两晋间，以佛教传入并流行中国为标志，中国的主流物质文化发生了重大变化——在佛教传布开来之前，中国的城市和乡村的标志性建筑和景观是统治者的宫殿、衙署、宗庙、神祠，人们崇奉的是祖先以及社稷、山川、大地诸神祇，并且这些神祇都不采用造像的形式来表现；而在佛教流行中国后，中国城市的标志性建筑和人文景观除了宫殿和衙署外，佛教寺庙（包括仿效佛寺而建的道教宫观）成为城乡最引人瞩目的标志性建筑和人文景观，大量佛教造像和少许道教造像占据了人们精神世界，成为最广泛的崇奉对象。因此，西方汉学界往往都是以佛教传入并流行中国作为中国历史和艺术的最重要的转折标志，这以前的中国为“早期中国”，这以后的中国是“中晚期的中国”。早期中国的文化主流是传统的自然发展过程，尽管不断会有来自周边，尤其是来自北方草原地区文化的影响，但这种影响的程度是有限的，没有造成传统的变异、转移或中断。晚期的中国，由于外来佛教的强力介入，使原先中国的主流文化发生了变异，佛教深深地浸入到社会生活的各个方面。原先不事偶像崇拜的中国社会，开始将大量财富用于制作顶礼膜拜的佛教像设和象征物，用于营建覆盖这些像设和象征物的殿堂楼塔，从而导致国家财政来源的分流，带来相应的经济和社会问题。宗教的驱动力量往往巨大且持久，以佛教传入中国且在中国流传为标志，将中国物质文化史划分为早晚两个大的时期，我想应该比较恰当。佛教传入中国的年代，尽管可以追溯到两汉之际前后[1]，但在整个东汉时期，佛教都是混杂在中国传统的神仙方士中流传，还没有得到人们的广泛认知。佛教成为一种专门的宗教为人们所接受，不会早于三国两晋时期。三国两晋时期正是中国制度、思想和文化的大变革时期，文学上有所谓“魏晋风骨”，反映在物质文化上，这时期的城市、陵墓、器用、书画等也都出现了一系列新的气象。据此，以三国两晋之际作为首要转折点，将中国古代物质文化史的通史部分划分为两个大的时期，编写一套两卷本的中国古代物质文化史简本，这一定是很有意义的。

其次，我们这套中国古代物质文化史虽配有大量的图片，但基本体例还是以文字为主，图片配合文字出现。而物质文化的视觉感知非常重要，故以文物的图像为基础而加以文字解说和诠释，对于形象地认知和理解中国古代物质文化非常必要。中国国家博物馆（原中国历史博物馆）研究员孙机先生，曾编写了一本《汉代物质文化资料图说》。这是孙机先生基于多年对汉代文物研究的心得，在数十篇论文的基础上完成的图文并茂的著作[2]。这种以图说的方式叙述一个朝代的物质文化史，既是中国“左图右史”史学传统的延续，又是博物馆陈列必要的基础研究和公众获取知识的良好途径，应当大力推广。只是这种以图说史的著述，另有一套独特的编写体系，需做大量资料整理的工作，还需有系统的研究积累，编写难度很大，故迄今未见以图说的形式撰写的其他时代的中国物质文化史的著作。续写一套中国古代物质文化史图说，应当很有必要。

作为一套全方位的“中国古代物质文化史”，理所当然应有一个“中国古代物质文化史图说”系列。这套图说不宜按照中国的历史时代来述说，而应该以物质文化本身发展演变的阶段性来编写。如果按照我们前面所说的中国物质文化发展的进程，需要有史前、三代、秦汉三国、两晋南北朝、隋唐五代、两宋·辽金西夏·南诏大理、蒙元、明清诸时代。每个发展阶段则应该有都城市镇、宫殿衙署、坛壝社稷、神祠寺观、祭祀礼器、街坊住宅、园囿苑林、陵园坟墓、矿场作坊、生产工具、钱币量具、路河邮驿、衣冠服饰、家具陈设、生活用器等名目，每个名目下再细分为若干种类来展开图文的叙述。这样一部图说的中国古代物质文化史，可以弥补目前这套书的不足，

1 关于佛教传入中国的时间，有两种说法：一种是西汉末期汉哀帝元寿年间，大月氏使者伊存向博士弟子景庐口授《浮屠经》之说，见《三国志》卷三〇裴松之注引曹魏鱼豢《魏略·西戎传》；一种是东汉明帝永明年间，蔡愔出使大月氏，与僧人摄摩腾和竺法兰一起用白马驮回佛经和佛像至洛阳之说。二说的年代相差不多，且都与大月氏有关。

2 孙机：《汉代物质文化资料图说（增订本）》，北京：文物出版社，2008年。

能够从更具体和更微观的层面展现中国古代物质文化的面貌。

我希望，今后如果能够有比较充裕的时间，组织相关专家编写一套这样的中国古代物质文化图说，对于更加深入地理解古代中国，普及传统文化知识，推进博物馆教育，将是一件很有意义的事情。

编写中国古代物质文化史是一项长期的工作，要有相当长时间的资料积累和研究积累。北京大学的考古学科，自1952年以来先后编写过多个版本的《中国考古学》征求意见稿，如1960年、1972年版的《中国考古学》铅印本等，并有"多卷本中国考古学"这样的重大科研项目来推动，但迄今为止，这套多卷本《中国考古学》仍然没有问世。这其中既有新的考古资料不断涌现所带来的认识的更新，也有老一辈学者与新一辈学者认识上的差异，当然也还有这样和那样的原因。不过，仅从这一事例就可以看出，要编写一套优秀的学术著作是多么的不容易。《中国考古学》从某种意义上来说，与《中国古代物质文化史》有许多共通之处，要编写这样一套书需要投入较长的时间和相当的人力和精力。这部《中国古代物质文化史》作为一项国家出版项目，有出版的时间限定，我这个慌忙上阵的执行主编，只能尽可能召集一些长期从事中国考古学教学和科研，手头有比较现成的研究成果或讲稿，经过补充、整理、强化就可以成书的研究者，来承担中国古代物质文化史的通史系列各卷的撰写任务[1]。由于撰写时间的限制使得一些作者在完成初稿后，可能没有更多的时间来广泛征求意见和做细致的加工完善。可安慰的是，这套《中国古代物质文化史》本来就有为今后编写《中国考古学》和修订补充各专门物质文化史征求意见的意图。如果读者发现这套《中国古代物质文化史》存在着这样或那样的不足，就尽管提出批评和建议，我们一定虚心听取，以便在今后编写《中国考古学》系列时能够做得更好些。

孙 华

1　考虑到我所在的北京大学考古文博学院，也在考虑重启多卷本《中国考古学》的编写，为了使二者不发生重合，保持《中国古代物质文化史》通史系列自身的特色，我主要邀请了北京大学以外的高校考古专业的专家和教师来承担各卷的编写任务。

目录

绪论

一

黄金和白银因具有引人注目的色彩和光泽，比其他金属更容易被发现，因此可能是最早被人类发现并利用的金属。黄金素有“百金之王”“五金之长”之称，它是金属中的贵重者，也应该是被发现得最早的。古希腊关于“人类世纪”的传说中，把人类的社会划分为“黄金的人类”“白银的人类”“青铜的人类”和“黑铁的人类”。尽管这是神话传说，但在一定意义上也反映了人类发现和使用金属的顺序[1]。

纯金具有瑰丽夺目的金黄色泽，故称黄金，具有不氧化和不易与其他元素构成化合物的特性，主要呈自然元素矿物产出，在地壳中含量远低于铜、铅、锌，也低于银，可采品位很低。自然界中的金块，目前已知最大的为 44 千克。现代，在四川、山西、吉林、青海、江苏、山东、黑龙江等地发现过金块[2]。金的密度大，20℃时为 19.32 克 / 立方厘米。手中放一小块黄金，就感到沉甸甸的。通常 1 克纯金可拉成长达 420 米以上的细丝，可加工成厚度为 0.23×10^{-3}mm 的金箔，这样薄的金箔在显微镜下观察仍然致密，据测这样的金箔厚度极薄可达十万分之一厘米。

纯银具有闪亮耀目的银白色调，俗称白银。自然银露出后很快变暗并带红、淡黄、棕色调，表面氧化后具有灰黑色被膜。自然银大多不含金或仅含少量金，很多类型的金银矿床中可以见到。银的密度为 10.49 克 / 立方厘米，延展性仅次于金，在所有金属中居第二位。纯银可碾成厚度为 0.025 毫米的银箔，拉成直径为 0.001 毫米的银丝。

黄金虽然在自然界中可以单质形态存在，进而被人类采集、利用，但数量极少。金矿常与铜、铁矿共生，其熔点又低于铜，所以人类对黄金的开采和利用主要始于青铜时代。河南龙山文化遗址[3]出土的含金砂陶片，把金砂掺入陶土以起到装饰作用，表明青铜时代前夕，人们已对金有了一定的认识和利用。属于距今 3900—3400 年，分布于甘肃河西走廊一带的四坝青

---

1 本小节关于人类利用金银的历史及金银性质的阐述参考了蔡长金、陆荣军、宋湘荣编著：《中国金矿物志》，冶金工业出版社，1994 年；李培铮：《金银生产加工技术手册》，中南大学出版社，2003 年。

2 蔡长金、陆荣军、宋湘荣编著：《中国金矿物志》，冶金工业出版社，1994 年，第 56、57 页，表 2-9。

3 龚国强：《简论商周王国及其周边地区的黄金器饰》，《考古求知集》，中国社会科学出版社，1997 年，第 358 页。

铜文化玉门火烧沟遗址中出土了金环、银环[1]。从公元前16世纪起，中国古代金银器发展的轮廓开始明朗起来，后来逐渐变得越来越宽广，其间有高潮也有低谷，但始终没有中断过。若论金银器的悠久，中国金银器不能与西亚的金银器相比；若论金银器传统的绵延不断，任何别的国家和民族的金银器则都不能与中国金银器相比。而在中国数千年的物质文化中，金银器因其原料珍贵、制品精美、社会地位显赫，为其他物质种类所不能望其项背。

二

从中国古代物质文化史的角度考察中国古代金银器，并不能简单地按照时代顺序将出土的金银器物罗列在一起，而应该依据"物质文化史"的脉络，清晰地描述出其承传流变的过程，在呈现基础材料的基础上，说明情况、现象、倾向、风格、流派、特点，并予以解释，说明得失的原因，说明金银器发展变化的前因后果。既然是中国古代金银器发展的历史，就要寻绎"史"的规律，而不满足于事实、材料的罗列。从金银器的联系之中得出自然而然的结论。

金银器的发展要从广阔的文化学角度考察，其演进本来就和整个文化的演进息息相关，是社会上层的贵族、官吏和社会下层的工匠各阶层文化融合的产物，往往渗透着深刻的文化内涵。有了文化史的视角，中国古代金银器的研究才可能深入。

三

中国古代金银器的发展，在社会、政治、文化以及地理环境的影响下，表现出鲜明的特征。最突出的特征为发展的不平衡性。由于中国历史悠久、幅员广阔、民族众多，经济发展的程度不同，所以金银器发展的不平衡性特别突出，主要表现为：1. 自身发展的不平衡。金器和银器的形成、成熟的时代不同，而且从萌生到形成再到成熟的过程也不同。2. 朝代的不平衡。各个朝代的总体成就是不同的，有的朝代相对繁荣，有的朝代相对平庸。而一个朝代内的金银器发展也不平衡。3. 地域的不平衡。在不同朝代，各地金银器的发展有盛衰的变化。不同的地域有不同的器类孕育生长，从而使一些器类带有不同的地方特色。

这些不平衡性也决定了本书陈述内容的不平衡性。在每一个时段内，我们无法全面地、程式化地铺陈出金银的来源及金银器的生产、金银器的时代特征及主要成就、金银器的发展演变、金银器的区域特征、金银器与中外文化交流以及金银器背后的人与社会等方方面面的问题。本书对各个时段金银器的讨论，首先立足于各自现有的考古材料，并结合相关的文献记载，用我们认为合理的方式呈现

1 甘肃省博物馆：《甘肃省文物考古工作三十年》，《文物考古工作三十年》，文物出版社，1979年，第142、143页。

出该时段内金银器发展的整体面貌，尽量涉及上述诸多内容，同时突出金银的来源及金银器的生产、金银器的发展演变及区域特征、金银器的主要成就、金银器背后的人与社会这几条主要的线索，进行立体交叉式的描述。

四

中国古代金银器的发展可以划分为三个主要时期，这是中国古代金银器发展大的时代断限。在这三个时期之内可以细分为七段。

初始期：夏、商、周至初唐

　　第一段：夏、商、周

　　第二段：秦汉魏晋南北朝

　　第三段：隋、初唐

成形期：盛唐至北宋初

　　第一段：盛唐

　　第二段：唐中叶至北宋初

发展期：北宋中叶至清末

　　第一段：北宋中叶至元末

　　第二段：明清

这三期七段的划分源于中国古代金银器本身的发展变化，以总体特征为准，将其他的变化条件，如社会制度的变化、王朝的更替作为金银器发展变化的背景。金银器发展变化的阶段性可以和社会制度的变化以及王朝的更替相重合，但社会制度的变化或王朝的更替，只是导致金银器变化的重要原因，而不是这变化的事实本身。

中国古代金银器的发展变化可以分解为以下几个方面的变化：1. 使用者的发展变化；2. 制品种类的发展变化；3. 器形的发展变化；4. 装饰的发展变化；5. 制作技术的发展变化；6. 社会功能的发展变化。

（一）初始期

包括夏、商、周、秦汉、魏晋南北朝、隋、初唐。

首先，金银在中国古代所涉及的领域都始于这个时期。黄金饰于物品可以追溯到商代祭祀器具，黄金单体器件可以追溯到西周的带饰，黄金货币可以追溯到春秋的郢爯；金银日用器皿可以追溯到战国的随葬品。其次，外来文化也在这个时期对中国金银器产生影响。外来装饰品最晚在战国时期就已出现，外来金银器皿在南北朝时期传入。最后，中国金银器的社会功能在这个时期形成。

初始期的第一段是夏、商、周。在这个阶段里，金银经历了由配角到新宠的演变。商代的金制品大都是其他物品的附属装饰，从那时到第一件金银器皿的出现，经过了数百年之久。商周以青铜礼器为重，贵族使用金银器皿是礼崩乐坏的标志之一。商周钱币形态多样，是先秦物质文明的一大景观，金币能占一席之地，是价值逐渐被发现的结果。

秦汉魏晋南北朝属于初始期的第二段，出现了不同于夏、商、周金银器的新特点。首先是使用者的地位发生了变化，不仅有统一帝国的皇帝或诸侯王，也有民间的使用。与汉代大一统的政治局面相适应，汉代的金银器物以大为美，铺张扬厉成为风尚。与“罢黜百家，独尊儒术”的政策相适应。汉以后的金银器失去了先秦金银器的生动活泼与多姿多彩，形成了格式化的、凝重板滞的风格。

隋、初唐是初始期的第三阶段，外来的器物以新的姿态、新的活力显示出不可忽视的影响，并由此酝酿出中国金银器的新面貌——这就是传至清代的中国金银器的风格。

（二）成形期

成形期从盛唐开始，经过五代十国，到北宋初为止。

这时开始了中国金银器的自觉时代，并在盛唐完成了这个自觉的进程。金银器的使用和制作发生了划时代的变化，由社会上层走向民间。此时的金银器出现了多种器形和纹饰，制作工艺也达到了新的高峰。总之，中国金银器所有的各种因素都在这个时期具备了而且成熟了。

第一段为盛唐。这是金银器本身繁荣发展并达到鼎盛的阶段，也是其社会功能达到鼎盛的阶段。自先秦发展而来的中国古代金银器，在南北朝至初唐的外来金银器的刺激下，蓬勃发展如同火山喷发，以前所未有的气势带来了金银器发展史上的盛唐气象，其富丽堂皇的风貌、以宫廷为中心的精心制作使金银器的发展达到了极致，如同里程碑一样耸立在金银器发展史上。器皿的数量众多、制造者众多为前所未有。

第二段为唐中叶到北宋初。唐中叶以后，伴随着“安史之乱”造成的经济中心向南方的转移，金银器的生产打破了宫廷和中央官府独揽的模式，南方的地方官府和私人作坊也开始生产，享用者也出现民间阶层。五代时期，南方地区沿袭着唐代的余续，在城市文化背景下，北宋都市平民对银器的大量使用，使金银器在经过盛唐的高潮之后面临的盛极难继的局面得以改变。

（三）发展期

发展期从北宋中叶至清末。

北宋中叶以后，金银器发生了划时代的变化。主要表现在：随着商业经济的繁荣、市民群体的壮大，文人的市民化和金银制品的商品化成为一种新的趋势；适应市民这一新的接受群体的需要，金银制品的形制、纹饰、风格发生了一系列的变化，反映市民生活和思想趣味的作品逐渐增多。

第一段是北宋中叶至元末。中晚唐文化中与日常生活相关的人文意向明显增多，到了宋代已成为一种普遍的风气，使得金银器的市民气息日益浓厚。而同时的辽代金银器直承唐风，在吸收消化周边各民族文化的基础上发展出了自己的特色；西夏、金代金银器则有着当地传统与中原文化融合后所产生的异样风格。南宋虽偏安一隅，仍有较发达的商业经济，金银器有进一步的发展。元代统治者是蒙古族，采用分而治之的统治政策，文化上多沿用汉族传统，金银器基本延续了宋代的风格。

第二段从明至清末。明代艺术工匠的出现以及他们的作品是值得注意的现象。明清易代是一个巨大的变化，但清代基本上沿袭着明代金银器的趋势，并没有发生巨大的变化。

上述关于中国古代金银器发展的三期七段的划分虽然跨越了朝代的界限，但朝代分期便于更细致地考察金银器发展的详情，而且朝代的更换确实给金银器带来了兴衰变化，如辽代金银器，随着本朝之内时间的推移，有一个从渐盛到极盛，再到渐衰的发展过程，其中存在着与朝代兴衰有关的某种原因。可见，朝代分期自有其不可替代的理由。所以，本书仍然以朝代为序考察中国古代金银器的发展轨迹。

第一章
夏商周金银器

黄金光灿夺目，在先秦时期就已经成为人们倾心的一种材质。夏商周金银器可以分为两大不同的文化系统，一个是中原和南方地区，另一个是西北和北方草原地区。中原和南方地区定居的农业居民，在商周时期多使用金银作为青铜、漆木、玉石器等器物上的装饰。商代人把黄金箔片精心地装饰在青铜礼器、车马器具、玉器和服饰上，也用它们来做单体的首饰。西周时期，金的价值得到了更为充分的体现，青铜铸造工艺开始运用于金制品的制作。到了春秋、战国时期，金器使用已较为普遍，银器的数量开始增多，小型金银装饰物件不胜枚举。这些金银器物多是铸造而成。金质人体装饰品更流行，车、马、兵器也用黄金制作或装饰。同时，逐渐摆脱了一般性附属装饰的地位，被用作货币，还制造成独立的实用器件，具有重要意义的容器也出现了。金银器的制造工艺和造型艺术达到了新的高度，实现了中国古代金银器第一次飞跃性发展。

夏商周时期，西北和北方地区活跃着很多游牧民族，他们主要用黄金白银来制作人体装饰品，最常见的是耳环、臂钏、项圈、发笄等各种首饰，也有服饰，还有一些可能是马具，而生活用具上的装饰并不多。因各游牧民族经常迁徙，相互杂处，所以使用的金银装饰种类复杂，目前很难全部确定出它们的族属，但考古出土遗物有明确的出土地点，时代基本清楚，大致文化系统可以推定。这些金银器既具有民族特色，也反映不同民族文化的融合及其与中原文化的相互影响。大体而言，地域越接近中原，出土遗物与中原文化的融合程度越高；时代越晚，文化融合得越紧密。

第一节　作为附属饰物的金银器

迄今为止，中原地区古代先民最早使用黄金的实例见于新石器时代晚期黄河中游地区的龙山文化遗址中。河南龙山文化遗址出土有含金砂的陶片[1]，可能是古人有意把金砂掺入陶土内以起到装饰等作用[2]。这表明至迟在新石器时代晚期，人们对金已有了一定的认识，并加以

1 郭伯南：《文物纵横谈》，文物出版社，1990年，第161页。

2 龚国强：《简论商周王国及其周围地区的黄金器饰》，《考古求知集》，中国社会科学出版社，1997年，第358页。安志敏等持不同意见，见安志敏、安家瑗：《中国早期黄金制品的考古学研究》，《考古学报》2008年第3期，第292页。

利用。

在先秦古籍中有关于夏王朝、夏王和商革夏命的记载，出土的青铜器也明确了夏和殷（商）是前后承替的两个王朝，更为重要的是，考古学上推定出河南偃师二里头文化的主体应该就是夏文化[1]。但遗憾的是，在目前已发现的遗迹、遗物中都没有见到金银的踪迹。“夏商二代文化略同”[2]，从陶器、青铜器上能看出两者一脉相承的关系。如果夏代已使用黄金，很可能是用作某些重要物品的装饰，这是根据目前商代黄金制品的发现作出的推测。

河南郑州商城是以二里岗期文化为主的商代前期的都城遗址，其年代大约相当于公元前十五世纪。在北城墙东段，有多座二里岗期上层殉狗坑，其中坑 24 内发现一件金叶制成的夔龙纹饰品[3]，从“出土时混作一团”的情形分析，可能当时是直接葬入的。河北藁城台西商代中期墓葬 M14，在漆盒朽痕中发现半圆形金饰片，正面阴刻云雷纹，厚仅 0.1 厘米，背面有朱漆痕迹，原先应该是装饰漆器的金箔[4]。

到了商代后期，都城河南安阳殷墟附近的墓葬已有一些金制品。殷墟西北冈 M1004 大墓盗坑中出土一枚金泡，正面凸起，背面中凹，并有一横梁可穿系，泡径长 3 厘米，重 25 克；M1003 盗坑中有六枚包金铜泡，即用一片圆金叶折入铜泡背面，使金叶套贴在铜泡的正面上，泡径 2.3—3.75 厘米；此外，金箔在大中型墓中屡有发现，形状有圆形、梯形、菱形和长条形等，应是包贴在某些器物上的[5]。相传著名的后母戊（原称司母戊）大方鼎所出的殷墟武官村北 M260 曾遭多次盗掘，大部分随葬器物已失，椁室底部出土十五片金叶，极薄，最大者长 7.5 厘米，宽 3.5 厘米[6]。后冈 M47 椁室周围土台的西北部，“有一组用金叶和绿松石、蚌片组成的圆形装饰物”[7]。薛家庄商代晚期墓葬出土的两片金叶，似为饰品，大片长 6 厘米，宽 4 厘米[8]。在这几座墓中，武官村大墓是带两条墓道的“中”字形墓，殉葬七十九人；武官村北 M260 带一条墓道，有三十八人殉葬；后冈 M47 也有一条墓道，腰坑内葬有殉人。商代的金制品大多数发现于中晚期带墓道的大墓中，表明墓主生前在政治、经济方面拥有实力，身份地位较为高贵。

不仅如此，在大司空村 1953 年发掘的 166 座小型墓中，发现有殉葬人的 5 座

1 中国社会科学院考古研究所：《中国考古学·夏商卷》，中国社会科学出版社，2003 年，第 23—38 页。

2 王国维：《殷周制度论》，载王国维著，彭林整理：《观堂集林（外二种）》卷十，河北教育出版社，2003 年，第 231—244 页。

3 河南省博物馆、郑州市博物馆：《郑州商代城遗址发掘报告》，《文物资料丛刊》（1），文物出版社，1977 年，第 10 页。

4 河北省文物研究所：《藁城台西商代遗址》，文物出版社，1985 年，第 145、148、149 页；马继兴在《台西村商墓出土的医疗器具砭镰》（《文物》1979 年第 6 期，第 54 页）文中的图一“台西第十四号商墓平面图”中注明为“错花金箔”。

5 中国社会科学院考古研究所：《殷墟的发现与研究》，方志出版社，2007 年，第 302 页。

6 中国社会科学院考古研究所安阳队：《殷墟 259、260 号墓发掘报告》，《考古学报》1987 年第 1 期，第 99—117 页之第 107 页。

7 中国科学院考古研究所安阳发掘队：《1971 年安阳后冈发掘简报》，《考古》1972 年第 3 期，第 14—25 页之第 19 页。

8 河南省文化局文物工作队：《河南安阳薛家庄殷代遗址、墓葬和唐墓发掘简报》，《考古通讯》1958 年第 8 期，第 23—26 页之第 25 页。

墓也是通常的小墓，和其他墓葬没有多少区别，其中M171棺底中部人骨架的左侧出土有金叶，极薄，可能是贴附在其他物品上的装饰品；同时发掘的车马坑内埋有一车、二马、一人，车舆上的中部有直径12厘米的圆形金叶，三叶重叠在一起，极薄，已从中部裂为两半，可能是舆上的装饰品[1]。殷墟西区曾发掘过一千余座殷代墓葬和车马坑，其中第七墓区的车马坑43、M151以及马坑150，第三墓区的M968墓道中的车马坑等都发现有金叶[2]。这些小型墓的墓主应该是能够接近王室的权贵们的亲从或家臣。

从目前的考古发现来看，商代金制品主要用作其他材质物品上的附属装饰。出土于椁室底部的，或许是棺椁上黏附的装饰；见于车马坑和马坑的，为车马的饰品；至于同绿松石一起出土的，应该是当时人们特制的饰物；而漆器所饰的金箔，也只是为了衬映漆器的华美而已。

安阳殷墟已经发掘两千余座商代墓葬，妇好墓[3]是其中保存最完整、陪葬品最丰富，并且可断定墓葬年代与墓主的王室墓，随葬品有1928件，包括铜器468件，玉器755件，石器63件，宝石制品47件，骨器564件，象牙器5件，陶器11件，蚌器15件，还有贝类6820多个。据发掘者估计，绝大多数随葬品是墓主在生前逐步积累起来的，少数是墓主的后人为墓主所做的祭器和明器。但是墓中未见金制品。殷墟郭家庄M160[4]也是一座保存完整的高级贵族墓，随葬品353件，包括青铜器291件，玉器33件，石器6件，陶器16件，骨器4件，象牙器1件，竹器1件，漆器1件，同样未见金制品。这两座墓保存完好、随葬品丰厚，由此不难看出，商代晚期崇尚铜器、玉器、骨器、象牙器，金制品尚未受到重视。墓葬中发现的金制品只是点缀着墓主的棺椁、车马和日常器用，装扮着为墓主殉葬的姬妾侍从，而非为墓主直接享用，金的价值没有被充分体现。

商代刻写在甲骨上的文字中便有“金”字，不过连同后来西周青铜器铭文中的“金”字并非专指黄金，更主要是指铜。直至战国时期，文献中黄金与铜的区别才逐渐明晰起来，“金”字多半是指黄金。银在早期文献中被称作“白金”，故出土的甲骨文、青铜器铭文乃至战国文字中都没有“银”字。许慎《说文解字》中有“银”字，为形声字，时代已至东汉。

在距离商代统治中心稍远的山东、北京、山西、陕西、四川等地也都发现过金制品（北京、晋西和陕北的金银器具有草原文化风格，详见本章第五节）。这些地点超出了传统观念上认为的商朝的势力范围，可能属当时的方国。

山东是东夷的活动区域。山东益都苏埠屯第一号奴隶殉葬墓[5]是河南安阳商代“王陵”以外最大的墓葬，墓内有48人殉葬，墓主可能是诸侯、方伯一类的人物。

---

1 马得志、周永珍、张云鹏:《一九五三年安阳大司空村发掘报告》,《中国考古学报》第九册，1955年，第25—90页之第52、67页。

2 中国社会科学院考古研究所安阳工作队:《1969—1977年殷墟西区墓葬发掘报告》,《考古学报》1979年第1期，第27—146页之第59、99页。

3 中国社会科学院考古研究所:《殷墟妇好墓》，文物出版社，1989年，第15页。

4 中国社会科学院考古研究所:《安阳殷墟郭家庄商代墓葬——1982年~1992年考古发掘报告》，中国大百科全书出版社，1998年，第77页。

5 山东省博物馆:《山东益都苏埠屯第一号奴隶殉葬墓》,《文物》1972年第8期，第17—30页之第24页。

殉葬坑的棺内，人的尸骨上有绿松石和金箔镶嵌成的装饰品，装饰品上部像馒头形，下部为底座，两层之间加一层金箔，底座上饰一圈绿松石片。金箔共有十四片，为极薄而均匀的薄片。

值得注意的是，目前在南方成都地区发现的金制品，种类、造型远比中原地区要丰富，但同样也主要是作为其他器物上的附属装饰，所不同的是这些金饰本身或其所装饰器物多与神权有关，不仅仅是一种装饰。

图 1-1　四川三星堆遗址出土金面具

四川广汉三星堆是相当于夏代至商代晚期偏早阶段的遗址，一号祭祀坑中出土了青铜人像、容器、兵器和玉石礼器，以及十余根象牙和三立方米的烧骨碎渣[1]。有些铜器用金片包裹或嵌饰，其中包金人像、虎形金饰和包金杖是装饰内容和技法最具特色的金制品。金人面罩是青铜人头像上的包金片，模压而成，紧紧贴在人像的面部，眉、鼻、耳、目、口处镂空（图1-1）。金箔虎形饰，模压成型，通身饰斑纹，出土于青铜头像内（图1-2）。包金杖用纯金片包卷而成，长达142厘米，直径2.3厘米，可能原为金皮木芯铜龙头杖。金片上端的46厘米饰有三组图案，自上而下饰对鱼、对鸟和对人面，人面头戴冠，耳垂饰三角形耳坠，花纹细腻精美，錾痕清晰可辨。

图 1-2　四川三星堆遗址出土金箔虎形饰

成都金沙村遗址可能是一些古族在三星堆古城衰落和废弃后在成都附近修建的大型邑聚遗址的一部分，年代从商后期延续到春秋晚期，主体遗存集中在

1 四川省文物管理委员会、四川省文物考古研究所、四川省广汉县文化局：《广汉三星堆遗址一号祭祀坑发掘简报》，《文物》1987年第10期，第1—15页之第4页。

图 1-3　四川成都金沙遗址出土金人面像

图 1-4　四川成都金沙遗址出土金四鸟绕日饰

西周时期。出土的金器数量多达三十一件，有人面像一、带饰三、四鸟绕日饰一、蛙形饰七、喇叭形饰三、鱼形饰五、盒一、泡五、球拍形器一、射鱼纹带一、鸟首鱼纹带二、喇叭形器一[1]。其中推测为西周时期的金人面像，是从额部到下颌的面部装饰，锤揲成形（图1-3）。四鸟绕日纹金饰中央似乎是一个旋转的太阳，周围有四只鸟围绕飞翔，组成一个圆形的具有动感的图案（图1-4）。七件蛙形饰，大小和形制相同（图1-5），还有一些残断的带状金箔，能拼合连接为一个圆圈。蛙形饰和带状金箔似乎是以特定的方式排列，再与上述四鸟绕日纹金饰形成某种组合，作为黏贴在红色漆器上的装饰，可能的排列方式是：圆形的四鸟绕日纹金箔位于中央，周围排列八只或更多的蛙形金箔，最外面还有一圈金箔作为边栏[2]（图1-6）。这种太阳、飞鸟和蛙的组合方式，见于云南、广西等地汉代铜鼓的鼓面纹饰中[3]，反映出西南地区文化的传承性。时代约为晚商至西周时期的射鱼纹带圈锤揲成形，錾刻纹饰，细部刻划；纹饰由四组图案构成，各有一鱼、一箭、一鸟和一圆圈，带圈正前方以一个圆圈纹为中心，两侧是射鱼纹图案，其鸟和鱼恰好头与头相对，学者们推测它是高级贵族（也可能是国王）冠下端的饰件（图1-7）。鸟首鱼纹带有两根，皆呈下短上长的倒梯形，长约22厘米，宽约2厘米，厚0.02厘米，饰两条首向外、尾相对的怪鱼，形象较为凶猛。

三星堆和金沙遗址出土的金器，绝大多数都是其他器物上的附属装饰，这与同时期的中原地区相同，有所不同的是这些金器经常直接与神权和宗教产生某种联系，而不是简单地装饰点缀生活用具。三星堆的金杖与金沙村的金带都将鸟、

1 成都市文物考古研究所、北京大学考古文博学院：《金沙淘珍——成都市金沙村遗址出土文物》，文物出版社，2002年，第16—35页。

2 成都市文物考古研究所、北京大学考古文博学院：《金沙淘珍——成都市金沙村遗址出土文物》，文物出版社，2002年，第18页。

3 中国古代铜鼓研究会：《中国古代铜鼓》，文物出版社，1988年，第48—57页，图二七至图三二。

图 1-5　四川成都金沙遗址出土金蛙形饰

图 1-6　四川成都金沙遗址出土金四鸟绕日饰和蛙饰的复原方案一

图 1-7　四川成都金沙遗址出土金射鱼纹带圈

鱼、箭作为主要构图元素，纹饰内容的同一性，反映了金沙村遗址与三星堆遗址具有密切的传承关系和在族属上的同一性或连续性。两遗址出土的金器是这一时期出土数量较多、具有地方色彩的金器类型。三星堆器物坑和金沙村遗址中都发现金面像或妆金青铜人头像，造型和工艺大同小异，彰显的是神灵的威严。这些金面罩类的人面像在其他地区几乎不见，应当是当时成都平原青铜文化具有代表性的因素之一。金沙村的四鸟绕日金饰件有强烈的象征意义，表现的也许是围绕太阳旋转的四只阳鸟和对太阳神的崇拜。而鸟首鱼身纹金带，或许是以鸟首鱼身的动物作为祖神标志的古族之物。

第二节　金银器独立发展与原料的来源

与商代相比，西周之后的金器体积稍大，受到青铜工艺的影响，有不少是铸造而成的。不过，锤揲而成，用于装饰车马具、棺椁、青铜器等的金箔和金片仍是主要种类。河南浚县辛村西周墓出土的包金铜器[1]、陕西张家坡西周墓地三座墓

1 郭宝钧：《浚县辛村》，科学出版社，1964 年，第 61、62 页。

图 1-8　甘肃礼县大堡子山出土金鸷鸟形饰

葬发现的金箔[1]，与商代没有太大区别。只是这时的金片类装饰开始趋于大型化。甘肃礼县大堡子山春秋早期秦人墓的金饰片，按形制和纹样区分，有重环纹、虎形、鸷鸟形（图 1-8）、口唇纹鳞形、云纹圭形、兽面纹盾形、目云纹窃曲形等；其中有的虎形饰片长 52 厘米，高 32 厘米，宽 3—4 厘米；鸷鸟形饰片高 52 厘米，宽 32 厘米，形体之大为前所未有[2]。或认为这些金饰片可能为秦公内棺上的装饰[3]，也有学者认为它们的用途当为人或者马甲胄上的饰片[4]。曾侯乙墓出土有类似的皮马胄[5]。张家坡西周墓地[6]及车马坑[7]出土过相似的铜饰。张家川马家塬墓地出土形制相似的“金箔车轮饰”，左右对称，用于车轮外侧装饰，但尺寸小[8]。这些饰片的成型和纹样采用了高超的锤揲技术，纹路清晰，凸凹起伏，犹如青铜器铸造出的纹样。金虎和鸷鸟的口、眼清晰，手法简洁，形象生动。大型金箔片确实有用作棺饰的。江西靖安李洲坳春秋中晚期墓出土圆形金棺饰一件，出土时钉在木棺的东外侧，正面朝向墓道[9]。金棺饰的内圈是圆形金箔，外圈是双环形陶圈，总体直径 48 厘米；圆形金箔直径 30 厘米，厚约 0.2 厘米，用模具锤揲出内、中、外三圈龙纹，三圈纹饰以环形锯齿纹间隔；内圈为三组简体龙纹相向

1 中国社会科学院考古研究所：《张家坡西周墓地》，中国大百科全书出版社，1999 年，第 330 页、图版 200—1。

2 韩伟：《论甘肃礼县出土的秦金箔饰件》，《文物》1995 年第 6 期，第 4—11 页；王辉、赵化成：《甘肃省礼县大堡子山遗址流散文物调查研究》，载曹玮、任天洛（Thilo Rehren）主编：《秦时期冶金考古国际学术研讨会论文集》，科学出版社，2014 年，第 9—26 页；出土金饰片的两座大墓被推定为秦文公和秦静公墓，见前引文第 26 页。

3 韩伟：《论甘肃礼县出土的秦金箔饰件》，《文物》1995 年第 6 期，第 9 页。

4 张天恩：《礼县秦早期金饰片的再认识》，载秦始皇帝陵博物院：《秦始皇帝陵博物院》，陕西出版社集团、三秦出版社，2011 年，第 173 页。

5 湖北省博物馆：《曾侯乙墓》上册，文物出版社，1989 年，第 342—352 页。

6 中国社会科学院考古研究所：《张家坡西周墓地》，中国大百科全书出版社，1999 年，第 213、214 页。

7 中国科学院考古研究所：《沣西发掘报告——1955—1957 年陕西长安县沣西乡考古发掘资料》，文物出版社，1963 年，第 153—155 页。

8 甘肃省文物考古研究所、张家川回族自治县博物馆：《2006 年度甘肃张家川回族自治县马家塬战国墓地发掘简报》，《文物》2008 年第 9 期，第 20 页。

9 江西省文物考古研究所、靖安县博物馆：《江西靖安李洲坳东周墓发掘简报》，《文物》2009 年第 2 期，第 4—17 页之第 7、13 页。

环绕，中圈为五组卷尾龙纹相向环绕，外圈为七组卷尾龙纹。安徽蚌埠双墩一号春秋墓出土的金箔呈圆形，正面凸起呈泡状，压印出青铜器常见的夔纹、窃曲纹、锯齿纹，背面凹附装在铜片上，发现时与编钟共存，可能是钟梁上的装饰件[1]。

这一时期的金制品不再限于轻薄的金箔、金叶，也有形体较大的片饰和单体饰件，代表了西周时期金器的工艺水平；而铸造饰件的出现，更标志着西周时期金工的进步。

西周时期的饰件中最具有时代特征的是金腰带饰。陕西长安县（今西安市长安区）沣西张家坡的M170曾遭盗掘，所出的金制品仅有两种，其中有金环一件，直径2.5厘米，重3.354克，很可能是墓主人腰带上的组件之一。这种腰带的完整组合，在河南三门峡市上村岭虢国墓M2001[2]中发现，墓主人腰部有一组金质腰带饰，大小共十二件，铸造而成，由七件凸弦纹圆环饰、三件錾刻兽面纹饰、一件起脊的三角形的镂空兽面和一件凸弦纹方环组成，总重量达400多克（图1-9）。山西曲沃北赵晋侯墓地也出土两组金带饰。I11M8棺内墓主人腰间有垂叶形饰一件、虎头形饰一件、弧面扁环五件、扭丝状环六件、弧面扁框一件、扭丝状框一件，总重量达459.3克[3]。M91出土六件，其中圆形四件，长方形两件，分别位于墓主腰际[4]。金腰带饰的组件是西周金制品中的珍品，多铸出精细的花纹，可见当时熔金铸器业已成熟。

图1-9 河南三门峡市虢国墓地M2001金带饰及其出土情况

佩系这些黄金铸造饰件的人应是高级贵族，沣西张家坡的M170是西周朝廷重臣井叔家族墓地中最大的座，墓主人为一代井叔，上村岭虢国墓地M2001、曲沃

1 安徽省文物考古研究所、蚌埠市博物馆：《安徽蚌埠市双墩一号春秋墓葬》，《考古》2009年第7期，第39—45页之第43、44页。

2 河南省文物研究所、三门峡市文物工作队：《三门峡上村岭虢国墓地M 2001发掘简报》，《华夏考古》1992年第3期，第104—113页。

3 北京大学考古系、山西省考古研究所：《天马—曲村遗址北赵晋侯墓地第二次发掘》，《文物》1994年第1期，第4—28页之第14页。

4 北京大学考古系、山西省考古研究所：《天马—曲村遗址北赵晋侯墓地第五次发掘》，《文物》1995年第7期，第4—38页之第11页。

晋侯墓地Ⅰ11M8的墓主人都是一代国君。西周时期贵族殓葬以玉为贵，如山西曲沃北赵晋侯墓墓主随身佩戴的各种饰物以玉器为主，金腰带饰只是服饰。这种金质带饰，在以后的朝代中演变成为等级身份的标志性服饰，沿用了数千年。

虽然西周时期出现了较大的金饰片，甚至有虢国墓地和晋侯墓地等出土的熔金铸件，但数量尚少，形制纹样和制作技术也与青铜器没有大的区别。但到了春秋战国时期以后，金器和银器以独特的形式、风格以及作用登上社会生活的舞台，金银铸器在这一时期得到了迅速的发展，日益焕发出强大的生命力。

春秋早期金器可以陕西韩城梁带村芮国墓地M27[1]出土器物为代表。M27是一座带有两条墓道的大型墓葬，随葬有七鼎六簋，四十八件金器以及兵器、成套乐器，墓主当为一代芮国国君。该墓因为保存完好，金器原先所在的位置基本清楚：剑鞘一（腰部左侧）、韘二（右手部）、龙形镂空环十三（腰部）、三角形牌饰二（腰右侧）、兽面四（胸腹部）、牛首衔环六（胸部）、小金龙二（左右肩部）。这些金器多数应是带饰以及腰间挂件上的附属构件。其中的剑鞘，整体镂空，锋部呈三角形，正面为变体龙纹，背面有方格和三角形镂空，长18.7厘米，宽4厘米，厚1.5厘米（图1-10）。

春秋中期也有不少发现。山东沂水刘家店子春秋中期莒国国君墓[2]出土了金剑柄；陕西凤翔马家庄春秋中期一号建筑遗址群（应为宗庙性质的建筑）K17、K121两个祭祀坑内出土了金圆策、（方）圆泡、节约、异兽形饰等马具或马具饰29件[3]。

春秋时期最具代表性的金器发现于陕西宝鸡益门村二号春秋晚期墓，墓中出土金器以及金与铁、铜等复合器104件，几乎占墓中出土物品的一半，主要是兵器、装饰品及马具，包括带钩3件、带扣7件、环7件、圆泡56件、方泡7件、络饰130枚、串珠908粒等装饰品，剑柄3件、刀柄21件等兵器，总重量约3000克[4]。此外，陕西凤翔春秋晚

图1-10 陕西韩城梁带村芮国墓地M27出土剑鞘

1 陕西省考古研究院、渭南市文物保护考古研究所、韩城市文物旅游局：《陕西韩城梁带村遗址M27发掘简报》，《考古与文物》2007年第6期，第3—22页之第15—17页。

2 山东省文物考古研究所、沂水县文物管理站：《山东沂水刘家店子春秋墓发掘简报》，《文物》1984年第9期，第1—10页之第6页。

3 陕西省雍城考古队：《凤翔马家庄一号建筑遗址发掘简报》，《文物》1985年第2期，第1—29页之第23、24页。

4 宝鸡市考古工作队：《宝鸡市益门村二号春秋墓发掘简报》，《文物》1993年第10期，第1—14页；宝鸡市考古研究所：《秦墓遗珍——宝鸡益门二号春秋墓》，科学出版社，2016年。

期秦公大墓出土有金鸟、金兽、金泡和金带钩等[1]。河南辉县琉璃阁属春秋晚期的墓甲出土了金剑柄[2]。

白银在战国时期得到了较为广泛的利用。在这一时期墓葬的随葬品中，金、银器件常相伴出土，也同时被装饰于青铜器上。山东曲阜战国早期墓 M52 出土有圆形金带饰、三角形金带饰、金叶，银带钩和银条筹等；M3 出土有银猿形饰、嵌绿松石片银带钩、银条筹和金银错铜杖首等；M58 出土金银错铁带钩和鎏金镶玉铜带钩[3]。

独立器件的增多标志着金银器的发展进入一个新的阶段，逐渐摆脱了青铜制造的影响，而且金银器的制作工艺已相当讲究。河北平山战国时期中山国国王墓的两件金衡帽分别重 298.2 克和 344.6 克，造型为龙头形，双眼大睁，眼珠以银镶嵌；鼻上卷，鼻梁上有三道横纹；口微张，露出牙齿；耳为桃形；两角呈八字形附在头顶，额头有一凸起的叶形饰；颈部略束，带一圆形小孔和一周弦纹[4]。金衡帽轮廓清晰，线条洗练，在艺术造型上达到新的高度。

春秋、战国时期金银器数量大增，与原料的比较充足有关，也缘于人们对金银认识的深化。《管子·地数》说："上有丹砂者，下有黄金。上有慈石者，下有铜金。上有陵石者，下有铅、锡、赤铜。上有赭者，下有铁。此山之见荣者也。"这表明对各种矿物和金属有了具体认识，黄金与铜等有了明确区分，金属矿产埋藏的地貌和共生关系也为人们所了解，"山上有铅，其下有银。山上有银，其下有丹"[5]。有关记载在《山海经》中有很多，如"中山经"载：求山"其阳多金，其阴多铁"[6]，等等。这种在山之阴阳有诸种金属的记录，是当时人们采矿知识的积累和利用矿床中矿物的共生组合找矿方法的结晶[7]。《山海经》是中国最早的一部地理书，成书时间最早约在战国时期，书中提到许多产金和银的地区，仅"西山经"中就在英山、大时山、皋涂山、騩山、泰冒山、数历山、高山、龙首山、鹿台山、薰吴山、众兽山、中皇山、西皇山、符惕山、天山、翼望山、申山、泾谷山、英鞮山出金银。全书涉及的金银产地主要包括今河南、湖北和山西、陕西南部，四川、湖南和江西北部，以及山东和甘肃的一些地区。

商周时期的金饰件所用的原料采集于自然还是从矿物中提炼的，目前还无法了解，但从春秋战国时期大量的金银物品来看，显然仅仅依靠从自然界中采集是无法满足需要的。对自然界蕴藏矿产有了足够的认识，开始较大规模地开采黄金和白银才成为可能。至少在战国时期，黄金和白银的生产逐渐成为当时矿冶产业和金属工业的重要组成部分。战国时期从原生矿床中获得金银已有考古发现为证。

---

1 韩伟、焦南峰：《秦都雍城考古发掘研究综述》，《考古与文物》1988 年第 5、6 期合刊，第 111—126 页。

2 中国科学院考古研究所：《山彪镇与琉璃阁》，科学出版社，1959 年，第 71 页。

3 山东省文物考古研究所、山东省博物馆、济宁地区文物组、曲阜县文管会：《曲阜鲁国故城》，齐鲁书社，1982 年，第 158—161 页。

4 河北省文物研究所：《厝墓——战国中山国国王之墓》，文物出版社，1995 年，第 315 页。

5 《管子》，颜昌峣校释本，长沙岳麓书社，1996 年，第 577 页。

6 《山海经》第五"中山经"，袁珂校注本，上海古籍出版社，1980 年，第 173 页。

7 夏湘蓉、李仲均、王根元：《先秦金属矿产共生关系史料试探》，载自然科学史研究所主编：《科技史文集》第 3 辑，上海科学技术出版社，1980 年，第 93—99 页。

1984年，河北兴隆县发现两处面积相似的战国金矿遗址[1]，其中一处矿坑两边浅，中部深，东西长约20米，南北宽约0.5—1米，深约0.5—3米，无矿道，沿金矿床露天开采，除将金矿石采出外，没有加宽开凿基岩，方法简单实用。矿坑内出土了铁锄、铁斧、苇席和木条簸箕等遗物。从铁锄和铁斧分析，该金矿遗址当属战国时期。这座中国目前所知最早的金矿，证明当时已从原生矿中获取制造器物的原料。

当时关于黄金开发采集的具体记录已表现出区域性特征。《韩非子·内储说》上篇云："荆南之地，丽水之中生金，人多窃采金。"[2]这里指的是楚国领地。《战国策》卷一六《楚三·张仪之楚》记载了一段楚怀王与张仪的对话："张子见楚王，楚王不悦。张子曰：'王无所用臣，臣请北见晋君。'楚王曰：'诺。'张子曰：'王无求于晋国乎？'王曰：'黄金、珠玑、犀象出于楚，寡人无求于晋国。'"[3]楚怀王对国力的自信，来自于物产丰富，其中特别提到了黄金。楚国正是由于拥有天然的资源，率先发展起了黄金器物的制作，还在列国中首先使用了黄金的称量铸币——郢爯、陈爯、卢金等。齐国管仲称："楚有汝、汉之黄金"[4]，十分羡慕楚国出产黄金。楚国先据长江中游今湖北及其周围地区，后拥有长江下游一带。荆州、扬州是"厥贡唯金三品"的地区[5]。《山海经》中记载的黄金、白银的产地，大约都包括了楚地。楚国产金，人们对金的价值也有充分的认识，由国家控制黄金生产。但《韩非子》载："人多窃采金。采金之禁，得而辄辜磔于市，甚众，壅离其水也；而人窃金不止。"[6]表明对贪图高利盗采金矿者，虽用严厉的裂尸刑法处置，仍不能阻止一些人的冒险采掘。

楚地多金在考古发现的春秋战国文物中体现得十分清楚。河南扶沟古城村出土印有"郢爯""陈爯"金版197块[7]；安徽寿县城南郊出土的楚金币重5187.25克[8]。湖北随州战国时代的曾侯乙墓出土的金器总重达8430余克[9]；江苏盱眙县南窑庄窖藏出土郢爯金版十一件，共重3243.4克[10]。

第三节　金银与多种工艺的结合

中国早期金银器的发展格局中，西北和长城沿线、中原内地（北方）和南方

1 王峰：《河北兴隆县发现战国金矿遗址》，《考古》1995年第7期，第660页。

2〔清〕王先慎撰，钟哲点校：《韩非子集解》卷九《内储说上七·术第三十》，中华书局，1998年，第225页。

3《战国策》，何建章注释本，中华书局，1990年，第555页。

4《管子》，颜昌峣校释本，岳麓书社，1996年，第598页。

5 孙星衍：《尚书今古文注疏》，陈抗等点校本，中华书局，1986年，第161、167页。

6〔清〕王先慎撰，钟哲点校：《韩非子集解》卷九《内储说上七·术第三十》，中华书局，1998年，第225页。

7 河南省博物馆、扶沟县文化馆：《河南扶沟古城村出土的楚金银币》，《文物》1980年第10期，第61—66页。

8 涂书田：《安徽省寿县出土一大批楚金币》，《文物》1980年第10期，第67—71页。

9 湖北省博物馆：《曾侯乙墓》上册，文物出版社，1989年，第390—400页。

10 南京博物院（姚迁）：《江苏盱眙南窑庄楚汉文物窖藏》，《文物》1982年第11期，第5—12页。

地区是三个主要的版块。各地文化传统、原料基础不同，金银器的数量、类型及其功能表现出很大的差异性，工艺的形式和水平也有所不同。

西北地区发现的早期金银制品工艺水平很高。新疆哈密巴里坤西沟遗址1号墓出土了130余件金银器，对其中的18件金器和1件银器的分析显示，涉及的工艺包括锤揲、模冲、焊接、抛光、珠化、镶嵌、包金、拉拔等；18件金器均不是纯金，而是金—银合金或金—银—铜合金，且金、银元素分布很不均匀，使用的应该是自然金，焊接部位的焊料以金—银—铜为主，银器表面的含金量为100%[1]。金饰牌、金饰片的施纹方式值得注意，在超景深显微和扫描电镜下可以观察到一些金箔片内壁有木纹，这些相同的金箔片可能是在相同的雕刻有纹样的木模上锤揲而成的[2]。1号墓出土的金耳坠制作十分精细，不过4.6厘米的长度内就有坠连“S”形环、圆锥体饰、菱形立方体饰、圆形小金圈、螺旋状金丝圈、圆柱体绿松石饰和纺锤体饰等七部分组成，各部分多焊缀有大小不等的金珠，最小的约0.6毫米（图1-11）。

三星堆和金沙遗址为代表的南方地区早期金银器，与西北和北方地区不同，因为缺乏人体装饰品，所以整体上并不显华丽，常用的工艺有模压、锤揲、剪切、磨光和刻划等，锤揲附以刻划是最主要的手法。成都平原发现的金器工艺传统和器物风格与中原地区相近，而与西北及北方地区不同，这可能表明，这一地区的黄金工艺如同青铜工艺一样，也是从中原地区辗转而入，而不是通过岷江上游从西北地区直接传入[3]。

中原内地的金银器早期主要作为器物的附属装饰，也是以金箔、金片为主，纹饰不多见。黄金的硬度低，有良好的延展性，可压成很薄的片。商代的金叶、金箔、金片实际都是薄片制品，装饰在其他质料物品如铜、木、漆器上。据检测，安阳大司空村出土的商代金片厚仅0.01±0.001毫米，锤锻加工且经过退火处理[4]。可知商代对黄金的性能已经熟悉，并在生活中加以利用，而且喜爱金制品亮丽的色彩之美，将之与绿松石、蚌片组成装饰物。

单体器件出现以来，金银工艺是在青铜工艺基础上借鉴、结合，并进一步发展。西周时期的黄

图1-11 新疆哈密巴里坤西沟遗址1号墓出土金耳坠

1 谭盼盼、纪娟、杨军昌、王建新、马健，《新疆哈密巴里坤西沟遗址1号墓出土部分金银器的科学分析》，《文物》2016年第5期，第85—91页。

2 西北大学文化遗产学院、哈密地区文物局、巴里坤县文物局：《新疆哈密巴里坤西沟遗址1号墓发掘简报》，《文物》2016年第5期，第30页。

3 成都市文物考古研究所、北京大学考古文博学院：《金沙淘珍：成都市金沙村遗址出土文物》，文物出版社，2002年，第17、18页。

4 北京钢铁学院《中国冶金简史》编写小组：《中国冶金简史》，科学出版社，1978年，第34页。

金带具都是铸件，工艺与青铜铸件无异。宝鸡益门村墓出土的金银器代表了春秋时期中原地区金银加工的大体水平。串珠颗粒均匀，表明冶炼和铸造技术达到新的高峰。带钩、带扣、剑柄均为铸造，带扣不仅装饰华丽的纹样，还采用了透雕式的铸造。金剑柄更为精致，整体镂空，由阳线纹和细珠纹组成变体蟠螭纹，镶嵌有勾云、圆珠形的绿松石及料器饰件，可能运用了当时青铜器制作中的失蜡法（图 1-12）。绿松石经青铜工具打磨处理后再镶嵌在剑柄上。

图 1-12 陕西宝鸡益门村二号春秋晚期墓出土金柄铁剑

战国时期，金银工艺已突飞猛进。河北平山战国时期中山国国王厝墓（约公元前 327 年至公元前 313 年）的随葬物品，表现出金银工艺的特殊魅力。出土的金戈鐏的器表装饰两条相向的龙，龙眼用银和蓝琉璃镶成，向下的一条龙用银镶成枝状龙角，向上的一条龙则以银镶双翼（图 1-13）；银带钩的表面为一凤、一兽相互蟠结，凤纹镶金，身态文静，兽纹露银，姿势凶猛，相映成趣；银泡的凸面有两条夔龙纠结，中心铸镶柿蒂形金花（图 1-14）；甚至狗项圈也将金、银管两种各八枚相间穿在了革带之上[1]。河南辉县固围村 5 号墓（战国）出土的银带钩，通体鎏金，整体呈琵琶形，底为

图 1-13 河北战国中山国国王墓出土金戈鐏

1 河北省文物研究所：《厝墓——战国中山国国王之墓》上册，文物出版社，1995 年，第 152、154、296 页。

银托，面上包覆金浮雕，尾端为一兽首，两侧两夔龙和两长尾鸟；钩身正面镶嵌白玉块三块，玉块中心原各镶一粒半球形蜻蜓眼式琉璃彩珠，钩首为白玉琢成的雁首形[1]（图1-15）。

图 1-14　河北战国中山国国王墓出土银泡饰

金银还继续用于装饰其他材质的器物或构件，如漆壶的鎏金银扣，漆鼎的银纽和银足；铜车马器上的金衡帽、金轭首、金軥饰和银三并联环、银辖、银串珠饰等。尤其用于装饰铜器更是到了无以复加的地步，有方案、神兽、长条镶饰、连接扣器、杆顶帽，还有鎏金铜带钩、包金镶银铜泡饰、银兽面饰铜环、包金铜泡饰等。这些饰以金银的铜器都属于日常用品，不仅表明诸侯国国君生活奢侈，还反映出其对金银的特别喜爱。平山中山王墓的金银错铜屏风座、金银错铜兆域图版、银错神兽、金银错铜四龙四凤方案、金银错铜虎噬鹿屏风座、银错双翼铜神兽，造型新颖优美，在设计构思、雕塑模型、制模和铸造成器等方面都有极高的工艺和艺术水准，是实用和艺术高度结合的佳作。日常利用时更加注重式样的设计。山东临淄商王村一号战国晚期墓[2]的两件金耳坠，由金丝、金环和花瓣形金叶构成，其间还包镶绿松石，并串有珍珠和牙骨类的装饰，精美和繁复程度前所未有。

图 1-15　河南辉县固围村战国5号墓出土银带钩

用金属细条、丝或片镶嵌形成纹饰或文字，称为错。金银错一般是在铜器铸造时预留的凹槽内镶嵌金银丝、片，再经磨错与器表光平一致，色彩绚丽，华美异常。这种工艺源于商代铜器上的错红铜，春秋时期金错取代了原有的工艺，著名的“栾书缶”，器身有金错文字四十个，盖内金错文字八个，是目前见到的较

1 中国科学院考古研究所：《辉县发掘报告》，科学出版社，1956年，第104、105页。
2 临淄市博物馆、齐故城博物馆：《临淄商王墓地》，齐鲁书社，1997年，第46页。

早施以金错的容器，这个时期的金错铜器以吴、越、楚、蔡的兵器为多见[1]。战国时期金银错工艺也更为普遍地用在铜器纹样、文字装饰上，加之青铜器本身的质地，将金银的绚丽多彩发挥到了极致，施用的范围也更广泛。山西长治分水岭战国墓[2]出土的金错铜盖豆，通体金错变形夔纹、垂叶、三角云纹。河南洛阳西工区战国墓[3]出土的带流铜鼎的花纹，用金、银相间错排。平山中山王墓金银错铜兆域图版，是在 94×48×1 厘米的铜版上由金银错成一幅建筑平面图，四百三十九个字的铭文全部金错[4]。陪葬于厝墓周围的妻妾墓葬 M2 也出有镶金银带钩和银带钩，连金银器件本身竟也加银饰金，似乎非此不足以表现华美[5]。

这一时期还多见包金工艺。包金主要见于铜贝，河南辉县琉璃阁卫国墓葬 M60 出土包金铜贝一千余枚，墓甲出土一千五百四十八枚[6]，河南博物院藏辉县出土的包金铜贝三百一十九枚[7]；山西侯马上马村春秋中晚期 13 号墓[8]出包金铜贝三十二枚。尽管金在这里只起装饰作用，但包金的举动是人类对金的认识和使用更为丰富的表现，体现了人们对拥有更多黄金的渴求。在资源稀少、珍贵难得的情况下，独具匠心的代用品或象征品，可以获得同样光灿夺目的效果。包银器远比包金器少，这可能是因为银不如金贵重，其色彩和化学稳定性都不如金的缘故。河南辉县固围村 2、3 号墓出土有包银铜环和铜泡[9]。

除包金外，还有贴金。包金以小型器或饰件为主，主要施于铜器上，常见有铜贝、圆泡、小型车马器等；贴金比包金用途广，漆木、玉器以及丝织品、衣服上都可贴金，也可施于较大的器物上[10]。商周时期的金器，除多见于西北、北方地区的小件单体首饰、佩饰等人体装饰品外，其他各式金片、金箔、金叶之属主要应该是作为贴金使用，有的也用于包金。春秋战国时期，纯金器、纯金器皿开始出现，并渐增，但贴金、包金器依然十分常见。

这一时期鎏金工艺开始兴盛。中国古代黄金的采造，虽晚于西方古文明地区，但鎏金工艺的出现却比西方要早，至迟到春秋时期，不仅中原黄河流域，连边远的西南地区也出现了鎏金器[11]。目前来看，鎏金工艺在西周时期已见端倪，据报道属于西周晚期的甘肃宁县焦村 M1 出土的铜戈上发现有鎏金遗存[12]。而浙江绍兴 306 号战国初期墓[13]出土的一件"鎏金嵌玉扣饰"，便是最早的采用鎏金技术制作的实物。战国时期，青铜鎏金十分流行，山西长治分水岭战国墓中出土的鎏金铜

1 黄盛璋:《论中国早期（铜铁以外）的金属工艺》,《考古学报》1996 年第 2 期，第 154 页。
2 边成修:《山西长治分水岭 126 号墓发掘简报》,《文物》1972 年第 4 期，第 38 页。
3 洛阳文物工作队:《洛阳出土文物集粹》，朝华出版社，1990 年，第 52 页，图 28。
4 河北省文物研究所:《厝墓——战国中山国国王之墓》上册，文物出版社，1995 年，第 104 页。
5 河北省文物研究所:《厝墓——战国中山国国王之墓》上册，文物出版社，1995 年，第 461 页。
6 中国科学院考古研究所:《山彪镇与琉璃阁》，科学出版社，1959 年，第 61、71 页。
7 朱活:《古钱新探》，齐鲁书社，1984 年，第 14 页。
8 山西省文物管理委员会侯马工作站:《山西侯马上马村东周墓葬》,《考古》1963 年第 5 期，第 229 页。
9 中国科学院考古研究所:《辉县发掘报告》，科学出版社，1956 年，第 93、103 页。
10 黄盛璋:《论中国早期（铜铁以外）的金属工艺》,《考古学报》1996 年第 2 期，第 144、145 页。
11 黄盛璋:《论中国早期（铜铁以外）的金属工艺》,《考古学报》1996 年第 2 期，第 156 页。
12 庆阳地区博物馆:《甘肃宁县焦村西沟出土的一座西周墓》,《考古与文物》1989 年第 6 期，第 24 页。
13 浙江省文物管理委员会、浙江省文物考古所、绍兴地区文化局、绍兴市文管会:《绍兴 306 号战国墓发掘简报》,《文物》1984 年第 1 期，第 10—26 页。

车马饰、河南信阳长台关楚墓出土的鎏金铜带钩[1]等，均为高超的鎏金工艺精品，显示出战国时期鎏金工艺已是常用的技术。

第四节　金银器皿与货币的出现

金银器皿的出现是金银器发展史上划时代的标志。前述浙江绍兴306号战国初期墓中，一件长方形漆盒内存放着玉耳金舟，椭圆形，腹微鼓，平底，圆环形玉耳，断面方正，饰卷云纹（图1–16）。这座墓的年代推测在公元前473年越灭吴以后不久，墓主人可能是越国相当于卿大夫的巫祝一类的人物。这件器物是目前所知最早的金质器皿。湖北随州曾侯乙墓是战国时期曾国国君（公元前433年前后）的墓葬，出土有盏、杯、勺各一件和器盖两件（图1–17）。这是金器皿成批的发现。

这些器皿是铸造成型的，形制和制造方法基本与当时的青铜器相同。金的熔点为1064.43℃，在液态情况下流动性较好，冷凝时间也较长，所以浇铸温度可略低于铜等金属，容易制作出精细的作品。曾侯乙墓的金盏形体大，花纹精细而复杂，表明当时具有制作大型器皿的能力。

银制器皿似乎与金制器皿同时出现。国家博物馆收藏的“甘斿”银匜口径11厘米，通流宽9.8厘米，底部针刻的“甘斿”二字可能是宫观名[2]。该匜传出战国时期东周王室墓地所在的河南洛阳金村墓葬。因此这件器皿可能是东周王室用品。北京故宫博物院收藏一件战国时期楚国银匜，流下镌阳文“楚王室客为之”；外底口镌阳文“室客十”，当为酒器[3]。山东临淄商王村一号战国晚期墓[4]（公元前266年至公元前221年）出土十三件金银器，其中有银盘、匜、耳杯，是一组日用器具。银盘为直口，平折沿，直壁，折腹，平底；口沿和内外壁饰卷云纹，内壁上下各刻两道弦纹，其间饰四组云龙纹，内底刻云龙纹。银匜三件，平面椭圆形，一侧有流，一件银匜在流下外腹上有“赵陵夫人”四字；耳杯两件，分别在耳背刻“四十一年上右口一斤六两六朱半”和“四十年左工重一斤十二两十四朱

图1–16　浙江绍兴306号战国初期墓出土玉耳金舟

1 河南省文化局文物工作队：《信阳长台关第2号楚墓的发掘》，《考古通讯》1958年第11期，第79、80页。

2 中国历史博物馆：《华夏之路》第二册，朝华出版社，1997年，第41页，图35。

3 杨伯达主编，杨新、单国强副主编：《故宫文物大典（三）》，浙江教育出版社、江西教育出版社、福建人民出版社、紫禁城出版社，1994年，第1349页，图919。

4 临淄市博物馆、齐故城博物馆：《临淄商王墓地》，齐鲁书社，1997年，第45—48页。

图 1-17　湖北随州市擂鼓墩曾侯乙墓出土金盏、匕、杯、金器盖

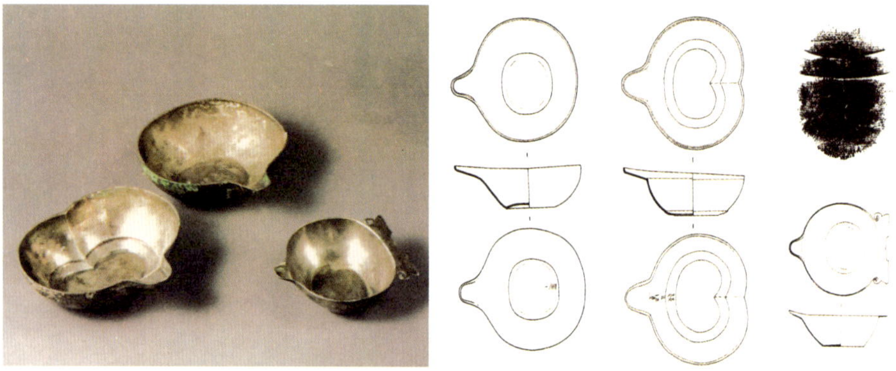

图 1-18　山东临淄商王村一号战国晚期墓出土银匜

名曰三”“工一”（图 1-18）。山东青州西辛战国末年墓出土金环首一件、金泡一件、银豆（盒）两件、银盘两件、银匜一件、银泡一件，豆（盒）、盘、匜底部有铭文，分别为“䣄，一又卅分”“䣄邑平，一又卅分”“䣄邑平，二又卅分”[1]。这是银器皿成组的发现（关于有异域风格的银豆将在第二章第六节中讨论）。此外，江苏涟水三里墩西汉时期的墓葬[2]也出土有战国银匜两件。

山东淄博临淄西汉齐王墓随葬坑[3]中出土三件银盘。一件银盘直口，平沿，折腹，底微内凹。口沿及内、外腹阴刻六组龙凤纹，内底阴刻三条变体盘龙；龙的头尾或蜷曲呈环状，或呈盘卧状，其间有勾连纹相接，纹样鎏金；盘口沿底面刻铭为“三十三年左工□　名吉七重六斤十二两廿一铢　奇　千三百廿二釿　六斤十三两二斗名东”；外底刻“容二斗重六斤十三两御羞 I ”（图 1-19）。由于铭文中采用了三晋布钱的计值单位，可知银盘为三晋时代所制。“三十三年”为秦王年号，表明秦灭三晋后银盘归秦，汉灭秦后又归汉，并赐于齐国，所以出土在西汉齐王墓的随葬坑中。这三件银盘与临淄商王村一号战国晚期墓的银盘无论器形还是纹样都极为相似，造型规整，线条流畅，变体云龙纹疏密适度，表明银器器皿制造业也已成熟，水平高超。

战国时期工商业的发展使得货币不断完善，虽然铜是当时普遍的货币材料，但新兴的金银很快加入制币的行列中。北方地区常见的具有货币性质的铜贝，有的包金，有的甚至直接用黄金、白银制造。前述的河南辉县琉璃阁和山西侯马上

1 山东省文物考古研究所、青州市博物馆：《山东青州西辛战国墓发掘简报》，《文物》2014 年第 9 期，第 4—32 页之第 22—26 页。

2 南京博物院：《江苏涟水三里墩西汉墓》，《考古》1973 年第 2 期，第 80 页。

3 山东省淄博市博物馆：《西汉齐王墓随葬器物坑》，《考古学报》1985 年第 2 期，第 223—266 页之第 256—258 页。

马村春秋中晚期 13 号墓，以及山西潞河战国初期 7 号墓[1]都出土包金铜贝，河北灵寿县西岔头战国早期墓[2]出有四枚仿真贝铸造的金贝，河北平山战国时期中山国国王厝墓出有五枚银贝。

南方地区尤其是楚国境内流行的金币“郢爯”“陈爯”，在安徽、江苏、河南、湖北等地都陆续发现。江苏盱眙南窑庄窖藏出土郢爯金版十一块，含金量 99%，最大一块正面纵六横九钤印篆书“郢爯”五十四个（图 1-20）。安徽寿县城南郊山上处金币十九块，共重 5187.25 克，其中带印记金币十块。河南扶沟古城村还出土银布币十八块，共重 3072.9 克；金版 197 块。此外，浙江绍兴 306 号战国初期墓还出土有金饼两件，小的周边圆正，是铸造时的完整形态，直径 1.5 厘米，厚 0.21 厘米，重 8 克；大的周围有剪凿痕，直径 1.8 厘米，厚 0.21 厘米，重 11.8 克；小金片一件，形状扁薄，两面不平整，周边都有断割痕迹，残长 3 厘米，宽 1.15—2 厘米，重 3 克；金饼和金片可能是两种不同形态的计重货币[3]。

图 1-19　山东淄博临淄西汉齐王墓随葬坑出土银盘

大批的黄金货币和少量白银货币类的出土，是生产和经济发展的反映，也是社会发生变革的标志。黄金、白银已经具有一定的价值尺度、流通手段和支付手段功能，以及贮藏的作用。据《管子·乘马篇》记载的“黄金一镒，百乘一宿之尽

图 1-20　江苏盱眙南窑庄窖藏出土郢爯金版

1 山西省考古研究所、山西省晋东南地区文化局：《山西省潞城县潞河战国墓》，《文物》1986 年第 6 期，第 13 页。

2 高英民：《战国中山国金贝的出土——兼述“成白”刀面文诸问题》，《中国钱币》1985 年第 4 期，第 36 页；文启明：《河北灵寿县西岔头村战国墓》，《文物》1986 年第 6 期，第 20 页。

3 牟永抗：《绍兴 306 号越墓刍议》，《文物》1984 年第 1 期，第 30 页。

也。无金则用其绢，季绢三十三。制当一镒。……黄金百镒为一篋”[1]，可知黄金与其他物品的比值已出现，走进社会经济生活之中。

北京平谷刘家河夏家店下层文化（距今4000—3500年）墓葬出土的金器曾运用现代技术手段进行过测试，器物含金仅在85%[2]。战国时期的金“郢爯”含金量也不稳定，有的仅为70%，90%以下的也不少。曾侯乙墓出土的黄金制品经过化学成分的检测，含金在85.66%—92%之间，其他为银、铜等；器皿类的器盖含金稍低，带钩的含金量高。由此可以看出，自商、西周以来，金的含量没有大的改变，而金银制品中所含的杂质较多，说明当时金银冶炼技术还不够先进。

第五节　西北及长城沿线地区的早期金银器[3]

先秦时期，我国的西北及长城沿线地区活跃着诸多少数民族。用金银做装饰，特别是首饰和服饰，在这些民族中有着悠久的历史。目前在广大的西北及长城沿线地区发现的金银器不仅数量多，而且十分精美，独树一帜。

随着考古发现的增多和研究的不断深入，目前新疆地区青铜时代（公元前1900年—公元前1300年）和早期铁器时代（公元前1300年—公元前100年）的文化谱系已有了基本的架构[4]。青铜时代诸考古学文化中，主要分布于喀什塔什库尔干、伊犁、博尔塔拉蒙古自治州和塔城地区的安德罗诺沃文化中的金银器较有代表性。安德罗诺沃文化是一支广泛分布于西伯利亚及中亚地区的青铜文化，分布地域西起南乌拉尔，东到叶尼塞河沿岸，北起西伯利亚森林南界，南达中亚草原，年代约为公元前第二千年至公元前第一千年。这一文化使用的装饰品主要有耳环、镯、戒指、珠等，其中较典型的是一种喇叭口插孔式耳环。喀什地区塔什库尔干塔吉克自治县下坂地墓地出土有此类铜、银耳环[5]。其做法是：用一根铜、银丝弯曲成圆环状，耳钩较尖细，耳坠呈喇叭形，耳钩前端伸入喇叭口内；耳坠部分系将铜、银

1 《管子》，颜昌峣校释本，长沙岳麓书社，1996年，第48、49页。

2 北京市文物管理处：《北京市平谷县发现商代墓葬》，《文物》1977年第11期，第1—8页之第5页。

3 此处所谓的“长城沿线地区”是指古代中原农业居民与北方游牧民族接触的地带，这一区域东起西辽河流域，经燕山、阴山、贺兰山，至湟河流域、河西走廊，基本相当于学界习称的“北方长城地带”（可参看林沄：《中国北方长城地带游牧文化带的形成过程》，《燕京学报》第14期，北京大学出版社，2003年，第95—145页）。“长城沿线地区”之外的中国境内主要即今新疆地区，我们称之为“西北地区”。因文化格局的差异和考古材料的不平衡性，夏商周和秦汉时期“西北和长城沿线的金银器”很难截然分为两个部分讨论。公元前二至前一世纪，匈奴崛起，大月氏西迁，西北地区文化格局才发生了大的改变，所以本章将西北地区的早期金银器述及约西汉时期。长城沿线的早期金银器则主要述及商、西周、春秋和战国偏早阶段。因为约战国中期开始，长城沿线地区的文化格局也有了很大的变化，我们将战国偏晚阶段的金银器主要置于秦汉部分“周边地区的金银器”这一节中讨论。总之，早期金银器发现不多，材料较为零散，断代宽泛或不够准确，只有置于考古学文化中观察，才能掌握更多的线索。

4 陈戈：《关于新疆地区的青铜时代和早期铁器时代文化》，《考古》1990年第4期，第366—374页；韩建业：《新疆的青铜时代和早期铁器时代文化》，文物出版社，2007年；郭物：《新疆史前晚期社会的考古学研究》，上海古籍出版社，2012年。

5 新疆文物考古研究所：《新疆下坂地墓地》，文物出版社，2012年，第24—26、49页。

丝锤打成扇形薄片后，卷成，喇叭口部接缝闭合（图 1–21）。下坂地墓地 A Ⅱ M32 出土两件银耳环，一件环径 5.2 厘米，丝径 0.3—0.5 厘米，喇叭口径 0.9—1.8 厘米；另一件形制、尺寸基本相同，区别是将圆环拧成螺旋状。博尔塔拉蒙古自治州温泉县阿敦乔鲁墓地出土有这种样式的包金铜耳环，其年代约为公元前十九世纪至前十七世纪[1]。这种喇叭形耳环应源于安德罗诺沃文化[2]。

图 1–21 新疆喀什塔什库尔干塔吉克自治县下坂地墓地出土银耳环

新疆地区青铜时代末期至早期铁器时代的诸遗存中，发现金银器较为丰富的是位于阿尔泰山南麓阿勒泰地区的三道海子文化花海子类型（公元前 1000 年—公元前 700 年）[3] 和东天山以南吐鲁番地区的苏贝希文化（公元前 1100 年—公元前 100 年）。

2011 年，新疆阿勒泰地区哈巴河县东塔勒德墓地发掘墓葬 61 座，出土金器约 800 件，均为装饰品，多以金箔制成，图案以动物纹为主，有野猪、雪豹、卧虎、鹿、狼、羊等，还有金指环、金珠饰、金耳环、金坠饰等[4]（图 1–22）。发掘者认为该墓地的年代最早可以上溯到春秋晚期，晚至西汉，并指出金箔饰品与俄罗斯图瓦地区、蒙古西部、哈萨克斯坦东部以及巴泽雷克墓地有比较一致的特征。也有学者指出其年代应为公元前七世纪[5]；有的金饰具有亚述黄金艺术的特征[6]。

苏贝希墓群位于鄯善县吐峪沟乡苏贝希村附近[7]。苏贝希文化较早阶段（公元前 1300 年—公元前 500 年）的遗存可以苏贝希、四道沟遗址和洋海Ⅰ、Ⅱ号墓地为代表。鄯善洋海三处墓地共发掘墓葬 [illegible]

1 中国社会科学院考古研究所、博尔塔拉蒙古自治州博物馆、温泉县文物局：《新疆温泉县阿敦乔鲁遗址与墓地》，《考古》2013 年第 7 期，第 32 页文第 30、31 页。

2 林沄：《夏代的中国北方系青铜器》，《边疆考古研究》第 1 辑，科学出版社，2002 年，第 5、6 页。

3 郭物：《三道海子文物初论》，《欧亚学刊》第七辑，中华书局，2007 页。

4 新疆文物考古研究所：《哈巴河县东塔勒德墓地考古发掘简报》，载新疆文物考古研究所：《新疆阿勒泰地区考古与历史文集》，文物出版社，2015 年，第 127—137 页。

5 郭物：《新疆史前晚期社会的考古学研究》，上海古籍出版社，2012 年，198 页。

6 林梅村：《西域考古与艺术》，北京大学出版社，2017 年，第 50—53 页。

7 苏贝希村位于吐峪沟中流水的上游，维吾尔语一般称流水上游为“苏贝希”，汉译名为“苏巴什”。

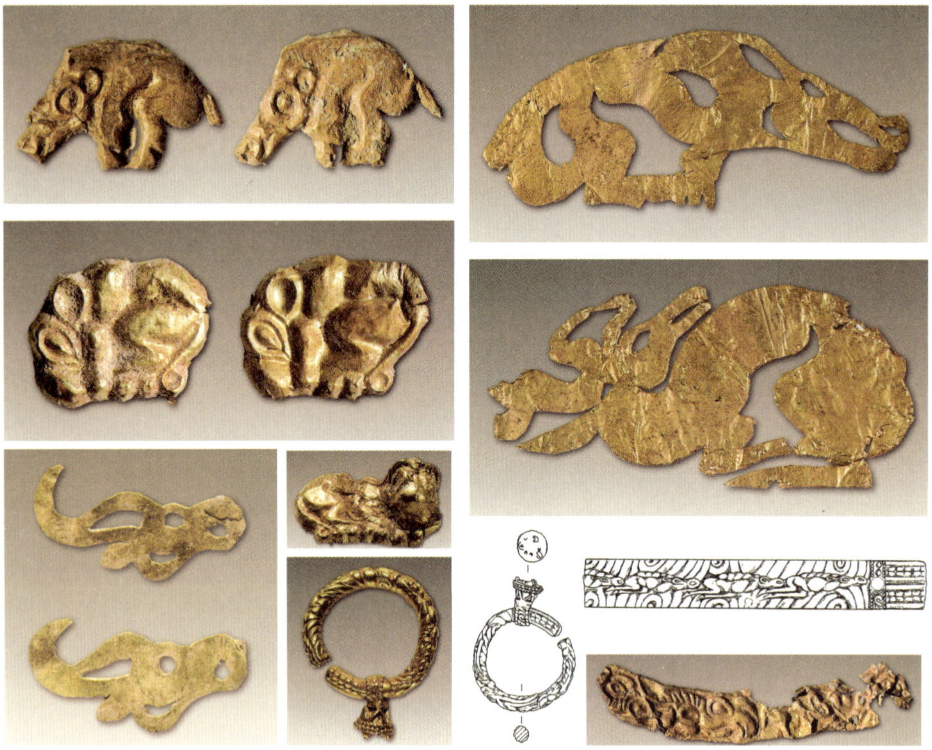
图 1-22　新疆阿勒泰地区哈巴河县东塔勒德墓地出土部分金器

发现有金耳环两件[1]。A 类墓葬的年代应为公元前 1200—公元前八世纪。与此同时，分布于塔里木盆地南、北缘的察吾乎沟口文化和分布于伊犁河流域的伊犁河流域文化的相关遗存中也有少量金银器的发现。察吾乎沟三号墓地出土有包金铁器把，金片上有一组阳线的人头像，眼睛三角形，头上有山形纹，酷似皇冠；M8 出土银戒指一，戒面椭圆形，中间稍突起，其上镶嵌一枚红色宝石，宝石外有一周金丝做成的箍，箍外用金点缀一圈联珠纹[2]。

苏贝希文化的较晚阶段（公元前 500 年—公元前 100 年）的遗存，大致相当于战国至西汉时期，发现金银器较多的遗存主要分布于乌鲁木齐、吐鲁番地区和哈密地区，包括南山矿区阿拉沟墓群、柴窝堡古墓群，交河故城沟北、沟西墓地，巴里坤东黑沟和西沟遗址等。

阿拉沟是天山山脉中间的一条山沟，位于吐鲁番盆地托克逊县西南，北走有河谷通向乌鲁木齐，行政区划属乌鲁木齐南山矿区。1976 年、1977 年在鱼儿沟车站东、阿拉沟河谷西岸发现四座竖穴木椁墓（战国至西汉）[3]，其中随葬了不少金、银制品。从残留的铜锈、黑灰看，它们有的应是附着于铜器、木器以及皮质器物上的，主要有虎纹圆形金饰、对虎纹金箔带、狮形金箔、兽面金饰片、六角形金花饰和菱形金花饰等（图 1-23）。虎纹圆形金饰的纹样为一蹲踞状的猛虎，身体后部卷曲。虎按圆形设

1 新疆吐鲁番学研究院、新疆文物考古研究所：《新疆鄯善洋海墓地发掘报告》，《考古学报》2011 年第 1 期，第 99—150 页之第 104 页。

2 新疆文物考古研究所、和静县文化馆：《和静县察吾乎沟三号墓地发掘简报》，《新疆文物》1990 年第 1 期，第 1—18 页之第 11、14 页。

3 新疆社会科学院考古研究所：《新疆阿拉沟竖穴木椁墓发掘简报》，《文物》1981 年第 1 期，第 18-22 页之 19、20、21 页；新疆维吾尔自治区社会科学院考古研究所编：《新疆古代民族文物》，文物出版社，1985 年，第 7 页，图 116、117。

计，夸张变形。饰件都用金片锤出，图案具有高浮雕效果。此外，还有大量的圆形、柳叶形、矩形、树叶形的小金片，螺旋纹金串饰和金丝等，这些饰品多散见于女尸骨附近，头部附近尤多，应该是人体装饰品或其上的附属物。另有小金钉一件，出土于木椁缝隙中，小金环一件。M30 北壁二层台上出土银牌七块，呈灰褐色，经光谱分析，主要成分为银，但含有大量的杂质。银牌外形有近方形、近矩形和盾形，长 9—10 厘米，宽 6—9.8 厘米，模压兽面纹、石榴花形纹，幅边内折，残留黑灰痕迹。

柴窝堡古墓群位于东、西天山之间南北通道的中部，属乌鲁木齐市，大致分为四个墓地。1991 年发掘的第一批墓葬（战国前后）中有八座出土了各式金箔片、金珠、金耳环等 50 余件[1]。金箔片一般没有纹饰，个别有枝蔓式纹样，采用了锤揲、焊接等工艺；金耳环以金丝弧折一环钩，下缀喇叭形金卷，内镶一蓝色石饰，中穿一孔；金珠，圆形，中空，中心有一小孔，珠径约 0.35 厘米，孔径约 0.05 厘米。1993 年发掘的 M1（战国至西汉早期）出土了三角形、卧马形、长方形金箔[2]。

吐鲁番鄯善县苏巴什古墓群出土有包金卧虎纹铜牌、虎纹金箔[3]。交河故城沟西墓地（1996 年）M1 和 M16 出土有金嵌石耳饰、虎头纹戒指、动物撕咬纹冠饰、

图 1-23　新疆乌鲁木齐南山矿区阿拉沟墓葬出土金器

图 1-24　新疆吐鲁番交河沟西 1 号墓出土金器

1 新疆文物考古研究所、西北大学文博学院八九级考古班：《乌鲁木齐柴窝堡古墓葬发掘报告》，《新疆文物》1998 年第 1 期，第 11—31 页之第 21—24 页

2 新疆文物考古研究所：《1993 年乌鲁木齐柴窝堡墓葬发掘简报》，《新疆文物》1998 年第 3 期，第 19—22 页之第 22 页。

3 吐鲁番地区文管所：《新疆鄯善县苏巴什古墓群的新发现》，《考古》1988 年第 6 期，第 502—506 页之第 503、504 页。

片饰、牛头纹腰牌、鹰鹿纹饰等八件[1]，其中M1有星云纹铜镜残片，M6有西汉五铢钱。沟北1号台地墓地（1994年）出土有鹰嘴怪搏虎纹牌饰、鹿形饰、鹰纹饰、对鸟形饰、卧驼形饰、三角形饰、六瓣花形饰、泡饰、套饰等金器41件，珠、管、牛头饰银器3件，年代为汉（图1-24）[2]。金银器出自其中的两座大墓——M01和M16，两墓周围有附葬墓和殉马（驼）坑。

2001年以来，东天山区域巴里坤山北麓的"早期游牧文化"遗址群颇受学界关注。2006年，西北大学等单位发掘了东黑沟遗址中的12座石堆墓（西汉前期）[3]。中型墓M012出土了以条形金箔和四叶状金花为主的金饰，还有五件长方形动物纹腰饰牌。三件较大腰饰牌表面为压模而成的五只动物纹，分上下两层，上层为三个并排的鸟首鹰喙纹，下层是虎纹和豹纹；两件较小的压模制有似抽象的龙首纹。银饰有圆形扣饰和长方形腰饰牌。圆形扣饰有几何纹和鸟首、鹿角、马蹄足的格里芬纹。长方形腰饰牌的纹样与金质的相同。2012年发掘的西沟遗址1号墓椁室内出土了130余件金银器，多为人身佩戴和衣物上缝缀的动物纹金饰片、金环、银环、喇叭形金坠饰等，具体有金耳坠、虎形金饰牌、盘羊首形金饰牌、喇叭形金坠饰、喇叭形金扣、金管饰、金片饰、金环和银环等，还有包金铁器[4]。其中，具有写实风格的虎纹金饰牌、盘羊首形金饰牌、鹰首形金饰片与巴泽雷克文化晚期遗存特征接近（图1-25）。

除三道海子文化和苏贝希文化外，西天山西段南部阿克苏、喀什地区的阿克塔拉文化遗存中也有一些发现。阿合奇县库兰萨日克公元前四世纪至公元前三世纪的古墓M5[5]出土有金马形牌饰、鹰鹿形饰、戒指、箔片饰，其中马形饰模压而成，马昂首

图1-25　新疆哈密巴里坤西沟遗址1号墓出土动物纹金饰

1 新疆文物考古研究所：《1996年新疆吐鲁番交河故城沟西墓地汉晋墓葬发掘简报》，《考古》1997年第9期，第46—54页之第51、52页。

2 新疆文物考古研究所：《吐鲁番交河故城沟北1号台地墓葬发掘简报》，《文物》1999年第6期，第18—25页之第23、24页；交河古城保护修缮办公室：《交河故城——1993年、1994年度考古发掘报告》，东方出版社，1998年，第62—66页。

3 新疆文物考古研究所、西北大学文化遗产与考古学研究中心：《新疆巴里坤县东黑沟遗址2006—2007年发掘简报》，《考古》2009年第1期，第3—27页。

4 程晓伟：《新疆巴里坤西沟遗址1号墓及出土金饰品研究》，西北大学硕士学位论文，2014年；谭盼盼、纪娟、杨军昌、王建新、马健：《新疆哈密巴里坤西沟遗址1号墓出土部分金银器的科学分析》，《文物》2016年第5期，第85—91页；西北大学文化遗产学院、哈密地区文物局、巴里坤县文物局：《新疆哈密巴里坤西沟遗址1号墓发掘简报》，《文物》2016年第5期，第15—31页。

5 新疆文物考古研究所：《阿合奇县库兰萨日克墓地发掘简报》，《新疆文物》1995年第2期，第20—27页之第25页；穆舜英主编，祁小山、张平副主编：《中国新疆古代艺术》，新疆美术摄影出版社，1994年，图137，第188页。简报断代为战国至西汉时期，郭物将M5定为公元前四世纪至公元前三世纪，见郭物著：《新疆史前晚期社会的考古学研究》，上海古籍出版社，2012年，第166、167页。

竖耳，前腿足上扬呈奔腾状，后体反转向上与鬃毛相连，尾翻卷左前蹄，鹰鹿饰，铸制，为昂首前行的鹿，背上站立着一只鹰。此外，1962年以来，新疆焉耆博格达沁古城汉唐墓群出土过一件镶嵌宝石的龙纹金带扣（收集）（图1-26），还采集到汉代铜镜、包金铁剑和装饰品等[1]。类似的龙纹金带扣，还见于辽宁大连营城子汉墓[2]、朝鲜平壤石岩里汉墓（出土漆器带有居摄三年纪年，公元8年）[3]、湖南安乡县西晋刘弘墓（刘弘卒于西晋光熙元年，306年，另出土有“宣成公章”“镇南将军章”，详见本书第三章）[4]。这件金带扣具有比较明显的汉文化特征[5]。

图1-26 新疆焉耆博格达沁古城西汉古墓出土嵌宝石龙纹金带扣

综合以上考古发现，新疆地区的早期金银器大体多见于天山南北麓及以北地区，以阿尔泰山、东天山一带最为丰富，这里不仅盛产黄金，而且也是欧亚东部草原的南缘部分。青铜时代的伊犁、塔城、喀什、帕米尔一带应该是安德罗诺沃文化的边缘区域，只见有少量首饰。青铜时代末至早期铁器时代，金银器最为突出的是阿尔泰山南麓、环东天山区域。大约相当于商和西周阶段的较早遗存中，金银器已比较常见，除了首饰等人体装饰品之外，黄金还用于装饰兵器。约当春秋战国时期，金银器制品已十分丰富。但金银器的丰富程度以及器物的类型、纹样也反映出经济形态的差异。阿尔泰山南麓的三道海子文化是欧亚草原东部早期较纯粹的游牧文化，其黄金制品发达，器物的种类、造型和纹样，与塔加尔文化、巴泽雷克文化等欧亚草原东部其他考古学文化有很强的相似性。而环东天山区域中的苏贝希文化主要从事山地游牧经济，即以山前地带的绿洲或者草原作为生存的基地，通常建有长期居住的房屋，在适合农耕的地方种植农作物。但苏贝希文化所在

1 韩翔：《焉耆国都、焉耆都督府治所与焉耆镇城——博格达沁古城调查》，《文物》1982年第4期，第8—12页之第9页。

2 刘金友、王飞峰：《大连营城子汉墓出土金带扣及其相关问题》，《北方文物》2015年第3期，第24—27、37页。

3 〔日〕曾布川宽、谷丰信：《世界美术史大全集·东洋编2·秦汉卷》，东京，小学馆，1999年，第178页；白云翔：《汉代“蜀郡西工造”的考古学论述》，《四川文物》2014年第6期，第39—51页。

4 安乡县文物管理所：《湖南安乡西晋刘弘墓》，《文物》1993年第11期，第1—12页之第3、6、9页。

5 孙机：《东周、汉、晋腰带用金银带扣》，《中国圣火——中国古文物与东西文化交流中的若干问题》，辽宁教育出版社，1996年，第64—86页。林梅村认为焉耆出土的龙纹金带扣与乌克兰草原出土的萨尔玛提亚金带扣，天山北麓博尔塔拉发现的帕提亚艺术风格的金镂、焊金珠耳饰的制作工艺相同，应是东迁新疆天山的乌禅幕工匠制作的，乌禅幕本是哈萨克草原上的一个古部落，游牧于康居与乌孙之间，汉武帝征和二年（公元前92年），投奔匈奴，为匈奴文化带来了中亚文明因素；匈奴金银器中一些带有中亚艺术风格的黄金制品应出自东迁蒙古高原的乌禅幕工匠之手；平壤出土的龙纹金带扣当是乌桓盗掘匈奴单于大墓之物。参见林梅村：《西域考古与艺术·第六章·乌禅幕东迁蒙古高原考》，北京大学出版社，2017年。

的吐鲁番盆地—中部天山北麓面向阿勒泰地区和开阔的准噶尔盆地，较容易与草原地带产生联系。苏贝希文化黄金制品中的虎羊、虎鹿噬咬纹，格里芬，后肢翻转兽面纹，虎、狮等猛兽纹、六角形金花纹金箔、牌、饰片广泛存在于欧亚草原地带，可以看出来自欧亚草原游牧文化的强烈影响。根据文献记载，先秦至汉初，大月氏人活跃于天山南北一带，直至公元前二世纪初匈奴崛起后，从敦煌和天山之间地带西迁伊犁河、楚河流域。林梅村指出，以洋海墓地为代表的苏贝希文化就是大月氏人的文化，交河沟北一号台地大墓的主人是未随大月氏西迁的小月氏酋长[1]。

先秦时期，东起西辽河流域，经燕山、阴山、贺兰山，至湟河流域、河西走廊的长城沿线地区分布有胡、狄、戎、羌等诸多部族。这一区域连接着北方草原和中原内地，在考古遗存中体现出自身以及来自南、北不同的文化因素。就金银器而言，属当地传统或来自北方草原的文化因素更浓。

北京平谷刘家河夏家店下层文化墓葬出土金笄一件、金耳环一件、金臂钏两件，还有残存 2×1 厘米素面无纹的金箔残片。金笄范铸而成，一面光平，一面有脊，横截面为钝角三角形，尾端有榫状结构（图 1-27：下）。这是中国境内发现的年代较早的一件金铸器。金耳环与前述安德罗诺沃文化的发现相同（图 1-27：上右）。金臂钏以金条锤揲制成，圆环两端为扇面形（图 1-27：上左）。河北唐山小官庄[2]、北京房山琉璃河[3]等夏家店下层文化的墓葬出土过与之相似的铜耳环，河北卢龙县东闬各庄商代墓葬则出土有相似的金臂钏[4]。

晋西、陕北地区沿黄河两岸也有独具特色的金饰品，多数是金耳饰。陕西淳化商代至西周初期墓 M1 和 M4 各出一件金耳饰，M3 出土四件金耳饰，大小两种各两件，其形制基本相同，有上半部为细长金丝，穿一管状绿松石，下半部为半

图 1-27　北京平谷刘家河夏家店下层文化墓葬出土金首饰

1 林梅村：《西域考古与艺术·第三章·大月氏人的原始故乡》，北京大学出版社，2017 年，第 60—86 页。

2 安志敏：《唐山石棺墓及其相关的遗物》，《中国考古学报》第七册，1954 年，第 77—86 页之第 81 页。

3 北京市文物管理处、中国科学院考古研究所、房山县文教局琉璃河考古队：《北京琉璃河夏家店下层文化墓葬》，《考古》1976 年第 1 期，第 59—60 页之第 60 页。

4 唐云明：《河北境内几处商代文化遗存记略》，《考古学集刊》（2），中国社会科学出版社，1982 年，第 44—46 页之第 45 页。

图 1-28　山西石楼县桃花庄商墓出土金耳饰

圆弧形一端内卷成螺旋形的金薄片[1]。陕西清涧商墓发现六件，形制相同，出土于头骨两侧[2]。山西永和商代晚期墓有金耳饰两件[3]；洪洞发现金耳饰一件，还有一些稍大的装饰品[4]。山西石楼桃花庄墓葬的带状金片全长 57.6 厘米，宽 4.8 厘米，厚 0.05 厘米，重 3.1 两；“发现时在头骨上，同出有八片类似耳环上绿松石的金片”（图 1-28）；另在尸骨腿部出有金片五，长 9，宽 1.5 厘米，上有穿孔[5]。山西保德商代晚期墓葬还发现了最大的人身装饰品，为人骨胸部叠放的两件金弓形饰，饰件的两端各有一穿孔，一件高 11.1 厘米，宽 26 厘米，厚 0.5 厘米；一件高 13 厘米，宽 29.1 厘米，厚 0.5 厘米；含金量为 95%，共重 215 克（图 1-29）；另有金丝饰品六根[6]。此类弓形饰应为项饰或胸饰，具有身份、地位标示的作用[7]。

西周时期的北方地区，金制品仍用于装饰人体，只是饰品的样式发生了变化，尤其耳饰的变化最为显著。河北迁安小山东庄西周早期墓出土金耳环一件，一端扁，一端尖，整体呈环形，重 1.7 克；金臂钏两件，还是有缺口的环形，分别重 15.5 克、21 克[8]。天津蓟县张家园西周时期墓葬，由于发表了墓葬平面图，可以获知更多有关使用金饰品的细节：M1 墓主为 30—40 岁的男性，一对金耳环位于两

1 淳化县文化馆（姚生民）：《陕西淳化县出土的商周青铜器》，《考古与文物》1986 年第 5 期，第 12—22 页。
2 高雪：《陕西清涧县又发现商代青铜器》，《考古》1984 年第 8 期，第 760—761 页之第 761 页。
3 石楼县文化馆（杨绍舜）：《山西永和发现殷代铜器》，《考古》1977 年第 5 期，第 355、356 页。
4 山西省考古研究所（朱华）：《山西洪洞县发现商代遗物》，《文物》1989 年第 12 期，第 90、91 页。
5 谢青山、杨绍舜：《山西吕梁县石楼镇又发现铜器》，《文物》1960 年第 7 期，第 51、52 页。
6 吴振录：《保德县新发现的殷代青铜器》，《文物》1972 年第 4 期，第 62—64 页之 64 页。
7 梅建军、王明辉：《关于我国北方商周墓葬所出“弓形饰”的若干问题》，《西域研究》2007 年第 3 期，第 116—123 页；洪猛：《中国北方商周时期“弓形饰”再探》，《西域研究》2011 年第 1 期，第 60—71 页。
8 唐山市文物管理处、迁安县文物管理所：《河北迁安县小山东庄西周时期墓葬》，《考古》1997 年第 4 期，第 58—62 页之第 59 页。

图 1-29　山西保德县商墓出土金弓形饰

耳边，两颗绿松石在头部左侧；M3 墓主是 30—40 岁的女性，有金耳环一对；M4 被扰乱，也有金耳环一对、绿松石三枚[1]。这里的人们男女都以金耳环、绿松石为饰，金耳环为直径 1.5 厘米或 2 厘米的金丝弯成椭圆形环状，两端砸扁，有的相交搭在一起。内蒙古宁城县小黑石沟墓地属夏家店文化上层，相当于西周晚期，一些大型墓葬出土有少量金饰品，如 M8501 出土了圆形鸭纹牌饰、金丝缠绕成弹簧式的耳环、箕形饰等[2]。辽宁宁城南山根石椁墓的时代为西周晚期到春秋早期，出有三件金耳环，一件是金条弯成的环形，两件是金丝绕成的小环[3]。辽宁朝阳魏营子西周时期 M7101[4] 和喀左和尚沟[5] 也出土了金臂钏。

夏商周时期，西北地区的河西走廊一带分布有四坝青铜文化，其年代大体相当于二里头文化、二里岗文化早期，年代为距今 3900—3400 年[6]。属于四坝文化的甘肃玉门火烧沟遗址[7]，出土了金环、银环，是目前中国西北地区发现较早的金银饰件。金环有缺口，末端圆锤扁似扇形，做法与刘家河商墓的臂钏相同，但尺寸较小，周长只有 8 厘米，可能是鼻环[8]。卡约文化是青海省分布最广、最具地方特色的青铜时代考古学文化，发现遗址多达 1700 多处，其年代可早到商代早期，晚至东周时期。属于该考古学文化的大通县上孙家寨墓地出土有金贝、金耳环、金

1 天津市历史博物馆考古部：《天津蓟县张家园遗址第三次发掘》，《考古》1993 年第 4 期，第 311—323 页之图九、图一二、图一四。

2 内蒙古自治区文物考古研究所、宁城县辽中京博物馆：《小黑石沟——夏家店上层文化遗址发掘报告》，科学出版社，2009 年，第 436 页。

3 辽宁省昭乌达盟文物工作站、中国科学院考古研究所东北工作队：《宁城南山根的石椁墓》，《考古学报》1973 年第 2 期，第 27—39 页之第 36 页。

4 辽宁省博物馆文物工作队：《辽宁朝阳魏营子西周墓和古遗址》，《考古》1977 年第 5 期，第 306—309 页之第 308 页。

5 辽宁省文物考古研究所、喀左县博物馆：《喀左和尚沟墓》，《辽海文物学刊》1989 年第 2 期，第 110—115 页。

6 王巍总主编：《中国考古学大辞典》，上海辞书出版社，2014 年，第 322 页。

7 甘肃省博物馆：《甘肃省文物考古工作三十年》，《文物考古工作三十年》，文物出版社，1979 年，第 142、143 页。

8 甘肃省博物馆编（韩博文主编）：《甘肃丝绸之路文明》，科学出版社，2008 年，第 8 页，图 4。

挂饰件；化隆县下班主哇墓地出土有金挂饰件[1]。金挂饰整体呈新月形，两端窄，有穿孔，向中间逐渐变宽，直径5.6厘米。

甘肃省清水县白驼乡刘坪村春秋晚期至战国晚期墓群出土金饰片50件（多为征集），有虎形、四鸟（格里芬）形、双龙形、瓦楞形、羊形等，金饰片上普遍存有钉孔，据称出土时钉在木板之上；这类金饰在邻近的宁夏戎族青铜文化众多的墓葬中几乎不见，而在中原文化的墓葬中也很少见，与鄂尔多斯青铜文化遗存出土的金饰件，以及甘肃礼县秦公大墓所出钉在棺椁上的金饰片，在造型、质地、厚薄上都存在明显的差异，体现出区域特色，或与西周以来居于此地的绵诸戎有关[2]。

综上，西北及长城沿线地区的早期金银器，是中国早期金银器发展格局中的重要"板块"。尤其是在公元前八至前三世纪，作为东西文化交流最为重要的舞台之一的萨彦—阿尔泰地区在中西文化交流的过程中起到了重要的桥梁作用。[3]从环东天山以及阿尔泰山南麓发现的早期铁器时代的金银器中，可以明显看出许多与欧亚草原早期金银器相似的文化因素。这些金银器主体上具有强烈的游牧文化特征。阿尔泰山盛产黄金，所以，从某种意义上说，这里可以视为中国金银器发展的"源头"。同一时期，长城沿线的金银器还不多见，大略看来是共性和个性并存，个性较多。器形主要是首饰和箔片饰；尽管数量不多，但出土金银器的墓葬，很多同时出土有精美的青铜礼器、兵器、工具，还有串珠、绿松石、海贝等，墓主人应该是部族首领或贵族；从中还都能看出来自北方草原和中原内地的文化因素；但区域和区域之间似乎没有文化上的共性。

1 青海省博物馆、青海民族博物馆：《河湟藏珍·历史文物卷》，文物出版社，2012年，第152、153页，图141—144页。

2 李晓青、南宝生：《甘肃清水县刘坪近年发现北方系青铜器及金饰片》，《文物》2003年第7期，第4—17页。

3 马健：《公元前8—前3世纪的萨彦—阿尔泰——早期铁器时代欧亚东部草原文化交流》，《欧亚学刊》第八辑，第38—84页。

第二章
秦汉金银器

中国早期，青铜和玉有着超然、崇高的地位，用以制作礼器。大约从战国时期开始，视觉效果更加灿烂辉煌的黄金、白银似乎引起了人们更丰富的联想，器物的制造也渗透了复杂的观念，黄金、白银的地位不断提高，逐渐凌驾于其他材质的器物之上。

秦代由于时间短暂，在金银器发展史上看不到十分明显的建树，主要还是战国金银器发展的延续。两汉的情况则有所不同，因为大量王侯墓葬的考古发现，金银器的资料比较丰富，从中可以窥视这一时期金银器的整体风貌。从西汉中期开始，中原和南方地区的考古学文化有了更大的一致性，这在金银器上有明显的体现。与之前相比，金银器的分布范围更加广泛，数量远超前代，器类有所增加，工艺更加精细[1]。除了服饰、首饰等装饰品外，器皿特别是银器皿的数量增加，新见到工具、医用器具等。制作工艺更加成熟，掐丝和金珠焊缀工艺是当时金器制造的重要成就。

第一节　金银产地与冶炼技术

汉代金银的产地总体上与战国时期的情况相同，但范围略有扩大，主要在南方地区。《盐铁论》卷一载：荆、扬“左陵阳之金”，“丹、章有金、铜之山”[2]。《史记》卷一二九《货殖列传》载：“江南出……金、锡……”“豫章出黄金”[3]。《汉书》卷二八《地理志》记载，犍为郡（今四川宜宾）的朱提“山出银”，益州郡贲古（今建水东南）“北采山出锡，西羊山出银、铅，南乌山出锡”[4]。《后汉书》卷二三《郡国志五》载：永昌郡“博南，永平中置，南界出金”；注引《华阳国志》云：“西山高三十里，越山得兰沧水，有金沙，洗取融为金”；同书广汉属国刚氐道下注引《华阳国志》：“涪水所出，有金银矿。”[5]《水经注》卷三六《若水》：

1 关于秦汉金银器的考古发现情况，可参看江楠:《中国早期金银器的考古学研究》，吉林大学博士学位论文，2015年，第228—280页，表5-1“秦汉时期金银器出土情况统计表”。

2 《盐铁论》，王利器校注本，中华书局，1996年，第41、42页。

3 中华书局，1959年第1版、1982年第2版，第一〇册，第3253、3254、3268页。

4 中华书局，1962年，第六册，第1599页、1601页。

5 中华书局，1965年，第一二册，第3513、3514页。

“兰仓水出金沙，越人收以为黄金。”[1]《后汉书》卷八六《南蛮西南夷传》记载，这里“有盐池田渔之饶，金银畜产之富”[2]。

从这些文献记载可以看出，当时的采金银之地显然比战国时期增加了。而考古所见的物证也有开采千年的矿业和用于加工的半成品。云南个旧的银矿自汉代开始开采，一直延续到清代[3]。山东曲阜九龙山汉代崖墓出土有银块，长3.4厘米，宽1.2厘米，厚0.7厘米，重31克[4]。

与战国时期相比，汉代关于金、银的记载更加详细，既有关于矿藏的方位、开采方式、金银成色的描述，也涉及了冶炼和器物制作。《华阳国志》记载，涪县“涪水出涪山，其源出金银矿，洗取，火融合之为金银”；“晋寿县，本葭萌城，刘氏更曰汉寿。水通于巴西，又入汉川。有金银矿，民今岁岁选取之”；博南县“有金砂，以火融之为黄金”[5]。通过这些记载，可了解到采集自然黄金似乎在汉代仍占重要地位，但是，“以火融之为黄金”清楚地表明从河流中淘出的黄金要加热融合。现代炼金的工艺方法有火法、化学法和电解法；火法炼金是将金银合金和硫黄、辉锑矿、食盐、硝石等在高温下共熔，使金与银、铜等其他金属分离；火法炼金劳动强度大，环境差，生产效率低下，原材料耗量大，产品纯度不高，近代已很少采用[6]。汉代“以火融之为黄金”大约就是这种火法炼金。

金银冶炼的兴盛还可以从西汉初期方士们炼丹的记载中窥见一斑。《史记》卷一二《孝武本纪》记载方士李少君曾对汉武帝刘彻说：“祠灶则致物，致物而丹沙可化为黄金。”于是，汉武帝“始亲祠灶，而遣方士入海求蓬莱安期生之属，而事化丹沙诸药齐为黄金矣”[7]。这与当时的“造银锡为白金”[8]一样，都是用冶炼的方法从矿物中提取黄金和熔造合金。炼丹方士们试图人工合成黄金，虽然炼就的人工合“金”究竟怎样目前无法了解，不过，他们反复进行的“炼丹”实践，促使矿冶、化学工业得到发展。

随着黄金白银冶炼技术的进步，出现了对质量的品评。《史记》卷三〇《平准书》载：“金有三等，黄金为上，白金为中，赤金为下。”[9]其中白金指银，赤金指铜，这是从贵贱的角度对不同金属做出的明确评论。《论衡·验符篇》所载：“永昌郡中亦有金焉，纤靡大如黍粟，在水涯沙中。民采得日重五铢之金，一色正黄。”[10]这是对黄金色泽质量的分辨。黄金的颜色与含量之间存在对应关系，颜色可反映黄金夹杂物的种类和比例，含银的黄金色偏黄，含铜的黄金色偏红，故用色泽来判定黄金成色是一种实用方法，直至现代，民间仍用“赤金”“足金”初步辨别黄金成色。运用现代技术手段对北京平谷刘家河夏家店下层文化时期出土

1 〔北魏〕郦道元著，陈桥驿校证：《水经注校证》，中华书局，2007年，第826页。
2 中华书局，1965年，第一〇册，第2846页。
3 王春云：《金银首饰鉴赏》，广东旅游出版社，1996年，第15页。
4 山东省博物馆：《曲阜九龙山汉墓发掘简报》，《文物》1972年第5期，第39—43页、第54页之第43页。
5 《华阳国志》，刘琳校注本，巴蜀书社，1984年，第147、150、440页。
6 李华琳：《中国出产加工技术手册》，中南大学出版社，2003年，第573页。
7 中华书局，1959年第1版、1982年第2版，第二册，第455页。
8 《史记》卷三〇《平准书》，中华书局，1959年第1版、1982年第2版，第四册，第1427页。
9 中华书局，1959年第1版、1982年第2版，第四册，第1426页。
10 黄晖校释本，中华书局，1990年，第839页。

金器测试表明，器物含金量仅为85%[1]；战国时期含金量不固定，有的仅70%，不到90%的也不少；汉代金饼和马蹄金、麟趾金含金量一般都在95%以上，最高达99.3%[2]。这种含量属于纯金类，较柔软，如果没有较高的冶炼和提纯工艺，不可能达到如此高的纯度。

汉代的金银器制造由官府掌控，《汉书》卷七二《贡禹传》记载，汉元帝时“齐三服官作工各数千人，一岁费数巨万。蜀广汉主金银器，岁各用五百万。三工官官费五千万，东西织室亦然”[3]。也有皇亲贵戚私自制作金器的，《太平广记》卷二三六“郭况”条记载，东汉光武皇后之弟郭况“累金数亿，家童四百人，以金为器皿，铸冶之声，彻于都鄙”[4]。

汉代文献中记载的金银产地仍然主要在南方，但目前北方地区出土的金银器要多于南方。文献记载与考古发现之间发生一些差异，这应该是保存下来如《华阳国志》这样的地方志类主要记载的是南方和西南地区的情况，而记载其他地区很少的缘故。金银毕竟为贵重之物，又主要出自墓葬，北方地区的秦汉墓葬不仅数量大，高规格墓葬的比例也大，这也是北方地区出土金银器较多的原因。

第二节　大型器皿与金银的灵异之说

秦汉金银器的种类主要有器皿、单体装饰品、附属饰件、印玺、车马器、货币和杂器等。与春秋战国时期相比，一个重要的变化是作为生活用品的器皿数量明显增加。据统计，迄今为止，考古发现的秦汉金银器皿已有62件，2件为金器，其余均为银器，46件属于西汉时期，16件为东汉；考古学上的分类有盘、匜、碗、盒、洗、盆、鋗、杯、耳杯、卮、壶、罐、碟和匙（勺）等[5]。从以上考古发现看，汉代金银器容器的制作显然比战国时期要兴盛，不仅数量多，而且工艺精湛，但绝大多数都是银器。虽然形制与战国时期的同类器物相比，基本没有变化，但制作工艺有所提高。

汉代常见的一些较大型的银器皿，一般被命名为盆、盘、洗、匜，但根据一些银器上的刻铭，主要是鋗、鉴和匜三种，作为沐浴器（盥洗器）使用，称“沐鋗”“沐鉴”“银匜”。鋗、鉴都是盆类，用于盛水，《说文解字》曰：“鑑，大盆也”，“鋗，小盆也”[6]；匜是注水器。江苏徐州狮子山西汉楚王墓[7]出土的银“沐鋗”腹部浅刻“宦者尚浴沐鋗容一石一斗八升重廿一斤十两++朱第一御”（图2-1）；

1 北京市文物管理处：《北京市平谷县发现商代墓葬》，《文物》1977年11期第1—8页之第5页。

2 安志敏：《金版与金饼——楚、汉金币及其有关问题》，《考古学报》1973年第2期，第61—90页之62页、72页。

3 中华书局，1962年，第一〇册，第3070页。

4 中华书局，1961年，第五册，第1811页。

5 关于秦汉时期金银器皿考古发现的整体情况，参看江楠：《中国早期金银器的考古学研究》，吉林大学博士学位论文，2015年，第376—380页、表5—15。

6 中华书局，1963年，第294、295页。

7 韦正、李虎仁、邹厚本：《江苏徐州市狮子山西汉墓的发掘与收获》，《考古》1998年第8期，第1—20页之第9—10页。

铜内有一漆盆，已残朽成粉末，“铜内底部有一漆笥，内盛有加工过的茎叶类植物，另置放陶制圆形和长方形爽身器具”。出土的银盆口径 47.2 厘米，底径 26.2 厘米，高 11.4 厘米，器腹浅刻“容六斗十升十二斤十四两十九朱”。江苏盱眙大云山江都王刘非墓（公元前 128 年或稍后）出土的银“沐鉴”口沿下刻铭“江都宦者沐鉴容一石八斗重廿八斤十七年受邸”（图 2-2：左下、右），附近还出土有三件陶槎，由火山石磨制而成，器表为蜂窝状小孔；银匜五件，形制基本相同（图 2-2：左上）[1]。陕西西安青门村西汉墓出土一件“窦氏银匜”，长流方折，平底；通长 32.5 厘米，身长 25.5 厘米，宽 20 厘米，高 12.5 厘米；铭“西共窦氏银匜容一斗七升重五斤十四两三年二月造第五”[2]。此外，广州南越王墓[3]、安徽巢湖北山头西汉早期一号墓[4]、江苏涟水三里墩西汉中晚期墓[5]等都出土有银匜。总之，汉代银器中的盥洗器主要是铜、鉴，意指盆，还有匜。这些盥洗用的银容器应该是与其他铜、漆木质等容器、用具组合使用的[6]。

图 2-1　江苏徐州狮子山西汉楚王墓出土银铜

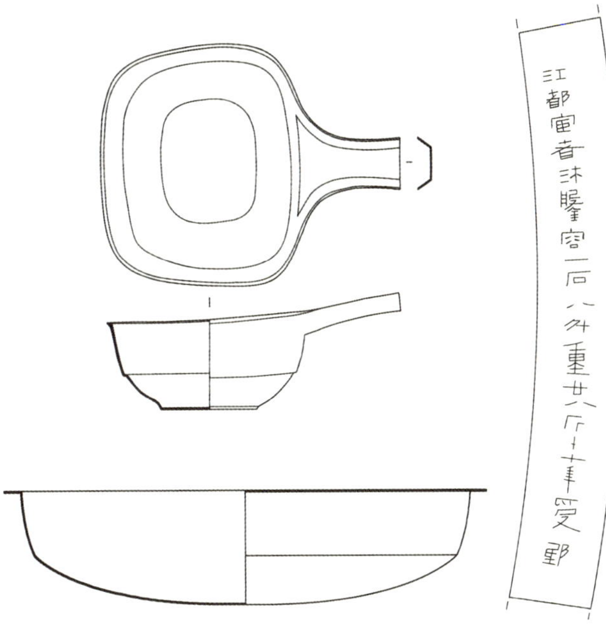

图 2-2　江苏盱眙大云山江都王刘非墓出土银洗、匜

除沐浴器（盥洗器）外，更多的应该是饮食器，常见的有盘、盆、洗、盒（盒），还有碗（碟），杯（耳杯或卮）、勺（匙）等。盘、盆、洗形器有些应是盛酒器，体量一般比盥洗水的同形器要小一些。究竟是盥洗器还是饮食器，需根据器物刻铭、出土位置、器物组合等情况作出判断。山东临淄西汉早期齐王墓陪

1　南京博物院、盱眙县文广新局：《江苏盱眙县大云山西汉江都王陵一号墓》，《考古》2013 年第 10 期，第 42、43 页。

2　国家文物局主编：《中国文物精华大全·金银玉石卷》，商务印书馆（香港）有限公司、上海辞书出版社，1994 年，第 92 页。

3　广州市文物管理委员会、中国社会科学院考古研究所、广东省博物馆：《西汉南越王墓》，文物出版社，1991 年，上册，第 251 页。

4　安徽省文物考古研究所、巢湖市文物管理所：《巢湖汉墓》，文物出版社，2007 年，第 105—108 页。

5　南京博物院：《江苏涟水三里墩西汉墓》，《考古》1973 年第 2 期，第 80—87、89 页之第 86 页。

6　关于秦汉时期的沐浴方式，可参看张建锋：《秦汉时期沐浴方式考》，《考古与文物》2015 年第 6 期，第 42—50 页。

葬坑[1]出土三件银盘，其中一件口径 37 厘米，高 5.5 厘米，有“容二斗重六斤十三两御羞 I ”铭文，重 1705 克（每斤约合 250 克），容 4100 毫升（每升合 200 毫升）。另两件口径 23.5 厘米，高 5 厘米，有“容五升大官南右般□木”“大官□木”；“南般朱容五升”“左工一斤一两”等铭文，其中的“大官”即太官，属少府属官，主管膳食。这几件银“般”和另一件盖内面刻有“木南”两字的银盒（豆）应该是食器。南越王墓出土的相同银盒有“一斤四两右游一私官容三升大半□”刻铭[2]。江都王刘非墓出土的四件所谓“银洗”，口径 10.5—21.6 厘米，高 3.8—6.7 厘米，有“食官容五升重十五两十五朱”“常食容一斗重一斤五两十二朱”和“常食”等铭文，也是饮食器。河北获鹿常山王刘舜墓（刘舜死于公元前 114 年）出土三件银盘，口径 26—30.8 厘米，其中一件腹部外侧刻“五官”二字（图 2-3）；另出有银勺三件，勺口径 8.2 厘米，通长 22 厘米，可能是与银盘配合使用的[3]。与之同出的一件形制相同的铜盘上有“宦者铜般容五升重五斤四两”刻铭。盘、勺的组合与曾侯乙墓出土的金盏、勺组合相似。广州南越王墓后藏室出土的一件“银洗”大小、容积与前面的差不多，铭文中包含“乘舆”二字[4]。可见，银“般”应该是汉代银质饮食器中体量较大的一种，与银盒（豆）、勺等银器以及铜器等其他材质的器物组合使用。

图 2-3　河北鹿泉高庄汉墓出土的银盆

目前所见的所谓“银盒”有三类：一类是豆形盒，有西方银器的风格（详见本章第六节）。广州南越王墓出土的银盒内有药丸半盒[5]；安徽巢湖北山头一号墓（西汉文景时期）出土银盒的造型和制作方法与前者几乎完全相同[6]。一类是奁状盒（应称为奁），河北定县东汉 43 号墓（刘畅死于汉灵帝熹平三年，174 年）[7]出土一件，椭圆形，盖、身可套合，盖顶微鼓，盖顶錾有四叶形花饰，高 6.5 厘米，长 10 厘米，

1 山东省临淄市博物馆：《西汉齐王墓随葬器物坑》，《考古学报》1985 年第 2 期，第 223—266 页之第 257 页。

2 广州市文物管理委员会、中国社会科学院考古研究所、广东省博物馆：《广州南越王墓》上册，文物出版社，1991 年，第 210 页。

3 河北省文物研究所、鹿泉市文物保管所：《高庄汉墓》，科学出版社，2006 年，第 45 页。

4 广州市文物管理委员会、中国社会科学院考古研究所、广东省博物馆：《广州南越王墓》上册，文物出版社，1991 年，第 298 页。

5 广州市文物管理委员会、中国社会科学院考古研究所、广东省博物馆：《广州南越王墓》上册，文物出版社，1991 年，第 209、210 页。

6 安徽省文物考古研究所、巢湖市文物管理所：《巢湖汉墓》，文物出版社，2007 年，第 105—107 页。

7 定县博物馆：《河北定县 43 号汉墓发掘简报》，《文物》1973 年第 11 期，第 8—20 页之第 10 页。

图 2-4　江苏徐州东汉彭城王刘恭家族墓出土“长生大寿”铭银盒

宽 6.1 厘米。其外形、结构、装饰都与漆奁相似，如江都王刘非墓出土的漆奁[1]。此类银盒（奁）可能是梳妆用具。江苏徐州东汉彭城王刘恭家族墓出土一件“长生大寿”铭银盒，盒盖面饰四叶纹[2]（图 2-4）。该“盒”的“盒”身实为鋗形或钵形，应该模仿了当时的漆器。江西南昌东吴高荣墓出土有相似造型和纹样的漆圆盖和漆钵[3]，从尺寸看，两者应该是组合成器的。

碗（碟）的发现也不少。江苏邗江二号东汉广陵王墓（刘荆死于汉明帝永平十年，67 年）出土一件，直口，弧腹，平底，素面[4]。湖南长沙五里牌 M007（新莽）出土一件，直口内有弦纹一周，圜底稍向内凹入，银白如新；口径 12 厘米，高 6.4 厘米；M009（东汉）也出土一件，形制相同，口径 14 厘米，高 5.5 厘米[5]。相同形制和相近大小的，还有云南昭通象鼻岭崖墓 M2（东汉）出土的两件银碗[6]。广西贵县东汉墓也出土银碗（碟）两件[7]。

杯（耳杯或卮）、勺（匙）多与其他银器或铜器皿组合使用。除前述高庄汉墓出土的勺外，还有湖南长沙五里牌 M009（东汉）出土的“匙”，椭圆形瓢，勾状柄，柄长 8 厘米，与前述银碗共出。陕西咸阳二〇二所 M2（西汉晚期）出土的银杯造型很新颖，杯身为敛口、圆腹、圜底、三兽蹄足，整体类似鼎身或墩身，带“6”字形把[8]（图 2-5）。

另外，安徽亳县东汉晚期属曹操宗族墓的董园村一号墓出土一件小银壶，高 3.3 厘米，径 1.5 厘米[9]。金器皿很少见，山东青州市马家冢子东汉墓出土一件很小的金罐，有钮盖，子母口，溜肩，肩部有对称的环形双耳，腹微鼓，圜底，口径 0.78，高 2.2 厘米，壁厚 0.09 厘米，重 6.8 克[10]。云南晋宁石寨 M23 出土圆形金盒、

1　南京博物院、盱眙县文广新局：《江苏盱眙县大云山西汉江都王陵一号墓》，《考古》2013 年第 10 期，第 62—65 页。

2　藤田国雄、熊原正雄：《中华人民共和国出土文物展》，凸版印刷株式会社，1973 年，图 100。

3　江西省历史博物馆：《江西南昌市东吴高荣墓的发掘》，《考古》1980 年第 3 期，第 219—228 页之第 223、224 页。

4　南京博物院：《江苏邗江甘泉二号汉墓》，《文物》1981 年第 11 期，第 1—10 页之第 7 页。

5　湖南省博物馆：《长沙五里牌古墓葬清理简报》，《文物》1960 年第 3 期，第 38—49 页之第 45、48 页。

6　云南省博物馆文物工作队：《云南昭通象鼻岭崖墓发掘简报》，《考古》1981 年第 3 期，第 222 页。

7　广西文物管理委员会：《广西贵县汉墓的清理》，《考古学报》1957 年第 1 期，第 160 页。

8　咸阳市文物考古研究所：《陕西咸阳二〇二所西汉墓葬发掘简报》，《考古与文物》2006 年第 1 期，第 3—11 页之第 8 页；李永平：《陕西咸阳二〇二所西汉墓出土银杯及相关的几个问题》，《考古与文物》2007 年第 4 期，第 56—60 页。

9　安徽省亳县博物馆：《亳县曹操宗族墓葬》，《文物》1978 年第 8 期，第 32—45 页之第 35 页。

10　山东省青州市博物馆：《山东青州市马家冢子东汉墓的清理》，《考古》2007 年第 6 期，第 73—74 页。

图 2-5 陕西咸阳二〇二所 M2（西汉晚期）出土银杯及线描图

圆形银盒各一件，器形、大小不明，银盒内装一枚五铢钱[1]。

除了考古发现，文献中还有少量金银器物的记载。曹操《上器物表》和《上杂物疏》中提到了不少当时金银器的名称，“御物有纯银粉铫一枚，药杵臼一具”；“纯银参镂带漆画书案一枚，纯银参带台砚一枚，纯银参带圆砚大小各一枚”；“御物三十种，有纯金香炉一枚，下盘自副；贵人公主有纯银香炉四枚，皇太子有纯银香炉四枚”；“御杂物用，有纯金唾壶一枚……贵人有纯银参带唾壶三十枚”；“皇子银匣一”；“纯银澡豆奁，纯银括镂奁”“银画象牙杯盘五具”等[2]。铫是一种温器，《说文解字》云：“铫，温器也，一曰田器”[3]。这些器皿和用具有不少与考古发现相合，可见金银器皿已是秦汉金银器的主要门类之一。

总而言之，汉代金银容器的器类增多，大型器较常见，这表明当时的金银采矿、冶炼和制作工艺有了明显的进步。但这些金银器皿的制作工艺多是传统的铸造，造型、功用很多都与同时期的铜器、漆器相似，刻铭的做法也与铜器、漆器相同。金银器皿的制作依然受到了中国传统工艺、器型的强烈影响。王侯墓等高规格墓葬中出土的银器皿并不构成一组功能独立或有鲜明特色的器物群。与众多同类的铜器、漆器相比，它们只是少数，银器皿在王侯墓葬中也不具有普遍性。但无论是“鋗”“鉴”“匜”，还是“般”，都已是当时贵族生活中的大型用器，选择用银来制作这些大型容器，或许是有意突显贵族身份地位的一种方式，也说明当时银的采冶和银器的制作水平已达到了新的高度。

秦汉时期的中国，可以说是一个充斥着鬼神观念和升仙愿望的世界，得长生、荫子孙是整个社会普遍的诉求，作为上层的帝王、贵族尤其如此。稀有、珍贵、坚韧的金银为上层少数人所拥有，似乎更容易沾染上这些社会风气。以真正的金银为沐浴器、饮食器，又多将生活中常用的铜器涂金，可能都跟当时关于金银的灵异之说有关。西汉方士李少君曾对汉武帝说“黄金成以为饮食器则益寿”[4]。汉代文献将蓬莱、方丈、瀛洲三座海中神山描述为“其物禽兽尽白，而黄

1 张增祺：《晋宁石寨山》，云南美术出版社，1998 年，第 106 页。
2 《曹操集 · 文集卷一》，中华书局，1959 年，第 21—23 页。
3 〔汉〕许慎撰：《说文解字》，中华书局，1963 年，第 295 页上。
4 《史记》卷二八《封禅书》，中华书局，1959 年第 1 版、1982 年第 2 版，第四册，第 1385 页。

金银为宫阙”[1]。汉代统治阶级“延年益寿”“长生不老”的追求，不仅给金银器蒙上了一层神秘色彩，对金银器的制作也会起到推波助澜的作用，这或许是汉代金银容器比战国时期更兴盛的原因之一。

追求“延年益寿”“长生不老”的意愿，使金银直接参与到丧葬中。汉代关于金银的灵异之说在一些丧葬明器或用品上有具体的体现。陕西西安汉长安城遗址出土一件东汉金灶[2]，大小如指尖，用金丝、金粒焊缀，灶壁和锅的周围饰有细金丝交错的云纹，内嵌绿松石。锅内盛满了“米”，好似正在煮饭，灶底部有“日利”二字，制作极精（图2–6）。山东莒县双合村东汉墓出土金灶一件，长1.25厘米，宽0.9厘米，高0.9厘米，底部用金丝焊接“宜子孙”三字[3]；安徽合肥西郊乌龟墩东汉墓[4]出土一件“金饰”，有“宜子孙”三字，边缘以极小的金珠镶嵌，顶端有一小圆孔，长2.3厘米，宽1.5厘米，应该是一件金灶的底部。《史记》卷二八《封禅书》记载：“（李）少君言于上（指汉武帝）曰：‘祠灶则致物，致物而丹沙可化为黄金，黄金成以为饮食器则益寿，益寿而海中蓬莱仙者乃可见，见之以封禅则不死，黄帝是也。臣尝游海上，见安期生，安期生食巨枣，大如瓜。安期生仙者，通蓬莱中，合则见人，不合则隐。’于是天子始亲祠灶，遣方士入海求蓬莱安期生之属，而事化丹沙诸药齐为黄金矣。”[5]目前东汉墓葬中所见到的这种明器化十分明显，但又制作极精的金灶可能与上述观念有关。

汉代丧葬中使用的金、银缕玉衣或也与上述金银灵异之说有些关联，尽管其中玉扮演着主要的角色。《抱朴子》记载：“金玉在九窍，则死人为之不朽。”[6]玉衣又称“玉匣”，是汉代皇帝和贵族死后穿着的一种特殊殓服，一般分为头套、上身衣、袖筒、手套、裤筒和鞋六部分（图2–7）。汉代人相信玉衣可以让尸体不腐烂。它起源于先秦贵族墓中覆盖在死者脸部的缀玉面幕和身上穿着的缀玉衣服。文献记载玉衣使用有一定的制

图2–6 陕西西安汉长安城遗址出土东汉金灶

1 《史记》卷二八《封禅书》，中华书局，1959年第1版、1982年第2版，第四册，第1370页。

2 陕西省博物馆、文管会：《文化大革命期间陕西出土文物》，陕西人民出版社，1973年，第19页，图37；西安博物院：《金辉玉德——西安博物院藏金银器玉器精粹》，文物出版社，2013年，第46页。

3 刘云涛：《山东莒县双合村汉墓》，《文物》1999年第12期，第25—27页之第26页。

4 安徽省博物馆筹备处清理小组：《合肥西郊乌龟墩古墓清理简报》，《文物》1956年第2期，第46—51页。

5 中华书局，1959年第1版、1982年第2版，第四册，第1385页。

6 王明：《抱朴子内篇校释》卷三《对俗》，中华书局，1980年，第51页。

图 2-7 河北定县八角廊村 40 号汉墓出土金缕玉衣

度，分金缕、银缕和铜缕三个等级。《后汉书》志六《礼仪下》记载："帝崩，唅以珠，缠以缇缯十二重。以玉为襦，如铠状，连缝之，以黄金为缕"；"诸侯王、列侯、始封贵人、公主薨，皆令赠印玺、玉柙、银缕；大贵人、长公主铜缕。"[1] 在这里，金银在保护尸体的同时还表示享用者身份等级的高低。但考古发现表明，西汉时期在玉衣使用上尚未形成严格的制度，诸侯王及夫人就可以使用金缕玉衣。东汉时期玉衣制度可能更严格一些。

汉墓中出土的金、银针等医药用具是否与"延年益寿"的观念有关，不敢遑论，暂将材料列出：河北满城西汉中山王刘胜墓出土有带流银盒一件、银漏斗形器两件、金针四枚、银针五枚、银祖一件[2]；广西贵县罗泊湾汉墓出土有银针三枚[3]；云南曲靖横大路墓地 M40 发现金针一枚[4]。三座墓葬均属西汉时期。满城汉墓出土的九枚金银针，从形状上看，应该是《黄帝内经》中记载的九针中的四种，即鍉镇、锋针、毫针和员针[5]。其中的金医针，长 6.5—7 厘米，径 0.12—0.18 厘米。

第三节 装饰器件与装饰工艺的多样化

作为附属于器物或人体的装饰品使用，依然是秦汉金银器的主要功能。秦汉以后金银装饰器件的种类日益丰富，车马器件主要发现在北方[6]。陕西秦始皇陵陪葬坑中出土的 1 号、2 号铜车马[7] 有数百件金银饰件，工艺精湛，把先秦已有的车马装饰发展到新的水平。

车马殉葬是西汉王侯墓的重要墓葬制度之一。汉武帝以前用真车马殉葬尚不普遍；汉武帝至汉元帝时期则普遍流行，晚期趋于消亡，西汉以后很少再见到[8]。

1 中华书局，1965 年，第一一册，第 3142、3152 页。
2 中国社会科学院考古研究所、河北省文物管理处：《满城汉墓发掘报告》，文物出版社，1980 年，第 115—120 页。
3 广西壮族自治区文物工作队：《广西贵县罗泊湾一号墓发掘简报》，《文物》1978 年第 9 期，第 29 页。
4 云南省文物考古研究所：《曲靖八塔台与横大路》，科学出版社，2003 年，第 152 页。
5 戴应新：《解放后考古发现的医药资料考述》，《考古》1983 年第 2 期，第 183 页。
6 关于秦汉时期金银车马器（饰）件考古发现的整体情况，参看江楠：《中国早期金银器的考古学研究》，吉林大学博士学位论文，2015 年，第 359—361 页、表 5—13。
7 秦始皇兵马秦俑博物馆、陕西省考古研究所：《秦始皇陵铜车马发掘报告》，文物出版社，1998 年。
8 郑滦明：《西汉诸侯王墓所见的车马殉葬制度》，《考古》2002 年第 1 期，第 73 页。

金银车马器常见于西汉时期的王侯墓中，多为银质，如山东章丘洛庄西汉早期吕王墓9号车马坑出土金带扣、节约、泡等四十件，总重量600余克[1]；临淄西汉早期齐王刘襄墓四号陪葬坑出土银车马器76件[2]；江苏盱眙大云山西汉早期江都王刘非墓出土银车马饰30件[3]；河北满城西汉中期中山王刘胜墓出土银马饰30件[4]，江西南昌西汉中晚期海昏侯墓出土少量银车马器以及大量用错金、错金银装饰的铜车马器，主要是铜当卢，有80余件[5]；山东曲阜九龙山西汉中晚期鲁王墓出土银马饰35件[6]。中山王刘胜墓的12件当卢形体较大，长26.8厘米，宽13厘米；马面形，两耳内卷，双眼和嘴部呈圆形微凸，中心各镂长方形小孔，周缘饰连珠纹；边沿内折，穿有51个小孔，用以穿线（图2-8）。江都王刘非墓出土的银车饰为较完整一套，包括伞柄箍饰一套、盖弓帽十五、合页三、泡饰一、镦十九，伞柄箍饰和盖弓帽上都镶嵌有宝石。

图2-8　河北满城中山靖王墓出土银当卢

金银不仅作为马具的饰品，也常用于人体装饰和漆木器等。从文献记载看，汉代佩戴金银饰件已成风尚，但目前的考古发现主要见于南方地区。1952—1978年在湖南长沙发掘的汉墓中有百余座都出土了银戒指、指环、手镯等[7]。1953—1960年在广州市郊清理的409座两汉墓中有13座出土了金银饰件，包括金指环、银指环、银手镯、珠串饰、金耳珰等[8]；江西南昌市东汉中期墓葬出土刻着“宫制”

1 济南市考古研究所、山东大学考古系、山东省文物考古研究所、章丘市博物馆：《山东章丘市洛庄汉墓陪葬坑的清理》，《考古》2004年第8期，第3—16页之第6页。

2 山东省临淄市博物馆：《西汉齐王墓随葬器物坑》，《考古学报》1985年第2期，第257—259页。

3 南京博物院、盱眙县文广新局：《江苏盱眙县大云山西汉江都王陵一号墓》，《考古》2013年第10期，第11、12页。

4 中国社会科学院考古研究所、河北省文物管理处：《满城汉墓发掘报告》，文物出版社，1980年，第181页。

5 江西省文物考古研究所、首都博物馆：《五色炫曜——南昌汉代海昏侯国考古成果》，江西人民出版社，2016年，第92—109页；江西省文物考古研究所、南昌市博物馆、南昌市新建区博物馆：《南昌市西汉海昏侯墓》，《考古》2016年第7期，第45—62页之第54、55、61、62页。

6 山东省博物馆：《曲阜九龙山汉墓发掘简报》，《文物》1972年第5期，第39—44页之第43页。

7 喻燕姣：《湖南出土金银器》，湖南美术出版社，2009年，第7—15页，附表一。

8 广州市文物管理委员会、广州市博物馆：《广州汉墓》，文物出版社，1981年。

二字的金指环、银镯、小银圈[1]；湖北当阳刘家冢子东汉画像石墓有金环、金指环、金坠饰、金珠等[2]；贵州兴义东汉墓[3]也有银手镯、银指环。

用金银装饰漆器在汉代很常见，常见的有金银平脱和金银扣。西汉晚期的湖南长沙杨家山 304 号汉墓有金银平脱漆盒，虽然已不成形，仍可以看出有银片制成的边框，金箔制成的人物、飞禽、走兽以及几何形花纹、卷云纹等图案[4]。江苏连云港市海州网疃汉墓也有金银平脱漆器[5]。“平脱”或称“平纹”，是漆器工艺的特种方式，即在胎体上涂漆，将薄薄的金银箔、贝壳等剪裁成各种需要的图案花纹，贴在漆面上，然后再涂漆填平，打磨表面，露出图案，或用刀等工具剔掉银箔表面的漆膜，显露出纹样。从金银平脱的工艺过程可以了解到，金银平脱所耗用的金银数量极其有限，远少于制作金银器所需的金银。然而，金银平脱与金银器同被视为贵重的奢侈品，原因在于其纹饰的精美绝伦。南方地区发现的有些金银饰片，形制极为复杂，有桃形、花瓣形、叶片形、条片形、双凤圆形、鱼形、垂露形、扁壶形、梅花形、多角镂空花等，形状各异。有的类似剪纸，别具一格，可能原来是漆木等器物上的装饰。戗金是此时出现的一种新的漆器饰金工艺，见于东吴朱然墓的戗金漆盒盖[6]，是用真金粉末堆入锥刻或针划的漆器花纹内，取得光辉耀目画面的一种髹漆技法。由于保存的条件所限，金银平脱漆器和戗金漆器并不多见，却也能看出人类对金银的富丽堂皇有更多的向往和追求，曾做过多种尝试与努力。金银扣，尤其是银扣漆器在秦汉时期的高等级墓葬中十分常见，其工艺相比前两者稍微简单一些。这种漆器当时也有专门的名称。南昌海昏侯墓主椁室西室南部出土的银扣漆碗的底部带有“绪银碗十枚”文字（图 2-9）。

汉代金银物品制作中最为突出的装饰工艺是掐丝和焊缀金珠。掐丝工艺，是将锤打得极薄的金银片，剪成细条，慢慢扭搓成丝。焊缀金珠工艺，是把小段金丝加热熔聚成粒，也可将金丝的一端加热熔化而滴落成圆珠，焊缀于物品之上。河北满城西汉中山靖王刘胜和其妻窦绾的“金缕玉衣”，用金丝编缀玉片。金丝一般长 4—5 厘米，式样有四种：第一种金丝断面近似圆形，径 0.35—0.5 毫米；第二种金丝呈扁条状，用金片剪下的细条加工而成；第三种用厚 0.1—0.2 毫米的薄金片剪成宽 1—2 毫米的细长条，然后拧成金丝；第四种是合股金丝，由 12 根很细的金丝拧成，经实验，其加工方法可能是拔制。这些金丝说明当时锤金片、剪比、拔丝的技术都很高。河北定县八角廊村 40 号汉墓（墓主应为五凤三年，公元前 55 年去世的中山怀王刘脩）出土的金缕玉衣，长 182 厘米，用玉 1203 片，金丝 2567 克。广州南越王墓出土了 39 枚小金花泡，形如纽扣，直径 1.1 厘米，高 0.5 厘米，用薄金片锤出半球形，周围有金丝捻成的双重边饰，顶面焊缀金丝捻成的花瓣和极为细小的

1 程应林：《江西南昌市汉墓发掘报告》，《文物资料丛刊》第 1 集，文物出版社，1977 年，第 114—121 页之第 126 页。

2 沈宜扬：《湖北当阳刘家冢子东汉画像石墓发掘简报》，《文物资料丛刊》第 1 集，文物出版社，1977 年，第 122—130 页之第 126 页。

3 贵州省博物馆考古组：《贵州兴义、兴仁汉墓》，《文物》1979 年第 5 期，第 20—35 页之第 32 页。

4 湖南省博物馆：《长沙杨家山 304 号汉墓清理简报》，《考古学集刊》（1），中国社会科学出版社，1982 年，第 139—142 页之第 141 页。

5 南京博物院：《江苏连云港市海州网疃汉木椁墓》，《考古》1963 年第 6 期，第 287—290 页之第 288 页。

6 安徽省文物考古研究所、马鞍山市文化局：《安徽马鞍山东吴朱然墓发掘简报》，《文物》1986 年第 3 期，第 1—15 页之第 6 页。

金珠。掐丝和焊缀金珠的做法在河北满城西汉刘胜墓出土的圆形饰件，定县八角廊 40 号汉墓（图 2-10）、南昌海昏侯墓出土的麟趾金、马蹄金[1]（图 2-11）上也可以见到。东汉时期掐丝和焊缀金珠的工艺越来越精细，能制造出相当复杂的作品。河北定县东汉刘畅墓出土有各种金饰八十件，掐丝金龙、掐丝金辟邪、掐丝龙形金饰片、掐丝金羊群就是金珠与掐丝结合的珍品，由金丝构成轮廓，以金珠装饰图案（图 2-12）。掐丝金羊群做工最为精巧，錾刻着流云纹的金片上塑造出四只站立的小绵羊，衬底金片长 3 厘米，宽 1.3 厘米；绵羊长仅 1 厘米，高 0.8 厘米，巧夺天工，精美绝伦。总之，东汉时期的金细手工艺已经达到了相当高的水平。

图 2-9　江西南昌海昏侯墓出土银扣漆碗

秦汉时期的鎏金工艺在战国时期的基础上得到了更大的发展。青铜器的表面涂上薄薄的一层金，使其看起来像黄金器物，这在黄金受到超乎寻常的崇拜时，或许可以成为代用品。诸侯王所用的鎏金器物可以满城汉墓的发现为代表。著名的长信宫灯通高 48 厘米，通体鎏金，设计奇巧。乳钉纹壶、蟠龙纹壶、鸟篆纹壶，采用鎏金或鎏银装饰，配以琉璃镶嵌，华丽异常。乳钉纹壶，口部、圈足的上段饰鎏金宽带，肩、腹和圈足下段饰鎏银宽带，颈、腹部宽带之间饰鎏金斜方格纹，方格纹的交汇点上镶嵌银乳钉，方格纹间填嵌绿琉璃，上腹部还饰鎏金铺首衔环。

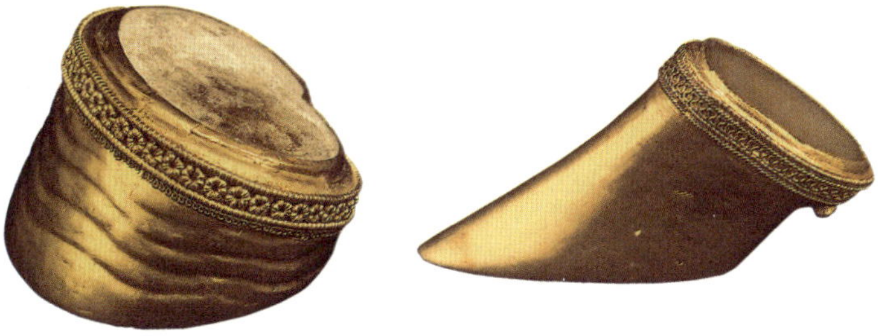

图 2-10　河北定县八角廊 40 号汉墓出土马蹄金、麟趾金

图 2-11　江西南昌海昏侯墓出土马蹄金、麟趾金

目前考古发现的汉代鎏金器中不乏宫廷用具。陕西兴平茂陵一号无名冢出土的鎏金银铜竹节熏炉，盖如博山，盖口外侧刻铭文一周三十五字：“内者未央尚卧金黄涂竹节熏炉一具并重十斤十二两四年内官造五年十月输第初三”；底座圈

1 河北省文物研究所编著：《河北考古重要发现（1949—2009）》，科学出版社，2009 年，第 167 页。

图 2-12　河北定县东汉刘畅墓出土掐丝神兽

图 2-13　陕西兴平茂陵一号无名冢出土的鎏金银铜竹节熏炉

足外侧刻铭文三十三字：“内者未央尚卧金黄涂竹节熏炉一具并重十一斤四年寺工造五年十月输第初四”；炉通高 58 厘米，重 2570 克；铭文和同墓所出土的其他器物铭文分析，这件熏炉原应为未央宫所有，后赏赐给阳信长公主和卫青[1]（图 2-13）。长信宫灯最初的主人可能是阳信夷侯刘揭，国除后，没入少府，归长信宫尚浴府使用。“金银涂”也是当时官府作坊中一道专门的工序。河北邯郸出土的鎏金银铜酒樽[2]铭文为：“建武廿三年（48 年），蜀郡西工造乘舆大爵酒樽，内者室，铜工堂，金银涂章，文工循，造工业，护工卒史□长汜，守丞汎，掾习，令史愔主”。

图 2-14　河北满城中山靖王墓出土错金银鸟篆文铜壶

金银错是战国以来流行的金属器装饰工艺，河北满城汉墓出土的错金铜博山炉、错金银鸟篆文铜壶，定县三盘山 122 号墓出土错金银铜车饰，南昌海昏侯墓出土的错金、错金银铜车马器可以代表汉代金银错的工艺水平。满城汉墓出土的鸟篆文铜壶周身用纤细的金银丝错出鸟篆文吉祥语和动物纹带（图 2-14）。三盘山汉墓 3 号车有各种错金银铜车饰六十六件，绝大部分保存完好，器物表面

1 申秦雁编：《陕西历史博物馆珍藏·金银器》，陕西人民美术出版社，2003 年，第 134、174 页，图 148。

2 郝良真：《邯郸出土的“蜀西工”造酒樽》，《文物》1995 年第 10 期，第 80—83 页之第 81 页。

图 2-15 河北定县三盘山 122 号墓出土错金银铜车伞铤

图 2-16 江西南昌海昏侯墓车马坑出土青铜错金银车衡饰及当卢

金银错各种人物、鸟兽、云山、树木，间镶嵌玉、玛瑙、绿松石等，尤以狩猎纹伞铤最为精美（图 2–15）。海昏侯墓出土的错金、错金银铜器装饰工艺极为精湛，当卢常见青龙、白虎、朱雀、玄武四神图案，并配以孔雀开屏、羽人升天、权杖等题材（图 2–16）。

第四节　金银带具与印玺的等级象征

考古遗存中所见，古人的束带用具主要有带钩和带扣两种，其中带钩流行于战国、秦汉时期。秦汉时期是带钩普及、发展的时期，型式已没有战国时期丰富多样，整体的制作工艺维持在一般水平[1]。尽管如此，因为秦汉时期带钩的出土数量众多，所以其中不乏精品，特别是各种异形钩，体现了式样、工艺上的创新。从目前的考古发现看，金银带具在汉代主要是诸侯王的佩饰，它们依然体现出了拥有者的高贵身份和地位。

广州南越王墓出土有金、银带钩九件，其中有一件与玉龙钩连组合而成的金带钩，钩头尾均作虎首形，钩尾虎首的额上刻一“王”字；玉龙躯体弯曲呈 S 形，尾部与带钩交接处的上下各钻有三个小孔，用丝线与带钩连缀；通长 14.4 厘米（图 2–17）。江苏徐州狮子山楚王陵出土一件曲形金带钩，钩口内舌伸出弯曲成钩，身上镶嵌绿松石，十分精致[2]。盱眙县大云山江都王刘非墓出土一件金首玉带钩；陪葬墓 M9 出土有雁形金带钩、兔形金带钩和动物纹金带板各一件，陪葬墓 M13 出土一件“长毋相忘”铭银带钩，分为两半，可扣合。徐州北洞山西汉墓出土金带钩四件，其上原都有镶嵌物（图 2–18），还有一件金扣舌，原先可能有金腰饰

1 王仁湘：《善自约束——古代带钩与带扣》，上海古籍出版社，2012 年，第 16 页。

2 狮子山楚王陵考古发掘队：《徐州狮子山西汉楚王陵发掘简报》，《文物》1998 年第 8 期，第 4—32 页之第 29 页。

牌[1]。江苏涟水三里墩西汉中晚期墓出土两件金带钩[2]。徐州西汉宛朐侯刘埶墓出土两件长方形动物纹金腰饰牌，还有一件金扣舌[3]。

从目前的考古发现看，秦汉时期中原内地和北方地区的金银带钩和带扣（主要为金质）并行发展，中原内地流行带钩，北方以及西北地区则流行带扣。从时代上看，西汉时期带钩比例大，东汉则带扣渐多。金银带具贵重，容易被少数高级贵族所保有，这自然是其在两汉王侯墓葬中常见的原因，但王侯使用怎样的金银带具可能也有讲究。带钩方面，金镶玉似乎是规格最高的一种，见于南越王墓，虎头形钩首，配以玉龙；各种兽、禽首（或形）等次之，主要有虎首、不明兽首、鹅首，兔形、雁形和鱼形等。龙首的金银带钩目前只见于南越王墓。金银带扣（腰饰牌）在王侯墓葬中稀见。据研究，随葬动物纹腰饰牌的西汉墓葬等级一般较高，墓主多为王侯贵族，黄金质的此类腰饰牌级别最高，鎏金铜或者铜次之；这些腰饰牌在西汉时期是王侯贵族的专利品，具有身份和等级的象征意义[4]。江苏徐州狮子山西汉楚王墓出土两副形式相同、重叠放置的金扣腰带，铸造而成。其中一副由一对形状相同、图案相对的金板构成；扣面浅浮雕图案，主

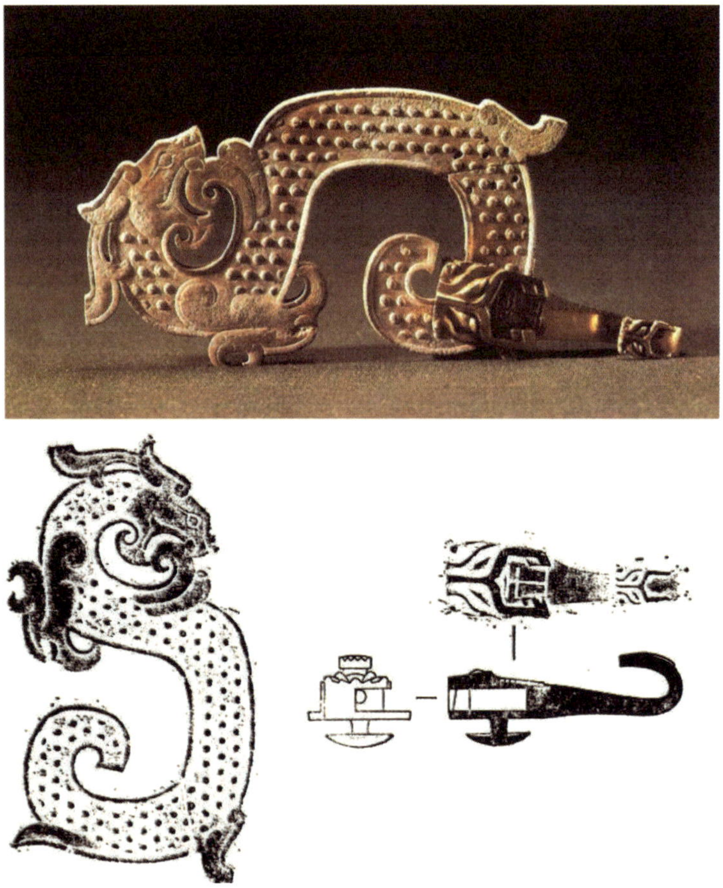

图 2-17　广东广州南越王墓出土金钩玉龙及线描图

图 2-18　江苏徐州北洞山西汉墓出土金带钩

1 徐州博物馆、南京大学历史学系考古专业：《徐州北洞山西汉楚王墓》，文物出版社，2003 年，第 122 页。

2 南京博物院：《江苏涟水三里墩西汉墓》，《考古》1973 年第 2 期，第 80—87、89 页之第 85、86 页。

3 徐州博物馆：《徐州西汉宛朐侯刘埶墓》，《文物》1997 年第 2 期，第 4—21 页之第 16—18 页。

4 卢岩、单月英：《西汉墓葬出土的动物纹腰饰牌》，《考古与文物》2007 年第 4 期，第 49 页。

体为猛兽咬斗纹，周边有勾喙鸟兽纹；背面光素，四周具边框，中部为两个横向双环钮；每块带板的内下角有一略近三角形的小孔；重量较轻的两块带板边缘线刻篆文“一斤一两十八朱”“一斤一两十四朱”（图 2-19）。

值得注意的是，汉代王侯墓葬出土的动物纹腰饰牌有的应产自中原内地，是内地工匠为特定人群而制作的（详见本章第五节）。不论是中原自产，还是由北方输入，这种北方草原文化色彩浓厚的腰饰牌在内地应是稀罕之物，使用者的群体不会太大，身份也不会低，金银质尤是，应该是身份地位的象征。

《说文解字》云：“印，执政所执信也”[1]，是职位的凭记和身份的象征。春秋时期开始，随着政治交往、经济往来的日益频繁，作为权利凭证和个人信物的官私玺印成为不可缺少的用品。考古发现的秦汉官、私印数量较多，有金、银、铜、玉、石、木和玛瑙等各种材质。汉代官印一般为铜质，比二千石以上官员可用银印，诸侯王、丞相等用金印，皇帝之玺用玉；印钮的形制多样，常见龟钮、鼻钮、覆斗钮等，其中龟钮印须千石以上的官员才能使用[2]。金银印玺有官印、私印，目前所见以官印居多，已出土的秦汉金银印、玺、章已有约 43 枚，其中金质 17 枚，银质 27 枚[3]，主要见于诸侯王、列侯和高级官员的墓葬中。

汉印有方形，也有圆形，方形占绝大多数。圆印如湖南长沙市复兴街 3 号墓（西汉）出土的“闵都君印”金印，整体呈半球形，顶部正中有穿孔，直径 1.3 厘米；长沙杨家山 M248 出土的“□子□印”金印、树木岭刘家冲出土的“寿君”金印的形制与“闵都君印”相同，直径分别为 1.2 厘米、0.6 厘米[4]。方印的印面，年代较早的“文帝行玺”“右夫人玺”“泰子”“如心”等均有界栏，这是秦汉之

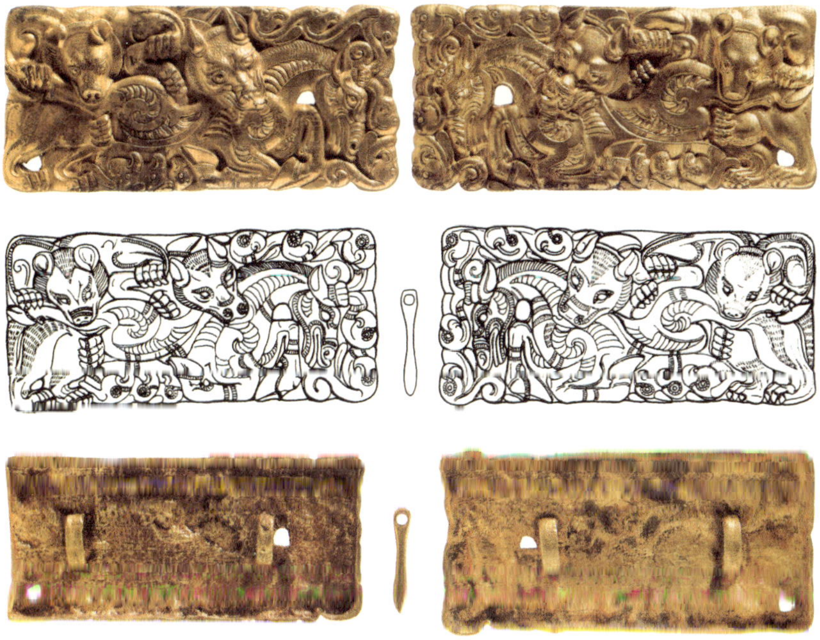

图 2-19　江苏徐州狮子山西汉楚王墓出土金带扣

1 〔汉〕许慎撰：《说文解字》，中华书局，1963 年，第 187 页上。

2 孙机：《汉代物质文化资料图说（增订版）》，上海古籍出版社，2008 年，第 328 页。

3 江楠：《中国早期金银器的考古学研究》，吉林大学博士学位论文，2015 年，第 213 页。

4 喻燕姣：《湖南出土金银器》，湖南美术出版社，2009 年，第 3、4、16、17 页，附表一。

际玺印的风格，可作为西汉前期玺印的特征之一。就功能而言，这些金银玺印（章）可分为官、私两大类。“宛朐侯埶”[1]是少见的将爵位和姓名集于一体的印章（图 2-20）。标注姓名的私印明显要小于官印，比如“侍其繇”[2]“如心”[3]“妾莫书”[4]“刘骄”[5]“刘注”[6]等，边长一般不足 2 厘米。“文帝行玺”“右夫人玺”“泰子”是特例，应为南越国的私制官印，但其帝用龙纹玺，太子、皇后用龟钮金印（玺）的做法与中央汉制吻合，唯有僭越、杂糅之嫌。“文帝行玺”出土时位于墓主人的胸部，印面沟槽内及印台的四壁都有碰撞与划伤，应是墓主人生前的实用物。广陵王玺精巧玲珑、光灿如新，是诸侯王印称玺的重要实物资料（图 2-21）。应该注意的是，官印为官府所造，作为授命、任用的信物，若罢官、改任、死亡，须按制度上交或移交[7]。目前所见随葬在墓中的官印可能有两种情况：其一是真印的替代品。江苏徐州东郊陶楼西汉中期刘欣墓出土的“君侯之印”的“印”字上半部笔画未完全凿空，留下刻印文的双勾痕迹，无法钤印，可能是临时刻凿的随葬品[8]。其二是废而不用的官印，即废印。徐州狮子山楚王陵出土近两百枚铜官印和五枚银印，均应为实用的官印，其中近半数为未经使用的“楚侯之印”，此为楚国大量军侯所用之官印，因吴楚合谋攻汉失败，未发下而成为废印，遂葬于墓中；另有王国职官印和地方郡县印，也因吴楚乱后，景帝中元三年、五年（公元前 147 年、公元前 145 年）令省王国诸官后，变为废印[9]。

图 2-20　江苏徐州宛朐侯墓出土金印

图 2-21　江苏邗江甘泉山 2 号墓出土广陵王玺

1 徐州博物馆：《徐州西汉宛朐侯刘埶墓》，《文物》1997 年第 2 期，第 4—21 页之第 15、16 页。

2 南波：《江苏连云港市海州西汉侍其繇墓》，《考古》1975 年第 3 期，第 169—177 页之第 175 页。

3 广西壮族自治区文物工作队、贺县文化局：《广西贺县河东高寨西汉墓》，《文物资料丛刊》（4），文物出版社，1981 年，第 29—45 页之第 38 页。

4 扬州市博物馆：《扬州西汉“妾莫书”木椁墓》，《文物》1980 年第 12 期，第 1—6 页。

5 中国科学院考古研究所：《长沙发掘报告》，科学出版社，1957 年，第 119 页。

6 南京博物院（尤振尧）：《〈铜山龟山二号西汉崖洞墓〉一文的重要补充》，《考古学报》1985 年第 3 期，第 352 页；尹钊、刁海军、范婷婷、吕苇苇：《西汉第六代楚王刘注银印发现始末》，《收藏界》2011 年第 2 期，第 99、100 页。

7 罗福颐：《古印玺概论》，文物出版社，1981 年，第 40—42 页。

8 徐州博物馆：《徐州市东郊陶楼汉墓清理简报》，《考古》1993 年第 1 期，第 14—21 页之第 20、21 页。

9 黄盛璋：《徐州狮子山楚王墓墓主与出土印章问题》，《考古》2000 年第 9 期，第 71、72 页。

遗址中出土的官印则可能是实用器。

汉廷颁发给周边少数民族的官印一般作驼钮、羊钮、马钮或蛇钮。这些钮式与中原地区的官印系统有意区别，可能还有地域上的针对性，西北民族多为驼钮、羊钮、马钮，南方民族多为蛇钮[1]。青海大通县上孙家寨乙M1（汉末魏晋初）出土的“汉匈奴归义亲汉长印”为驼钮铜印，边长2.4厘米，通高2.9厘米[2]。中国国家博物馆收藏一枚“汉归义賨邑侯”羊钮金印（东汉），边长2.3厘米，通高2.5厘米，出土于四川万县（今重庆万州区）[3]。云南晋宁石寨山M6漆棺底部出土“滇王之印”一枚，蛇钮，边长2.4厘米，通高2厘米，重90克，其形制、大小符合汉制，可能为汉武帝所赐[4]。蛇钮不仅是汉王朝赐予边疆少数民族首领的常见钮式之一，也符合中原人对“南蛮蛇种”的认识[5]。海南省乐东县出土的“朱庐执刲”银印（西汉中期）也是蛇钮[6]。1784年发现于日本筑前国那珂郡志贺岛村（今福冈县福冈市东区博多湾的志贺岛）的“汉委奴国王”金印，为蛇钮，边长2.347厘米，通高2.236厘米，重108克。该印被认定为东汉建武中元二年（57年）汉光武帝经来汉使者之手赐给奴国国王的金印[7]。

第五节 周边地区的金银器[8]

除了汉民族聚居的中原和南方地区外，秦汉时期发现金银器较多的还有草原民族、西南民族生活的北方、西北和西南地区。这些地区发现的金银器都有自己的特色。西南民族和西北地区的一些绿洲民族主要过着定居的生活，其金银器的时代特征、文化属性大体明确。长城沿线、北方草原地区民族的相互杂处，迁徙往来频繁，使用的金银装饰品种类复杂，目前很难全部准确地确定它们的族属，但考古出土遗物有明确的地点，时代也基本清楚，结合文献记载，其大致的文化

1 梶山胜在考察与汉魏晋时期西南夷和边国有关的出土印的基础上提出：“居住区域和族属不是决定钮形的决定因素，而生活样式才可能是决定印钮的最主要的因素。印钮的形态取决于各接受印的民族的生活方式，与这些民族的生活方式相适宜的几种动物从许多动物中被挑选出来作为印钮的形式”，见梶山胜著，徐朝龙译，李连校：《汉魏晋时期蛮夷印章的使用方法》，《南方民族考古》第三辑，四川科学技术出版社，1991年，第124、125页。

2 青海省文物考古研究所：《上孙家寨汉晋墓》，文物出版社，1993年，第150、1[illegible]页。

3 关于该印的发现、著录、钮式问题，参读前引梶山胜文，第117页。

4 云南省博物馆：《云南晋宁石寨山古墓群发掘报告》，文物出版社，1959年，第113页。

5 樊海涛：《浅论云南省博物馆藏古代金器》，载南京博物院：《金色中国——中国古代金器大展》，译林出版社，201[illegible]年，第[illegible]页。

6 陈高卫：《西汉〈朱庐执封〉银印小考》，《人民日报》1985年6月10日，第八版；此印可能为中原王朝沿用南越旧制，赐给朱庐（即汉武帝平南越国后所置九郡之一的“珠崖”，郡址在海南）当地民族渠帅的封号印，执刲为军功爵。详见孙慰祖：《“朱庐执刲”银印的赐主与受主——兼议“朱庐”、“珠崖”之辨》，《上海博物馆集刊》第十二期，上海书画出版社，2012年，第179—195页。

7 王仲殊：《说滇王之印与汉委奴国王印》，《考古》1959年第10期，第573—575页。

8 北方民族的兴衰与中原政权并不同步。为了叙述的连贯性，本章“秦汉金银器”中专门讨论战国末至秦汉时期可能属戎、狄、胡，匈奴系统的金银器；而在第三章“魏晋南北朝金银器”则专论鲜卑系统的金银器，包括东汉时期相关的鲜卑遗存。

系统可以确定。就战国末至秦汉时期而言，中国长城沿线和北方草原地区发现的金银器大体属于戎、狄、胡和匈奴文化系统[1]。

长城沿线的发现主要见于西部的甘肃、宁夏、内蒙古和陕西北部等地。2006年以来，在甘肃张家川马家塬墓地发现了大量金银器，主要为车马饰件、器物附属装饰品、单体小饰件和容器等，具体种类有三角形的箔类饰品，镂空状花饰，大角羊、虎等动物形箔类饰品，各种珠子，耳环，杯，嵌金银铁车饰及铜器，包金铜泡，腰饰牌，带扣和带钩，项圈，臂钏，管形饰，扇形饰等金珠细金工艺品。这在同时期的遗址中实属罕见，大大拓展了我们对早期金银器的认识。金银器在大、中、小型墓葬均有出土。2007—2008年发掘的八座墓中[2]，规模最大的M6出土有银马络饰十件，由金环和银圆泡组成的马饰三件，人面金饰八件，金环一件，扇形金饰两件，长方形饰两件，另有大量车轮、车舆上装饰的银箔镂空饰件残片。次中型墓M14出土有金带钩两件、金耳环一对、金兽面饰两件、金腰带饰一组、金饰片若干，另有金珠、金管形饰、金坠饰等；银器有镂空条形饰一件、镂空“S”纹扇形饰一件、马形饰一件、带扣六件；出土的车舆上还有很多金银装饰。小型墓M15出土有银项饰一件、金带饰一组；M12出土银耳环。马家塬墓地可能为战国晚期至秦初的西戎贵族墓地[3]。甘肃秦安王洼战国墓地出土有鸟纹金银带饰、银项圈、银臂钏等，与马家塬战国墓地的发现相似，两处墓地应属同一时期，同一文化或族属[4]。宁夏固原三营公社红庄出土一件带绳索纹边框的长方形金腰饰牌，上浮雕蹄足带角神兽纹样，神兽后肢朝上翻转；头营王家坪征集一件虎噬鹿圆形金饰[5]。内蒙古准格尔旗西沟畔2号墓[6]男性墓主头部的左侧有银虎首节约七件、圆形鹿纹金饰片一件；颈部有金项圈一件；头骨两侧有金耳坠一对；腰部左右各有长方形金饰牌一件；两腿之间有铜圆片饰和金指套各一件；左腿侧有外包金片的砺石一件；在腰部两侧还有银花片多件。此外，还有金片包裹的木质剑鞘。阿鲁柴登两座墓出土金器200余件，有冠[7]、项饰、耳坠及各种动物形饰件，共重4000

1 单月英指出，东周至秦代中国北方地区存在着南、北两条文化特征和内涵有本质区别的文化带；南文化带生活的人群应是文献记载中的戎狄，北文化带生活的人群西部应是诸戎，如义渠、乌氏等，东部应是文献所称的林胡、楼烦和诸胡。参见单月英：《东周秦代中国北方地区考古学文化格局——兼论戎、狄、胡与华夏之间的互动》，《考古学报》2015年第3期，第303—344页。

2 早期秦文化联合考古队、张家川回族自治县博物馆：《张家川马家塬战国墓地2007—2008年发掘简报》，《文物》2009年第10期，第25—51页；王辉：《张家川马家塬墓地相关问题初探》，《文物》2009年第10期，第70—77页。

3 王辉：《张家川马家塬墓地相关问题初探》，《文物》2009年第10期，第70—77页；赵吴成：《甘肃马家塬战国墓马车的复原——兼论族属问题》，《文物》2010年第6期，第75—83页。

4 甘肃省文物考古研究所：《甘肃秦安王洼战国墓地2009年发掘简报》，《文物》2012年第8期，第27—37页。

5 钟侃、韩孔乐：《宁夏南部春秋战国时期的青铜文化》，《中国考古学会第四次年会论文集·1983》，文物出版社，1985年，第208页。

6 伊克昭盟文物工作站、内蒙古文物工作队：《西沟畔匈奴墓》，《文物》1980年第7期，第1—10页。

7 阿鲁柴登匈奴墓出土的冠形器多被称为“金冠”，但孙机先生认为这件饰以立鹰的半球状金器与环形金器无法证明是同一组器物，而且半球状金器的内部有四个钮，虽然用途不明，但应与较吃力的部件相连接，所以难以遽定为冠，参见孙机：《汉代物质文化资料图说（增订本）》，上海古籍出版社，2008年，第492、493页。

余克；还有银虎头、银饰牌等五件[1]。伊金霍洛旗石灰沟墓葬有虎噬鹿纹银牌一件、双虎纹银牌两件、双虎纹银扣饰两件、刺猬形银饰两件[2]。内蒙古东胜碾房渠战国晚期的窖藏出土有虎狼咬斗纹金牌、双龙纹金饰片、金耳坠、金管状饰、金串珠、金兽头形饰、金环、金丝、包金玛瑙饰、银环[3]。陕北神木纳林高兔村出土了金鹿形怪兽、金虎、银虎、银鹿、银卧羊扣饰、银环、错金剑柄，还有一些银箔饰片[4]。内蒙古乌兰察布察右前旗白家湾金器窖藏出土（收缴）有虎噬鹰纹饰牌2件、兽噬马纹饰牌1件以及项圈、耳坠、饰件及饰片等[5]。

在这些墓葬中，金银制品随葬非常突出，应该是墓主身份的标识物，墓主应当是部落首领或贵族。这些看似琳琅满目的金银制品大体上可以分为三类：一是人身装饰品，如各种首饰、冠饰、项饰、腕饰、腰饰牌等；二是马具，如节约等；三是兵器饰，如剑柄饰、剑鞘饰等。造型和纹样以动物题材为主，鹿、虎、鹰、马、狼、牛、豕、羊等动物及其组合为常见内容，具有写实性，又不乏夸张手法，带有浓厚的草原生活气息。

动物咬斗纹样经常出现。西沟畔的虎豕咬斗纹金腰饰牌、三兽咬斗纹金饰片、双兽咬斗纹金饰片，阿鲁柴登虎牛咬斗纹长方形腰饰牌、狼背鹿银饰件，石灰沟的虎噬鹿纹银腰饰牌等，都是猛兽虎、狼占上风，豕、牛、鹿等处于被攻击的地位；至于猛兽相争的构图，如内蒙古东胜碾房渠虎狼咬斗纹金腰饰牌，狼自然不是虎的对手，处于劣势。多只动物咬斗的场面也不少，阿鲁柴登金冠形饰的冠面上相对而卧的四只狼和四只羊作咬斗状（图2-22）。

大角怪兽十分流行，常见鹿形。除了写实的鹿带有枝角外，还有许多带枝角的怪兽，兽的头顶为多枝形或带涡卷、呈火焰状的角。兽头似鹿，鹰喙。西沟畔

图2-22　内蒙古鄂尔多斯杭锦旗阿鲁柴登战国墓出土金冠

1 田广金、郭素新：《内蒙古阿鲁柴登发现的匈奴遗物》，《考古》1980年第4期，第333—338、364页；田广金、郭素新：《鄂尔多斯式青铜器》，文物出版社，1986年，第64—67页。

2 中国文物精华编辑委员会：《中国文物精华》，文物出版社，1993年，图104—107。

3 伊克昭盟文物工作站：《内蒙古东胜市碾房渠发现金银器窖藏》，《考古》1991年第5期，第406页。

4 戴应新、孙嘉祥：《陕西神木县出土匈奴文物》，《文物》1983年第12期，第23—30页。这批器物的年代，被定为战国晚期或汉代。

5 内蒙古自治区文物考古研究所、乌兰察布市博物馆：《察右前旗白家湾金器窖藏发掘简报》，《草原文物》2011年第1期。

墓、阿鲁柴登墓都出土了格里芬纹金饰片。阿鲁柴登金饰片上的大角怪兽不仅头顶有多枝形火焰状的设计，每个枝角及尾部末梢还有鹰头。这一奇特设计，在陕西高兔村的“金鹰形大角兽”上表现得淋漓尽致，枝角部分很大，超过动物躯体，鹿头、鹰喙的头部与西沟畔鹿形大角兽金饰片的相同，这种兽头还略为简化地出现在枝角的末梢和尾部，多达十个，与阿鲁柴登大角兽纹金饰片上大角兽的枝角相同（图 2–23）。

图 2–23　陕北神木纳林高兔村出土金鹿形怪兽、银虎、银鹿

后肢翻转动物纹能见到，见于腰饰牌、箔片等。固原三营红庄的长方形腰饰牌上浮雕的是蹄足带角神兽，后肢朝上翻转。西沟畔 2 号墓出土的是马纹金片饰。陕西西安北郊康村发现的战国秦铸铜工匠墓中有后肢翻转动物纹牌铸模[1]，表明这是当时人喜欢的一种样式（图 2–24）。

图 2–24　陕西西安北郊战国秦铸铜工匠墓出土陶马纹牌模

虎的形象很受重视。西沟畔 2 号墓中出土虎豕咬斗纹金腰饰牌两件、银虎首节约七件。阿鲁柴登出土虎形饰片二十一件、银虎首节约两件。石灰沟的墓葬、碾房渠窖藏也都有以虎为题材的金银腰饰牌。马家塬墓地有很多虎形金、银箔片，是作为车厢外侧板饰的。虎的表现方式很丰富，圆雕式的虎

1 陕西省考古研究所：《西安北郊战国铸铜工匠墓发掘简报》，《文物》2003 年第 9 期，第 4—14 页；陕西省考古研究所：《西安北郊秦墓》，三秦出版社，2006 年，第 120—128 页。

均四肢肥大、爪趾发达，突出其凶猛的特点（图 2–25）。纳林高兔村有三件银虎和两件金虎，用圆雕和高浮雕方法制作，生动真实。细部也有不同，西沟畔、阿鲁柴登、碾房渠金腰饰牌上的虎，身上凸条式的纹样较细密琐碎，纳林高兔村金、银虎所饰的凸条式纹样粗大似瓦楞纹。虎的形象逐渐写实和虎身纹样由凸条式向瓦楞式的变化，既与时代的早晚有关，也与制作技术的发展密不可分。

动物咬斗、格里芬、后肢翻转动物纹是南西伯利亚阿尔泰地区巴泽雷克文化动物纹中的典型纹样，长城沿线地区的这些发现体现出源自北方草原地区的强烈影响。这种影响可能经过了新疆地区考古学文化的传递，因为同样的纹饰，长城沿线的发现要稍晚于新疆地区。但在输入或模仿的同时，也有一些应该是当地的文化因素，比如对虎的偏爱。源自中原的文化因素则主要体现在腰饰牌上。《战国策·赵策》载，赵武灵王“赐周绍胡服衣冠，具带黄金师比”，“（黄金师比）延笃云：胡革带也……师古云：胡带之钩也。”[1] 这种“胡带之钩”指的或许就是考古发现中的腰饰牌。

动物纹腰饰牌是北方草原文化的重要标志物之一。战国末至秦代，长城沿线出土的黄金腰饰牌在造型、纹样风格和制作手法上表现出很强的一致性，与草原传统腰饰牌有较明显的区别[2]。这些腰饰牌有些应该是中原地区定居民族所生产的[3]。西沟畔 2 号墓出土了几件刻铭的金银器，一件虎豕咬斗纹金腰饰牌背面左侧刻“一斤五两四朱少半”，右侧刻“故寺豕虎三”；七件虎首银节约的背面都刻有铭文，有“少府二两十四朱”“㬃工二两五朱”等（图 2–26）。河北易县辛庄头墓区 30 号战国燕墓也出土了带类似铭文的金银动物纹腰饰牌。“物勒工名”，标注产品的生产机构、名称、重量、数量等是中原内地的做法。“寺”“少府”“㬃工”等也应是内地官方生产机构的名称或工种。因此，这些发现于北方，又有浓厚北方草原风格的金银器可能是内地生产的。1999 年，在陕西西安北郊康村发现的一座可能名“苍”的战国秦铸铜工匠墓[4]提供了这方面的线索。该墓随葬了 25

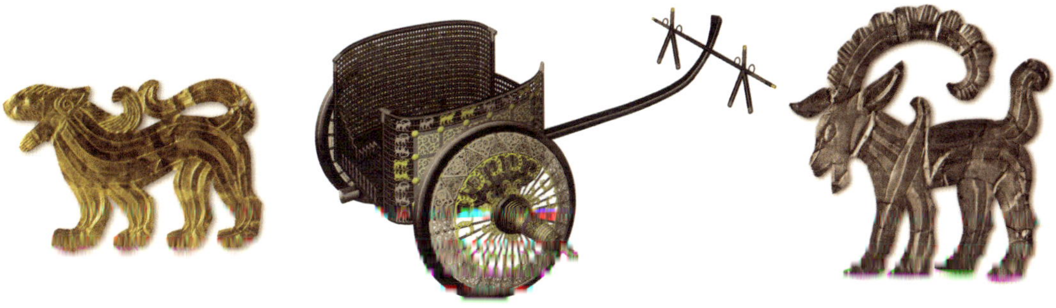

图 2–25　甘肃张家川马家塬墓地 M3–1 号车复原图及车厢所附金银泡装饰

1 〔西汉〕刘向集录：《战国策》卷一九《赵策·王立周绍为傅》，上海古籍出版社，1985 年，第 670、671 页。

2 单月英：《东周秦代中国北方地区考古学文化格局——兼论戎、狄、胡与华夏之间的互动》，《考古学报》2015 年第 3 期，第 339 页。

3 参看乡丰：《中原制造——关于北方动物纹金属牌饰》，《文物》2010 年第 3 期，第 [illegible] 页；邢义田：《再论“中原制造”——欧亚草原古代金属动物纹饰品的产销与仿制》，载孟宪实、朱玉麒主编：《探索西域文明：王炳华先生八十华诞祝寿论文集》，中西书局，2017 年，第 44—70 页。

4 陕西省考古研究所：《西安北郊战国铸铜工匠墓发掘简报》，《文物》2003 年第 9 期，第 4—14 页；陕西省考古研究所：《西安北郊秦墓》，三秦出版社，2006 年，第 120—128 页。

图 2-26　内蒙古西沟畔 2 号墓出土金腰饰牌

件陶模具，其中就有后肢翻转动物纹、羊纹、鹰虎搏斗纹等草原风格的动物纹牌铸模。结合两汉时期的王侯墓葬中也常见此类金属腰饰牌的事实（详见本章第三节），中原内地的工匠可能依靠自身传统的制作工艺以及资源、技术上的优势，为特定人群制作具有北方草原风格的器物。这种农业定居民族为北方草原民族制作金器的现象并不罕见，欧亚草原西部斯基泰古墓出土的金器中，有许多就是由黑海北岸的希腊工匠专门制造的[1]。这些器物既被内地的高级阶层所使用，又作为商品或者赐物被交换、传播到北方，反映出北方民族和中原民族之间的互动。《史记》卷一一〇《匈奴列传》就记载了孝文皇帝前元六年（公元前 174 年），将“服绣袷绮衣、绣袷长襦、锦袷袍各一，比余一，黄金饰具带一，黄金胥纰一，绣十匹，锦三十匹，赤绨、绿缯各四十匹”[2]赠送给匈奴的史实。目前，对金银器成分的科学分析也支持这一时期长城沿线地区的不少金银制品产自中原内地的可能性。通过对马家塬墓地、西沟畔 2 号墓、碾房渠及石灰沟出土的金银制品的对比分析，除了一部分例外，其他金属含量成分具有很高的一致性，三处墓地出土的金银制品很可能使用了相同的原材料[3]。

战国晚期至秦代，长城沿线地区的文化格局发生了很大的变化，马家塬墓地出土的大量金银器最能体现出多种文化之间的互动和融合（图 2-27）。M6 出土的凸弦纹圆环金银饰与河南三门峡上村岭虢国墓地 M2001 出土的金环形饰相似。M14 发现的金带钩方形钩身的兽面饰与陕西凤翔秦景公墓出土的金方泡上的兽面饰基本相同。这些金器或作为装饰人体的带饰，或作为马具，且多为铸造而成，也与同时期中原地区金银器使用的情况基本一致。作为人体装饰品的金器，多采用金石镶嵌和炸珠工艺，这是中亚地区斯基泰文化金银器的重要风格之一。动物纹、动物搏斗噬咬纹的金箔（片）饰、马具、带具等则有浓厚的北方草原文化气息。动物纹装饰中最常见的是山羊和虎，有的用作车厢侧板的装饰。山羊的造型很有特点，羊角夸张地向后卷曲，几乎到了后背，有的甚至与上翘的尾巴相连，四肢分立。哈萨克斯坦东南伊塞克湖附近的伊塞克冢出土有相近的动物纹样，其

1 马健：《黄金制品所见中亚草原与中国早期文化交流》，《西域研究》2009 年第 3 期，第 50—64 页。
2 中华书局，1959 年第 1 版、1982 年第 2 版，第九册，第 2897 页。
3 王志浩、小田木治太郎、广川守、菊地大树：《对鄂尔多斯北方青铜文化时期金银器的新认识》，《草原文物》2015 年第 1 期，第 113—124 页。

图 2-27　甘肃张家川马家塬战国墓地出土金器一组

年代为公元前三至前二世纪[1]。当然，那些具有北方草原文化风格纹饰的带具铸件，有斯基泰文化金石镶嵌和炸珠风格的北方草原文化或中原文化器形，又从器物个体本身体现出多种文化相互交融的复杂景象。总之，多种风格共存是马家塬墓地出土金银器总的特点，金银制品与料珠和各种宝石等相结合的装饰现象构成这些金银器的特色。

战国晚期，匈奴兴起于长城沿线一带。从公元前四世纪初开始，势力南移，夺取了今内蒙古鄂尔多斯一带的“河南地”，到达秦、赵、燕的北部边境。赵孝成王元年（公元前 265 年），赵大将李牧打破匈奴十余万骑，其后十余年，匈奴不敢接近赵国边城。秦统一后，于公元前 215 年，派蒙恬率三十万众北击匈奴，收复了今内蒙古鄂尔多斯一带的“河南地”，又进一步夺取了河套地区和阴山一带。西汉时期，匈奴势力达到鼎盛。公元前 200 年，西汉高祖刘邦在平城（今山西大同东）被匈奴打败，此后不得不与匈奴和亲，直至西汉武帝时才打败匈奴，使之退至河套及以西地区。东汉时，南匈奴入居塞内，北匈奴西迁。

应该注意的是，虽然冒顿在战国晚期至秦汉之际已经在北方草原建立了匈奴军事联盟，但统一的匈奴文化是在西汉中期匈奴中心北迁蒙古高原后才形成的；汉代匈奴遗存分布的中心区域并不在中国，而在蒙古国中东部以及其北面的俄罗斯外贝加尔地区，在中国境内发现的墓葬数量相对较少，集中分布于宁夏中部、陕西北部和内蒙古中南部，其年代为西汉中晚期至东汉时期[2]。

宁夏同心倒墩子墓地、内蒙古准格尔旗西沟畔墓地 4 号墓是学界比较认同的匈奴墓葬。倒墩子墓地（西汉中晚期）出土的金银器只有金耳环一种，共 3 件，形制相同，均用直径 1 毫米的金丝扭曲成形，一端呈尖状，另一端锤打成扁圆形；但出土的铜腰饰牌等装饰品和铜马具很多[3]。西沟畔墓地 4 号墓（东汉中期前后）出土大量金饰，主要是头饰、耳坠和项饰三部分，由金、蚌、玉、金属珠和赭石

1 杨建华、邵会秋、潘玲：《欧亚草原东部的金属之路——丝绸之路与匈奴联盟的孕育过程》，上海古籍出版社，2017 年，第 133、134 页。

2 潘玲：《两汉时期匈奴和鲜卑考古遗存的对比分析》，载辽宁省文物考古研究所：《辽宁考古文集（二）》，科学出版社，2010 年，第 405、406 页。

3 宁夏文物考古研究所、中国社会科学院考古所宁夏考古组、同心县文物管理所：《宁夏同心倒墩子匈奴墓地》，《考古学报》1988 年第 3 期，第 350、351、343—347 页。

等组成，另有盘角卧羊包金饰牌、包金带具以及银筒、银匙等[1]。公元 48 年，匈奴分裂为南、北两部，南匈奴南迁降汉，居住在鄂尔多斯高原一带。西沟畔位于南匈奴单于庭所在地西河美稷县，所以 4 号墓可能是南匈奴贵族的墓葬[2]。

漠北地区匈奴墓葬大多被盗，金银等贵重物品一般所剩不多，所以西汉中期以来形成的匈奴文化中金银器的整体面貌并不十分清楚。匈奴金银器中，较有代表性的可能是腰饰牌[3]。目前所见的匈奴腰饰牌材质以青铜为主，鎏金青铜、黄金或包金的较少，包金的见有木芯、铁芯。造型以长方形透雕式占大多数，腰饰牌上常有水滴形或长方形的凹陷纹样。腰饰牌上的装饰纹样写实性强，描绘的多是大草原上匈奴民族的生活以及各种草原动物的生存状况。宁夏同心倒墩子墓地出土的腰饰牌全是青铜质，有的背面有残皮带，透孔内有残皮条，个别有鎏金，纹饰有透雕双龙、双立驼、着甲佩剑武士、双卧马、透雕双马互斗、虎噬羊、卧羊、龟龙、人物车马等。这大概也是匈奴金或包金腰饰牌常见的纹样。西沟畔 4 号墓出土的两件盘角卧羊包金腰饰牌是铁芯，无边框，盘角卧羊呈高浮雕状，背有钮，两件大小一致，长 11.7 厘米，宽 7 厘米，高 6 厘米（图 2-28）。尽管目前还很难搞清楚匈奴金银器的整体面貌，但结合青铜腰饰牌以及其他考古遗存的发现，其与战国至秦代长城沿线地区发现的金银器最大的不同可能在于形制、纹样风格和艺术手法的一致性，这是帝国建立、文化趋同的结果，也与模铸等工艺的大量使用有关。

夏商周时期金银器的考古发现已表明，在中国早期金银器的发展格局中，西北及长城沿线地区金银器的工艺水平明显要高于中原和南方地区。战国晚期至秦

图 2-28　内蒙古鄂尔多斯西沟畔 4 号墓出土包金腰饰牌及带具

1 伊克昭盟文物站、内蒙古文物工作队：《西沟畔汉代匈奴墓地调查记》，《内蒙古文物考古》1981 年创刊号，第 15—27 页。简报将该墓定为西汉初年，潘玲认为其年代当属东汉中期前后，这里从后者，参看潘玲：《西沟畔汉代墓地四号墓的年代及文化特征再探讨》，《华夏考古》2004 年第 2 期，第 68—74 页。

2 潘玲：《西沟畔汉代墓地四号墓的年代及文化特征再探讨》，《华夏考古》2004 年第 2 期，第 68—74 页之第 73 页。

3 关于匈奴腰饰牌，参考了单月英的研究，见单月英：《匈奴墓葬研究》，《考古学报》2009 年第 1 期，第 35—68 页；单月英、卢岩：《匈奴腰饰牌及相关问题研究》，《故宫博物院院刊》2008 年第 2 期，第 130—158 页。

汉时期，这一地区的金银依然体现出很高的制作水平。甘肃马家塬墓地出土的金银制品非常丰富，技法娴熟，令人眼花缭乱[1]。金制品中，除带钩等为铸造外，其余均用锤揲、锻打的方式，完成器形的塑造或器形所需基本材料的准备，再结合打磨、压制、抛光、錾刻、焊接、掐丝、镶嵌等多种工艺。经成分分析，马家塬金制品不是纯金，主要元素组成为金和银，银含量多在5%～18%之间，最高的能达到35%，并且无明显合金配比规律。这表明其原料是未经冶炼提纯的自然金（包括银金矿）。银制品相对较少，其制作工艺与金制品基本相同。几件带把银杯的把手和杯壁的缀连方式较为特别，在把手附近的器壁上有金带穿于其中，器壁和把手应为锻打成形后开孔、卷曲成杯子的形状，再将金丝带穿于杯壁。银制品的成分为典型的银—金—铜三元合金，冶银的水平较高，但成分不稳定，合金配比无明显规律，可能采用了火法还原技术，金、铜等其他金属成分未完全去除。

鄂尔多斯地区的金银器也体现出同样的工艺水平。阿鲁柴登出土的金冠形饰，由一圆形金片锤成半球形的冠状，表面錾刻出狼和羊咬斗场面，有的部位镂空，形成浮雕效果，增加了立体感。冠顶立一只展翅雄鹰，鹰身用金片制成，身上作羽毛状纹饰；鹰的鼻内插入金丝通过头部与腹下相连，使头、颈可左右摆动；鹰尾插入身体后也用金丝连接，整体也可摆动；立鹰头部和颈部镶嵌两块绿松石形成黄、蓝相间的色彩，对比强烈。西沟畔2号墓出土的金耳环用稍粗的金丝环绕，下端有钮以悬挂坠饰，坠饰呈锥筒状，用两个或三个很细的金丝叠绕20多圈，其中一件在两个金坠之间穿有一块绿松石。内蒙古东胜碾房渠窖藏的金耳坠、金丝环坠夹杂绿松石、玛瑙石，垂挂达五层之多。

西沟畔4号墓的墓主人可能是南匈奴贵族，墓中出土了一整套头饰、耳饰和项饰。头饰部分的主体是6件金边蚌饰和62件长条形的云纹金片，另有20件十字形、山字形和圆形金饰。这些饰品都有穿孔，原先应该是连缀在其他材质的冠帽上的。近百件菱形珠可能是冠帽前帘或两侧的缀饰。耳坠部分由一“乙”形金耳环钩连上小下大两件饰牌，上面一件正面为鹿纹，鹿体原镶嵌有绿松石，两侧各垂一金串饰；下面一件为金边玉佩。项饰部分是各种质料的串珠，有水晶、玛瑙、琉璃、琥珀等（图2–29）。西沟畔4号墓这套头饰和耳饰，在纹样和材质上看应该是匈奴式和汉式的，如鹿纹、龙纹、云纹、玉佩等，但在整体风格上

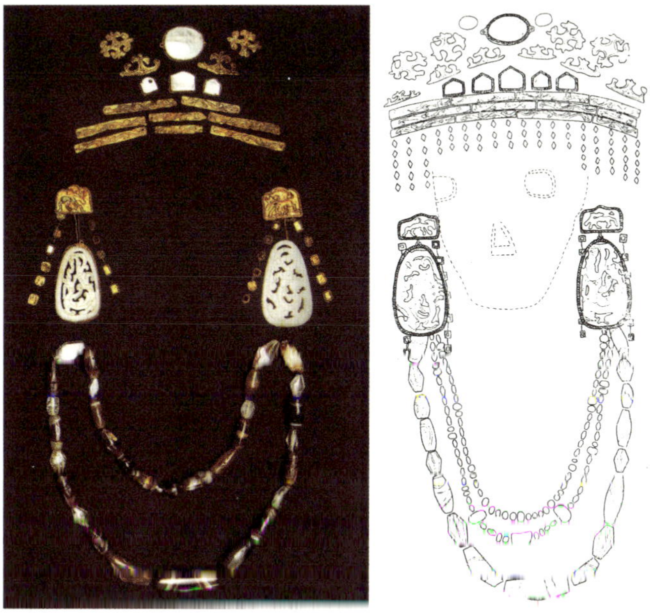

图2–29　内蒙古鄂尔多斯西沟畔4号墓出土头饰及复原示意图

1 黄维、陈建立、王辉、吴小红：《马家塬墓地金属制品技术研究——兼论战国时期西北地区文化交流》，北京大学出版社，2013年。

却与席巴尔甘大月氏墓发现的头饰和耳饰相近[1]。这件冠帽饰不仅在一定程度体现了匈奴金银器的制作水平，也反映出南匈奴文化的多样性。

汉代周边地区的金银器中，还应该注意的是西南地区。两汉时期，西南地区有滇国、句町国、夜郎国三个主要的少数民族王国。目前，滇国金银器发现很多。

二十世纪五十年代以来，云南晋宁石寨山滇国墓葬出土了不少金器，除了著名的“滇王之印”外，主要包括兵器饰、佩戴饰和“珠襦”饰等，其中兵器饰最多，有剑鞘饰、金臂甲等[2]。黄金装饰经常出现在滇人使用的剑鞘的正面、背面和鞘头，以正面装饰最为丰富。1996年发掘的大型墓葬M71极可能是某代滇王之墓，出土金鞘面饰、鞘背饰、金饰、金珠饰18件（组），泡钉、扣、葫芦形饰等银饰5件（组）（图2-30）。几何纹在滇国金器装饰中最为常见，纹饰繁缛多变，以点纹、线纹、勾连云纹、雷纹、锯齿纹、圆圈纹等组成形状各异的图案。牛头纹、蛇纹、对兽（马）纹、鱼纹则颇有当地特色，也有随汉武帝南征滇国从中原地区传来的龙纹。这些剑鞘饰共存的多为铜柄铁剑。金臂甲套在前臂上使用，用金片卷成椭圆形不闭合的筒状，下宽上窄，与人手臂粗细相近，最上端手腕处略有收束。服饰类金器包括金扣子、金饰片和金珠，多为穿缀在衣服上的饰品。金珠多为殉葬时与玉珠一起穿缀成滇国特有的“珠襦玉匣”，有的或许具有缀连成项链的功能。首饰类金器主要有金簪、金钗和金镯。二十世纪九十年代，云南省文物研究所等对另一处古滇国墓地——江川李家山墓地进行了第二次大规模的发掘，共清理墓葬60座，出土金银器6373件，重达9000多克，主要也是兵器饰、佩戴饰、“珠襦”饰和其他器具饰等[3]。该墓地延续的时间较长，从约西汉中期稍早一

图2-30　云南晋宁石寨山滇国墓葬金鞘饰及其出土情况

1 孙机：《中国圣火——中国古文物与东西文化交流中的若干问题》，辽宁教育出版社，1996年，第92—96页。

2 关于汉代滇国金器的论述参读樊海涛：《浅论云南省博物馆藏古代金器》，载南京博物院：《金色中国——中国古代金器大展》，译林出版社，2013年，第94—102页；云南省文物考古研究所、昆明市博物馆、晋宁县文物管理所：《晋宁石寨山——第五次发掘报告》，文物出版社，2009年。

3 云南省文物考古研究所、玉溪市文物管理所、江川县文化局：《云南江川县李家山古墓群第二次发掘》，《考古》2001年第12期，第25—40页；云南省文物考古研究所、玉溪市文物管理所、江川县文化局：《江川李家山——第二次发掘报告》，文物出版社，2007年，第174—198页。

直到东汉前期。与石寨山相同，金银器多集中于西汉中晚期的大型墓。从西汉晚期以后，滇国贵族墓葬急剧减少，金银器随之消失看，西汉中晚期滇国金银器的大量出现应与中原王朝影响下滇国的政治命运有关。对江川李家山墓地出土的十件金银样品的检测显示，五件为金银合金，三件为金银铜合金，一件为金银汞合金，一件为银铜合金[1]。金银合金和金银铜合金的金银器比例大，或许是这一时期滇国金银器在工艺、技术上的特点。句町国也有一些发现。云南文山州广南县牡宜句町贵族墓地发现五座封土堆墓，可能属句町国贵族或者王族，出土有金带扣，各座墓葬中鎏金铜器十分普遍[2]。

夜郎国所在的贵州地区目前材料不多，主要是指环、手镯等佩戴用品。贵州威宁中水发掘的三十六座墓[3]绝大多数属西汉时期，可能是“夜郎旁小邑”的遗存。铜器数量众多，个别鎏金，但没有发现金银制品。赫章可乐汉墓[4]中三十九座属西汉中晚期的甲类墓（“汉式墓”）出土金钏一件、银环十一件，还有一些鎏金铜器，墓主人多数为汉族人；主要属西汉早中期的168座乙类墓（“南夷墓”）没有发现金银器，墓主人可能属濮族系统。目前贵州地区秦汉金银器发现很少应该与尚缺少高等级墓葬的考古发现有关。

第六节　异域风格的金银器

秦汉时期是中外文化交流的拓展和成型时期，张骞凿空西域、佛教东传促进了陆路和海路的文化交流和贸易往来，奠定了之后丝绸之路的基本格局。通过丝绸之路输入或影响中国的物品很多，考古遗存所见的主要是玻璃器和金银制品。本节主要讨论的是在汉民族聚居的中原和南方地区所发现的具有明显异域风格的金银器[5]。就目前的考古材料而言，它们主要见于南方及东南沿海地区，以凸瓣纹银豆（盒）和焊缀金珠的金饰最具代表性。

秦汉时期，中原内地具有明显异域风格的金银器皿发现不多[6]，较典型的是一种凸瓣纹“银豆”，早年见于山东淄博西汉早期齐王刘襄墓陪葬坑、广州西汉中期南越王墓，已为学界所熟知。铜质的还见于云南晋宁石寨山滇王家族墓地

1 李晓岑、张新宇、韩汝玢、孙淑云：《云南江川县李家山墓地出土金属器的分析与研究》，《考古》2008年第8期，第83、84页。

2 杨帆、何林珊：《云南文山州广南县牡宜句町贵族墓地》，载国家文物局：《2011中国重要考古发现》，文物出版社，2012年，第94—99页。

3 贵州省博物馆考古组、威宁县文化局：《威宁中水汉墓》，《考古学报》1981年第2期，第217—243页。

4 贵州省博物馆考古组、贵州省赫章县文化馆：《赫章可乐发掘报告》，《考古学报》1986年第2期，第199—251页。

5 异域风格的金银带具、腰饰牌见本章第四、五节。

6 陕西咸阳二〇二所M2（西汉晚期）出土一件带把银杯（见咸阳市文物考古研究所：《陕西咸阳二〇二所西汉墓葬发掘简报》，《考古与文物》2006年第1期，第3—11页之第8页），李永平认为这件银杯带有阿尔泰风格（见李永平：《陕西咸阳二〇二所西汉墓出土银杯及相关的几个问题》，《考古与文物》2007年第4期，第56—60页）。笔者认为，该银杯的鼎形腹或敦形腹、三兽足和“6”字形把都属中原器物风格，所以不把它列为异域风格的器皿。

M11、M12，年代为西汉时期[1]。刘襄墓陪葬坑出土的这件上刻有“三十三年”铭文，应是秦始皇三十三年（公元前 214 年）[2]。近些年又发现几件，其中两件出自山东青州西辛战国墓，年代为战国末年[3]；一件出自安徽巢湖北山头一号墓，年代为西汉文景时期[4]（图 2-31）；一件出自江苏盱眙县大云山江都王刘非墓，年代为西汉武帝时期（约公元前 128 年）[5]。青州西辛战国墓银豆的发现具有特殊意义，它表明这类银豆出现的时间应该早到战国时期。值得注意的是，这几件银豆的发现地主要都在南方或东部沿海地区。

图 2-31　安徽巢湖北山头一号墓出土银盒

这类银豆具有一目了然的异域风格，但不见于当时中国的凸瓣纹装饰和中国传统豆形器的结合引起了学界对其产地的关注和讨论。关于银豆的来源，过去多认为是源于中亚、西亚、地中海东部等地的输入品[6]。银豆的装饰确实具有明显的异域风格，凸瓣纹交错排列，环绕器身的装饰多见于同时期上述地区的金、银、铜碗上，如伊朗哈马丹（Hamadan）出土的薛西斯（Xerxes, the King）时期（公元前 485—前 465 年）的一件金笸罍（phialae）[7]（图 2-32），在中国没有先例。但应该注意的是，虽然这些银盒多经过两次甚至两次以上的加工，但无论是盒还是豆，都是中国传统的器形，凸瓣纹的银盒或豆在西亚地区也是很少见

图 2-32　伊朗哈马丹（Hamadan）出土的金笸罍

1 云南省博物馆：《云南晋宁石寨山古墓群发掘报告》，文物出版社，1959 年，第 69 页。
2 林梅村：《丝绸之路考古十五讲》，北京大学出版社，2006 年，第 104 页。
3 山东省文物考古研究所、青州市博物馆：《山东青州西辛战国墓发掘简报》，《文物》2014 年第 9 期，第 4—32 页之第 22—26 页。
4 安徽省文物考古研究所、巢湖市文物管理所：《巢湖汉墓》，文物出版社，2007 年，第 105—107 页。
5 南京博物院、盱眙县文广新局：《江苏盱眙县大云山西汉江都王陵一号墓》，《考古》2013 年第 10 期，第 42 页。
6 主要观点的归纳总结参见赵德云：《凸瓣纹银，铜盒三题》，《文物》2007 年第 7 期，第 81 页；李零：《论西辛战国墓裂瓣纹银豆——兼谈我国出土的类似文物》，《文物》2014 年第 9 期，第 58—69 页。
7 The National Museum of Iran. A Treasury of Iran Golden and Silver Objects, www.pazinehpress.ir, 2012.

到。近年发现的江都王刘非墓还出土器腹同样是此类列瓣纹的两件银盘，形制、尺寸相同，出土时套合在一起，其中一件口径38厘米，底径22.4厘米，高6.4厘米；外底中心刻有铭文“田□左工名日半十一”“五斤十四十三朱”“五斤十五两一斗九升”，其中的“田□左工名日半十一”表明了这件具有明显异域风格的银盘的生产情况（图2-33）。同样的“左工”刻铭也见于齐王刘襄墓出土的三件鎏金银盘上，分别刻“三十三年左工□名吉”“左工一斤六两”“左工一斤一两”，后两者还有“大官南右般木”“大官木”“南般”刻铭，同出的银盒盒盖内面则有“木南”二字，显示了这几件银器之间的关联性。因此，不能排除它们是在中国生产的具有西亚装饰风格的器物，而不是直接的输入品的可能性[1]。

同样是在南方及东部沿海地区的广东、广西、湖南、江苏等地，还发现不少焊缀金珠的饰物，时代多属西汉中晚期至东汉时期。广东广州西汉中期南越王墓[2]，其主棺室内出土金花泡饰32枚，径1.1厘米，高0.5厘米，是四组十六个小金珠焊接成的泡形装饰。江苏邗江东汉广陵王刘荆墓出土有泡形饰、亚形饰、品形饰、盾形饰、挂锁形饰、“王冠”形饰、空心球（十二面金珠）、兽形片饰等，采用了掐丝、焊金珠、镶嵌绿松石和水晶等工艺[3]。湖南长沙五里牌李家老屋东汉墓M009出土了一批金器，有金饼、荞麦形珠饰、腰鼓形珠饰、金小珠饰、亚字腰形饰、茉莉花苞形饰、戒指、手镯、绹索纹金链、镂空金珠[4]。其中，镂空金珠11枚，分扁圆、六方和圆珠三种，径1—1.5厘米，共重40克。湖南零陵东门外东汉初期墓出土大小珠子55颗，其中有1颗“镂空金珠”即为多面金珠[5]。湖南常德南坪乡东汉

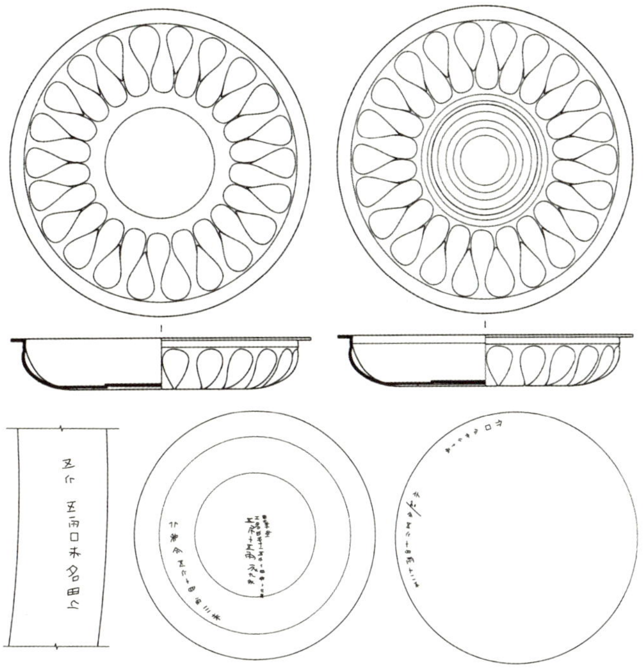

图2-33　江苏盱眙县大云山西汉江都王陵一号墓出土银盘线描图

1 倪克鲁撰，杨欢译：《南越银盒——异域风格的秦代银器》，载曹玮、任天洛（Thilo Rehren）主编：《秦时期冶金考古国际学术研讨会论文集》，科学出版社，2014年，第84—94页。倪克鲁先生提出，从器壁很厚、没有锤打痕迹、精致的嵌边和器身上的小孔看，这些银豆（盒）（主要以南越王墓所出者为依据）有可能并非一直以为的锤揲而成，而是铸造的。李零先生通过细致的观察和检验，指出南越王墓所出银豆（盒）器壁很薄，所谓泡状气孔是因锤揲时受力不均匀而造成的破孔，该器为锤揲而成，并非铸造（见前引文第68页）。

2 广州市文物管理委员会、中国社会科学院考古研究所、广东省博物馆：《西汉南越王墓》，文物出版社，1991年，上册，第213、214页。

3 南京博物院：《江苏邗江甘泉二号汉墓》，《文物》1981年第11期，第1—11页之第6、7页。

4 湖南省博物馆：《长沙五里牌古墓葬清理简报》，《文物》1960年第3期，第47、48页；喻燕姣：《湖南出土金银器》，湖南美术出版社，2009年，第4—7页。

5 湖南省文物管理委员会：《湖南零陵东门外汉墓清理简报》，《考古》1957年第1期，第27—31页之第29页。

墓也有类似的发现[1]。广州郊区东汉前期墓M4013出土1件多面金珠，作十二面菱形，每面正中是一个圆形穿孔，每角处有突起的圆珠4颗[2]。广西合浦风门岭M10（东汉后期）出土有2件多面金珠，还有1件较大的金花球[3]。合浦九只岭5号墓和6A号墓，北插江盐堆1号墓和4号墓，各出土多面金珠2颗、5颗，8颗、14颗[4]。这些多面金珠的造型基本相同，整体呈圆球形，直径大约0.5—2厘米，镂空，其做法是先用圆形小金条焊接多个（常见六个或十二个）小圈，小圈交汇的三角形区域焊缀一颗或叠垒的数颗金珠。合浦风门岭M10的多面金珠还有另一种样式，其十二个面用金箔做成内凹状，以金珠连缀，内凹处原应镶嵌有宝石。这些镂空的金珠和其他一些球形、双锥形、棒槌形、梭形、管形、瓜棱形、扁圆形带孔金珠原来应该是串饰的一部分（图2-34）。与这些金珠共出的还有一些宝石类带孔珠子，如玛瑙、水晶、琥珀、肉红石髓等，它们跟金珠有时可能是组合成串的。

这些金饰最突出的特征是都以掐丝和焊缀金珠工艺制成，非中国传统风格。这种焊珠工艺在两河流域乌尔第一王朝（公元前四千年）出现，其后流行于古埃及、克里特、波斯等地，亚历山大东征以后传至印度。多面金珠曾在巴基斯坦旦叉始逻和越南奥高出土，年代大致相当于东汉[5]。而希腊至中亚这种技术的历史更为悠久。不过，中国至迟在东汉时期，工匠们已经熟练掌握和运用这种技术了。前述刘畅墓出土的金龙、金辟邪、龙形金饰片、羊群等；广陵王墓、长沙五里牌东汉墓M009出土的胜形金饰样式为纯粹中国式，所以这些金珠也可能只是中国的仿制品。广西合浦汉墓还出土十余枚戒面凸起的金戒指，类似于西方镶嵌宝石的戒指，可能也是仿制品。

图2-34　广西合浦汉墓出土多面金珠饰

1 中国金银玻璃珐琅器全集编辑委员会：《中国美术分类全集·中国金银玻璃珐琅器全集》第1卷·金银器（一），河北美术出版社，2004年，第182页，图218。

2 广州市文物管理委员会、广州市博物馆：《广州汉墓》，文物出版社，1981年，图版一一四：9。

3 合浦县博物馆：《广西合浦县丰门岭10号汉墓发掘简报》，《考古》1995年第3期，第226—230、283页之230页；广西壮族自治区文物工作队、合浦县博物馆：《合浦风门岭汉墓——2003—2005年发掘报告》，科学出版社，2006年，第117、118页，原简报定为东汉早期，报告更正为东汉晚期；熊昭明：《汉代合浦港考古与海上丝绸之路》，文物出版社，2015年，第101—115页。

4 熊昭明：《汉代合浦港考古与海上丝绸之路》，文物出版社，2015年，第101—115页。

5 岑蕊：《试论东汉魏晋墓葬中的多面金珠用途及其源流》，《考古与文物》1990年第3期，第85—87、104页。

秦汉时期，带有异域风格的金银装饰品或器皿较早出现，并主要见于南方或东部沿海、沿江地区是值得关注的现象。以多面金珠为主的金饰品以及凸瓣纹银豆可能都与海上丝绸之路有关。从目前几乎模式化的汉式银豆出现的最早年代看，西方金银器皿由海路传入或影响中国金属器生产的时间应该能早到春秋战国时期。另外，虽然从滇王不如汉代诸侯王的身份分析，晋宁石寨山滇王家族墓地出土的铜豆可能是汉地类似银豆的仿制品，但其年代并不晚，所以也不能排除滇地的铜豆或是仿自从西南地区海路、陆路直接输入的银豆的可能性。如果说中亚是中西陆路文化交流的中点，那么南亚次大陆应该是中西海路文化交流的中转站。这一海路的兴起有深刻的历史背景。《汉书》卷二八《地理志》记载了西汉武帝至新莽时期，东南亚一带具有官方性质的海上贸易路线，云："自日南障塞徐闻、合浦船行可五月，有都元国。又船行可四月，有邑卢没国。又船行可二十余日，有谌离国。步行可十余日，有夫甘都卢国。自夫甘都卢国船行可二月余，有黄支国。民俗略与珠崖相类。其州广大，户口多，多异物，自武帝以来，皆献见。有译长属黄门，与应募者俱入海，市明珠、璧流离、奇石异物，赍黄金杂缯而往。所至国皆禀食为耦，蛮夷贾船，转送致之。亦利交易，剽杀人。又苦逢风波溺死，不者数年来还。大珠至围二寸下。平帝元始中，王莽辅政，欲耀威德，厚遗黄支王，令遣使献生犀牛。自黄支船行可八月，到皮宗。船行可二月，到日南、象林界云。黄支之南，有已程不国。汉之译使自此还矣。"[1]

到了东汉时期，东南亚贸易的兴盛则可能与贵霜王朝的兴起有关。公元一至三世纪，大月氏人在中亚和北印度建立贵霜王朝。印度人就从中亚阿尔泰山输入黄金，大月氏人入主中亚后，切断了印度与阿尔泰山之间的黄金之路；印度人转而从东南亚进口黄金，从而推动了印度与东南乃至中国东南沿海的海上国际贸易[2]。在此背景下，近东、中东、西亚地区的器物得以更多地输入、影响中国南方和东南沿海地区，这一状况一直延续到了魏晋南北朝时期。

秦汉时期，中西之间通过陆路交通的文化交流同样是存在的。青海大通县上孙家寨汉晋墓地乙区M3出土的一件带把银壶[3]可能来自新疆地区或中亚一带。银壶通高15.8厘米，口径7厘米，腹径12厘米，底

图2-35　青海大通县上孙家寨汉晋墓地乙区M3出土带把银壶

1 此据张星烺编注，朱杰勤校订：《中西交通史料汇编》，中华书局，1979年，第六册，第19页。
2 林梅村：《丝绸之路考古十五讲》，北京大学出版社，2006年，第103—109页。
3 青海省文物考古研究所：《上孙家寨汉晋墓》，文物出版社，1993年，第150—152、220页。

径 5.4 厘米；直口，长颈，鼓腹，平底；腹侧置一环形把；口沿、腹部和底边有三组鎏金纹带；口沿饰波浪纹，腹部卷草纹带由六朵不同形状的花朵组成，底边饰雉堞纹（图 2-35）。报告将该墓的年代定为汉末魏晋初，墓主可能是属于匈奴别部的卢水胡，认为银壶是公元三世纪安息制品。单从纹饰看，这应该是一件希腊化风格的器物[1]，其中的波浪纹和卷草纹是典型的希腊装饰纹样，雉堞纹是伊朗的传统装饰纹样，在希腊化的帕提亚（安息）时期，三者经常组合在一起作为装饰的间隔带。但该银壶所具有的器形和纹饰诸因素在新疆地区发现的陶器、织物上都能找到，它很可能是在新疆地区制作的[2]。值得注意的是，马尔萨克（Boris I. Marshak）曾指出，银壶的环形耳是后来附加的，因为环形耳破坏了已经打制完好的镀金卷草纹带，也就是说，这件带把银壶的原型可能是无耳银壶。如果此说可以成立，这件银壶的原产地就不只限于现在的新疆地区了。公元前三世纪至一世纪哈萨克斯坦七河流域的陶器中常见这种造型的器物[3]。

第七节　西汉巨额黄金消失之谜

西汉是一个著名的多“金”王朝。文献中记载西汉皇帝和国家用于赏赐、馈赠、聘礼、储存、贸易等的黄金屡见不鲜，并且数量十分惊人，为各代所仅见。如《史记》卷三〇《平准书》记载：“大将军、骠骑大出击胡，得首虏八九万级，赏赐五十万金”[4]，同书卷五八《梁孝王世家》载：“（梁）孝王未死时，财以巨万计，不可胜数。及死，藏府余黄金尚四十余万斤，他财物称是。”[5]西汉大文豪、宫廷诗人司马相如以一首《长门赋》取悦陈皇后，获得黄金百斤的笔润[6]。这篇赋仅六百三十三字，得黄金百斤，平均每字一点六两。类似的记载还有很多，帝王用于赏赐的“金”或“黄金”，经常是百斤、千斤，甚至万斤，总数竟达约 90 万斤[7]。《汉书》卷九九下《王莽传下》云：“时省中黄金万斤者为一匮，尚有六十匮，黄门、钩盾、臧府、中尚方处处各有数匮。”[8]西汉、新莽时期的一斤折合成现在的重量有很多考古资料可以参照，均值约 250 克[9]，是现在的二分之一。那么王莽时大约70万斤黄金约合17.92万公斤[10]。这个总量已相当于清光绪十四年（1888年）

1 马尔萨克（Boris I .Marshak）最先提出这一观点，见James C.Y. Watt, An Jiayao, Angela F.Howard, Boris I .Marshak, Su Bai, Zhao Feng: China: Dawn of a Golden Age, 200-750AD. Catalog of an exhibition held at the Metropolitan Museum of Art, New York, 2005, p.193；仝涛近年有进一步的论述，见仝涛：《论青海大通上孙家寨汉晋墓出土银壶的异域风格》，《考古》2009 年第 5 期，第 70—79 页；过去关于该银壶文化因素及其来源的讨论见仝涛文的总结。

2 孙机：《大通银壶考》，《中国历史文物》2002 年第 3 期，第 35—40 页。

3 仝涛：《论青海大通上孙家寨汉晋墓出土银壶的异域风格》，《考古》2009 年第 5 期，第 77 页。

4 中华书局，1959 年第 1 版、1982 年第 2 版，第四册，第 1428 页。

5 中华书局，1959 年第 1 版、1982 年第 2 版，第六册，第 2087 页。

6 《昭明文选》卷一六，上海古籍出版社，1986 年，第二册，第 712 页。

7 彭信威：《中国货币史》，上海人民出版社，1958 年，第 80 页。

8 中华书局，1962 年，第十二册，第 4188 页。

9 王永波：《汉代黄金铸币计量标记研究》，《古代文明》第 4 卷，文物出版社，2005 年，第 263—301 页。

10 彭信威：《中国货币史》，上海人民出版社，1958 年，第 85、86 页。

全国黄金的总产量（43.2万两）[1]。西汉多金还有后世的文献依据：《汉书》卷六《武帝本纪》太始二年（公元前95年）武帝“更黄金为麟趾马蹄以协祥瑞”，诏书下唐人颜师古注云：“今人往往于地中得马蹄金，金甚精好，而形制巧妙。”[2]宋人沈括《梦溪笔谈》卷二一也说：“襄、随之间，故春陵、白水地，发土多得金麟趾马蹄。麟趾中空，四傍皆有文，刻极工巧。马蹄作团饼，四边无模范迹，似于平物上滴成，如今干柿，土人谓之‘柿子金’。”[3]唐宋时期尚能多得汉金，似乎真有不少西汉黄金被埋于地下。

西汉、新莽时期如此巨额的黄金在东汉时期的文献中却难觅其踪迹。东汉两百年间，一切赐与，很少使用黄金，总共也不过两万一千七百四十斤[4]。那么，西汉新莽时是否真有如此巨额的黄金储备？如果有，它们又是如何“消失”的？关于西汉王朝“多金”之谜，过往有过很多讨论，主要观点有三：

其一，肯定西汉多金，是礼佛虚耗，贸易逆差，或因战火、被掩埋等原因导致黄金消失。宋太宗曾问杜镐：“西汉赐与悉用黄金，而近代为难得之货，何也？镐曰：‘当是时，佛事未兴，故金价甚贱。”[5]清人赵翼认为西汉巨额黄金消失是“古时不以白金为币，专用黄金，而黄金甚多……后世黄金日少，金价亦日贵，盖由中土产金之地已发掘净尽，而自佛教入中国后，塑像涂金……泥金写经、贴金作榜，积少成多，日消月耗之故’。”[6]彭信威等认为汉武帝时凿空西域后的对外贸易造成黄金的外流[7]。胡珠生认为王莽府库藏金毁于长安战火，导致东汉黄金锐减[8]。唐任伍认为西汉新莽时的这笔巨量的黄金有可能还在当时黄金占有者的窖藏故地[9]。礼佛耗金之说显然难以成立，因为东汉时期佛教远没有达到需要大量耗费黄金的程度。贸易外流的说法也难说通，因为中外贸易是双向的，有出必有入，应有相对合理的顺逆差，黄金单方面大量外流的可能性不大。至于“被掩埋”“未发现”的说法则很难验证，但又不能遽驳，不置可否。

其二，对西汉多金提出质疑，认为汉“金”并非全是真金，主要是一种价值尺度。西汉赐金，主要有“黄金若干斤”“金若干斤”和“若干金”三种不同的表述。《汉书》卷二《惠帝本纪》载惠帝赐金事；晋灼注云：“凡言黄金，真金也。不言黄，谓钱也”；唐颜师古注云：“诸赐言黄金者，皆与之金。不言黄者，一金与一万钱。”[10]这种说法有一定的合理性。据统计，史书中明确说用黄金赏赐的一般不超过百斤，超过百斤的大多有大军功、聘后、悬赏等特殊原因[11]。目前学界也

1 蔡长金、陆荣军、宋湘荣：《中国金矿物志》，冶金工业出版社，1994年，第2页。

2 中华书局，1962年，第一册，第206页。

3 《胡道静文集》本，上海人民出版社，2011年，第149页第366条。

4 彭信威：《中国货币史》，上海人民出版社，1958年，第82页。

5 《宋史》卷二九六《杜镐传》，中华书局，1977年，第二八册，第9876页。

6 赵翼：《廿二史札记》卷三“汉多黄金”条，中国书店，1987年，第39页。

7 彭信威：《中国货币史》，上海人民出版社，1958年，第83—85页；石俊志：《中国古代黄金失踪之谜》，《中国金融》2011年第19期，第84、85页。

8 胡珠生：《论汉金非铜及其减退原因》，《文史哲》1957年第12期，第40—48页。

9 唐任伍：《西汉巨量黄金消失之谜考》，《史学月刊》1989年第5期，第14—20页。

10 中华书局，1962年，第一册，第85—87页。

11 钱剑夫：《秦汉货币史稿》，湖北人民出版社，1986年，第90—106页。

多持价值尺度说[1]。但这种观点也存在无法回避的问题。虽然文献中记载的各种赏金或许存在"非真金"或作价值尺度的可能，但很难想象，新莽时期"省中""黄门""钩盾""臧府"和"中尚方"中明确以万斤为一匮，大约70万储藏黄金也只是价值尺度的概念，而不是真金。

其三，肯定西汉多金，认为西汉存在一个黄金周转或称回流机制，这是造成西汉多黄金的根本原因。杜劲松认为大略从汉初开始，西汉黄金周转机制就已经开始运行；文帝时，随着《酎金律》的实施，这一机制形成；武帝以前，西汉国力处于增长期，因战事未开，黄金支出不多，国家积累了大量的黄金财富；武帝时大举远征匈奴，府库藏金为之虚耗，前后达70余万斤，致使大量黄金流散民间；到王莽时期，因为黄金周转机制的积累作用，西汉黄金又开始大量集中起来[2]。这种说法有一定的道理。黄金通过助祭等方式聚敛，也会通过赏赐等途径回流到社会，至少我们不能简单地将文献中记载的赐金数和王莽时期宫廷藏金数相加，而得出西汉新莽时期的总黄金储备数达到近两百万。新莽时期实行黄金国有政策，约70万黄金也与当时罗马帝国的金产量大致相当[3]，或许这已大约是整个西汉新莽时期的总储备数了。

近年来，随着江西南昌海昏侯墓的发现，西汉多金问题再次引起热议[4]。海昏侯墓是目前所见西汉王侯墓葬中出土金器最多的，总计478件，约115公斤，其中有金饼、马蹄金、麟趾金358件（图2-36），金版20件[5]，同时还出土10余吨，约200万枚五铢钱，但金银器物不多，多为附件或鎏金、错银的铜器或漆器。海昏侯虽为列侯，但其身份特殊，墓中随葬大量黄金在王侯墓葬中属特例，不具有普遍性[6]。目前的考古发现依然无法证实西汉是多金的。已经发掘的几万座西汉时期的墓葬和多处大型遗址中，出

图2-36　江西南昌海昏侯墓金器出土现场情况

1 叶小燕：《西汉时期的黄金》，载《庆祝苏秉琦考古五十五年论文集》编辑组编：《庆祝苏秉琦考古五十五年论文集》，文物出版社，1989年，第473—481页。

2 杜劲松：《关于西汉多黄金原因的研究》，《中国史研究》2003年第4期，第57—70页。

3 彭信威：《中国货币史》，上海人民出版社，1958年，第85、86页。

4 付鑫鑫：《西汉巨量黄金消失之谜》，《文汇报》2016年3月16日，第8版；刘瑞：《海昏侯刘贺墓中多黄金的原因探析》，《唐都学刊》2016年第3期，第5—9页；张准：《江西南昌海昏侯刘贺墓中多黄金与西汉黄金问题再探讨——兼与刘瑞先生商榷》，《南昌航空大学学报（哲社版）》，18卷第4期，2016年12月，第22—27、61页。

5 江西省文物考古研究所、首都博物馆：《五色炫曜——南昌汉代海昏侯国考古成果》，江西人民出版社，2016年，第10页；江西省文物考古研究所、南昌市博物馆、南昌市新建区博物馆：《南昌市西汉海昏侯墓》，《考古》2016年第7期，第58页。

6 刘瑞：《海昏侯刘贺墓中多黄金的原因探析》，《唐都学刊》2016年第3期，第5—9页。

土的黄金制品数量很少。墓葬中，经过全面或部分发掘且资料公布较多，年代及墓主身份较清楚的西汉诸侯王、王后墓有45座，分属广阳、中山、赵、常山、河间、菑川、齐、吕、济南、济北、昌邑、鲁、梁、楚、泗水、广陵、长沙和南越等18个王国；列侯、列侯夫人墓也有10余座[1]。因西汉盛行厚葬，这些高规格墓葬中原本随葬的器物应极为丰富，但保存状况理想的墓葬中出土的金银器，尤其是金器也不多，主要是所谓的“金饼”“马蹄金”和“麟趾金”[2]。除海昏侯墓之外，河北满城中山靖王刘胜墓保存完好，出土小金饼四十枚，直径1.7—2厘米，厚0.45—0.65厘米，每枚重14.2—21.5克，平均17.99克，含金量97%，总重719.4克，出土时与277枚铜钱置于一漆盒内；刘胜妻窦绾墓出土小金饼29枚，直径2.5—2.9厘米，厚0.2—0.35厘米，重12.6—17.3克，平均重15.11克，含金量95%，每枚的重量约合当时一两，总重438.15克[3]。河北定县西汉中山怀王刘脩墓（定县40号汉墓）出土有金饼42件、马蹄金4件、麟趾金1件[4]。山东长青县双乳山一号汉墓（墓主应为西汉武帝末，济北王刘宽）出土金饼20件，大的19件，直径6.2—6.6厘米，平均重220.5克；小的1件，直径3.2厘米，重66.5克；总重4262.5克[5]。湖南长沙望城风篷岭西汉中晚期某代长沙王后墓（一号墓）出土金饼19件，直径6厘米，每件重250.5克[6]。此外，在山西、湖北、湖南、江苏、广西等地的西汉墓葬中还有少量的发现[7]。

窖藏方面，数量较多的有陕西西安北郊谭家乡北十里铺村埋藏坑，发现金饼219枚，直径5.67—6.6厘米，厚0.82—1.64厘米，每枚重227.6—254.4克，平均

1 中国社会科学院考古研究所:《中国考古学·秦汉卷》，中国社会科学出版社，2010年，第340—347页、365-368页。

2 “金饼”“马蹄金”和“麟趾金”的定名在学界一直存有争议。相关研究可参读安志敏:《金版与金饼——楚、汉金币及其有关问题》，《考古学报》1973年第2期，第61—90页；黄盛璋:《关于马蹄金、麟趾金的定名、时代与源流》，《中国钱币》1985年第1期，第11—38页；张先得:《记各地出土的圆形金饼——兼论汉代麟趾金、马蹄金》，《文物》1985年第12期，第39—49页；王永波:《汉代黄金铸币计量标记研究》，《古代文明》第4卷，文物出版社，2005年，第263—301页。从形态出发，结合文献分别给予面突底凹圆饼形，中孔圆台马蹄形、兽趾形这三种两汉黄金铸块“金饼”“马蹄金”和“麟趾金”的定名是其中的一种意见。麟虽有马足、圆蹄的记载，但它实以麋鹿为主型，所以也不能排除为趾足的可能性。目前所见采用特别工艺（如掐丝、焊缀、镶嵌等）制作的中孔圆台马蹄形、兽趾形这两种黄金铸块应是武帝下诏为协祥瑞而改铸后的黄金铸块，是真正意义上的“马蹄金”和“麟趾金”。“马蹄金”和“麟趾金”是特殊时期的产物，不具有普遍性和流通性。战国至汉代常用的黄金铸块或一直是面突底凹圆饼形的金饼和普通而非特制的蹄形金。这里及下文为了材料陈述的方便，仍沿用前述三分其类的做法。

3 《满城汉墓发掘报告》上册，第207、208、331、332页。

4 河北省文物研究所:《河北定县40号汉墓发掘简报》，《文物》1981年第8期，第1—10页之第3页。

5 山东大学考古系、山东省文物局、长清县文化局:《山东长青县双乳山一号汉墓发掘简报》，《考古》1997年第3期，第1—9、26页之第7页。

6 长沙市文物考古研究所、望城县文物管理局:《湖南长沙望城风篷岭汉墓发掘简报》，《文物》2007年第12期，第21—41页之第40页。

7 山西省文物管理工作委员会、山西省考古研究所:《太原东太堡出土的汉代铜器》，《文物》1962年第4—5期，第71页；湖北省博物馆:《宜昌前坪战国两汉墓》，《考古学报》1976年第2期，第135页；湖南省博物馆:《长沙汤家岭西汉墓清理简报》，《考古》1966年第4期，第186页；南京博物院:《铜山小龟山西汉崖洞墓》，《文物》1973年第4期，第25页；广西壮族自治区文物考古写作小组:《广西合浦西汉木椁墓》，《考古》1972年第5期，第29页。

247.11 克，总重 54116.1 克，大约合汉 216 斤；其铸造时间可能在文、景之时，埋于新莽末年（图 2-37）[1]。河南扶沟古城村西汉窖藏出土金饼 197 块[2]。江苏盱眙县南窑庄西汉窖藏出土金兽 1 件，重 9000 克；金饼 25 块，重 7663.4 克[3]。

属于东汉时期的考古发现更少[4]。两相比较，考古材料似乎支持西汉多黄金的史实，但东汉高等级墓葬在数量、分布范围和保存状况上都远逊于西汉。目前明确的王侯墓葬只有 10 余座，且多数都被盗扰严重[5]。东汉黄金少于西汉暂无法得到考古发现的有力支持。

就目前而言，西汉多金仍是个谜团，但任何王朝的黄金都来源于两条渠道，一是继承前代，二是本朝新采冶或由外邦流入，西汉自也不例外。西汉王朝之所以多金可能与其政治上的特殊性有关。秦汉是第一个大一统的王朝。春秋战国不同于之后的魏晋南北朝和五代十国，列国金银的采冶和金银器的制作都已达到了较高的水平，尤其是楚地以多金著称（详见本书第一章）。西汉完全有可能从前朝继承数量不小的黄金。这或许即是西汉早期（武帝以前）黄金就不断用于赏赐的原因[6]。河南扶沟古城村西汉窖藏出土印有“郢爯”“陈爯”金版 197 块[7]。江苏盱眙县南窑庄西汉窖藏出土楚郢爯金版 11 件，共重 3243.4 克[8]。山东淄博临淄西

图 2-37 陕西西安北郊谭家乡北十里铺村埋藏坑出土金饼

1 陕西省文物局文物鉴定组：《谭家乡汉代金饼整理报告》，《文博》2000 年第 3 期，第 40—55 页；陕西省文物局文物鉴定组：《记西安北郊谭家乡出土的汉代金饼》，《文物》2000 年第 6 期，第 50—59 页；呼林贵、尹夏清：《西安东北郊北十里铺发现大量西汉金饼》，《中国钱币》2001 年第 2 期，第 44、45 页。

2 河南省博物馆、扶沟县文化馆：《河南扶沟古城村出土的楚金银币》，《文物》1980 年第 10 期，第 61—66 页。

3 南京博物院（姚迁）：《江苏盱眙南窑庄楚汉文物窖藏》，《文物》1982 年第 11 期，第 5—12 页。

4 江楠：《中国早期金银器的考古学研究》，吉林大学博士学位论文，2015 年，第 228—280 页表 5-1“秦汉时期金银器出土情况统计表”。

5 中国社会科学院考古研究所：《中国考古学·秦汉卷》，中国社会科学出版社，第 372—379 页。

6 据统计，高祖、惠帝、高后、文帝、景帝朝的赐金数分别为 42550 斤、68 斤、110009 斤、12000 斤、1102 斤，见彭信威：《中国货币史》，上海人民出版社，1958 年，第 80 页“西汉各帝赐金表”。

7 河南省博物馆、扶沟县文化馆：《河南扶沟古城村出土的楚金银币》，《文物》1980 年第 10 期，第 61—66 页。

8 南京博物院（姚迁）：《江苏盱眙南窑庄楚汉文物窖藏》，《文物》1982 年第 11 期，第 5—12 页。

汉齐王墓随葬坑出土的银盘应是三晋时代所制，秦灭三晋后银盘归秦，汉灭秦后又归汉，并赐与齐国[1]。这些都是对前代金银继承的例子。同时，西汉又实行分封制，分封制下的酎金等制度应该是促进了本朝黄金采冶、增加黄金储备的有效手段。每年八月烧酎酿成时，需要献烧酎祭宗庙，诸侯和列侯都有献黄金助祭的义务，称为酎金。当时献酎金形成了相应的制度，称《酎金律》。《后汉书·礼仪志上·上陵》注引丁孚《汉仪》："《酎金律》文帝所加，以正月旦作酒，八月成，名酎酒。因合诸侯助祭贡金。"[2]这种贡金以国为单位，按人口数每一千人四两的比例计算，不满一千人而在五百人以上的零数，也作四两计算。据统计，汉平帝元始二年（公元2年）二十个诸侯国所献酎金总数约为24780两，合汉斤1548斤，按汉代标准金额金一斤等于钱万文的比例计算，即相当于钱1548万文[3]。列侯也要贡金，侯国人口少，相应的贡金数肯定会少很多，但侯国数量多，据《汉书·地理志》，元始二年的侯国数为241个，所以侯国的总贡金数甚至会超过诸侯国。酎金一般不会出现在王侯的墓葬中，海昏侯墓是个特例，为我们提供了酎金的样式，出土的圆形金饼上有"南海海昏侯臣贺元康三年酎金一斤"墨书。

关于西汉巨额黄金的去向，有的学者认为西汉新莽的黄金并未消失，而是散于民间，所以没有在史籍中留下太多踪迹，东汉的黄金保有量甚至要多于西汉[4]。更多的学者赞同西汉新莽的这笔巨额黄金可能是"瞬间"消失的，如前述胡珠生、唐任伍等的观点，主要原因在于新莽末年长安大乱，皇宫府库的黄金可能被有意掩埋，或被掠后掩埋。西安北郊谭家乡北十里铺村发现金饼219枚，总重大约合汉216斤。金饼出自两个埋藏坑中，由于施工破坏，现场遗迹已荡然无存；两坑距现代耕土层约3—4米，坑距2米左右，坑径0.4—0.5米，坑周围是生土，百余平方米范围内无墓葬痕迹；坑内金饼密集一窝，上下摞叠，坑底为圆弧状[5]。这处埋藏地位于西汉新莽长安城东城墙清明门以东约4公里，稍偏南处。据考古调查资料，北十里铺村一带已是长安城东郊的墓葬区，墓葬多为中小型，不太可能存在贵族的居住区。这批被草率掩埋的金饼被推测与新莽末年丧乱，国库黄金流散有关。总之，西汉多金及黄金去向问题的探讨，需结合冶金史、经济史等多个方面，进行更深入的研究，也需要更多的考古发现提供文献中无法获取的信息。

---

1 山东省淄博市博物馆：《西汉齐王墓随葬器物坑》，《考古学报》1985年第2期，第223—266页之第256—258页。

2 《后汉书·礼仪志上·上陵》，中华书局，1965年，第十一册，第3104页。

3 （日）加藤繁著，吴杰译：《中国经济史考证（第一卷）》，商务印书馆（北京），1959年，第60、61页。献金超过1000两的有赵国、中山国、信都国、胶东国、淮阳国、东平国、鲁国和楚国，分别是1400、2672、1216、1292、3964、2432、2428、1992两。

4 王凯旋：《东汉黄金问题考论》，《辽宁大学学报》1998年第2期，第88—92页。

5 关于北十里铺村埋藏坑的位置、性质，陕西省文物局文物鉴定组，呼林贵、尹夏清在《文物》《文博》和《中国钱币》上发表的报道存有出入，这里以前两篇的报道为准。

第三章 魏晋南北朝金银器

魏晋南北朝时期，历史文献记述中的黄金、白银数量锐减，考古出土的金银器物数量也不多，已知的器物种类与战国、秦汉时期相比没有发生太大改变。尽管这一现象可能与考古发现的局限性和偶然性有关，但更可能是当时历史的真实面貌。

魏晋南北朝时期是文化大融合时期，在北方地区，是中原文化和更北方的游牧文化的融合；在南方地区，是南迁的中原文化和南方文化的融合。这种文化的融合在金银器上的表现是北方少数民族政权地区出土较多的颇具特色的冠饰，既有冠顶的金步摇饰件，也有冠正面的金饰件。金串珠、金带、金耳环、金银指环、金银带钩、银钏等首饰或服饰，漆木器皿、车马器、建筑或家具上的金银饰件则在中原和南方地区都有大量发现。除了这些单体或作为附属装饰的小型器件，数量极少的中国自产金银器皿，在器形和工艺上大致延续秦汉金银器皿的传统，其形制与同时期的铜器、漆器、陶瓷器十分相似，只是缺少大型器皿。

西方金银器的大量输入是这一时期金银器发展的重要特点。出土地点表明，这些外来的金银器是经陆路和海路两种途径传入的。这些器物均采用锤揲制作，器表多形成浮雕式的纹样，其技法为中国金银器的发展注入了新的活力。西亚、中亚等地的金银器极少有明确纪年，可以肯定出土地点的也不多。中国境内出土的这些金银器出自墓葬、居址、窖藏中，出土地点和存世的年代下限十分清楚，这对于西方金银器研究而言也是重要的发现。

礼佛金银器的登场是魏晋南北朝金银器发展中新出现的现象。尤其是在南北朝时期，佛教在中国得到了前所未有的发展，建塔修寺、雕塑佛像、瘗埋舍利等诸多佛事活动中都有金银的参与、点缀。自此开始，金银器在古代社会生活中开始扮演新的角色。

第一节 金银产地与金银器的生产

根据目前的考古发现并考察历史文献记载，魏晋南北朝时期似乎是中国古代金银生产、使用的相对低潮时期。其原因之一是当时黄金和白银产量的减少，器物制作自然会受到很大的限制；原因之二是佛教兴盛耗费了大量的金银。

魏晋南北朝时期，即便是宫廷内，金银及器物的贮藏似乎也不多。《宋书》卷六《孝武帝本纪》记载：“凡用非军国，宜悉停功。可省细作并尚方，雕文靡费，金银涂饰，事不关实，严为之禁。”[1] 这里虽然是在赞颂帝王因“百姓劳弊，徭赋尚繁”而提倡节俭，但也反映出当时宫中金银储藏不多的事实。《南齐书》卷七《东昏侯本纪》载，萧宝卷的宠妃“潘氏服御，极选珍宝，主衣库旧物，不复周用，贵市民间金银宝物，价皆数倍。虎魄钏一只，直百七十万。京邑酒租，皆折使输金，以为金涂”[2]，连皇室所需金银都要到民间购买。帝王以金银赏赐臣下的记录明显减少。《北齐书》卷二四《陈元康传》记载，因陈元康立有军功，“赏元康金五十斤”“赏元康金百铤”[3]。这种赏赐金银的实例在这一时期很少能见到。北周武帝“身衣布袍，寝布被，无金宝之饰”，灭北齐时，“出齐宫中金银宝器珠翠丽服及宫女二千人，班赐将士”[4]。《宋书》卷八《明帝纪》记载：“以皇后六宫以下杂衣千领，金钗千枚，班赐北征将士”[5]，竟然只能收缴宫中妇女所用金钗赏赐立功的将士。当然皇室贵族追求奢侈生活仍会拥有不少金银器物。《南史》卷五三《梁武帝诸子传》记载，庐陵威王续“多聚马仗，蓄养趫雄，耽色爱财，极意收敛，仓储库藏盈溢。临终有启，遣中录事参军谢宣融送所上金银器千余件，武帝始知其富”[6]。《南齐书》卷三八《萧颖胄传》载：“上慕俭〔约〕，欲铸坏太官元日上寿银酒鎗，尚书令王晏等咸称盛德。（萧）颖胄曰：‘朝廷盛礼，莫过三元。此一器既是旧物，不足为侈。’帝不悦。后预曲宴，银器满席。（萧）颖胄曰：‘陛下前欲坏酒鎗，恐宜移在此器也。’帝甚有惭色。”[7]但与汉代相比，这一时期宫廷储藏金银可能确实不多。黄金和白银产量减少，器物制作自然也难以兴盛。

南北朝时期，几乎历朝历代的帝王都崇信佛教，大肆兴建佛寺，以金银为华丽的装饰，不惜工本地用金铸佛造像，使宫中和民间需要大量金银。《南齐书》卷三八《萧颖胄传》载：“长沙寺僧业富，沃铸黄金为龙数千两，埋土中。”[8]《魏书》卷一一四《释老志》载：“兴光元年（454 年）秋，敕有司于五级大寺内，为太祖已下五帝，铸释迦立像五，各长一丈六尺，都用赤金二十五万斤”；天安三年（467 年），“又于天宫寺，造释迦立像。高四十三尺，用赤金十万斤，黄金六百斤。”[9] 史籍中用金银制作、装饰佛教建筑和偶像的记录较多，考古发现也显示，南北朝时期的鎏金造像、金银供奉品等不断出现（详见本章第五节）。

这一时期文献记载的金银产地比起汉代也要少很多。《文选》卷四《蜀都赋》“金沙银砾”句下注云：“永昌有水出金，如糠在沙中，兴古盘町山出银。”[10]《水经注》记载金矿十四处，银矿一处[11]。然而，用金作为等价交换物或充当货币职能的情况逐渐多了起来。《晋书》卷五《愍帝本纪》记载，因西晋末年战乱，京师

1 中华书局，1974 年，第一册，第 112 页。
2 中华书局，1972 年，第一册，第 104 页。
3 中华书局，1972 年，第二册，第 344 页。
4 《周书》卷六《武帝本纪下》，中华书局，1971 年，第一册，第 107、99 页。
5 中华书局，1974 年，第一册，第 162 页。
6 中华书局，1975 年，第五册，第 1322 页。
7 中华书局，1972 年，第二册，第 666 页。
8 中华书局，1972 年，第二册，第 667 页。
9 中华书局，1974 年，第八册，第 3036—3038 页。
10 上海古籍出版社，1986 年，第一册，第 177 页。
11 陈桥驿：《水经注研究》二五《〈水经注〉记载的工业》，天津古籍出版社，1985 年，第 248 页。

一带“米斗金二两，人相食，死者大半”[1]。《宋书》卷五四《孔季恭传》载：“会土（指会稽——笔者注）带海傍湖，良畴亦数十万顷，膏腴上地，亩直一金。”[2]这都是直接以金作为换算价值的标尺。《南史》卷五三《梁武帝诸子传》还有黄金及白银的换算关系，“黄金一斤为饼，百饼为篮，至有百篮；银五倍之”[3]。早在东吴时期，金银货币职能的表现就出现了新的形式——铤。《三国志》卷四八《孙皓传》记载：“天册元年（275 年），吴郡言掘地得银，长一尺，广三分，刻上有年月字”[4]，这应该就是后来所谓的银铤。

虽然金银的产量有所减少，但这一时期的金银生产和器物制作在汉代基础上有了新的发展，主要表现在以下几个方面：

其一，采矿和组织方式有了新的发展。《宋书》卷九二《良史·徐豁传》记载徐豁元嘉（424—453 年）初为始兴太守，“郡领银民三百余户，凿坑采砂，皆二三丈，功役既苦，不顾崩压，一岁之中，每有死者。官司检切，犹致逋违，老少相随，永绝农业，千有余口，皆资他食”[5]，可知南朝刘宋元嘉年间始兴郡存在采银专业户，人数很多。《太平御览》引南朝王韶之的《始兴记》载：“冷君西北有小首山，宋元嘉元年（424 年）夏，霖雨山崩，自颠及麓，崩处有光耀，有若星辰焉。居人往观皆是银砾，铸得银也。”[6]《魏书》卷一一〇《食货志六》记载：“汉中旧有金户千余家，常于汉水沙淘金，年终总输”[7]，采矿专业人员更多。

其二，有关银矿品位的认识明显提高。从矿石中提炼金银，战国甚至更早已经出现，但到了北魏时期有对银矿品位的定量描述。《魏书》卷一一〇《食货志》记载：“世宗延昌三年（514 年）春，有司奏长安骊山有银矿，二石得银七两。其年秋，桓州又上言，白登山有银矿，八石得银七两，锡三百余斤，其色洁白，有踰上品。诏并置银官，常令采铸。”[8]显然，当时人们已经很清楚地认识到矿石含银量的不同和银矿之间的差别，这是对矿藏品位最早且十分明确的记载。能够具体认识到矿石品位和从中提炼出银的比例，是北魏的一大进步。北魏政府对品位高、成色好的银矿，立即“诏并置银官，常令采铸”，由官府掌管。

其三，当时对金银制作、冶炼方法也进行了多种探索，金银冶炼技术更为成熟。晋葛洪《抱朴子内篇》卷一六《黄白》专门谈论到金银冶炼之术[9]，“抱朴子曰：《神仙经黄白之方》二十五卷，千有余首。黄者，金也。白者，银也。……余昔从郑公受九丹及《金银液经》，因复求受《黄白中经》五卷”。葛洪之前已有金银冶炼的专著传世，当然这些涉及冶炼的内容多与方士炼丹术相联系。《抱朴子》认为：“变化者，乃天地之自然，何为嫌金银之不可以异物作乎？”坚信金银可人工制造，列举了如“金楼先生所从青林子受作黄金法”“小儿作黄金法”等多种黄

1 中华书局，1974 年，第一册，第 130 页。
2 中华书局，1974 年，第五册，第 1540 页。
3 中华书局，1975 年，第五册，第 1332 页。
4 中华书局，1959 年第 1 版、1982 年第 2 版，第五册，第 1171 页。
5 中华书局，1974 年，第八册，第 2266 页。
6 中华书局，1985 年，第四册，第 3609 页上栏。
7 中华书局，1974 年，第八册，第 2857 页。
8 中华书局，1974 年，第八册，第 2857 页。
9 王明校释本，中华书局，1980 年第 1 版、1985 年第 2 版，第 283—292 页。

金、白银的制作方法，虽然不免怪异荒诞，却反映当时对金银制作冶炼方法的多种探索。

考古发现揭示了这一时期金银器成分的一些信息。南京大学北园东晋墓出土的金饰片，金的纯度很高，所含铜、银、铁、硅仅为微量；漆器上的配件小银钉和铺首，主要成分为银，含有中量的铜、铋，少量的锡、铁和微量铅、硅，属于银、铜、铋合金[1]。重庆忠县翠屏山崖墓群晋墓出土金器含金量90%，还有一定含量的银、铜、锌、镍、铷等杂质元素；大多数银器含银量97.38%—98.85%，另含有少量硫、铬、镍、锌、金等杂质元素，其中一个银器样品含银95.2%，含铜3.19%，应为银铜合金[2]。辽宁北票北燕冯素弗墓出土的大部分金器属金、银、铜三元合金，含金量在90%以下，金的成色不高[3]。

东汉至南北朝时期的手工业发展缓慢。尽管前引《三国志·何姬传》《宋书·孝武帝纪》《魏书·食货志》中都记载了官府控制的手工业部门"尚方"仍在制作金银器，但如王羲之致谢安书中所说："百工医寺，死亡绝没，家户空尽，差代无所，上命不绝。"[4]由于战乱不绝，官府对手工业的管理失控，金银制作行业也不例外，许多工匠脱离官府而流落民间。金银手工业制作珍贵物品，是历代官府掌管的重要行业，其工匠也是官府控制的对象。东汉末年以来工匠流落民间的现象，严重影响了中央及地方官府手工业的生产，特别是人数少、技术要求很高的金银手工业者更加缺乏，引起了统治者们的注意。《魏书》卷四《世祖本纪》记载，太平真君五年（444年）诏："自王公已下至于庶人，有私养沙门、师巫及金银工巧之人在其家者，皆遣诣官曹，不得容匿。限今年二月十五日，过期不出，师巫、沙门身死，主人门诛。……其百工伎巧、驺卒子息，当习其父兄所业，不听私立学校。违者师身死，主人门诛。"[5]这说明当时的官府作坊缺少工匠，不得不搜罗逃亡、隐匿的民间工匠，严禁私人供养，其中特别注重的是"金银工巧之人"。这一禁令持续到北齐时仍在执行，《北齐书》卷四七《毕义云传》记载："又坐私藏工匠，家有十余机织锦，并造金银器物。乃被禁止"[6]，特别提到禁止私造金银器之事。但从另一方面看，东晋以后地方民间手工业兴起，也为金银工艺技术得以普及创造了契机。前述《魏书》卷四《世祖本纪》所说"金银工巧之人在其家者"和"其百工技巧、驺卒子息，当习其父兄所业"云云，说明金银手工已成为重要的专门职业。前述《南齐书》卷七《东昏侯本纪》中所言"贵市民间金银宝物"，也表明民间金银器物的流传。虽然目前考古发现的金银实物仍然不多，但金银手工业的专门化和在民间的普及却是前代没有的。此外，南北朝时期西方国家和地区输入的外来金银器物急剧增多，对中国金银器的制造业产生了深刻的影响。种

1 南京大学历史系考古组：《南京大学北园东晋墓》，《文物》1973年第4期，第36—50页之第43—44页。

2 朱铁权、王宏、陈兆镜、胡立敏、余志：《重庆忠县翠屏山崖墓群出土晋代金银器的分析研究》，《江汉考古》2011年第1期，第109—112页之第111页。

3 申桂云、王怡威、刘博：《冯素弗墓出土金器的分析与研究》，载辽宁省博物馆：《北燕冯素弗墓》，文物出版社，2015年，第206页。

4 《晋书》卷八〇《王羲之传》，中华书局，1974年，第七册，第2098页。

5 中华书局，1974年，第一册，第97页。

6 中华书局，1972年，第二册，第658页。

种迹象表明，中国金银器制造正孕育着新的繁荣时期的到来。

第二节　中原与南方地区的金银器

魏晋南北朝时期，以鲜卑为主的北方游牧民族的金器饰件较为流行；北方地区还出土了一些由西方输入的金银器（详见本章第三、四节）。这些金银器似乎是这一时期金银器中最璀璨夺目的，但中原和南方地区发现的金银器分布广泛、数量众多、类型多样，基本都出土于墓葬之中，埋藏环境、年代清楚，最能体现这一时期金银器发展的总体特征。

中原地区的发现以西晋、北朝时期的墓葬居多，主要有：河南安阳西高穴曹操高陵出土"银质箱饰件、铺首、饰件、环和金纽扣、簧、金丝等"[1]。洛阳西晋墓"出土有金饰十二件，其中赤金簪、珠各一，桃形金片25件"；"银器有簪、镯、指环各种"；洛阳徐美人墓出土的桃形金花"质量极薄，桃形尖端一孔用与它物联系"[2]。新乡卫辉大司马西晋墓M18出土有桃形、羽翅形和圆形金饰共八件[3]。北京西晋幽州刺史王浚妻华芳墓出土掐丝镶嵌银铃[4]。山东临沂洗砚池晋墓一号墓东墓室出土金珰、金环、银铃、金泡28件；西墓室出土金珰、金兽首、金镯、金指环、金簪、金钗、银钗、金铃、银铃、金珠51件（套）；二号墓出土金叶8件、金饰8件、金钉24件[5]。根据出土位置可以了解到这些器物使用方面的信息。一号墓东室内有两具小棺，一具内有两岁左右的幼儿骨架，幼儿的腰、手部有金环两对，两侧还有大小银铃七件；另一具小棺内有一岁左右的幼儿骨架，幼儿的腰、手部有金环两对，两侧有大小银铃七件；西室棺内有一约六七岁儿童骨架，其头部残存的一束头发上插有金簪、金钗，胸部位置有金串珠43件，手部各有一对手镯，双手部位有金环11件，周围还有金铃等饰物。据最新的古DNA研究报告，三名幼童均为女性[6]。山东邹城刘宝墓出土金饰、金指环、银龙首耳勺、银钗、银簪等14件[7]。宁夏固原北魏漆棺墓出土金耳环、银耳杯、波斯银币[8]。山西大同迎宾大道北魏平城时期墓群出土金银器14件，以装饰品为主，其中M16出土方形

1 河南省文物考古研究所、安阳县文化局：《河南安阳市西高穴曹操高陵》，《考古》2010年第8期，第35—45页之第41页。

2 河南省文化局文物工作队第二队：《洛阳晋墓的发掘》，《考古学报》1957年第1期，第181页。

3 河南省文物局南水北调文物保护办公室、四川大学考古学系：《河南卫辉大司马墓地晋墓（M18）发掘简报》，《文物》2009年第1期，第18、19页。

4 北京市文物工作队：《北京西郊王浚妻华芳墓清理简报》，《文物》1965年第12期，第21—26页之第22页。

5 山东省文物考古研究所、临沂市文化局：《山东临沂洗砚池晋墓》，《文物》2005年第7期，第4—37页之第8、11页；山东省文物考古研究所、临沂市文化广电新闻出版局：《临沂洗砚池晋墓》，文物出版社，2016年，第43—49页，第97—106页，第148—150页。

6 山东省文物考古研究所、临沂市文化广电新闻出版局：《临沂洗砚池晋墓》，文物出版社，2016年，第166—170页。

7 山东邹城市文物局：《山东邹城西晋刘宝墓》，《文物》2005年第1期，第4—26页之第20、21页。

8 宁夏固原博物馆：《固原北魏墓漆棺画》，宁夏人民出版社，1988年，第7页。

镂空金牌饰、银耳挖，M19 出土金头饰、金耳环、银碗、银簪[1]。大同南郊北魏墓 M107 出土有金耳环、鎏金圜底银碗和银罐；M109 出土有银碗（盏）、金耳环、鎏金银高足杯、银筓、银手镯、银耳环[2]。大同小站村北魏封和突墓（死于景明二年，501 年，二次葬于正始元年，504 年）出土有鎏金银盘、银耳杯、银高足杯[3]。河北吴桥东魏墓 M2 出土金簪、银钗，北齐墓 M3 出土金箍形器[4]。河北磁县东魏武定八年（550 年）茹茹公主墓出土金花片、金饰片、金带扣、金扣、金簪柄、金币等 52 件[5]。山西太原北齐武平元年（570 年）娄叡墓出土体量较大的金饰和银饰各一件[6]。河北赞皇东魏—北齐武定二年至武平六年（544—575 年）李希宗夫妇墓出土有银碗、鎏金银戒指、嵌青金石金戒指、东罗马金币[7]。宁夏固原北周天和四年（569 年）李贤夫妇墓出土有鎏金银壶、嵌青金石金戒指；提梁小银壶、银熨斗、银剪刀、银镊子、银钵、银勺和银筷[8]。

南方地区的发现以东晋时期的墓葬居多，主要见于六朝京畿所在的南京地区。湖北鄂城孙吴初期墓（铁 M105）出土金镯、珠、钗、指圈，银钗、指圈等金银饰品 47 件，还有银唾盂一[9]。江西南昌东吴高荣墓出土有金手镯三、金发钗五、金耳挖簪一、金帽花饰十、银发钗两、银唾壶一；另出土两件木方，一件字迹较清晰，是随葬物品清单，其中记录似乎跟金银相关的器物有“金银二囊”“金叉一枚”“金口子一枚”“金称三枚”等[10]。湖南安乡西晋刘弘墓（刘弘卒于西晋光熙元年，306 年）出土龟钮“宣成公章”“镇南将军章”金印各一，嵌绿石龙纹金带扣、金钗、银带扣外框各一；另有错金铜弩机、贴金铁匕首等[11]。江苏宜兴西晋一号（周处墓）、二号墓出土金环、金篮饰、金牌、金簪、金珠、金顶针等近三十件[12]。南京大学北园东晋早期墓出土金镂空饰片、桃形片、花瓣形金片和小金珠、银泡及银铜铋合金小钉、银铜铋合金铺首等近六十件[13]。南京仙鹤观东晋早期 M6

1 大同市考古研究所：《山西大同迎宾大道北魏墓群》，《文物》2006 年第 10 期，第 50—71 页之第 61—63 页。

2 山西大学历史文化学院、山西省考古研究所、大同市博物馆：《大同南郊北魏墓群》，科学出版社，2006 年，第 235—243 页。

3 马玉基（大同市博物馆）：《大同市小站村花圪塔台北魏墓清理简报》，《文物》1983 年第 8 期，第 1—4 页之第 2 页。

4 河北省沧州地区文化馆：《河北省吴桥四座北朝墓葬》，《文物》1984 年第 9 期，第 23—32 页之第 28、31 页。

5 磁县文化馆：《河北磁县东魏茹茹公主墓发掘简报》，《文物》1984 年第 4 期，第 1—9 页之第 6、7 页。

6 山西省考古研究所、太原市文物管理委员会：《太原市北齐娄叡墓发掘简报》，《文物》1983 年第 10 期，第 13 页。

7 石家庄地区革委会文化局文物发掘组：《河北赞皇东魏李希宗墓》，《考古》1977 年第 6 期，第 382—390、372 页之第 387、388 页。

8 宁夏回族自治区博物馆、宁夏固原博物馆：《宁夏固原北周李贤夫妇墓发掘简报》，《文物》1985 年第 11 期，第 11、12 页。

9 鄂城县博物馆：《湖北鄂城四座吴墓发掘报告》，《考古》1982 年第 3 期，第 257—269 页之第 265 页。

10 江西省历史博物馆：《江西南昌市东吴高荣墓的发掘》，《考古》1980 年第 3 期，第 219—228 页之第 224、225、227 页。

11 安乡县文物管理所：《湖南安乡西晋刘弘墓》，《文物》1993 年第 11 期，第 1—12 页之第 3、6、9 页。

12 罗宗真：《江苏宜兴晋墓发掘报告——兼论出土的青瓷器》，《考古学报》1957 年第 4 期，第 83—105 页之第 91、93、95 页。

13 南京大学历史系考古组：《南京大学北园东晋墓》，《文物》1973 年第 4 期，第 36—46 页之第 43、44 页。

出土有金蝉形珰、钗、镯、耳挖、铃、环、珠、顶针、花瓣形片、桃形片及各种动物形（羊、辟邪、龟、鸟等）小件佩饰等56件，含金量有98%、96%、89%等几种，鎏金带盖小银鼎一，另有鎏金铜器等；东晋泰和元年（366年）高崧夫妇合葬墓（M2）出土有金镯、钗、簪、胜、耳挖、花瓣形片、桃形片、羊形佩饰等68件[1]。南京北郊郭家山东晋前期墓出土虎形金饰、金钗、金饰件130余件，另有银铺首饰件、银柿蒂形饰件、银兽蹄和小银环等[2]。南京北郊东晋中晚期墓出土金花形饰、桃形金片、银铺首衔环、银栉背、银扣、银环等九件[3]。南京富贵山东晋墓出土有金钉五[4]。南京幕府山六朝墓一号墓出土小金叶片、金条式片等[5]。南京中华门外晋墓二号、四号墓出土金镯、金发饰、金饰圈、银铃等[6]。湖南长沙黄泥塘东晋墓（M3）出土金双凤圆形饰、鱼形饰、长方形饰、梅花形饰、小环、钗、扣、多角镂空花珠、空心珠、圆珠、银钗等[7]。江苏南京富贵山东晋墓出土金手镯、金钗、银碗、银铃及银饰等十八件[8]。贵州平坝马场东晋南朝墓出土金钗、簪、花、珠、戒指和漆器上的金饰148件，还有银钗、簪、钏、手镯、戒指、顶针、泡钉、耳钩、钮和漆器上的银饰件116件，多出于头部及手部，有的与漆器共存[9]。南京八府塘南朝遗址中出土一件银罐[10]。广东和平南朝墓出土有银碗二、银镯四[11]。

从上述考古发现可知，无论中原地区还是南方地区，这一时期的金银器多是一些小型器件，大都应该是首饰、服饰（包括冠帽饰）和器物（主要是漆木器）上的配件或装饰。耳环、戒指、簪、钗、栉背、镯等为首饰。金银扣为衣服饰件，珰为冠帽饰。银铺首衔环、银环、银泡、金钉等多应是漆木器上的部件。一些金片类，如桃形金片、花瓣形金片、小金珠、金牌等，因为散乱、位移或不完整，具体用途并不是十分明确，但很多可能是冠服饰，有的应是步摇上的构件。其中常见的桃形金片值得注意，这种金片一端有穿孔，是北方少数民族地区发现的、明确的步摇冠上的悬坠之物，有时也用作服饰及马饰（主要见于辽西三燕地区，详见本章第三节）。但中原、南方地区发现的桃形金片的穿孔方式与北方少数民族地区明显不同，前者在叶片的尖端，后者则在叶片的末端，这可能表明两地的

1 南京市博物馆：《江苏南京仙鹤观东晋墓》，《文物》2001年第3期，第4—40、91页之第7、16—19、30—33页。

2 南京市博物馆：《南京北郊郭家山东晋墓葬发掘简报》，《文物》1981年第12期，第1—7页之第4页。

3 南京市博物馆：《南京北郊东晋墓发掘简报》，《考古》1983年第4期，第315—322页之第319页。

4 南京博物院：《南京富贵山东晋墓发掘报告》，《考古》1966年第4期，第197—204、196页之第203页。

5 华东文物工作队：《南京幕府山六朝墓清理简报》，《文物》1956年第6期，第29—32页之第31页。

6 南京市文物保管委员会：《南京中华门外晋墓清理》，《考古》1961年第6期，第339、340页。

7 湖南省博物馆：《长沙南郊的两晋南朝隋代墓葬》，《考古》1965年第5期，第225—229页之第226、227页。

8 南京市博物馆、南京市玄武区文化局：《江苏南京市富贵山六朝墓地发掘简报》，《考古》1998年第8期，第35—47页之第41—43页。

9 贵州省博物馆考古组：《贵州平坝马场东晋南朝墓发掘简报》，《考古》1973年第6期，第345—355页之第351—354页。

10 贺云翱：《六朝文化——考古与发现》，三联书店，2013年，第310页。

11 广东省文物考古研究所、和平县博物馆：《广东和平县晋至五代墓葬的清理》，《考古》2000年第6期，第62—72页之第68页。

步摇存在不同的地域传统[1]，但也可能说明两者的用途并不完全相同。

这一时期的金银容器并不多见，且以银器为主，除了一些具有西方风格的器皿（详见本章第四节），器形主要有耳杯、碗（盏）、钵、瓶、唾壶、罐和鼎等，不见秦汉时期那种盘、鋗、鉴、盆等大型器，其形制与同时期的铜器、漆器、陶瓷器十分相似。湖北鄂城孙吴初期墓（铁M105）出土的银唾壶在腹部和肩部用金丝片平贴出流云纹，与同时期铜唾壶上的装饰基本相同（图3–1）。山西大同东郊迎宾大道北魏墓M19、大同南郊北魏墓M109、江苏南京富贵山M4、广东和平南朝墓出土的银碗（盏）壁外有数周弦纹，其造型和装饰与同时期的陶瓷、铜碗（盏）相近（图3–2：上）。山西大同南郊北魏墓M107出土银罐的肩、腹部也是弦纹，别无纹饰（图3–2：下）。宁夏固原北魏漆画棺墓和大同封和突墓出土的银耳杯则主要是对漆耳杯的模仿。青海西宁南滩砖瓦厂魏晋墓还出土有金扣蚌耳杯（图3–3）。宁夏固原李贤墓出土了一整套主要仿铜铁器的银器，有提梁小银壶、银熨斗、银剪刀、银镊子、银钵、银勺、筷。南京仙鹤观东晋早期6号墓出土的银鼎，器表鎏金，带盖，盖顶有环钮，饰柿蒂纹，子母口。鼎直口，鼓腹，圜底，三兽蹄足，肩部对置双耳；腹饰弦纹四道并贴饰三衔环铺首；外底刻“第五”二字；鼎内残存少量细碎云母残片；口径2.3厘米，通高2.7厘米，盖高1.1厘米。汉晋墓葬中出土的云母片常与道教方术有关。该鼎出土时位于女性木棺内，云母粉也可作化妆之用，所

图3–1　湖北鄂城西山孙吴初期墓（铁M105）出土的银唾壶

图3–2　山西大同南郊北魏墓出土银碗及罐

1 韦正：《金珰与步摇——汉晋命妇冠饰试探》，《文物》2013年第5期，第60—69页；笔者按：桃形片，在尖端穿细孔的做法还见于这一时期墓葬中出土的云母片，如临沂洗砚池晋墓。

图 3-3　青海西宁南滩砖瓦厂魏晋墓出土金扣蚌耳杯

图 3-4　江苏南京东晋墓出土金簪

图 3-5　贵州平坝马场南朝墓出土银钏

以也不排除其为妆具的可能性。金银器皿的生产能在很大程度上体现出一个时期金银制造业整体的发展状况。从数量有限的金银器皿及其造型、工艺看，魏晋南北朝时期金银手工业是欠发达的。

魏晋南北朝时期，虽然金银器皿发现不多，但人体金银装饰品的兴盛是引人注意的现象。汉式的装饰品在种类上基本仍是两汉时期的延续（异域风格的金银装饰品详见本章第三、四节），如簪、钗、胜、钿、珰、耳饰、戒指、钏和带具等[1]。金银簪钗中，簪发现较少，形制也简单，南京象山东晋王建墓的钺首簪、仙鹤观东晋高崧墓的斧首簪、象山七号东晋墓的似旗首簪等以兵器之象为簪首的样式，是其中比较有特点的（图 3-4）。《宋书》卷三十《五行志一》记载："晋惠帝元康（291—299 年）中，妇人之饰……以金、银、玳瑁之属为斧、钺、戈、戟，以当笄□。"[2] 但妇人以兵器为饰，被视为"服妖"，可能正是因为这是当时男士的时尚。钗的样式最普遍的仍是两汉时期常见的折股钗，做法是用一根细圆的金丝或银丝弯折出两股钗脚，起拱处为钗梁，钗脚和钗梁上一般都光素无纹。汉式

1 关于魏晋南北朝时期的金银首饰，参考了扬之水《中国古代金银首饰》，第一册，第 21—76 页，故宫出版社，2014 年。

2 中华书局，1974 年，第三册，第 888 页。

的金银戒指和手镯流行的样式是光素无纹或略施弦纹的指环和钏，两者均是细窄的单环。多环连续，可调式的钏发现很少，贵州平坝马场南朝墓出土一件（图3–5）。这一时期，金银耳坠发现最多的还是在北方和西北地区。这些耳坠经常有串联、挂坠和镶嵌，很难说全部是汉式的。河北定县华塔北魏太和五年（481年）石函出土的金耳坠有残缺，上部是一圆环，下缀连细金丝编成的圆柱体饰，上下两端各挂有五个贴石的圆金片，中间挂有五个小球；下部为六根索链垂有六个尖锤体（图3–6）。[1] 耳坠上穿缀圆形、近长三角形两种摇叶，后者末端带环钮，摇叶的形制和穿缀方式与阿富汗黄金之丘的发现很相似[2]。金银带具在中原和南方地区也少见，湖南安乡西晋刘弘墓[3]出土的金带扣是一件难得一见的精品，长9厘米，首宽6厘米，尾宽5.5厘米，内嵌菱形和圆形绿石四十四颗，主题纹样是一条腾飞的龙，身上镶满细小的金珠，整件器物金碧辉煌（图3–7）。

图3–6 河北定县北魏塔基石函出土金耳坠

图3–7 湖南安乡县西晋刘弘墓出土金带扣

胜，作为一种祥瑞，经常出现在两汉时期的装饰艺术中，富含有吉祥的寓意。《荆楚岁时记》载：“正月七日为人日，以七种菜为羹，剪彩为人，或镂金簿为人，以贴屏风，亦戴之头鬓。又造华胜以相遗。”[4] 魏晋南北朝时期的人体装饰品中，胜是形制、纹样、工艺比较突出的一类。河南卫辉大司马墓地西晋墓（M18）出土一件圆形金饰，径2.3厘米，制作极为精细，中心饰六瓣花，外围以联珠一周，花瓣内凹，中有红色残留物，原当有镶嵌物，花蕊部分镶嵌一灰白色玉石；再向外有一小一大两圈九个三角形相连构成的锯齿状装饰，内外两对的两个三角形尖部由九

1 河北省文化局文物工作队：《河北定县出土北魏石函》，《考古》1966年第5期，第255页。
2 Fredrik Hiebert, Pierre Cambon. AFGHANISTAN: Hidden Treasures from the National Museum, Kabul, NATIONAL GEOGRAPHIC, WASHINGTON. D.C.,P.261.
3 安乡县文物管理所：《湖南安乡西晋刘弘墓》，《文物》1993年第11期，第1—12页之第3页。
4 姜彦稚辑校本，岳麓书社，1986年，第9页。

个内凹圆衔接，圆内也有红色残留物，原应有镶嵌；三角形的两腰、圆的周缘及整个金饰的缘均有联珠纹；背面的情况大致相同（图3-8）。这是一件九胜相连环绕组合而成的金华胜，南京北郊郭家山东晋墓也有出土。还有一种对凤衔胜的金饰件，也常见于南京一带的东晋墓（图3-9：上）。江宁博物馆收藏了一件东晋时期的对凤双鱼胜纹金饰，整体呈三角形，用金丝围绕出三角形框、对凤纹、双鱼衔胜纹等主体纹饰，金丝单侧或两侧均焊缀细密的金珠，边缘环绕金丝框附金珠的水滴状饰，原有镶嵌物（图3-9：下）。

魏晋十六国时期墓葬中出土的一种五边形金饰片往往体量较大，制作精美，是颇有特色的装饰品。这种金饰片可以分为两个类型，一种是上宽下窄，顶部起尖的皇冠形（或称为山字形），整体呈近似正方形，是金珰，主体图案通常是蝉纹，主要可能是高级官员的帽饰或女性的头饰；一种是顶部起凸，整体近长方形，主体图案通常是神人骑兽，边缘和动物轮廓部分焊金粟，动物的眼睛等部位焊接金片或镶嵌其他材料，可能是耳饰[1]。据洗砚池晋墓的发现，这些“金珰”有的是

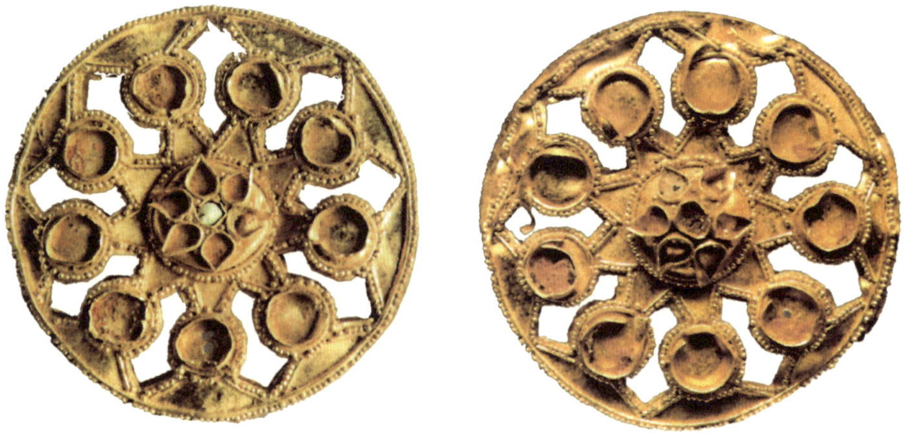

图3-8　河南新乡卫辉大司马西晋墓M18出土圆形金饰

图3-9　江苏南京东晋墓出土胜纹对凤纹金饰

图3-10　山东临沂洗砚池晋墓M1西棺内出土金珰

1 韦正：《魏晋南北朝考古》，北京大学出版社，2013年，第373—375页。

金铜合成体，主体为铜片，在铜片表面包一层金箔，金箔上再装饰金粟粒构成的蝉纹。洗砚池M1东棺内出土5件，形制相同，上宽3.7—4.2厘米，底宽3.0—3.4厘米，高3.8—4.4厘米；西棺内出土第一种金珰4件，墓主均为女性幼童（图3-10）。目前所见的金珰有大小之分，大的七八厘米，小的即如洗砚池晋墓所出，约三四厘米，后者可能为贵族儿童服饰所特有[1]。

从这一时期数量众多的金银装饰品看，魏晋以后，金细工艺更趋于华丽，并时常与镶嵌结合。北京市西晋幽州刺史王浚妻华芳墓出土的掐丝镶嵌银铃，直径2.6厘米，顶部为卧兽驮环，银铃上半部用掐丝工艺做出手持乐器的八个乐人，每个乐人下悬挂一个小银铃。银铃上镶嵌红、蓝宝石，工艺十分复杂（图3-11）。过去认为这种银铃可能是六朝文献中所谓的“九子铃”，可作为宫殿、寺院等建筑上的风铃[2]。但尺寸大小类似的银铃在晋墓中比较常见，比如临沂洗砚池晋墓一号墓西墓室出土的一件，表面有分布均匀的九个环钮，分别下连一个小银球，铃上原有镶嵌物，径3.4厘米，高4.3厘米。洗砚池晋墓还出土尺寸与之相近，但形制简单的金、银铃约30件。其出土的情况是“幼儿的腰、手部位有金环两对，两

图3-11 北京西晋幽州刺史王浚妻华芳墓出土掐丝镶嵌银铃

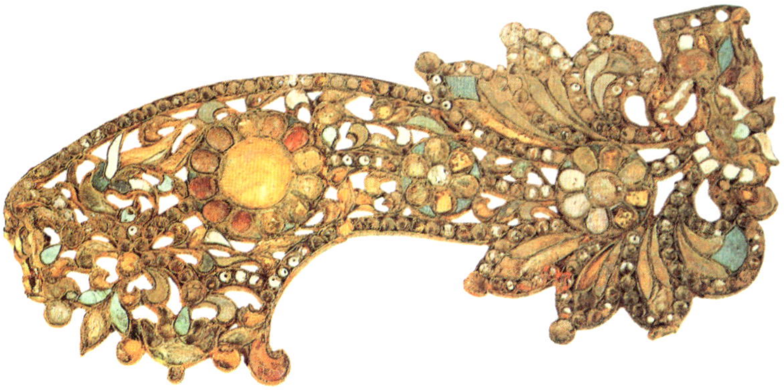

图3-12 山西太原北齐睿墓出土金饰

1 辽宁省博物馆：《北燕冯素弗墓》，文物出版社，2015年，第117页。
2 孙机、杨泓：《三子钗与九子铃》，《文物丛谈》，文物出版社，1991年，第183—187页。

侧还有大小银铃 7 件”，“腰、手部有金环两对，北侧还有银铃 5 件”，“手部各有一对金手镯，在双手部分还发现 11 枚金指环，周围还有金铃等饰物”。这些在墓葬中成组出土的金、银铃可能是编连成串的人体装饰品或服装上的缀饰，与建筑无关。南京仙鹤观六号东晋墓出土有金、银铃各一件，共出的还有一些道教用具，该墓的金、银铃应该是道家所佩之物[1]。山西太原市北齐娄叡墓[2]中出土的金饰，残长 15 厘米，用锤揲和掐丝的方法做出金饰的基本形态和复杂流畅的花叶，然后再镶嵌珍珠、玛瑙、蓝宝石、绿松石、贝壳及玻璃等，诸种颜色交相辉映，十分精美（图 3-12）。

第三节　北方民族的金银器

魏晋南北朝时期活跃于中国北方地区的游牧民族，主要即鲜卑。鲜卑大致源出大兴安岭北端、额尔古纳河流域一带，后逐渐向南迁徙。公元二世纪中叶，鲜卑人“南抄缘边，北拒丁零，东却夫余，西击乌孙，尽据匈奴故地”[3]，取代了匈奴人的地位。目前考古发现的可能跟早期鲜卑活动相关的遗存，主要见于三个区域：其一是大兴安岭北端以西的海拉河、额尔古纳河流域及呼伦湖一带；其二是大兴安岭南端东侧的西拉木伦河和南部大小凌河流域；其三是内蒙古中南部。年代上，大致是北部早，南部晚，反映了鲜卑南迁，文明程度提高，文化面貌趋于复杂的过程。

东汉中晚期以后，鲜卑文化特色的金银器逐渐成为北方游牧民族地区金银器的代表。在一定数量，且大致年代可靠的墓葬材料基础上，我们可以了解到鲜卑金银器的整体特征。但游牧民族文化错综复杂，即使是依据墓葬形制和结构、葬俗以及随葬品中普遍存在的陶器，也很难进一步截然区分出各部落或族群文化之间的差异性。在目前鲜卑墓葬的研究中，关于各区域墓葬的族属问题，就有拓跋鲜卑、慕容鲜卑、檀石槐鲜卑、东部鲜卑，甚至乌桓、夫余等的讨论；但也有一些基本的共识，即：已知的鲜卑墓葬大略可以分出拓跋鲜卑与东部鲜卑两支，拓跋鲜卑墓葬主要包括大兴安岭西线为主的墓葬和内蒙古中部较晚的墓葬；东部鲜卑墓葬主要包括大兴安岭南端东侧西拉木伦河和南部大小凌河流域，以及内蒙古中部的早期墓葬；朝阳地区为中心的大小凌河流域的墓葬多属三燕时期[4]。我们这里主要参考学界对鲜卑墓葬认定的研究，着重从地域、时代上对鲜卑金银器进行大致的梳理，主旨在于讨论鲜卑金银器的整体特征及其时代演进。

1 南京市博物馆：《江苏南京仙鹤观东晋墓》，《文物》2001 年第 3 期，第 4—40、91 页之第 16、18 页；王志高、周裕兴、华国荣：《南京仙鹤观东晋墓出土文物的初步认识》，《文物》2001 年第 3 期，第 80—91 页。

2 山西考古研究所、太原市文物管理委员会：《太原市北齐娄叡墓发掘简报》，《文物》1983 年第 10 期，第 13 页；山西省考古研究所、太原市文物考古研究所：《北齐东安王娄睿墓》，文物出版社，2006 年。

3 《后汉书》卷九〇《乌桓鲜卑传》，中华书局，1965 年，第一〇册，第 2989 页。

4 关于鲜卑墓葬的认定和研究主要参考乔梁：《鲜卑遗存的认定与研究》，载：《中国考古学的跨世纪反思》，商务印书馆，1999 年；韦正：《鲜卑墓葬研究》，《考古学报》2009 年第 3 期，第 349—378 页；倪润安：《光宅中原——拓跋至北魏的墓葬文化与社会演进》，上海古籍出版社，2017 年。

属于东汉时期的鲜卑墓主要发现于大兴安岭北段西侧海拉尔流域。这一地区的鲜卑墓学界多划归拓跋鲜卑或东部鲜卑。内蒙古额尔古纳市拉布达林墓地M24出土金耳坠一，M5出土金耳坠二，前者墓主人为男性，后者为女性，其中M24出土有大泉五十，两墓的年代为东汉早期[1]。M24的金耳坠用窄金片盘成螺旋形，M5的两件均用金丝盘成环状，其中一件另套一小圆环。这三件金耳坠整体都呈上小下大的“8”字形。陈巴尔虎旗完工墓地M2、M1B分别出土近圆形金饰、银耳坠一，年代为东汉早期[2]。金饰正面有五个呈“十”字形或“X”形布列的圆形凹窝，中间一个稍大，凹窝之间各有三个细孔，饰片边缘有两周密布的细孔，间有四个稍大的小孔；银耳坠呈“8”字形。伊敏车站墓葬出土银器四件，有乳钉纹银扣、涡纹银扣、圆柱形银珠[3]。这一时期发现的金银器很少，主要是首饰、服饰和牌饰。

属东汉中晚期的遗存主要分布于两个地区：其一是内蒙古与山西交界地区，这一地区的鲜卑墓学界多划归檀石槐鲜卑。乌兰察布察哈尔右翼后旗三道湾墓葬出土金器二十九件，包括双马形牌饰二、马纹牌饰一、三鹿纹牌饰一、双鹿纹牌饰一、单鹿纹牌饰二、驼形牌饰二、片饰一、带钩一、耳坠四、花饰三、泡饰十一，年代为东汉晚期[4]。其二是西辽河，特别是西开河一带。这一地区的鲜卑墓学界多划归东部鲜卑或乌桓。内蒙古通辽市科尔沁左翼中旗六家子墓葬出土金银器五十余件，金器有马形挂（缀）饰一、双马纹挂（缀）饰一、兽纹挂（缀）饰二，钏五，钗二，戒指十一，顶针一，指环三，扣二；银器有钗十六件，顶针一，戒指六；另有鎏金银铜器、包金银铁器若干[5]。

属于汉末魏晋时期的遗存主要分布于辽西地区，被推定为前燕遗存。王子坟山墓群有二十一座相当于魏晋时期的墓葬，出土金步摇饰、牌饰、泡饰、耳环、指环、半月形牌饰以及银牌饰、耳环等三十余件[6]。田草沟有两座相当于西晋时期的墓葬，出土的金银器两百余件，有步摇冠饰、牌饰、锁形饰、粟粒锁形饰、素面锁形饰、钏、指环，银器有指环、泡饰、扣饰等[7]。十二台乡前燕时期的墓葬

1 赵越：《内蒙古额右旗拉布达林发现鲜卑墓》，《考古》1990年第10期，第890—893、928页之第928页；内蒙古文物考古研究所、呼伦贝尔盟文物管理站、额尔古纳右旗文物管理所：《额尔古纳右旗拉布达林鲜卑墓群发掘简报》，《内蒙古文物考古文集》第一辑，中国大百科全书出版社，1994年，第384—396页之第394页。

2 内蒙古自治区文物工作队：《内蒙古陈巴尔虎旗完工古墓清理简报》，《考古》1965年第6期，第273—282页之第281页。

3 程道宏：《伊敏河地区的鲜卑墓》，《内蒙古文物考古》第2期，1982年，第18—23页。

4 乌兰察布博物馆：《察右后旗三道湾墓葬》，《内蒙古文物考古文集》第一辑，中国大百科全书出版社，1994年，第407—433页之第418—419页。

5 张柏忠：《内蒙古科左中旗六家子鲜卑墓群》，《考古》1989年第5期，第430—438、443页之第433—438页。

6 辽宁省文物考古研究所、朝阳市博物馆：《朝阳王子坟山墓群1987、1990年度考古发掘的主要收获》，《文物》1997年第11期，第4—18页之第13—14页。

7 辽宁省文物考古研究所、朝阳市博物馆、朝阳县文物管理所：《朝阳田草沟晋墓》，《文物》1997年第11期，第33—41页之第35—38页。

出土包银带扣、銙环和金步摇[1]。北票前燕时期的房身村石板墓2号墓[2]出土金冠饰。义县保安寺石板墓出土三鹿纹金牌饰、金梳形饰、金珠，银头饰、银镯等十余件，年代为东汉至西晋时期[3]。北票喇嘛洞墓葬出土花树状金步摇、双羊纹金牌饰，银钗、银牌饰等二十余件[4]。与此同时，内蒙古中部也有金银器的重要发现。乌兰察布凉城县小坝子滩西晋金银器窖藏出土金银器13件，有“晋乌丸归义侯”“晋鲜卑归义侯”金印各一（图3-13），“晋鲜卑率善中郎将”银印一，还有虎噬鹿纹金牌饰一、四兽形金牌饰二、跪兽形嵌宝石金饰件一、兽面形嵌宝石金戒指二、锥形金饰一、管形金饰二、如意形金饰一[5]。

图3-13　内蒙古乌兰察布凉城县小坝子滩窖藏出土“晋乌丸归义侯”“晋鲜卑归义侯”金印

年代再晚些的发现主要有：辽宁北票北燕冯素弗夫妇墓出土有“范阳公章”金印、步摇金冠饰、金珰、各形金饰、金钗、银佩饰、银带具等数十件，墓主人卒于公元415年[6]。内蒙古乌兰察布化德县陈武沟M10出土有金项饰一，年代约为北魏定都平城前夕[7]。内蒙古呼和浩特美岱村墓出土有嵌绿松石的金戒指一，菱形金片二十七件[8]，另有一座已被破坏的墓葬中出土了类似的金戒指和菱形金片，同时共出有“皇帝与河内太守”铭铜虎符[9]。达茂旗西河子乡出土金龙形项饰一、金牛头鹿角形步摇冠饰二、金马头鹿形步摇冠饰二，出土时金龙围绕其余四件头饰，卷成一团，年代或为北朝时期[10]。和林格尔另皮窑墓葬出土金银器二十余件，金器包括花瓣式口金碗、条形金饰，联珠纹管状金饰、嵌宝石野猪纹包金铁带扣、野

1 辽宁省文物考古研究所、朝阳市博物馆：《朝阳十二台乡砖厂88M1发掘简报》，《文物》1997年第11期，第19—32页之第27页。

2 陈大为：《辽宁北票房身村晋墓发掘简报》，《考古》1960年第1期，第24—25页。

3 刘谦：《辽宁义县保安寺发现古代墓葬》，《考古》1963年第1期，第53、8页。

4 张克举、田立坤：《辽宁北票喇嘛洞鲜卑贵族墓地》，《中国文物报》1996年12月22日第1版；辽宁省文物考古研究所：《三燕文物精粹》，辽宁人民出版社，2002年，图版33。

5 李逸友：《内蒙古出土古代官印的新资料》，《文物》1961年第9期，第64、65页；李逸友：《内蒙出土文物概述》，《内蒙古出土文物选集》，文物出版社，1963年，第57页；张景明：《内蒙古凉城县小坝子滩金银器窖藏》，《文物》2002年第8期，第51、52、69页。

6 黎瑶渤：《辽宁北票县西官营子北燕冯素弗墓》，《文物》1973年第3期，第10—11页、第13页；辽宁省博物馆：《北燕冯素弗墓》，文物出版社，2015年。

7 内蒙古自治区文物考古研究所、乌兰察布市博物馆、化德县文物管理所：《化德县陈武沟鲜卑墓地发掘简报》，《草原文物》2014年第1期，第45—61页。

8 内蒙古文物工作队：《内蒙古呼和浩特美岱村北魏墓》，《考古》1962年第2期，第86、87、91页。

9 李逸友：《内蒙古土默特旗出土的汉代铜器》，《考古》1956年第2期，第60、61页；李逸友：《关于内蒙古土默特旗出土文物情况的补正》，《考古》1957年第1期，第130、131页。

10 陆思贤、陈棠栋：《达茂旗出土的古代北方民族金饰件》，《文物》1984年第1期，第81—83页。

猪纹包金铁饰牌，纽形金饰、纠结纹金饰牌，金花叶等[1]。呼和浩特市土默特左旗讨合气墓葬出土神兽纹带饰三、云纹饰牌二、火焰纹饰牌四等。[2]鲜卑金银器，多为动物纹样的饰牌及各种首饰。与匈奴金银器最明显的不同是，很少见到动物咬斗纹、猛兽纹，常见马、鹿、羊等温顺的草原动物；另有神兽、怪兽纹等，造型带有一些神异色彩，在大量出土的铜饰牌中也常常见到。凉城县小坝子滩出土的一件神兽纹金饰牌由一个身躯和四个动物头部组成，似兽非兽，似鸟非鸟，身躯的束腰处一边为骑坐的人，两边为怪兽头；另一件神兽纹金饰牌由四匹马组成，背面錾有“猗也金”三字（图3-14）。桓帝猗也施为始祖神元皇帝拓跋力微之后，曾助并州刺史司马腾击刘渊有功，晋假以金印。达茂旗西河子乡出土的金鹿（或马）头鹿角形、牛头树杈形步摇冠饰是在鹿（或马）头、牛头形基座上伸出鹿角形、树杈形枝杈，枝杈上系可以摇动的桃形金叶（图3-15）。添密梁墓地[3]出土的金牌镂空对称双羊，头部很大，昂首大眼，犄角粗壮盘至脑后，是神化的表现（图3-16）。鲜卑的祖先在南迁的过程中，有许多神兽导行的神话，《魏书》卷一《序记》云：“圣武皇帝讳诘汾。献帝命南移，山谷高深，

图3-14　内蒙古乌兰察布凉城县小坝子滩出土“猗也金”四兽纹佩饰

图3-15　内蒙古包头市达茂旗西河子出土金步摇冠饰

1 内蒙古自治区博物馆、和林格尔县文化馆：《和林格尔县另皮窑村北魏墓出土的金器》，《内蒙古文物考古》第3期，1984年，第52—54页。

2 伊克坚、陆思贤：《土默特左旗出土北魏时期文物》，《内蒙古文物考古》第3期，1984年，第55、51页。

3 陈棠栋、陆思贤：《鲜卑动物形装饰中反映的拓跋氏族源与祖源神话的创作》，《辽海文物学刊》1993年第2期，第85—99页。

图 3-16 内蒙古呼和浩特添密梁墓地出土羊纹饰牌

3-17 内蒙古乌兰察布察哈尔右翼后旗井滩村出土三鹿纹牌饰

九难八阻，于是欲止。有神兽，其形似马，其声类牛，先行导引，历年乃出。”[1] 所以，金银器上的纹样可能与鲜卑族源与祖源神话有关[2]。西河子乡出土的步摇冠饰具有“似马”“类牛”的特征。

鹿纹金饰牌在鲜卑遗迹中出土较多，也很有特色。鹿的样式多变，单鹿、双鹿、三鹿以及一些似鹿非鹿的纹样十分流行，无论铜饰牌，还是金饰牌，多采用模铸。乌兰察布察哈尔右翼后旗井滩村[3]出土的三鹿纹饰牌，在长方形边框内有三只回首张望的鹿，上半部规则分布的镂孔塑造出鹿颈、鹿首和鹿角，虽不是写实，却有很强的表现力（图 3-17）。2005 年，辽宁省朝阳县文物管理所在朝阳县柳城镇袁台子村发现 40 余件矩形饰牌陶范，其中可辨纹饰的有 10 块，主要有三鹿纹、对鹿纹和以环形五连火焰纹为主体的纹饰（图 3-18）[4]。调查者认为，虽然在遗址中还采集到铜锈痕窑渣 1 块，但陶范上的三鹿纹和对鹿纹与辽西地区发现的金饰牌上的纹样更接近，有可能即是铸造金饰牌的陶范，其年代大约为曹魏、三燕时期。不仅如此，辽西地区出土的一些鹿纹、羊纹饰牌包片是压模制成的，如喇嘛洞墓地和义县保安寺墓地的发现，其纹样也与陶范上的纹样相似。除袁台子村之外，辽西地区已有多处此类陶范的发现，这至少表明这一带应该有相应的作坊存在。

鲜卑人推崇的神兽，形似马。金器中的饰牌图像有单马和双马。三道湾出土的单马金饰牌呈站立状，头部似有圆形冠；双马是在一跪卧状的大马背上，站立一匹小马，马头部也有圆形冠。六家子出土的金兽牌为一奔走状马形爪足兽，头部较大，颈上有鬃毛，尾上卷，四足清晰可辨。表面凹凸起伏，表现了兽的肌肉和力量，四足的变化使身体出现变形，体现出强烈的动感。兽的头足之间镂空，身体上留有许多椭圆形的浅槽。六家子出土的带环链的马形佩饰有单马，也有双马，其中一件为卧马，竖耳后及臀部各有一环，索链尚存（图 3-19）。马纹是北方和西北地区的传统纹样，但鲜卑的马实际并非纹样，而是整个饰牌的轮廓造型。这种特点突出的马形饰牌在其他时代和民族文化中不多见，联系鲜卑人的神话传说，或许不是偶然。

1 中华书局，1974 年，第一册，第 2 页。

2 陈棠栋、陆思贤：《鲜卑动物形装饰中反映的拓跋氏族源与祖源神话的创作》，《辽海文物学刊》1993 年第 2 期，第 85-99 页。

3 张景明：《中国北方草原古代金银器》，文物出版社，2005 年，第 62、71 页。

4 于俊玉、孙玉铁：《辽宁朝阳袁台子发现汉魏鲜卑牌饰陶范》，《北方文物》2009 年第 2 期，第 43—45 页。

东汉时期，鲜卑从大兴安岭北端南迁，沿途所经过的是“山谷高深”森林以及草原地区。金银器纹饰的表现题材多为草原上常见的动物，有马、鹿、羊、骆驼、野猪，以及神兽、怪兽、人物、人面、联珠、螺纹等，与欧亚草原风格一致。在装饰风格和制作工艺方面，继承了匈奴金银器的特点，又受到汉族文化影响和西方文化影响，形成风格独特的鲜卑金银器。

鲜卑的金银装饰品中，最有特点的是步摇冠饰。魏晋至北朝时期，辽西地区流行一种由基座往上“生长”出逐渐变细的枝杈，枝杈末端再勾挂住桃形小金片（叶）而形成的“树”状金饰，常见的构成是镂空式山题、花树状枝杈和桃形圆端镂孔的摇叶。一般认为这种金饰应该是文献中所记载的“步摇”饰[1]。步摇饰可插于真发或假发髻上作为发饰，如果用单个或多个步摇饰与巾帼或其他硬挺材料组装使用则可形成“步摇冠”。朝阳田草沟晋墓M1出土两件，M2出土1件。M1出土的一件通高达27.5厘米，近矩形山题上的枝杈分为前后两层，第一层前凸，位于山题之上正中，是三枝较短的枝干，第二层在第一层之后，皆是长枝干，最长的达21.5厘米，现存桃形金片31件（图3-20）。朝阳王子坟山魏晋墓（台M8713）出土一件，为花树状，近五边形基座，中央起脊，两侧镂雕出对称勾卷纹；枝杈根部如圭状，上、左、右各伸出两枝杈，共六枝，每一枝杈上约等距离绕曲成环，套挂桃形金叶，每枝三叶；高14.5厘米。朝阳十二台乡砖厂前燕时期88M1出土的已残，整体形制不明，“残存部分是用金丝拧成‘十’字形，其底下固定在长条形银片上，伸向两侧的均衔一个桃形金叶，构成一组，每组间距约2.5厘米，每组顶上再用金丝串连起来，中间亦坠一桃形金叶”。北票房身村二号晋墓的葬式不明，从出土器物看墓主可能为夫妇，墓中出土树状金饰两件，一大一小，形状相同，都是透雕云纹装饰的长方形基座，大的通高28厘米，小的通高14.5厘米。目前发现金步摇，大的一般25—30厘米，小的一般15—20厘米，且有两件共出的现象，可能与夫妇合葬有关。冯素弗墓M1出土的步摇冠饰则是另外一种样式，主体由带摇叶的六个枝干、空体小扁球座和用条状金片“十”字交叉的梁架三部分组成（图3-21）。这件冠饰是装在冠内层用以构成冠顶的构架[2]。该墓另出土蝉纹金珰和摇叶穿缀的金珰各一件。

步摇饰，特别是步摇冠应该是贵族、品官及其眷属常用的一种装饰，如冯素弗为北燕天王冯跋之弟。之所以多见于慕容鲜卑活动区域，可能与当地传统以及统治者的喜好、提倡有很大关系。《晋书》卷一〇八《慕容廆载记》云：“曾祖莫护跋，魏初率其诸部入居辽西，从宣帝伐公孙氏有功，拜率义王，始建国于棘城之北。时燕代多冠步摇冠，莫护跋见而好之，乃敛发袭冠，诸部因呼之为‘步摇’。”[3]

金步摇饰主要流行于辽西地区，内蒙古地区也有一些发现。中原、南方地区的东汉晚期、吴晋墓葬中发现了不少形制类似的桃形金片，可能也与步摇饰有

1 关于中国古代“步摇”饰发展演变的梳理，参读扬之水：《奢华之色——宋元明金银器研究》第一卷《宋元明金银首饰》，中华书局，2014年第2版，第96—105页。

2 孙机：《步摇·步摇冠·摇叶饰片》，《中国圣火——中国古文物与东西文化交流中的若干问题》，辽宁教育出版社，1996年，第89页。

3 中华书局，1974年，第9册，第2803页。

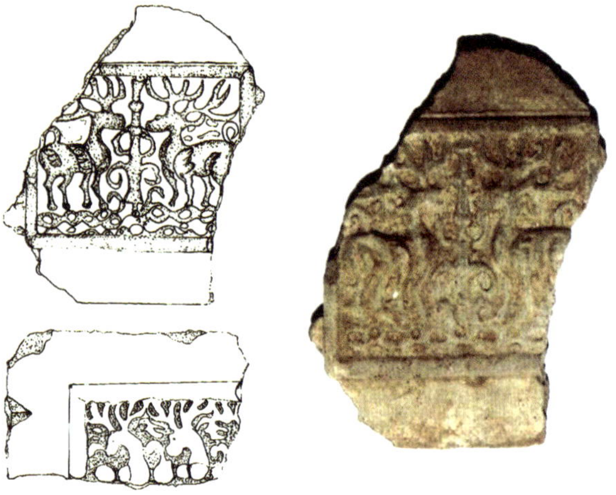

3-18 辽宁朝阳县柳城镇袁台子村出土饰牌陶范

图 3-19 内蒙古通辽科尔沁左翼中旗六家墓地出土马形佩饰

图 3-20 辽宁朝阳田草沟晋墓出土的花树状金步摇冠饰

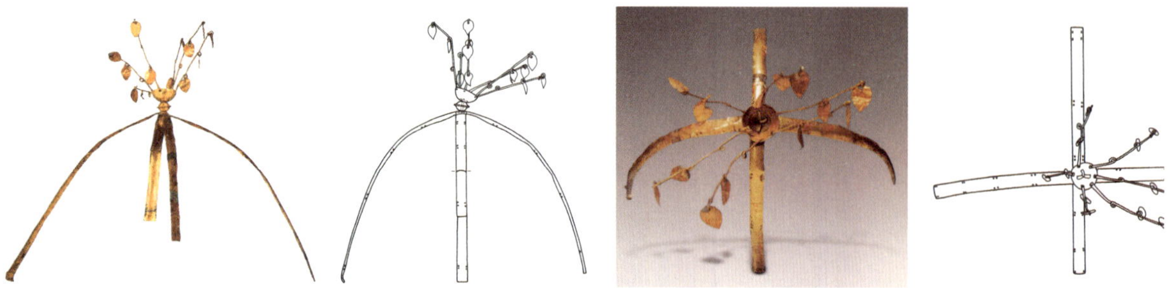

图 3-21 辽宁北票北燕冯素弗墓 M1 出土步摇金冠饰及线描图

关[1]。目前看来，辽宁和内蒙古地区出土的这种金步摇饰，样式和制作技法与顿河下游新切尔卡斯克公元前二世纪的萨尔马泰女王墓、阿富汗席巴尔干公元一世纪前期大月氏墓出土的金步摇冠（图 3–22）上的步摇饰一脉相承，其渊源应在中亚一带。由步摇饰组成的步摇冠大约在公元前后形成，很有可能是受东汉中期以后月氏人等中亚移民大量东进的影响，而在魏晋十六国北朝时期的中国盛极一时。这种步摇饰还经中国影响到海东地区的古代文化，在朝鲜半岛和日本也有发现，并且摇叶装饰并不仅限于冠饰，在中国北方和朝鲜半岛、日本的首饰、马具、带具、服饰上也可见到[2]。吉林集安地区是高句丽政权早期的统治中心之一。这一地区发现的金银首饰、步摇饰、带具和鎏金铜器与辽西地区很相似[3]。

北方民族的金银器还应该涉及的是西北地区。魏晋时期，河西和天山以南地区大多由中原王朝控制，毗邻西域的天山以北地区属乌孙。十六国、北朝时期，河西、青海一带存在过五凉、吐谷浑政权。吐谷浑原为辽西慕容鲜卑的一支。西晋永嘉之乱时，其首领率部从慕容鲜卑分离，由阴山迁徙到陇右枹罕西北，不久又向西和南发展，先后征服了今甘肃、青海及四川西北的羌、氐等族，“其地则张掖之南，陇西之西，在河之南”，“其界东至垒川，西邻于阗，北接高昌，东北通秦岭，方千余里”[4]。史籍中称之为“河南”或“河南国”。这一时期，西域诸国时而自立，时而依附于汉人政权或北方游牧政权；以天山以北地区为活动中心的民族或政权先后大致有乌孙、悦般和突厥。

青海地区的吐谷浑金银器还有待考古发现，但已有的一些材料大致显示，吐谷浑的金银器可能会与辽西慕容鲜卑有渊源。1979 年，青海互助县丹麻公社泽林村的一座土洞墓中出土了陶罐、铜马形牌饰和铜带扣等[5]。马形牌饰是大马背上驮小马（子母马）的造型，与内蒙古、辽西地区发现的金、铜牌饰十分相似。这件牌饰应该与从辽西地区西迁青海的吐谷浑部有关[6]。同时，出土的铜带扣也具有明显的辽西慕容鲜卑文化因素[7]。据文献记载，慕容鲜卑常用的步摇冠在吐谷浑似乎也有踪迹。《魏书》卷一〇一《吐谷浑传》记载，其俗：“妇人皆贯发于后，首戴金花冠。”[8]《旧唐书》卷一九八《西戎·吐谷浑传》也说，“妇人以金花为首饰，辫发萦后，缀以珠贝”[9]。

魏晋南北朝时期，新疆地区的金银器可以伊犁哈萨克自治州昭苏县波马古墓[10]

1 韦正：《金珰与步摇——汉晋命妇冠饰试探》，《文物》2013 年第 5 期，第 60—69 页。

2 孙机：《步摇·步摇冠·摇叶饰片》，《中国圣火——中国古文物与东西文化交流中的若干问题》，辽宁教育出版社，1996 年，第 87—106 页。

3 吉林省文物考古研究所、集安市博物馆、吉林省博物院：《集安出土高句丽文物集粹》，科学出版社，2010 年，第 86—154 页。

4 《梁书》卷五四《河南王传》，中华书局，1973 年，第三册，第 810 页。

5 许新国：《青海省互助土族自治县东汉墓葬出土文物》，《文物》1981 年第 2 期，第 96 页。

6 林沄：《鲜卑的金、铜马形牌饰》，《边疆考古》第 3 辑，科学出版社，2004 年，第 147—151 页。

7 潘玲：《青海互助县泽林村墓葬及其随葬马形牌饰的族属和年代》，载中国社会科学院考古研究所、新疆文物考古研究所：《汉代西域考古与汉文化》，科学出版社，2014 年，第 332—338 页。

8 中华书局，1974 年，第六册，第 2240 页。

9 中华书局，1975 年，第一六册，第 5297 页。

10 安英新：《新疆伊犁昭苏县古墓出土金银器等珍贵文物》，《文物》1999 年第 9 期，第 4—15 页之第 5—9 页。

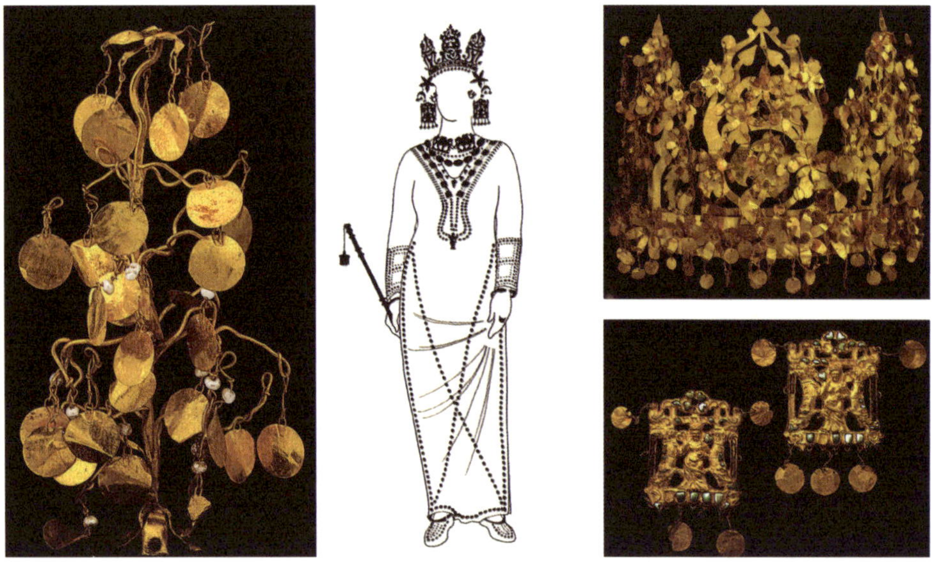

图 3-22　阿富汗席巴尔干大月氏墓出土金步摇饰

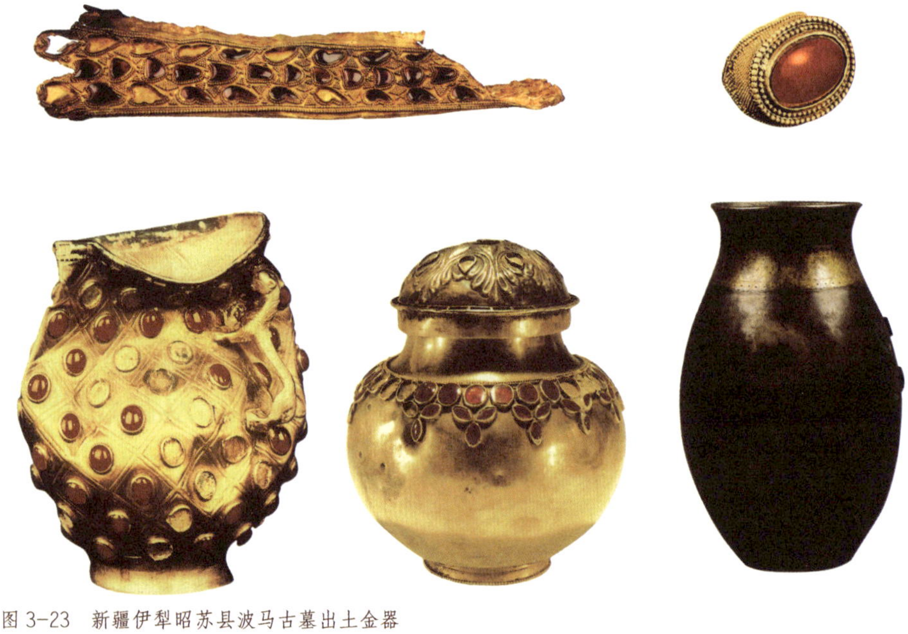

图 3-23　新疆伊犁昭苏县波马古墓出土金器

出土的金银器为代表（图 3-23）。波马古墓是三座大土墩墓，沿东南—西北方向一线排列，间距近 30 米，高 0.7—1.5 米，直径 20—30 米。1997 年，当地居民在基建取土过程中，在中间一座土墩墓的范围内挖掘出大量珍贵文物，墓葬被肆意挖掘，其形制结构、葬具、葬式以及随葬品放置情况均无法明确。因出土时文物遭哄抢，只收回大部分珍贵文物。出土时发现的遗物有嵌红宝石金面具、嵌红宝石金盖罐、嵌红宝石包金剑鞘、嵌红宝石金戒指、嵌红宝石虎柄金杯、错金银瓶、织锦和绮绣衣服残片、金箔饰及铁质箭镞、铠甲残片等，还有人骨和殉葬的马骨。

关于该墓的年代及墓主人的族属，学界看法不一[1]。断代是研究的基础，相比族属界定，年代判断也更容易把握，我们主张这批器物的年代为公元五至七世纪，属南北朝时期的可能性更大[2]。

波马古墓金银器，无论是饰物、兵器，还是器皿，都点金饰玉，华丽异常。其中最突出的是一组镶嵌红宝石的器物。金面具高17厘米，宽16.5厘米，重245.5克；从中线分为左右两半，锤揲成形，抛光后对合焊接，然后用小铆钉铆合而成；面孔呈方圆形，锤揲出口、鼻、目及面颊，眼中嵌大颗红宝石，眉毛及胡须也以金嵌红宝石而成，形象威严庄重。金盖罐装饰华丽，肩部有一周编织纹金线，其下镶嵌一周30颗圆形红宝石，再往下是一周14组镶嵌红宝石的三叶状装饰，器足装饰一周金珠；半球形罐盖顶部装饰莨苕纹，间嵌七枚水滴形红宝石；高14厘米，口径7厘米，重489克。金杯通体模压出双线菱形格纹，格内焊接托座以镶嵌红玛瑙；口沿外以方格嵌宝石，其下饰一周联珠纹；虎形柄焊于腹侧，通体錾刻斑纹；高16厘米，宽8.8厘米，重70克。银瓶，侈口、束颈、卵形腹，颈部鎏金，以两周小圆圈纹为边，其间饰简化莨苕纹；高17厘米，口径7.3厘米。金戒指正面嵌红宝石，围饰两周金珠，侧面装饰金珠组成的三角形，精致细密。包金剑鞘是在金箔上装饰金珠和红宝石，宝石形状多样，金珠围成边框，并以三角形、菱形饰于宝石之间；长21.7厘米，宽5.6厘米。

第四节　西方金银器的输入

自汉武帝开通西域以来，欧洲和亚洲之间逐渐形成了官方的东西贸易、文化交流的通道——“丝绸之路”。由于社会或者自然环境因素的制约，这条国际性的交往路线随着时代而变迁。在中国境内，丝绸之路可以理出不同时期的主线和

1 简报将其年代下限定在六至七世纪，认为当属早期西突厥；林英在此基础上考察了虎柄金杯的拜占庭文化因素（林英：《新疆波马出土的虎柄金杯中的拜占庭因素》，《艺术史研究》第3辑，中山大学出版社，2001年，后收入林英：《唐代拂菻丛说》，中华书局，2006年，第157—168页）；俄罗斯学者阿尔金通过对出土箭镞、织物、墓葬规模及面具的分析，认为其年代可早至二至四世纪，应该属匈奴—萨尔马特时代的遗物［C.B.阿尔金著，安英新译，托乎提校：《关于北天山古代匈奴——萨尔马特时代的划分问题》，《新疆文物》2002年第3、4期，第149、150页］；王炳华通过对土墩墓的分布、突厥葬俗、金银器和丝织品风格的综合分析认为，这批金银器与突厥无关，其时代最迟也在六世纪突厥进入该地区之前（四至五世纪），可能属悦般［Wang Binghua.Gold and silver Discovered in Boma, Xinjiang, Li Jiang(ed.) The Glory of the silk Road: Art from Ancient China, 56-64］；林梅村据共出的织物将其定为五六世纪，认为这批宝藏应该是乌孙王生前的财宝（林梅村：《毗伽可汗宝藏与中世纪草原艺术》，《上海文博论丛》2005年第1期，第74页，后收入林梅村：《松漠之间——考古发现所见中外文化交流》，三联书店，2007年，第224—235页）；陈凌认为是纪元前后之乌孙的遗存（陈凌：《突厥汗国与欧亚文化交流的考古学研究》，上海古籍出版社，2013年，第111页）；《中国考古学·秦汉卷》定为两汉时期（中国社会科学院考古研究所：《中国考古学·秦汉卷》，中国社会科学出版社，2010年，第920页）；邓丽、毕德广通过对墓葬形制、葬俗以及出土器物的形态和风格研究，认为该墓葬应属于一至五世纪的游牧民族遗存，结合文献当为乌孙（公元前二世纪至公元五世纪）较晚阶段（邓丽、毕德广：《新疆波马墓葬年代族属再探讨》，《文物春秋》2011年第1期，第18—24页）。

2 葛嶷、齐东方主编：《异宝西来——考古发现的丝绸之路舶来品研究》，上海古籍出版社，2017年，第139—159页。

支线，主线有三条：其一，西安、洛阳经河西走廊至西域路，即沿黄褐色土地上的点点绿洲西进的“绿洲丝绸之路”，或称为“沙漠丝绸之路”；其二，中国北部绿色草原地带的“草原丝绸之路”；其三，中国东南蔚蓝色海洋中的“海上丝绸之路”[1]。其中“绿洲路”是最主要的干线，这条路从西安至敦煌分为南路、北路和青海路。自敦煌向西又分为南、中、北三条路线。不同时期外国文物出土的地点，多数在丝绸之路沿线上。西方的金银器不断传入中国，与中国传统风格完全不同的器形、纹饰、技法为中国金银器的发展注入了新的活力。

汉代及稍早的外来金银输入品并不多，到南北朝时期西方输入器物大增。目前所见到的出土物广泛分布于与“丝绸之路”相关的甘肃、宁夏、山西、内蒙古、河北、广东等地。它们来自不同的国家和地区，经陆上和海上两种途径输入，甘肃、山西、河北等地的出土物应是北方陆路传入的，广东等地出土的西方银器则通过海路传入。这些金银器的造型、纹样和制作技术复杂，表现的异域文化特征直观而具体，反映了很多的东西文化交流的信息。

新疆焉耆七个星乡一座疑似古墓中出土三碗二盘共五件完整银器，其中有一件鸵鸟纹银盘和一件带铭银碗[2]（图3-24）。银盘，口径21厘米，高4.5厘米，圜底；盘内单线錾刻七只鸵鸟，底心一只，周围六只（图3-24：下左）。圜底器物在粟特地区常见，鸵鸟纹在斯基泰金碗、萨珊银盘和粟特壁画中可以见到。银碗口径20.5厘米，高7.4厘米。碗壁由浅淡的直棱分成细瓣，圈足上以细密的点线刻中古波斯文（图3-24：下右）。据考证，可能为粟特遗物，年代不晚于六世纪[3]。器壁制成浅淡的直棱瓣，在萨珊和粟特银

图3-24 新疆焉耆七个星乡老城村出土（征集）银盘

1 徐苹芳：《考古学上所见中国境内的丝绸之路》，载联合国教科文组织、中国社会科学院考古研究所编：《十世纪前的丝绸之路和东西文化交流——沙漠路线考察乌鲁木齐国际讨论会（1990年8月19—21日）》，新世界出版社，1996年，第239—289页。

2 覃大海：《焉耆古代银器》，《中国考古学年鉴·1990》，文物出版社，1991年，第331页。

3 孙机：《七鸵纹银盘与飞廉纹银盘》，《中国圣火——中国古文物与东西文化交流中的若干问题》，辽宁教育出版社，1996年，第156—177页。

器中流行，而在中国古代银器中罕见。银碗铭文的含义可能为“这件器物属于得悉神”，得悉神是祆教所崇拜的女神——“星辰雨水之神”[1]。这也表明它应该是一件输入品。

图 3-25 甘肃靖远县北滩乡出土银盘

甘肃靖远县北滩乡出土的鎏金银盘[2]，高4.4厘米，口径31厘米。圆形，敞口，浅腹，带矮圈足（图3-25）。盘内满饰纹样，由外向内分为三部分。外圈为葡萄纹，其间杂以飞禽、动物；中圈外缘饰花瓣纹和联珠纹，内缘为联珠纹，其间隔出十二等分，各置一个人物和一个动物；盘心是一男子持杖倚坐在一雄狮或豹的背上。此银盘纹样的构图采用了分层布局的方式，每层又分隔处理画面，盘心以突出醒目的人物为主题，盘中心的人物可能为罗马酒神巴卡斯（Bacchus），周边的十二个人物为宙斯等十二神[3]。银盘圈足中央用虚点錾刻半周大夏文铭文，因此这件银盘可能为大夏制品，时代为公元五世纪末至六世纪初[4]。

图 3-26 山西大同北魏平城遗址及墓葬出土部分西方风格的金银器

北魏前期都平城（今山西大同），为北魏政治、经济和文化的中心，皇室、贵族大都居住于此，也是与西方诸国进行交往的中心。历年来在一些较高等级的

1 林梅村：《中国境内出土带铭文的波斯和中亚银器》，《文物》1997年第9期，第56、57页。
2 初师宾：《甘肃靖远新出东罗马鎏金银盘考略》，《文物》1990年第5期，第1—9页之第1—3页；孙机持不同看法，见孙机：《建国以来西方古器物在我国的发现与研究》，《文物》1999年第10期，第73、74页。
3 石渡美江：《甘肃省靖远出土鎏金银盘图像せの年代》，《古代オリエント博物馆纪要》，Vol. XⅢ，1992，第147—165页。
4 林梅村：《中国境内出土带铭文的波斯和中亚银器》，《文物》1997年第9期，第60—62页。

建筑遗址和墓葬中发现了不少西方风格的金银器（图 3-26）。

封和突（438—501 年）墓出土的狩猎纹饰银盘，敞口，浅盘，弧壁，带圈足。盘内中央饰一位狩猎者，面部有络腮胡须，头上似乎有圆形帽，前额戴圆珠帽饰，脑后又飘带两条，耳部垂水滴形珠饰，颈项悬挂由圆珠串成的项链。上身裸露，右腕戴圆珠组成的手镯，腹前的腰带上缀圆珠两颗。下身右腰似配箭筒，臀后有飘带，着紧身裤，穿长筒靴。双手执矛，指向两头野猪，一足踏着野猪。高 4.1 厘米，口径 18 厘米，足径 4.5 厘米。现知的萨珊波斯银盘有三十余件，带狩猎图的有十余件，风格与这件银盘同属一类，因此该银盘当为萨珊波斯银器[1]。据墓志，封和突卒于宣武帝景明二年（501 年），因此该银盘的制作大约在五世纪后半叶。

1970 年，在大同市南郊工农路北侧一处北魏遗址中发现鎏金圜底银碗一件、鎏金铜高足杯三件、八曲长杯一件[2]。1981 年，大同市西郊小站村北魏封和突墓出土银盘一件、银高足杯一件[3]。大同南郊北魏墓群 M107、M109 分别出土了鎏金圜底银碗、鎏金银高足杯[4]。

大同工农路北魏遗址和大同南郊墓群 M109 出土的鎏金圜底银碗以及 M107 出土高足杯的杯身部分，在尺寸、造型和装饰风格上基本相同，口径 8.5—10.2 厘米，都是侈口，颈微凹，弧腹；器腹以大植物叶分作四等分，每分之间的小叶纹尚有一圆环，环内锤出一半身人物侧面像，大眼，高鼻，卷发，头戴圆形帽，颈部悬挂联珠项链。纹样中的大植物叶和圆环形饰经常出现在波斯萨珊和中亚艺术中，但头戴圆形帽的人物特征是中亚样式，在嚈哒货币上常常见到，故其产地应在中亚，并可能是嚈哒人的遗物[5]。大同南郊北魏墓群 M107、M109 的年代被定为约五世纪中叶。

工农路北魏遗址出土的银多曲长杯是这时期遗存中很少见到的器形。器体八曲，每曲向内壁凹入较深，口沿平，整个器物俯视如八瓣花形，内底中心饰二兽；高 4.5 厘米，口径 23.8—14.5 厘米，足径 7—4.5 厘米。这件长杯与萨珊银多曲长杯的造型基本相同，区别是该器的花瓣形铜圈足应是后来配制。多曲长杯在三世纪至八世纪流行于伊朗高原。大同的银多曲长杯的形制和纹样，与萨珊常见的同类器略有不同。口沿曲棱顶端的小花瓣，内底的怪兽纹带在粟特地区和所谓斯基泰艺术中可以见到，带有浓厚的中亚艺术风格。目前中亚地区尚未发现可确定的银多曲长杯实例，但塔吉克斯坦的片治肯特（Pyaenjikent）建筑壁画中有比较明确的长杯和多曲长杯的形象。由此可知中亚地区存在这类器皿。不过，多曲长杯的祖型在伊朗，是伊朗人在萨珊时期创造定型的器物，以后才逐渐向外传播，或被仿制。大同的这件多曲长杯与萨珊多曲杯虽有异趣，但总体上说仍源于萨珊器物。

---

1 夏鼐：《北魏封和突墓出土萨珊银盘考》，《文物》1983 年第 8 期，第 5—7 页；马雍：《北魏封和突墓及其出土的波斯银盘》，《文物》1983 年第 8 期，第 8—12、39 页。

2 《无产阶级文化大革命期间出土文物展览简介》，《文物》1972 年第 1 期，第 84 页。

3 大同市博物馆马玉基：《大同市小站村花圪塔台北魏墓清理简报》，《文物》1983 年第 8 期，第 1—4 页之第 2 页。

4 山西考古研究所、大同市博物馆：《大同南郊北魏墓群发掘简报》，《文物》1992 年第 8 期，第 10 页；山西大学历史文化学院、山西省考古研究所、大同市博物馆：《大同南郊北魏墓群》，科学出版社，2006 年，第 228、229、240 页。

5 孙培良：《略谈大同南郊出土的几件银器和铜器》，《文物》1977 年第 9 期，第 68—75、63 页；孙机：《固原南郊北魏漆棺画研究》，《文物》1989 年第 9 期，第 38—44、12 页。

即使是采用竖向分瓣式及器内的底心饰动物的做法，在萨珊器物中也可以见到。因此，这应该是一件制造于中亚的“萨珊式”长杯。

宁夏固原北周天和四年（569年）李贤夫妇墓出土了一件精致的鎏金银壶[1]（图3-27）。壶高37.5厘米，腹径12.8厘米。长颈，鸭嘴形流，器腹下部圆鼓，高圈足。肩部至腹部有一弧形把，把的顶端饰一深目高鼻戴帽的胡人像。壶的颈腹相接处、高圈足的中部和足底各饰一周联珠，环绕壶的腹部锤出人物图像，共六人，为男女相对的三组。世界各国博物馆和私人收藏的此类壶多为萨珊银器，而李贤墓银壶的人物图像表现的却是希腊故事中“帕里斯（Paris）裁判”、帕里斯劫持海伦（Helena）和海伦回归的场面[2]。古代希腊罗马和萨珊伊朗信仰不同。这件银瓶应该是萨珊本土之外的产物，可能的产地是巴克特里亚地区[3]。也有学者认为是嚈哒的制品[4]。

河北赞皇东魏—北齐武定二年至武平六年（544—575年）李希宗夫妇墓中出土的银碗，口径9.3厘米，高3.8厘米，敞口，弧壁，圈足。碗壁锤出曲线水波纹，使器壁起伏变化，碗内口沿下饰联珠一周，底部锤出浮雕式的六瓣莲花，莲花周围又饰联珠两周（图3-28）。碗的形制和纹样独特，中国尚未发现过同类器皿。与之相似的作品在英国不列颠博物馆收藏一件，出自旁遮普，该碗的碗壁也是起伏的水波纹，底部浮雕一男一女两个印度风格的人物和葡萄卷草纹，被认为是印度或伊朗东部四世纪至五世纪的作品[5]。李希宗墓银碗的构图上可以明显看出来自萨珊的影响，但碗体的造型与碗底的莲花装饰应是中国式的，这件银碗可能并非直接的输入品[6]。

图3-27　宁夏固原北周李贤墓出土银壶及线描图

汉代以后，不仅北方和中原地区出土外来金银器，南方地区也有重要

1 宁夏回族自治区博物馆、宁夏固原博物馆：《宁夏固原北周李贤夫妇墓发掘简报》，《文物》1985年第11期，第11、12页。

2 B.I.マルシヤク、穴沢咊光：《北周李贤墓とその银制水瓶について》，《古代文化》第41卷第4号，1989年，第49—57页。

3 关于李贤墓出土银瓶较近的研究，参读罗丰：《北周李贤墓中亚风格的鎏金银瓶》，载罗丰：《胡汉之间——“丝绸之路”与西北历史考古》，文物出版社，2004年，第79—112页。

4 孙机：《固原北魏漆棺画》，《中国圣火——中国古文物与东西文化交流中的若干问题》，辽宁教育出版社，1996年，第122—138页。

5 Prudence Oliver Harper, The Royal Hunter. New York, 1978.

6 孙机：《中国圣火——中国古文物与东西文化交流中的若干问题》，辽宁教育出版社，1996年，第146页。

图 3-28　河北赞皇李希宗墓出土银碗及全套酒具

的发现。1984 年，广东遂溪县边湾村发现一处南朝时期的金银器窖藏。全部器物盛藏于一带盖陶瓮内，有银盒一、残银碗一、鎏金铜钵二、银镯七十三件、银首饰两件、金环两件、金戒指六件、萨珊银币约二十件[1]。银碗已残，可复原，高 8.3 厘米，腹径 8.8 厘米；敛口，尖底；口沿为花形，碗壁分十二瓣，带圈足；口沿外刻有中古波斯文[2]。两件鎏金铜钵[3]敛口，尖底；器身通体从口沿至底环绕五组花纹带；口沿为两道弦纹中间夹直线篦纹，其下是波浪形缠枝纹；腹部为七个组合的六边形图案，内分别饰鸟、人首鸟身、鱼、花草等；腹下为一周波浪形缠枝纹；底部是两层花瓣纹，中心为十瓣小花；通高 8 厘米，口径 8 厘米，腹径 8.8 厘米，重 150 克（图 3-29）。铜钵造型与北燕冯素弗墓出土的圜底玻璃器有些相似，后者被归为罗马玻璃的范畴[4]。中亚地区发现的陶器也有类似的造型[5]。银碗上的文字于四五世纪时曾在粟特地区流行；铜钵外壁的装饰

图 3-29　广东遂溪边湾村窖藏出土南朝鎏金铜钵形器

1 遂溪县博物馆：《广东遂溪县发现南朝窖藏金银器》，《考古》1986 年第 3 期，第 245、246 页。

2 姜伯勤：《广州与海上丝绸之路上的伊兰人：论遂溪的考古新发现》，载广东省人民政府外事办公室、广东省社会科学院编：《广州与海上丝绸之路》，广东省社会科学院出版，1991 年，第 21—33 页。

3 简报将边湾村的这处发现定为金银器窖藏，报道时将该器物定名为“鎏金盅”，后诸家引用时多将其作为鎏金银器。据陈学爱：《南海丝绸之路见证——遂溪县边湾村窖藏波斯文物》，《岭南文史》2000 年第 4 期，此为“铜鎏金器物”。

4 辽宁省博物馆：《北燕冯素弗墓》，文物出版社，2015 年，第 36、232、233 页。

5 Fredrik Hiebert, Pierre Cambon. AFGHANISTAN: Hidden Treasures from the National Museum, Kabul, NATIONAL GEOGRAPHIC, WASHINGTON. D.C.，第 110 页，图 11。

与韩国庆州皇南大冢北坟出土的铜钵外壁相似，该遗址的年代为五世纪末至六世纪初；遂溪窖藏的年代当属六世纪[1]。

魏晋南北朝时期，由西方输入的金银器还有人体装饰品和金银币。人体装饰品中最引人注目的是各种金银戒指和珠串饰。河北定县华塔北魏太和五年（481 年）石函出土银戒指两件，一件表面饰绳索纹，另一件圈表饰点纹，均镶嵌菊花形宝石[2]。宁夏固原北周天和四年（569 年）李贤夫妇墓出土一件镶嵌蓝色青金石的金戒指，宝石上刻一人双手举一弧圈，弧圈两端各垂一囊状物；最大径 2.4 厘米，青金石面径 0.8 厘米；从出土位置上看，可能是李贤妻子吴辉佩戴的[3]。山西太原北齐武平二年（571 年）徐显秀墓出土嵌蓝宝石（碧玺）金戒指一件，宝石戒面阴刻一人物，双手持物；戒指有很多磨损痕迹，应是右手佩戴；戒指环内径 1.69—1.898 厘米[4]（图 3-30）。河北赞皇东魏—北齐武定二年至武平六年（544—575 年）李希宗夫妇墓出土一件嵌蓝灰色青金石的金戒指，宝石上刻一鹿纹，周饰联珠纹，重 11.75 克[5]。年代为北朝或稍晚的内蒙古呼和浩特土默特左旗毕克齐镇古墓出土两件金戒指，一件镶嵌紫色宝石，一件镶嵌黑色宝石，上刻人物，头蓄长发，上肢前伸，两腿作行走状，背后似挑一物[6]。内蒙古呼和浩特、包头以及辽宁北票等地还出土另一类以焊缀金珠和镶嵌宝石为主要特点的戒指[7]。辽宁北票房身村墓 2 号晋墓出土金戒指的长方形戒面上有九个凹槽，外围框以金珠焊缀的金边，凹槽内原来镶嵌有宝石，现存有绿松石和青金石（图 3-31）。这些戒指的共同点：一是样式基本相同，

图 3-30　山西太原徐显秀墓出土金戒指

图 3-31　辽宁朝阳房身村石板墓 2 号墓出土金戒指

1 孙机：《中国圣火——中国古文物与东西文化交流中的若干问题》，辽宁教育出版社，1996 年。第 162、163 页。

2 河北省文化局文物工作队：《河北定县出土北魏石函》，《考古》1966 年第 5 期，第 255 页。

3 宁夏回族自治区博物馆、宁夏固原博物馆：《宁夏固原北周李贤夫妇墓发掘简报》，《文物》1985 年第 11 期，第 12 页；宁夏回族自治区固原博物馆、中日原州联合考古队：《原州古墓集成》，文物出版社，1999 年，第 17—19 页。

4 山西省考古研究所、太原市文物考古研究所：《太原北齐徐显秀墓发掘简报》，《文物》2003 年第 10 期，第 15 页。

5 石家庄地区革委会文化局文物发掘组：《河北赞皇东魏李希宗墓》，《考古》1977 年第 6 期，第 388 页。

6 内蒙古文物工作队、内蒙古博物馆：《呼和浩特市附近出土的外国金银币》，《考古》1975 年第 3 期，第 182 页。

7 中国金银玻璃珐琅器全集编辑委员会：《中国美术分类全集 · 中国金银玻璃珐琅器全集》，第 1 卷，金银器（一），河北美术出版社，2004 年，图八四、八五、九六。

有指环、戒托和戒面组成，戒面上都镶嵌有珍贵的宝石；二是戒指主体纹样多为人物或动物纹，具有异域风格；三是多与萨珊银币、东罗马金币，外来金银器皿、玻璃器等外邦异宝同出，墓主明确的一般都具有较高的身份地位；四是遗存的年代接近、集中。戒指在西方常具有印章、徽章和首饰等不同功能。但这些为数不多的金银戒指出现在中国，应该只是作为豪华的首饰使用，象征着主人的社会地位及财富，或者还有少许护身符的作用。徐显秀墓所出戒指戒面的人物可能为希腊神话中的神祇[1]。

珠串饰中的多面金珠已见于前一章的叙述（详见第二章第六节），结合魏晋南北朝时期的考古发现，这应该是流行于东汉、魏晋时期，由海路和陆路输入的一类金制品。湖北公安东晋墓出土有“圆形”“方形”“对山形”金饰各一件，其中圆形金饰，十二孔，中空，径1.4厘米，重14.95克，应为多面金珠[2]。湖南长沙黄泥塘东晋墓（3号墓）出土有多面金珠和采用焊珠、掐丝工艺的小金饰多件[3]。北方地区也有发现。辽宁北票房身村石板墓2号墓出土有六环相连的六面体金珠[4]。还有一种整体呈长管状的金饰，应该是项饰、腕饰或其他缀饰的组成部分，如北票房身2号墓的梭形金管[5]、田草沟M1的圆柱形金管[6]、冯素弗墓的喇叭形金管[7]，其装饰上的共同特点是在器表用金丝和粟粒金珠构成网格状纹饰，金珠多焊附在金丝的一侧或两侧。阿富汗席巴尔干黄金之丘墓葬出土的金饰品常见这种装饰[8]。珠串类饰品中，还有一种很少见的金丝编结的项链，也不是纯粹的中原传统器物。内蒙古达茂旗西河子出土的金链两端装龙头，链身挂坠五件小兵器和两件小梳子模型，全长128厘米（图3-32）。《宋书》卷三十《五行志一》记载，“晋惠帝元康（291—299年）中，妇人之饰有五兵佩”[9]。西河子出土的这件金链大约指的就是文献中所说的“五兵佩”，但其样式新颖，应该是中西文化融合后的产物[10]。除了戒指和珠串饰之外，三燕文化遗存中的半圆形金牌、锁形金坠等也都具有明显的异域风格[11]。

萨珊银币和拜占庭（东罗马）金币作为这一时期广泛流通于西亚、中亚地区的货币，随着丝绸之路的兴盛，不断流入中国。公元227年，波斯人安息帝国

1 张庆捷、常一民：《北齐徐显秀墓出土的嵌蓝宝石金戒指》，《文物》2003年第10期，第53—57页。

2 荆州专区博物馆：《公安县发现一座晋墓》，《文物》1966年第3期，第62页。

3 湖南省博物馆：《长沙南郊的两晋南朝隋代墓葬》，《考古》1965年第5期，第226、227页。

4 陈大为：《辽宁北票房身村晋墓发掘简报》，《考古》1960年第1期，第24—25页。

5 陈大为：《辽宁北票房身村晋墓发掘简报》，《考古》1960年第1期，第24—25页；田立坤：《步摇考》，载山西省北朝文化研究中心：《4—6世纪的北中国与欧亚大陆》，科学出版社，2006年，第60页，图二三。

6 辽宁省文物考古研究所、朝阳市博物馆、朝阳县文物管理所：《朝阳田草沟晋墓》，《文物》1997年第11期，第33—41页之第37页。

7 辽宁省博物馆：《北燕冯素弗墓》，文物出版社，2015年，第65、66页。

8 Fredrik Hiebert, Pierre Cambon. AFGHANISTAN: Hidden Treasures from the National Museum, Kabul, NATIONAL GEOGRAPHIC, WASHINGTON. D.C.，第236、253、264、277、292页，

9 中华书局，1974年，第三册，第888页。

10 孙机：《中国圣火——中国古文物与东西文化交流中的若干问题》，辽宁教育出版社，1996年，第107—121页。

11 田立坤：《步摇考》，载山西省北朝文化研究中心：《4—6世纪的北中国与欧亚大陆》，科学出版社，2006年，第60—67页。

图 3-32 内蒙古包头市达茂旗西河子出土金链

法尔斯（Fars）藩王帕帕克（Papak）之子阿尔德希尔一世（Ardashir Ⅰ）建立萨珊王朝，至公元651年灭国，共延续四百多年。考古发现中，萨珊银币数量最多，在中国境内已发现四十多批，主要见于陆上丝绸之路沿线，密集分布于新疆和两京及其周边这两个区域，少量位于沿海的广东省，应该是通过海上丝绸之路传来的，总数约2000枚。这些银币属于十二（三）位王，时代最早的是沙普尔二世（Shapur Ⅱ，309—379年）钱币，最晚的是萨珊末代王伊斯提泽德三世（Yazdeerd Ⅲ，632—661年），其中数量最多的是库思老二世（Chosroes Ⅱ，590—628年）和卑路斯王（Peroz，459—484年）（图3-33）。萨珊银币的正反两面都有纹饰，用模子打压而成[1]。银币的正面是国王的侧面半身像，戴王冠，诸王各不相同。每王铸币一般只有一种样式，少数国王有一种以上。国王像两侧环绕钵罗婆字母的波斯文，早期由王像的右上角开始，依逆时针方向，自右而左，沙卜尔三世（383—388年）以后，改自王像的左下角开始。王像和铭文的周围，环绕联珠纹，之外的边缘一般为空白。沙卜尔三世以后钱币趋向大而薄，外缘空白处增大。为了防止被私自剪边，卡瓦德一世（Kavadh Ⅰ）复位后（499年），银币边缘的空白处常添加四个新月抱星。背面正中是祆教的祭坛，坛中有火焰。沙卜尔二世时（240—271年）起，祭坛两侧各站立一人像。祭坛的两旁为钵罗婆文“某王之火”铭文。巴朗五世时（421—438年）起，右边的人像改为铸造地点；卑路斯王时（459—484年）开始，左边的人像改为铸造年份。库思老二世时（590—628年）背面的外缘也铸上新月抱星。萨珊银币在中国主要有作为通货、葬仪品、宝物和贡物这四种功能，其中通货和葬仪品是其主要功能[2]。新疆地区发现的萨珊银币很多都是通货和葬仪品，内地则常作为宝物使用。

拜占庭帝国即我国史书中所谓的“拂菻国”，始于公元330年，终于1453年，共存在1000余年。拜占庭（东罗马）金币的数量较少，其分布的区域与萨珊银币基本相同。目前发现约50枚，多数见于隋唐时期墓葬，少量发现于北魏、

1 关于萨珊银币的样式研究，参读夏鼐：《综述中国出土的波斯萨珊银币》，《考古学报》1974年第1期，第91—107、110页之95、96页。
2 孙莉：《萨珊银币在中国的分布及其功能》，《考古学报》2004年第1期，第35—54页。

图 3-33　河北定县北魏塔基石函出土萨珊银币

金币（正面）

金币（反面）

图 3-34　河北赞皇李希宗墓出土东罗马金币

东魏和北齐墓葬中[1]。河南洛阳衡山路北魏大墓出土一枚阿纳斯塔修斯一世（Anastasivas Ⅰ，491—518 年）金币，墓主可能为节闵帝元恭[2]。河北磁县东魏武定八年（550 年）茹茹公主墓出土两枚，一枚为阿纳斯塔修斯一世金币，一枚为查士丁与查士丁尼共治金币（Justinejustin，527 年）。河北赞皇东魏—北齐武定二年至武平六年（544—575 年）李希宗夫妇墓出土三枚，一枚为狄奥多西斯二世（Theodosivs Ⅱ，408—450 年），两枚为查士丁与查士丁尼共治金币（图 3-34）。拜占庭金币正面是王者的正面半身像，头戴王冠，右手执王杖，左手执圆球状物。王像右手侧开始有铭文。背面为坐于宝座的女神像，右手执杖，左手托一圆球状物，上有一十字架，座下有铭文。

中国境内考古发现的这些西方风格的金银器，有准确的出土地点，而且多数是经过科学发掘所获得的；不仅器物保存完整，且多数同其他伴出的器物有组合关系，器物制作年代下限明确。这在地中海地区、西亚、中亚等器物制作地出土或收藏的器物中也是少见的。古代罗马、萨珊、巴克特利亚、粟特等地的银器极少有明确纪年，可以肯定出土地点的器物也不多，而中国这批外来器物或出土于墓葬内，或出土于遗址、窖藏中，据墓志记载或遗址、窖藏的环境及伴出遗物，

1 康柳硕：《中国境内出土发现的拜占庭金币综述》，《中国钱币》2001 年第 4 期，第 3—9 页。

2 刘斌、严辉：《洛阳衡山路北魏大墓》，载国家文物局：《2013 中国重要考古发现》，文物出版社，2014 年，第 92—95 页。

许多器物的年代下限十分清楚，对于研究西方银器具有重要的参考作用。

从文献记载看，北朝时期，宫廷和一些贵族拥有不少金银器，这些金银器很多都与西域有关。《南齐书》卷五七《魏虏传》记载北魏宫廷中“正殿施流苏帐，金博山，龙凤朱漆画屏风，织成幌。坐施氍毹褥。前施金香炉、琉璃钵、金椀，盛杂食器”[1]。与金银器一起的织成幌、氍毹褥是西域著名的毛织品，琉璃钵可能也不是中国所产。《洛阳伽蓝记》卷四《城西》记载，洛阳城的寿丘里，“民间号为王子坊”，是“皇宗所居”，其中“河间王（元）琛最为豪首，常与高阳争衡。造文柏堂，形如徽音殿。置玉井金罐，以五色缋为绳”；“琛在秦州，多无政绩，遣使向西域求名马，远至波斯国，得千里马，号曰‘追风赤骥’。次有七百里者十余匹，皆有名字。以银为槽，金为锁环……琛常会宗室，陈诸宝器，金瓶银瓮百余口，瓯、檠、盘、盒称是”[2]。河间王元琛拥有如此多的金银器应与他任秦州刺史有关。他与高阳“争衡”的其他珍贵器物还有酒器“水晶钵、玛瑙杯、琉璃碗、赤玉卮数十枚。作工奇妙，中土所无，皆从西域而来”。

目前出土西方风格金银器皿的墓葬中，墓主人明确的有封和突、李希宗和李贤。封和突不见于《魏书》，墓志简略，未言及其功绩，其官爵为“屯骑校尉、建威将军、洛州刺史、昌国子”。该墓是北魏迁洛后平城地区的小型砖室墓。李希宗夫妇墓是前后室大型砖室墓，除银碗外，还出土有鎏金银戒指一、东罗马金币三、金戒指一。李希宗为“魏故司空”，夫人崔氏为“齐故太姬”，其次女嫁于高洋，与皇室有密切的关系。李贤夫妇墓是长斜坡墓道带天井、过洞的单室土洞墓。除鎏金银壶外，还出土有嵌青金石金戒指、碧绿色玻璃碗各一件。李贤是“大周柱国河西公”，其兄弟子侄多为西魏、北周统治集团的显赫人物。大同南郊墓群 M107、M109 墓主的身份情况不明，经鉴定 M109 墓主为 20—25 岁的女性。两座墓葬均为长斜坡墓道小型梯形土洞墓，M107 出土器物 25 件（套），M109 出土器物 15 件（套）[3]。除前述银器外，M107 还出土了金耳环、弦纹银罐和玻璃碗，M109 还有金银耳环、弦纹银碗、银笄和银手镯。如果墓葬的规模和随葬品能在很大程度上体现墓主身份的话，这些西方风格的金银器的主人至少包括皇室姻亲、贵族和中下级官吏，甚至可能还有庶民，可见当时西方金银器的输入当不在少数，影响较大。结合文献的记载，当时的罗马、萨珊和中亚的嚈哒、粟特与南北朝的往来十分密切，使节和商人会将一些异国物品贡献给朝廷。显贵和高级官吏有机会通过赏赐、转赠或其他方式得到这些来自异邦的珍宝。一些商品也会以贸易的形式在市面上流通。但要注意的是，目前所见的这些西方风格的金银器并非都是中亚、西亚地区直接的输入品，有些或产自西域，甚至内地。

大同工农路北魏遗址出土的多曲长杯的铜质圈足应是后配的。李希宗墓银碗的造型与碗底的莲花装饰可能是中国式样。大同南郊北魏墓群 M107 出土的鎏金银高足杯也不是纯粹的中西亚风格。《魏书》卷五八《杨昱传》记载“桓州刺史杨钧造银食器十具”[4]。这些内地生产的银器可以是自产、仿制，也可以是两种风

1 中华书局，1972 年，第三册，第 986 页。

2 杨勇校笺本，中华书局，2006 年，第 178、179 页。

3 M107、M109 可能是一处家族墓地中的两座，见韦正：《大同南郊北魏墓群研究》，《考古》2011 年第 6 期，第 72—87 页之第 84 页。

4 中华书局，1974 年，第四册，第 1292 页。

格的交融。耳杯是中国特有的器物，双耳极少带有装饰，但封和突墓和宁夏固原北魏漆棺墓出土的银耳杯的双耳上饰有西方流行的联珠纹装饰，固原银耳杯耳上还饰有西方风格的忍冬纹。这是中国传统的器物造型与外来纹样的结合。在前述出土西方金银器的墓葬中，大多还并存一组中国传统风格的银器，比如，李贤墓有提梁小银壶、银熨斗、银剪刀、银镊子、银钵、银勺、筷；大同南郊墓群 M107 有弦纹银罐，M109 有弦纹银碗；封和突墓有银耳杯等。金银装饰品方面，中西两种式样同出，或一件器物上两种风格并存的现象也十分常见。这反映出当时中外两种风格的金银器并行发展的情况，但光彩夺目的显然是那些异域风格的器形、装饰或纹样。金银器制作的传统优势毕竟不在中国，虽然外来物品对中国金银制造业发展产生的影响，在战国西汉时期已经开始，但到了南北朝时期，频繁的文化交流、急剧增加的外来金银物品，对中国金银器的制造产生了更加深刻的影响，出现更多对西方金银器制作技术和某些装饰的模仿、学习，而且试图与中国传统器形加以融合。外来的工艺逐渐为中国工匠所掌握，西方器皿与中国传统风格完全不同的器形、纹饰给中国金银器的发展注入了新的活力，为中国金银器发展新高潮的到来奠定了基础。

第五节　礼佛金银器的登场

魏晋十六国时期，佛教自传入中国一个多世纪后逐渐确立了自身的地位，尤其是到了南北朝时期得到了前所未有的发展。在此过程中，无论是建塔修寺，雕塑佛像，还是瘗埋舍利，诸多佛事活动中都有金银器的参与。礼佛金银器的种类大致可以分为佛教建筑上的装饰、佛像等佛具上的装饰，以及瘗埋舍利的容器和供奉品这三类，另外还有一些装饰有佛像的金银饰品也明显受到了佛教的影响，在这里一并讨论。

前文已述及南北朝时期，几乎历朝历代的帝王都崇信佛教，大肆兴建佛寺，以金银为华丽的装饰。佛寺建筑上的金银装饰遗存不易发现，但在文献中可见一斑。北魏洛阳城著名的永宁寺，“刹上有金宝瓶，容二十五石。宝瓶下有承露金盘三十重，周匝皆垂金铎。复有铁鏁四道，引刹向浮图四角；鏁上亦有金铎，铎大小如一石瓮子。浮图有九级，角角皆悬金铎，合上下有一百二十铎。浮图有四面，面有三户六牕，户皆朱漆。扉上有五行金铃，其十二门二十四扇，合有五千四百枚。复有金环铺首。殚土木之功，穷造形之巧，佛事精妙，不可思议，绣柱金铺，骇人心目。……浮图北佛殿一所……中有丈八金像一躯，中长金像十躯……拱门有四力士，四狮子。饰以金银，加之珠玉，壮丽焕炳，世所未闻”[1]。虽然永宁寺是北魏皇家寺院，可以“殚土木之功，穷造形之巧”；所谓金宝瓶、金盘、金铎、金铃、金像等也未必全都是真金所造，但即使是涂金饰银也反映出礼佛之虔诚，洛阳城内上千所佛寺用于佛事的金银材料绝不会只是少数。

佛像用金一般为金装或贴金，即用金装饰铜、木或泥佛像，考古实物方面则

1〔北魏〕杨衒之撰，杨勇校笺:《洛阳伽蓝记校笺》卷一“永宁寺”，中华书局，2006年，第11、12页。

以鎏金铜像居多。铜鎏金的佛像可称之为金铜佛。目前最早的金铜佛像大约出现于东汉时期，多见于四川地区[1]。魏晋南北朝时期，金铜佛像发现较多，有的还带有施者和纪年等铭文，比如美国旧金山亚洲艺术馆收藏的后赵建武四年（338年）金铜佛坐像、日本大阪市立美术馆藏夏胜光二年（429年）中书舍人施文造金铜坐像[2]等。贴金的石雕、泥塑佛像十分常见，比如山东青州龙兴寺北朝石雕像[3]；北魏洛阳城永宁寺遗址[4]，东魏北齐邺南城佛寺遗址[5]、北吴庄佛教造像埋藏坑[6]，西安窦寨村北周长安城佛教造像埋藏坑[7]等出土的泥塑佛或石刻佛很多都有贴金（图3-35）。

图3-35 河北磁县北吴庄佛教造像坑出土北齐天保五年（550年）长孙氏造贴金阿弥陀像

文献中有不少这一时期瘗埋舍利的记载，多涉及金银舍利容器和供奉品。东晋十六国时期的南方地区："晋宁康（373—375年）中至京师。……夜见刹下时有光出。乃告人共掘。掘入丈许得三石碑。中央碑覆中有一铁函。函中又有银函。银函里金函。金函里有三舍利。"[8]"苏州于虎丘山寺起塔。其地是晋司徒王珣琴台。掘得砖函。银合子有一舍利。"[9]北方地区："河东蒲坂古塔者。后奏（秦）（384—417年）姚略叔父为晋王。镇于河东。古老传云。蒲坂古塔即阿育王所立也。疑之屡有光现。依掘得佛骨于石函银匣中。照耀殊常送以上略。略乃亲迎睹于灞上。"[10]

到了南北朝时期，约南朝刘

1 （韩）李正晓：《中国早期佛教造像研究》，文物出版社，2005年，第51页。
2 金申：《中国历代纪年佛像图典》，文物出版社，1994年，第1、4页。
3 山东省青州市博物馆：《青州龙兴寺佛教造像窖藏清理简报》，《文物》1998年第2期，第4—15页。
4 钱国祥：《北魏洛阳永宁寺塑像的初步研究》，《中原文物》2005年第1期，第76—85页。
5 中国社会科学院考古研究所、河北省文物研究所邺城考古队：《河北临漳县邺城遗址东魏北齐佛寺塔基的发现与发掘》，《考古》2003年第10期，第3—6页；中国社会科学院考古研究所、河北省文物研究所邺城考古队：《河北临漳县邺城遗址赵彭城北朝佛寺遗址的勘探与发掘》，《考古》2010年第7期，第31—42页。
6 中国社会科学院考古研究所、河北省文物研究所邺城考古队：《河北临漳县邺城遗址北吴庄佛教造像埋藏坑的发现与发掘》，《考古》2012年第4期，第3—6页。
7 西安市文物保护考古所：《西安窦寨村北周佛教石刻造像》，《文物》2009年第5期，第86—94页。
8 〔梁〕慧皎：《高僧传》卷一三，《大正藏》第52册，第409页。
9 〔唐〕道宣：《广弘明集》卷一七，《大正藏》第52册，第216页。
10 〔唐〕道宣：《集神州三宝感通录》卷上，《大正藏》第52册，第406页。

宋时（420—479年），高僧慧最“送舍利于吉州发蒙寺。掘深八尺。获豫章板一条。古砖六枚。银瓶二口。得舍利一枚”；高僧朗“送舍利于番州。……至果实寺便可安之。寺西对水枕山。荒榛之下掘深六尺。获石函三枚。二函之内各有铜函。盛二银像并二银仙。其一函内有金银瓶。大小相盛中无舍利。铭云：宋元徽元年（473年）建塔”[1]。江苏丹阳长干里阿育王寺是六朝时期著名的寺院，梁武帝时期扩建、改造的过程中有早期舍利的发现。“十六年，又使沙门僧尚伽为三层，即高祖所开者也。初穿土四尺，得龙窟及昔人所舍金银镮钏钗镊等诸杂宝物。可深九尺许，方至石磉，磉下有石函，函内有铁壶，以盛银坩，坩内有金镂罂，盛三舍利，如粟粒大，圆正光洁。函内又有琉璃椀，内得四舍利及发爪”。梁武帝还亲自瘗埋舍利，大同四年（538年）“高祖又至寺设无碍大会，竖二刹，各以金罂，次玉罂，重盛舍利及爪发，内七宝塔中。又以石函盛宝塔，分入两刹下，及王侯妃主百姓富室所舍金银镮钏等珍宝充积”[2]。

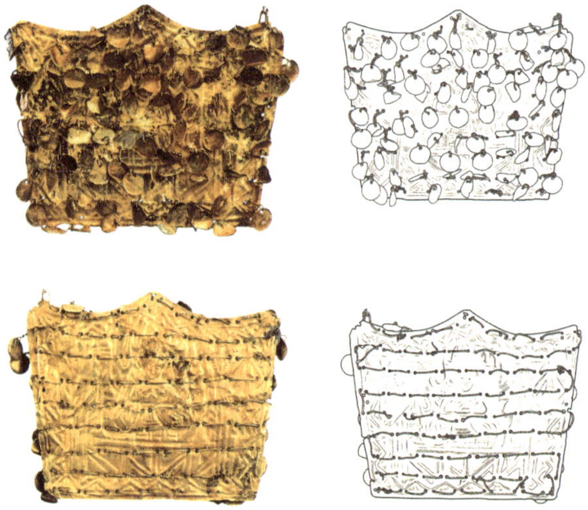

图3-36　北燕冯素弗墓M1出土压印佛像纹金珰

图3-37　河北磁县茹茹公主墓出土金饰

在这些“发现”中，金银通常以函、盒、匣、瓶、罂的形式充当舍利容器，也有供奉品，比如银像、银仙、金银镮钏。目前的考古发现表明，文献中关于南北朝舍利瘗埋的记载基本上是可信的。河北定县北魏塔基[3]出土的石函盝顶盖刻有铭文，叙述了北魏孝文帝于太和五年（481年）到此，并命于此建塔之事。石函内有各种器物5657件，其中金耳坠一对、金片五，银瓶一、镯五对、萨珊银币四十一、戒指二、耳环二、发钗三、环饰三十三、吊饰三、带具四、长方形片饰二、铃二、坠

1 〔唐〕道宣：《续高僧传》卷一〇，《大正藏》第50册，第507、508页。
2 《梁书》卷五四《诸夷传》，中华书局，1973年，第3册，第792页。
3 河北省文化局文物工作队：《河北定县出土北魏石函》，《考古》1966年第5期，第252—259页。

二等。银瓶敞口，细颈，圆肩，鼓腹，平底，有盖，盖顶有环，系一链，另一端卡扣在瓶颈上，通高 3.5 厘米，重 11.8 克，应该是舍利容器。其他物品都是供奉品，金银器主要是首饰、钱币，数量众多、种类丰富，很像前述梁武帝大同四年（538 年）“王侯妃主百姓富室所舍金银镮钏等珍宝充积”的情形。河北定县北宋静志寺塔基[1]发现一件北魏石函，铭文只可辨“大代兴安二年（453 年）岁次癸巳十一月”等字，但同出的隋代铜函记录了这件北魏石函刻铭和出土情况，云：“大隋仁寿三年（603 年）五月廿九日，静志寺与四部众修理废塔，掘得石函，奉舍利有四，函铭云大代兴安二年十一月五日，即建大塔，更做真金宝碗、琉璃瓶等，上下累叠，表里七重，至大业二年（606 年）十月八日内于塔内。”根据这些考古发现和文献记载，中国早期舍利瘗埋发端于东晋十六国，发展于南北朝时期[2]。金银作为珍贵材料，从一开始就参与到了舍利瘗埋当中，扮演容器或供奉品的角色。

魏晋南北朝时期的金银器中还有一些装饰有佛像的金银饰品。湖北武昌莲溪寺东吴永安五年（262 年）校尉彭卢墓出土杏叶状鎏金铜饰上饰佛像一尊，高肉髻、上身赤裸，佩项圈、下着衣裙，双足立于莲台上[3]。江苏镇江跑马山东晋晚期临淮谢氏墓群 M36 出土一件金佛牌，牌呈长方形，纵长 5.1 厘米，横宽 2.8 厘米，厚 0.1 厘米，正面线刻一立佛像，头似盘髻，裸体，胸部乳突，手向前伸开，脚呈外八字形站立，有背光，可能是释迦出生童像；牌背面有折线纹，应是利用锯开的旧物刻成[4]。江西南昌火车站东晋墓 M6 出土四件戒面为结跏趺坐带背光佛像的金戒指，直径 1.6—2 厘米，戒面高 1.2—1.6 厘米[5]。辽宁北票北燕冯素弗墓出土一件正、背面都压印佛像纹的山形金珰，宽 6.5—8.4 厘米，高 6.8 厘米，中间为一主佛，结跏趺坐在高台上，双手似作禅定印，背有火焰纹背光，左右两侧似为二立侍（图 3–36）[6]。河北磁县茹茹公主墓出土的两件金饰，在花蔓间饰莲花化生童子及伎乐天各一，再镶嵌珍珠、琥珀和宝石等（图 3–37）。

这些装饰有佛像的金银饰品只是早期佛教造型艺术品中极少的一部分。东吴彭卢墓的鎏金铜饰应该是马具饰；南昌火车站东晋墓和冯素弗墓的金饰是首饰、冠服饰；镇江跑马山 M36 的金佛牌用途不明。将佛像作为马具上的装饰反映了佛教东来初始时期的实际情况，佛像尚未成为顶礼膜拜的偶像[7]。冯素弗卒殁的五世纪初，佛教在南北方都已得到很大的发展。北燕有深厚的佛教信仰基础，这件作为贵族冠饰的金珰上的佛像装饰可能受到了冠饰化佛的菩萨造像的影响[8]，与早期器物上附属的佛像装饰不可同日而语。

---

1 定县博物馆：《河北定县发现两座宋代塔基》，《文物》1972 年第 8 期，第 40、41 页。

2 冉万里：《中国舍利瘗埋制度研究》，文物出版社，2013 年，第 16—33 页。

3 湖北省文物管理委员会：《武昌莲溪寺东吴墓清理简报》，《考古》1959 年第 4 期，第 190 页。

4 镇江博物馆（刘建国）：《镇江东晋墓》，《文物资料丛刊》8，文物出版社，1983 年，第 27、28、30、31 页。

5 江西省文物考古研究所、南昌市博物馆：《南昌火车站东晋墓葬群发掘简报》，《文物》2001 年第 2 期，第 38、39 页。

6 辽宁省博物馆：《北燕冯素弗墓》，文物出版社，2015 年，第 60—62 页。

7 杨泓：《美术考古半世纪——中国美术考古发现史》，文物出版社，1997 年，第 182—187 页。

8 徐秉琨：《北燕的一枚佛珰与东北早期的佛教》，载《北燕冯素弗墓》，文物出版社，2015 年，第 314—321 页。

第四章
隋唐五代金银器

隋唐五代时期是中国古代金银器发展史上的重大变革时代，开创了崭新的风貌。金银矿的广泛开采为金银器的制作提供了充足的原料，皇室贵族的喜爱促进了金银器的生产，“进奉”之风使器物制作日益精良，中央、地方甚至私人作坊齐头并进，产生大批优秀的工匠，使金银器的制作技艺得到了提高和一定的普及。

外来金银器的输入给中国金银器的生产带来了突破传统的新机遇，隋代和唐初的金银器体现出多种文化的融合，自由随意的创作给金银器制作带来了繁荣。唐中期以后，金银器的制作逐渐摆脱了外来器物的影响，在完成中国化过程的同时，出现了风格不同的南、北系统。北方风格是严谨和粗犷并存，这与皇室、中央的金银作坊院、文思院统一管理有关；南方的风格是活泼而细腻，是地方官府和民间私营作坊自主生产的结果。

隋唐五代金银器皿数量猛增，制作中锤揲技术熟练和广泛应用，使金银较柔软的特质得以充分发挥，器形和纹样摆脱了平板单调的表现形式，流行浮雕式的艺术效果。锤揲技术不仅使耗材减少，也不再需要铸造时的多人分工合作，工匠的个性在艺术创作中得到发挥。

第一节　划时代的考古发现与金银器的兴盛

隋唐五代金银器，自二十世纪五十年代起屡有出土，但直到七十年代以后的陕西西安南郊何家村窖藏、江苏丹徒丁卯桥窖藏、陕西扶风法门寺塔基地宫三次大发现，才真正揭示出这一时期金银器的真实面貌。

西安南郊何家村发掘出两瓮唐代窖藏文物[1]，200 多件金银器皿使人们大开眼界，器物种类按用途可分为饮食器、盥洗器、药具、杂器和饰件等，制作工艺多以锤揲成形，配以掐丝、铆焊和鎏金等，是过去从未见过的出土的数量最多、制作最精的一批唐代金银器（图 4-1）。其精湛的工艺、优美的造型、华丽的纹样展示出唐代金银器制作的崭新风貌和高度成就。何家村窖藏中带有明确纪年、时代最晚的是刻有“开元十九年（731 年）庸调”字样的庸调银饼。

1 陕西省博物馆、陕西省文管会革委会写作小组：《西安南郊何家村发现唐代窖藏文物》，《文物》1972 年第 1 期，第 30—42 页；陕西历史博物馆、北京大学考古文博学院、北京大学震旦古代文明研究中心：《花舞大唐春——何家村遗宝精粹》，文物出版社，2003 年。

江苏丹徒丁卯桥的银器窖藏[1]出土银器近千件。这批器物的形体较大，绝大多数器物上都刻有“力士”二字，器物形制、纹样表明它们是中晚唐时期的制品。

陕西扶风法门寺地宫出土金银器 121 件（组）[2]（图 4-2）。这批金银器多来自于皇室，更为重要的是，这批器物在咸通十五年（874 年）入藏时镌刻的《应从重真寺随真身供养道具及恩赐金银器物宝函等并新恩赐到金银宝器衣物》账碑（以下简称《法门寺物账》）也完整无损地出土[3]，大量器物与碑中记述相吻合。

图 4-1　陕西西安何家村窖藏出土的部分金银器

图 4-2　陕西扶风法门寺塔基地宫后室遗物未揭取前放置情况

何家村窖藏出土的唐代金银器，仅容器类就几乎超过以前所知唐代金银器皿数量的总和，埋藏时间应在八世纪中叶或略偏晚[4]，展示了唐代前期金银器的整体面貌。丁卯桥窖藏和法门寺地宫的发现代表了唐代后期金银器的风格。这三大发现不仅建立起唐代金银器的完整序列，还反映出南方和北方的地区差异。

过去探讨唐代手工业制品，经常以日本奈良东大寺“正仓院”收藏的珍宝为资料，因为那些物品中有许多是当时遣唐使、留学生、僧人等从中国带到日本的唐代精品。何家村窖藏的发现使这一状况得以改观，而法门寺的发现也填补了一项空白。东大寺正仓院珍宝的来源

1 丹徒县文教局、镇江博物馆：《江苏丹徒丁卯桥出土唐代银器窖藏》，《文物》1982 年第 11 期，第 15—27 页；镇江博物馆：《镇江出土金银器》，文物出版社，2012 年。

2 陕西省法门寺考古队：《扶风法门寺塔唐代地宫发掘简报》，《文物》1988 第 10 期，第 1—26 页；王仓西：《从法门寺出土金银器谈“文思院”》，《文博》1989 年第 6 期，第 52—53 页；卢兆荫：《关于法门寺地宫金银器的若干问题》，《考古》1990 年第 7 期，第 638—643 页；陕西省考古研究院、法门寺博物馆、宝鸡市文物局、扶风县博物馆：《法门寺考古发掘报告》，文物出版社，2007 年。

3 韩伟：《法门寺地宫唐代随真身衣物帐考》，《文物》1991 年第 5 期，第 27—37 页。

4 关于何家村遗宝的埋藏地点和年代，主要有三种观点：第一种观点认为是邠王府的遗物，埋藏年代是安史之乱时，见前述何家村窖藏简报，及镇江市博物馆、陕西省博物馆主编，陆九皋、韩伟编：《唐代金银器》，文物出版社，1985 年，第 2 页。第二种观点认为位置不在邠王府，其埋藏年代应在唐德宗时期（780—805 年），见段鹏琦：《西安南郊何家村唐代金银器小议》，《考古》1980 年第 6 期，第 536—541、543 页。第三种观点认为何家村窖藏与租庸史刘震有关，埋藏年代应该是唐德宗建中四年（783 年），见齐东方：《何家村遗宝的埋藏地点和年代》，《考古与文物》2003 年第 2 期，第 70—74 页。

主要是日本天平胜宝八年（756 年）光明皇太后奉献的圣武天皇生前的宝物，部分藏品有入藏时留下的“国家珍宝账”等献物账。法门寺地宫内的宝物多来自皇室，咸通十五年（874 年）镌刻的《法门寺物账》记载着奉献的理由，物品的来源，器物的名称、数量、尺寸、质地、形状和特征。这两批宝物和当时的记录分别代表了唐代前后期的手工业产品，相得益彰地勾画出唐代手工业发展的轨迹。

金银器制作是唐代各种手工业中最具代表性的行业，金银器的造型、纹样囊括了其他材质器物的主要特征。除了何家村、丁卯桥、法门寺这三批重大发现，其他窖藏、墓葬、寺院遗址出土的金银器在隋唐五代也明显增多。数量较多的发现如：陕西西安隋代李静训墓随葬金银器二十余件[1]；西安和平门外唐代居住址出土七件鎏金银茶托[2]；陕西耀县柳林背阴村窖藏发现十六件银器皿[3]；西安东南郊沙坡村窖藏出土十五件银器皿[4]；江苏扬州市三元路西金银器窖藏出土大量金银首饰[5]；浙江长兴县下莘桥窖藏出土 100 余件银器[6]；湖南麻阳县吕家坪窖藏发现银器 28 件[7]。此外，河南偃师县杏园唐墓[8]、西安市东郊西北国棉五厂唐墓[9]、洛阳齐国太夫人墓[10]也都出土有不少金银器。五代十国时期的发现也有不少，四川成都前蜀王建永陵[11]、浙江临安吴越国钱氏家族墓[12]、杭州雷峰塔塔基地宫[13]、湖南长沙桃花岭中南工大 M1（晚唐五代）[14]等都出土了不少银器。

目前，隋唐五代金银器的发现以窖藏的出土品为主，墓葬的随葬品次之，也有塔基地宫出土的贡纳品。整体情况是：八世纪中叶以前的制品主要见于北方中原地区，能够确定的南方地区的遗物很少；八世纪中叶以后的制品主要出土于南方地区。这些金银器具有极高的学术价值，器物的形制，直接关系到人们的起居生活、风俗习惯；器物的装饰，反映了人们的思想意识和审美情趣。金银器的发

1 中国社会科学院考古研究所：《唐长安城郊隋唐墓》，文物出版社，1980 年，第 3—28 页。

2 马得志：《唐代长安城平康坊出土的鎏金茶托子》，《考古》1959 年第 12 期，第 679—681 页。

3 陕西省博物馆：《陕西省耀县柳林背阴村出土一批唐代金银器》，《文物》1966 年第 1 期，第 46—49 页。

4 西安市文物管理委员会：《西安市东南郊沙坡村出土一批唐代银器》，《文物》1964 年第 6 期，第 30—32 页。

5 徐良玉、李久海、张容生：《扬州发现一批唐代金首饰》，《文物》1986 年第 5 期，第 68、69、77 页。

6 长兴县博物馆夏星南：《浙江长兴县发现一批唐代银器》，《文物》1982 年第 11 期，第 38—42 页。

7 怀化地区博物馆、麻阳县博物馆：《湖南麻阳县发现唐代窖藏银器》，《文博》1993 年第 1 期，第 52—56 页。

8 中国社会科学院考古研究所河南第二工作队：《河南偃师杏园村的六座纪年墓》，《考古》1986 年第 5 期，第 429—457 页；中国社会科学院考古研究所：《偃师杏园唐墓》，科学出版社，2001 年。

9 呼林贵、侯宁彬、李恭：《西安东郊唐韦美美墓发掘记》，《考古与文物》1992 年第 5 期，第 58—63 页。

10 洛阳市第二文物工作队：《伊川鸦岭唐齐国太夫人墓》，《文物》1995 年第 11 期，第 24—44 页。

11 冯汉骥：《前蜀王建墓发掘报告》，文物出版社，1964 年。

12 浙江省文物管理委员会：《浙江临安板桥的五代墓》，《文物》1975 年第 8 期，第 66—72 页；浙江省文物考古研究所、浙江省博物馆、杭州市文物考古研究所、临安市文物馆：《晚唐钱宽夫妇墓》，文物出版社，2012 年；杭州市文物考古研究所、临安市文物馆：《五代吴越国康陵》，文物出版社，2014 年。

13 浙江省文物考古研究所：《雷峰遗珍》，文物出版社，2002 年。

14 黄正纲：《长沙发掘晚唐大墓》，《中国文物报》1987 年 4 月 3 日；长沙市博物馆：《长沙市中南工业大学桃花岭唐墓发掘简报》，《湖南省博物馆馆刊》第十一辑，岳麓出版社，2015 年，第 200—208 页；潘钰（长沙博物馆）：《中南工大墓出土金银器再析议》，《湖南省博物馆馆刊》第十二辑，岳麓出版社，2016 年，第 392—401 页。

展演变，宏观地展现了当时物质文化发展史的一个重要侧面。

唐代金银器制作区别于前代的特点是摆脱了为其他器物作附属装饰的地位，独立制作器物成为主流，金银器皿类的大型器物数量大大增加。唐代金银器的大量发现，清楚地反映了唐代金银手工业的兴旺发达。

唐代经济发展以及管理机制的变化使金银器制作的原料得到保证。据《新唐书·地理志》记载，唐代产金、贡金的府州有73处，产银、贡银的府州68处[1]。采矿的经营分官府和私人两大系统，允许私人采矿是唐朝的基本政策。政府鼓励民间开采金银，并从税收中获益，促进了金银矿业的开发，所以金银的产量很高。《新唐书》卷五四《食货志》记载，“元和（806—820年）初，天下银冶废者四十，岁采银万二千两”[2]。此处“采银”当为“税银”[3]。《元和郡县图志》记载，饶州乐平银山“每岁出银十余万两，收税山银七千两”[4]。如果照此税率推算，元和初，在废银冶四十处的情况下，仍可年产银二十余万两。不少州府固定要交纳金银，也可以用银来代替其他税收。当时的银矿有的蕴藏很丰富，河南桐柏围山城的银矿就有唐代至清代采掘的遗址[5]。江西金溪县宝山金银矿冶遗址发现有刻记于南唐开宝二年（969年）的《金溪场银坑记》摩崖石刻文[6]。据刻文，这处银坑的开采始于长庆三年（823年），废弃于宝历二年（826年），至南唐时又重新开采，负责银坑采冶的官员可能有“□□坑典……金银案典……点擒……文林郎知场事……军将”等。

唐代银器经过测定的纯度都很高，一般在98%以上，可见唐代银的冶炼技术十分先进。政府征收金银时，一般用浇铸和锻造方法制成一定的形状，如铤、板、饼和锭等。陕西西安新城区西安中学出土一件银铤，长23.3厘米，宽5.2厘米，厚2.1厘米，正面楷书：“饶州银五十两，证圣元年”[7]。该银铤表面粗糙，行文简略，可能是地方贡银的一种原始形态。西安市北郊八府庄出土另一种银铤[8]，呈长方形的板状，一面刻“专知诸道铸钱使兵部侍郎兼御使中丞臣杨国忠进”，另一面刻“中散大夫使持节信安郡诸军事检校信安郡太守上柱国尉迟严信安郡专知山官丞议郎行录事参军智庭上天宝十载正月日税山银一铤五十两”。这是明确的“税山银”。银铤上贡后有的可能还需经过改铸后再入库。西安灞桥区枣园村的银铤长27.5厘米，宽7厘米，厚0.7厘米，正面錾刻：“乾符六年内库别铸重卌两，文思副使臣刘可濡，文思使臣王彦圭，内库使臣王翱”（图4-3）。[9] 山西朔州平鲁县（现平鲁区）出土金铤82件[10]，毛重达28000多克，主要为长条形或长方矩形，

1 〔日〕加藤繁：《唐宋时代金银之研究——以金银之货币机能为中心》，中华书局，2006年，第396—400页。

2 中华书局，1986年，第五册，第1383页。

3 岑仲勉：《隋唐史》，中华书局，1982年，下册，第408页。

4 贺次君点校本，中华书局，1983年，下册，第672页。

5 杨育彬、袁广阔：《20世纪河南考古发现与研究》，中州古籍出版社，1997年，第684、685页。

6 吴泉辉：《〈金溪场银坑记〉摩岩石刻考辨》，《南方文物》2015年第4期，第273—276页。

7 西安博物院：《金辉玉德——西安博物院藏金银器玉器精萃》，文物出版社，2013年，第174页。

8 李问渠：《弥足珍贵的天宝遗物——西安市郊发现杨国忠进贡银铤》，《文物参考资料》1957年第4期，第11页。

9 西安博物院：《金辉玉德——西安博物院藏金银器玉器精萃》，文物出版社，2013年，第175页。

10 山西省考古研究所陶正刚：《山西平鲁出土一批唐代金铤》，《文物》1981年第4期，第49—55页。

刻有铭文的一共五件，其中一件呈梯形，长14.7厘米，上宽1.5厘米，底宽2厘米，厚0.4厘米，毛重283克，成色97%，錾刻“金贰拾两铤专知官长员外同正”字样（图4-4）。何家村窖藏也出土很多银板、银饼等。从西安南郊出土的一件银铤[1]所刻“打作匠臣杨存实作下作残银”可以看出，进入官府的普通银还会再次加工。

唐代皇室贵族对金银器的崇尚所导致的需求直接促进了金银器的制作。《太平御览》卷八一二《珍宝部一一·银》记载：“武德中（618—626年），方术人师市奴合金银并成，上（高祖李渊）异之，以示侍臣。封德彝进曰：‘汉代方士及刘安等皆学术，唯苦黄白不成，金银为食器可得不死。’”[2]初唐的封德彝已经引用汉代故事，向皇帝进言用金银器为食器可得不死。接近晚唐，名臣李德裕更直截了当地劝说敬宗李湛：“臣又闻前代帝王虽好方士，未有服其药者。故《汉书》称黄金可成，以为饮食器则益寿。”他担任浙西观察使期间，不遗余力地向皇室进奉金银器物[3]。何家村窖藏出土的大批金银器，不少用于储藏丹砂、石英、金屑、金箔等物，很可能与“延年益寿”的观念有关（详见本章第八节）。《唐律疏议》卷二六《杂律》载，“器物者，‘一品以下，食器不得用纯金、纯玉’”[4]。《唐会要》卷三一《舆服上·杂录》云：“神龙二年（706年）九月，〈仪制令〉：‘诸一品已下，食器不得用浑金玉；

图4-3 陕西西安灞桥区枣园村出土乾符六年银铤

图4-4 山西朔州平鲁出土金铤

1 朱捷元、李国珍、刘向群：《西安南郊发现“打作匠臣杨存实作”银铤》，《考古与文物》1982年第1期，第110页。

2 中华书局，1985年，第四册，第3608页上栏。

3 《旧唐书》卷一七四《李德裕传》，中华书局，1975年，第一四册，第4511—4512页。

4 刘俊文点校本，中华书局，1983年，第488页。

六品已下，不得用浑银。’”[1]从唐代明确规定一品以上的高官贵族才可以使用纯金的食器来看，当时对金银器皿的崇尚已经渗透到社会等级观念之中，更增添了金银器的诱惑力。目前考古发现的一品以下官员墓葬中也有许多金银器，可见政府关于等级的规定并没能有效地实施，这反倒说明人们已有浓厚的益寿、升仙、等级意识，以致有些人敢于违规行事。对金银器的崇尚和求索，扩大了社会需求量，使金银器物成为宫廷斗争、外交活动、军事战争等方面收买、赏赐的主要物品（详见本章第七节）。一些权贵人士也通过进奉金银器得到帝王的宠幸，金银器制造越来越精美。

作坊的兴盛为唐代金银器的制作提供了充足的技术力量。唐代金银器制作基本由中央政府和皇室垄断。八世纪中叶以前，十分明确的金银器生产机构是少府监掌冶署和中尚署辖属的金银作坊院。从简略的文献记载推测，掌冶署以制作铜铁器类为主，金银器只是附带品种，且可能主要是进行金银原料的粗加工和制作部分大型金银器物；金银作坊院专业性强，应是金银器生产的主要机构，以制作精致小巧的器物为主。九世纪，唐皇室作坊文思院兴盛，技艺高超的能工巧匠，几乎被强制性地征调到官府服役。在官府作坊中，来自各地的有熟练技术的金银工匠相互学习、取长补短，加之原材料充足，生产条件优越，产品不计成本，故能全心全意地进行创作。官府作坊的产品制成后，参与者的姓名按身份由低向高刻在器物上，进行严格的监督、检验，产品质量极大提高（表一）。唐代还制定了教授、培养后备人才的制度，金银器制作可能因为是最复杂的工种，学徒要学习四年并通过严格的考核，方能成为正式工匠。《新唐书》卷四八《百官志·少府》载：“钿镂之工，教以四年；车路乐器之工，三年；平漫刀稍之工，二年；矢镞竹漆屈柳之工，半焉；冠冕弁帻之工，九月。教作者传家技，四季以令丞试之，岁终以监试之，皆物勒工名。”[2]官府工匠的后代优先被选择继承父业。即“有阙则先补工巧业作之子弟。一入工匠后，不得别入诸色”[3]。至少在中晚唐时期，南方地区一些府州设有金银制造作坊。江苏镇江丁卯桥窖藏出土银器近千件，且同类器物重复率极高，绝大多数未经使用。许多器物造型一样、尺寸相同，显然是定做或出卖的商品，还有许多残次品、半成品以及大量作为原料的“银铤”等，应该是唐代浙西官府金银器作坊的遗物。浙江长兴县下莘桥窖藏出土金银器约100件，同类遗物亦大量重复，应该是私人作坊的产品。此类遗物是前所未见的。

表一　法门寺地宫出土文思院金银器的刻铭

器物名称	刻铭内容
银盐台	咸通九年文思院造银涂金盐台一只并盖，共重一十二两四钱
银茶碾	咸通十年文思院造银金花茶碾子一枚，共廿九两。匠臣邵元审，作官李师存，判官高品吴弘悫，使臣能顺
银茶罗	咸通十年文思院造银茶罗子一副，全共重卅两。匠臣邵元审，作官李师存，判官高品吴弘悫，使臣能顺。十九字号
银炉	咸通十年文思院造八寸银金花香炉一具，并盘及朵带环子，全共重三百八十两。匠臣陈景夫，判官高品臣吴弘悫，使臣能顺。三字号
银如意	咸通十三年打造作官赵智宗，判官高品刘虔诣，副使高品高思厚，使吴弘悫

1 历代会要丛书本，上海古籍出版社，2006年，上册，第668页。
2 中华书局，1986年，第四册，第1269页。
3 《唐六典》卷七工部尚书，陈仲夫点校本，中华书局，1992年，第222页。

续表

器物名称	刻铭内容
银手炉	咸通十三年文思院造银白成手炉一枚，并香宝子，并重十二两五钱。打造都知臣武敬容，判官高品刘虔诣，副使高品高思厚，使吴弘悫
金碗	文思院准咸通十四年三月廿三日敕造迎真身金钵盂一枚，重一十四两三钱。打造小都臣刘维钊，判官赐紫金鱼袋臣王全护，副使小供奉官虔诣，使左监门卫将军臣弘悫
银锡杖	文思院准咸通十四年三月廿三日敕令造迎真身银金花十二环锡杖一枚，并金共重六十两，内金重二两，五十八两银。打造匠臣安淑郧，判官赐紫金鱼袋臣王全护，副使小供奉官虔诣，使左监门卫将军臣弘悫

（本表据齐东方：《唐代金银器研究》，中国社会科学出版社，1999 年，第 281 页表 37 制作）

外来文化对金银器的发展起到了推波助澜的作用。从文献中统计出的唐代外来物品有 18 类，170 余种[1]，金银器是其中的重要组成部分。不断往来的周边民族、方国、外国使团和教徒、商人等，人数众多，有的与中国人通婚留居。在正统史书中，往往将外国人带来的异域物品称之为“朝贡”，那些使者和精明的商人，是用“朝贡”换得更多的“赏赐”，“朝贡”和“赏赐”名目下的贸易活动，使双方通过商品了解到另一个世界。文献所记流入中国的金银器有金胡瓶、金盘、金碗、金野盘、金盏、金城等，考古出土了金银高足杯、带把壶、带把杯、盘、长杯等。唐代及早些时候输入的这些外来金银器，以异样的造型和纹样风格使人耳目一新，为唐代金银器的发展奠定了坚实的基础。这些器物对中国的价值，超出了器物的使用功能，极大地影响了中国人的观念，使汉代以来中国传统文化在缺乏内在更新动力时，找到了突破传统的契机。

第二节 金银器的时代演变与历史原因

在隋唐五代漫长的历史中，金银器在数量、种类及形制、纹样等诸多方面都发生了演变。隋代和五代因为时间不长，金银器发现也较少，暂时可纳入唐代金银器发展演变的过程中考察。

隋代金银器可以大业四年（608 年）李静训墓出土的器物为代表，墓中随葬有金项链、金手镯、金戒指、金高足杯、金饰品等金器 11 件；银器有碗、高足杯、小杯、长柄勺、小盒、盘、筷子各一件（双）、指甲套 10 件、斧形饰一件、银币一枚共 19 件[2]。除了金银器之外，还有珍贵的玻璃器等。李静训的曾祖父李贤，在丝绸之路上的重镇原州（今宁夏固原一带）等地任高官，其墓已在固原发现[3]，墓中出土萨珊银器、玻璃器和镶宝石的戒指等。李静训墓中的金银器应与她的家世有关，反映了中西文化的交流（详见本章第五节）。

1 （美）爱德华·谢弗著，吴玉贵译：《唐代的外来文明》，陕西师范大学出版社，2005 年。

2 中国社会科学院考古研究所：《唐长安城郊隋唐墓》，文物出版社，1980 年，第 16—19 页。

3 宁夏回族自治区博物馆、宁夏固原博物馆：《宁夏固原北周李贤夫妇墓发掘简报》，《文物》1985 年第 11 期，第 1—20 页；宁夏回族自治区固原博物馆、中日原州联合考古队：《原州古墓集成》，文物出版社，1999 年，第 17—21 页。

图 4-5　唐代八世纪中叶以前主要金银器形线描图

唐代延续近三个世纪，金银器的发展变化可以分为八世纪中叶以前、八世纪中叶至后半、九世纪三个阶段。

八世纪中叶以前，相当于唐高祖至唐玄宗开元前期，是唐代金银器飞速发展的阶段，也是外来文化影响最为强烈的时期。这一阶段的主要器类有高足杯、带把杯、分曲在五曲以上的多曲长杯和折腹碗，蛤形盒也常见，还有壶、锅、铛、瓶等。其中高足杯、带把杯、多曲长杯等器物在中国传统器形中不见；盘、盒类的器物以圆形为主，也有一些呈菱花形，少量为葵花形；壶类多带三足（图 4-5）。

纹样盛行忍冬纹、缠枝纹、葡萄纹、联珠纹、绳索纹。花纹纤细茂密，多用满地装饰的手法。流行珍珠地纹，即在器物表面用圆錾刀錾出细密的小圆圈，排列整齐，作为主题纹样的底衬。另外，还流行宝相花纹、卷云纹、云曲纹等。这类纹样多与器物的形制有关，即纹样的样式与器体造型相适应，宝相花一般装饰在圆形器物上，如盒、碗、盘等，卷云纹和云曲纹多作为边饰使用。

器物的体积小，但比较厚重。绝大多数器物采用锤揲技术制成，器表先锤出凸凹变化的纹样轮廓，再錾刻纹样，纹样錾痕粗深清晰而连续。许多银器通体鎏金。

南北朝至隋代，中国自产的金银器不多，唐代前期金银器突然兴盛，是一个十分引人注意的现象。究其原因是多方面的：唐代金银矿开采的兴盛，提供了充足的原料；皇室贵族对金银器皿的喜爱，促进了金银器的生产；唐代中央政府专门设立金银作坊，制作工艺得到了提高。此外，一个重要原因就是，随着丝绸之路繁荣而来的西亚和中亚等外来金银器的强烈影响。目前，中国境内已经发现了许多外国输入的金银器，而唐代自产器物的形制和纹样的特征，十分明显地显露出来自中亚粟特、西亚萨珊和地中海沿岸东罗马等地金银器的影响；西方盛行的锤揲技术被唐代工匠掌握，有些器物在器胎上嵌贴凸凹起伏的花纹片使得整体为半浮雕式，更是直接学习了西方金银器皿的做法（详见本章第五节）。

北朝迄隋代，中原王朝的统治者已经较普遍地对西域及西方诸国有了更多的了解，并认识到中西之间商路的重要性。唐夺取政权后，便立即着手经营西部。

贞观九年（635年），唐太宗派大将李靖、侯君集、李道宗等出征，大败占有今青海和新疆南部、扼制中西交通要道的吐谷浑，使之归顺唐王朝。贞观十三年（639年），侯君集进击高昌，次年高昌降，占据了曾使商胡被其遏绝的高昌之地。贞观十八年（644年），郭孝恪又以兵力迫使焉耆臣服。贞观二十一年（647年），郭孝恪及阿史那社尔率兵进击龟兹，次年即破。唐高宗时，唐朝打败了西突厥，在其故地置昆陵、濛池二都护府，使这一地区归属唐朝。唐朝初年对西域的五次重大军事行动及其胜利，打通了唐王朝与西方交往的商路。为加强、巩固这一具有重要政治、经济、文化意义的东西通道，唐朝将安西都护府自高昌移置龟兹，下统龟兹、于阗、碎叶、疏勒四镇。龟兹归唐后，西突厥亦遣使来唐，唐太宗曰："'西突厥已降，商旅可行矣'，诸胡大悦"[1]，中西交通日益繁荣。唐高宗、武则天时期，国内稳定，与西方诸国和地区之间大的冲突减少，中西交流成为经常性的活动。吐鲁番阿斯塔那191号墓出土的调露二年（680年）送波斯王"名册"、100号墓出土的永淳元年（682年）"告飞骑尉氾德达"和延载元年（694年）"告轻车都尉氾德达"告身，敦煌石窟发现的"景云二年（711年）张义君告身"[2]，斯坦因第三次中亚探查所发现的记有"波斯军"的Ast Ⅲ·4·093号文书[3]，都表明唐朝与西方来往关系的密切。张义君告身所载的在安西镇守军镇因功受勋的263人中，有不少人来自南方和中原地区。中国内地通过这类交往，必定会对西方器物有较多的接触和了解，并带入西方的器物，使唐代金银器制作受到西方文化的强烈影响。有较发达手工制造业基础及众多能工巧匠的中国，在接受西方器物影响的同时，不仅仅对西方器物进行模仿，双方在政治、宗教、艺术等传统上的差异，地理环境、生活习俗的不同，也必然会导致对作为实用器物的金银器皿的形制和纹样加以改进，使西方金银器皿的风格中国化，更适合中国人使用和观赏。

八世纪中叶至八世纪末，相当于唐玄宗开元后期至唐宪宗以前，是唐代金银器制造的成熟阶段，已经基本摆脱了外来文化的直接影响，完成了金银器的中国化进程（图4-6）。

这一阶段，高足杯、带把杯及五曲以上的多曲长杯极少见到。新出现了各式壶，流行葵花形的盘、盒，器皿的平面多做成四、五曲花形。忍冬纹、葡萄纹、三角纹、绳索纹、卷云纹、云曲纹基本消失，宝相花纹仍可以见到，折枝纹、团花纹兴起。纹样更为写实，分单元布局，留出较多的空白，显得疏朗大方。少数器物上虽然尚残留与西方金银器相似的地方，但不是直接来自西方金银器的影响，继承的是前期器物的特点，并有所发展。器物的形制和纹样多是既不见于西方器物、也少见于中国传统器物的创新作品。

八世纪中叶，唐朝在经历了一个稳定的阶段之后，经济飞速发展，生活富裕丰足，浮华、奢侈之风渐起，尤以统治阶层更甚。鉴于金银宝物的泛滥，唐玄宗继位后，为维护、巩固李唐的统治，于开元二年（714年）七月颁布《禁珠玉锦绣敕》，云："朕欲捐金抵玉，正本澄源。所有服御金银器物，今付有司，令铸为铤，仍别贮

1 《新唐书》卷二二一下《西域传》，中华书局，1975年，第二〇册，第6244页。

2 卫江：《碎叶是中国唐代西部重镇》，《文物》1975年第8期，第7—12页；吴震：《从吐鲁番出土"氾德达告身"谈唐碎叶镇城》，《文物》1975年第8期，第13—17页。

3 姜伯勤：《吐鲁番文书所见的"波斯军"》，《中国史研究》1986年第1期，第128—135页。

掌，以供军国。”[1]《隋唐嘉话》卷下记载：“开元始年，上悉出金银珠玉锦绣之物于朝堂，若山积而焚之，示不复御用也。”[2]可知开元二年以前，至少在皇室内有大量的金银器物。开元初，毁化金银器为铤，必然会使金银器制作业受到打击。唐代金银器这一停滞期究竟有多长，目前无法准确推断。五年至十年是可能的，其间应有一代或两代工匠出现。这是一个非常重要的时期，唐朝国势强大和经济繁荣都达到了顶点，学术、文化出现了各种流派、各种风格，这一社会背景自然会对金银器的创作产生影响。在金银器制造技术方面，中国工匠已经掌握了诸如锤揲等西方工艺，又经历了从七世纪到八世纪初约百年间的生产实践，完全摆脱了西方模式而按自身民族化的方向发展。新一代工匠所受的盛唐文化熏陶，与早期工匠受“胡化之风”的影响不同，当金银器制作再度兴起时，就以一种新的面目出现了。

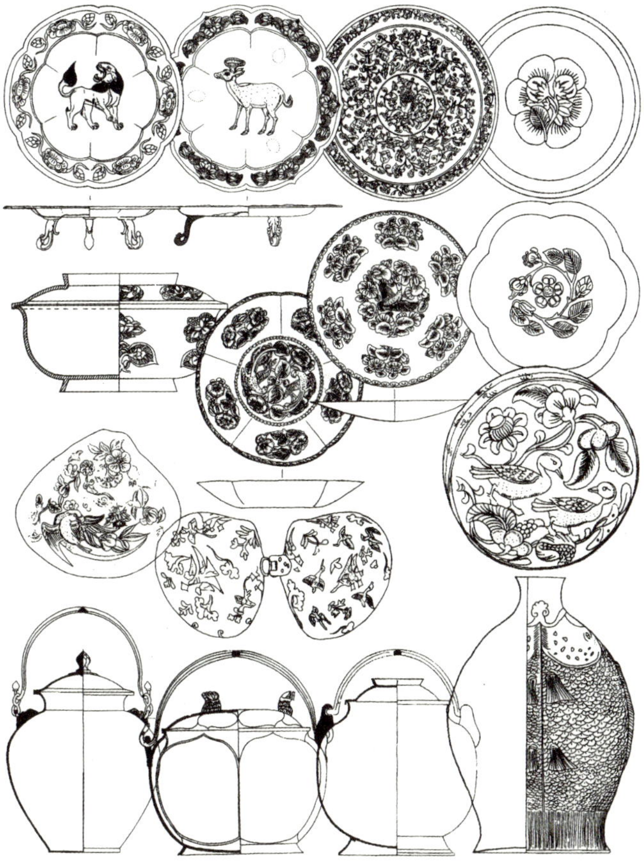

图 4-6　唐代八世纪中叶及后半叶主要金银器形线描图

八世纪中叶爆发的长达近八年之久的“安史之乱”，使得“宫室焚烧，十不存一”，“人烟断绝，千里萧条”[3]。这场空前的浩劫，使中原经济遭受严重破坏，金银器的生产亦不能例外，短时期内难以恢复和重创新的繁荣。因此，开元、天宝时期的产品较多，八世纪后半叶的金银器发现或可以确定的数量较少。史书所载的“开元之前，贡献不绝。天宝之乱，边徼多虞，邠郊之西，即为戎狄，藁街之邸，来朝亦稀”[4]，也说明八世纪后半叶与西方等周边关系往来进入低潮，在制作的金银器物中，中国化的器物占据主导地位。

九世纪，相当于唐宪宗至唐末，是唐代金银器制造普及和多样化时期（图 4-7）。这一阶段器物种类大增，目前所知唐代金银器中的茶具、香宝子、羹碗子、波罗子、蒲蓝、温器、筹筒、龟盒、支架等器类均属这一时期的产品。唐代自始至终都有的碗、盒、盘的形制发生了大的变化，流行花口浅腹斜壁碗、四五曲花形带足的盒、葵花形的盘等。折枝纹、团花纹继续流行，并更加丰富多彩。折枝

1 〔宋〕宋敏求：《唐大诏令集》卷一〇八，中华书局，2008 年，第 562、563 页。

2 〔唐〕刘餗撰，恒鹤校点：《隋唐嘉话》，唐五代笔记小说大观本，上海古籍出版社，2000 年，上册，第 113 页。

3 《旧唐书》卷一二〇《郭子仪传》，中华书局，1975 年，第一一册，第 3457 页。

4 《旧唐书》卷一九八《西戎传》，中华书局，1975 年，第一六册，第 5317 页。

纹种类繁多，并以阔叶大花为特点。鸳鸯、鹦鹉、鸿雁、双鱼等成为人们喜爱的动物题材，出现荷叶纹、绶带纹、叶瓣纹、小花纹、半花纹为主要边饰纹样。纹样风格自由随意，具有浓厚的民间生活气息。珍珠地小而浅，也比较稀疏。虽然大型器物较多，但有些器物较轻薄粗糙。錾刻的纹样轻浅断续。刻铭器物增多。

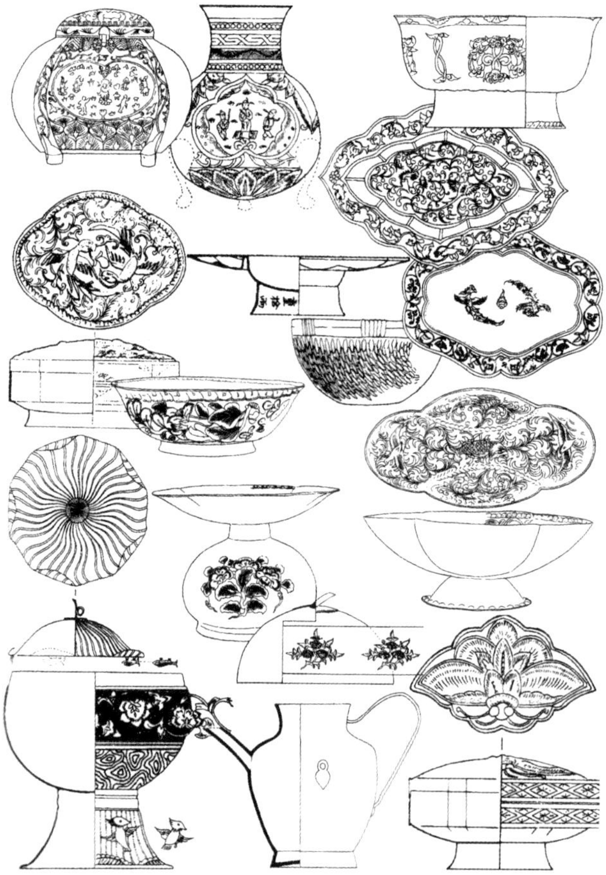

图 4-7　唐代九世纪主要金银器形线描图

这个阶段的金银器还体现出一定的普及，出现了民间金银器作坊和个体工匠，器物的造型和纹样更为大众化。除了皇室和高级贵族，地方官吏和富裕的百姓也开始使用金银器物，尤其是在南方地区较盛。九世纪的唐代，方镇割据势力强大，中央集权衰落。两税法实施后，社会经济也出现改变，商品市场得到发展，特别是南方经济发展迅速。金银器质料自身的价值和实用性开始商品化，唐代前期金银器生产主要由中央控制的局面被打破，地方官府及私营的金银器作坊出现，使金银器制造重新繁荣，当时的经济重心南方的浙西等地，金银器的生产数量和制作水平，已不亚于中央官府的作坊。

作为特殊物品的金银器，在当时社会上层“进奉”日盛的风习影响下，一方面被大量生产，另一方面有些器物的制作更趋精良。在已出土的带有刻铭的金银器中，属于九世纪的绝大多数是进奉品。用于进奉的金银器物品种更加多样化，文献中记录的盘、碟、樽、瓶、盝子妆具、卮、壶、瓮、盆等，许多被考古发现证实。

五代十国时期社会动荡，改朝换代频繁，但是从文献记载上看金银制造业似乎并未受到严重的破坏，而且没有明确的史料显示帝王曾经禁止金银器生产。从考古发现上看，这个时期以吴越国的金银器最多见。雷峰塔地宫的金银器是吴越国的重要发现（详见本章第七节）。根据遗址出土的铭文砖可知，该塔在开宝五年（972 年）已破土动工，正式竣工于太平兴国二年（977 年），属吴越国王室建造的佛塔。吴随□君是吴越前二代吴姓王妃的亲属，也是功臣，墓中随葬银盂、盘、壶、碗、盒、小盌、匙、箸等 17 件[1]。吴越国二世文穆王钱元瓘墓[2]未见金银器，但从青瓷龙瓶的龙身残附着三小片涂金，可以窥见文献中反复提到过的“金银饰陶器”“金棱秘色

1 浙江省文物管理委员会：《浙江临安板桥的五代墓》，《文物》1975 年第 8 期，第 66—72 页。
2 浙江省文物管理委员会：《杭州、临安五代墓中的天文图和秘色瓷》，《考古》1975 年第 3 期，第 186—194 页。

瓷器”之一斑。其妃恭穆王后马氏葬于后晋天福四年（939年），随葬金环银钗四件，还有银圆形花片、鱼、鎏金牛首形饰件[1]。江苏常州半月岛五代墓出土银平脱银扣漆盒[2]，苏州七子山五代墓[3]出土越窑青瓷金扣边碗、银銮铃、银扣漆盆、鎏金银虎头挂牌、鎏金银革饰带扣、金带扣、鎏金银小盒、鎏金银鸡心形饰件、鎏金马佩饰银牌。另外，还有大量的鎏金银漆器饰件。安徽合肥南唐汤氏墓[4]也出土有金银器。

尽管出土的五代十国实物资料并不丰富，很难说清这一时期金银器在形制、装饰等各方面的具体情况，但从风格上来说应与晚唐有承继关系。许多“金花银器”“金花食器”正是唐代极为流行的装饰方法。前蜀王建墓出土的银盒与陕西蓝田出土的唐代银盒[5]极为相似，采用唐代金银器习见的纹样。五代时期，虽然战争频繁、社会动荡，但是统治阶层继续过着奢侈的生活，进奉包括金银器在内的各种珍玩还是官员们晋升的捷径之一。当时地方割据政权也屡屡以金银器作为向中央政府表示臣服的礼物，后唐和后晋时的金银器进奉较为频繁，原因以祝贺正旦或帝后生辰比较常见，其他庆典如郊祀等也要进奉金银器，官员为加官晋爵而谢恩，更常常会进献金银器[6]。除此而外，还会为进奉而另立名目如“请开宴”“准备内安”等。至于吴越、南平、楚、闽等割据政权为换取和平，更是不惜国力，以金银器进行政治交易。这些金银器包括饮食具、带具、马具以及陈设品等，数量少则数百两，多则上千两，最多达到六千五百两。从中可以想见当时金银器制作的繁盛程度。虽然限于实物资料的缺乏，尚不能了解进奉金银器在形制、装饰等各方面的具体情况，但可以推测晚唐金银器的风格被五代所承袭。

隋唐五代时期，中国传统陶瓷、玉石工艺对金银器造型、纹样和工艺的借鉴也能在一定程度上反映出这一时期金银器发展演变的情况[7]。模仿是滞后的，通常发生在选定的模仿对象定型、成熟和流行之后，但这种模仿的过程也能体现出模仿对象的发展过程。中国的陶瓷、玉石工艺在隋唐以前已经成熟。秦汉至魏晋南北朝时期，中国自产的金银器经常模仿同时期的陶瓷、玉石、漆木和铜器。到了魏晋南北朝、隋代，铜、锡等中国传统金属器以及日趋成熟的陶瓷器开始模仿金银器，但这时的模仿对象只是限于一些具有异域风格的金银器，比如湖南的晋墓、

1 杭州市文物考古所、临安市文物馆：《浙江临安五代吴越国康陵发掘简报》，《文物》2000年第2期，第4—34页；杭州市文物考古研究所、临安市文物馆：《五代吴越国康陵》，文物出版社，2014年。

2 常州市博物馆：《江苏常州半月岛五代墓》，《考古》1993年第9期，第815—821页之第817页。

3 苏州市文管会、吴县文管会：《苏州七子山五代墓发掘简报》，《文物》1981年第2期，第37—45页。

4 葛介屏：《安徽合肥发现南唐墓》，《考古通讯》1958年第7期，第56—57页。

5 樊维岳：《陕西蓝田发现一批唐代金银器》，《考古与文物》1982年第1期，第46—51页之第46—48页。

6 《册府元龟》卷一六九《帝王部·纳贡献》第2035上—2045上，卷一九七《闰位部·纳贡献》第2380下—2381上，卷二三二《僭伪部·称藩》第2763上—2768上；可参看尚刚：《隋唐五代工艺美术史》，第266—272页之“五代各地供奉中原王朝简表”，人民美术出版社，2005年。

7 关于隋唐五代时期陶瓷器、玉石器对金银器的借鉴，参读袁泉：《唐至北宋时期陶瓷器中的金属器因素》，载北京大学中国考古学研究中心、北京大学震旦古代文明研究中心编：《古代文明》（第6卷），文物出版社，2007年，第231—272页；袁泉：《唐宋之际陶瓷工艺对金属器的借鉴》，《华夏考古》2008年第4期，第115—129页；卢兆荫、古方：《略论唐代仿金银器的玉石器皿》，《文物》2004年第2期，第77—85页。

图 4-8 陕西乾县永泰公主墓出土三彩折腹碗

图 4-9 北京故宫博物院收藏青瓷带把壶

隋墓[1]，河北的北齐墓[2]，江西的隋墓[3]，山西的隋墓[4]等出土的一些仿金银的瓷或铜高足杯，其中的青瓷高足杯主要见于这时期瓷器工艺早已成熟的南方地区。唐宋时期陶瓷仿金属器（金、银、铜，主要是金、银）的过程可以划分为四个阶段[5]，唐五代时期的主要特点是：初唐至盛唐（618—741 年），主要仿一些异域风格明显的器物，主要有多曲长杯、胡瓶、高足杯、龙柄壶、圜底碗、折腹碗（图 4-8）等，主要仿造型，也借鉴少量外来纹饰和装饰方法，比如联珠纹和珍珠地纹（图 4-9）。这些陶瓷器在当时的陶瓷产业生产中仅占极少的一部分，且绝大多数出自高等级墓葬和塔基中，主要用于社会上层的厚葬和礼佛供养，并非实用器。到了晚唐至五代（847—959 年），出现了新的现象：对陶瓷业产生影响的主要是已经成熟并完全华化的器物，仿金银器的陶瓷器不仅品类丰富，数量亦有大幅增加，同时社会应用更广，除用于随葬外，在日用领域也有扩展，使用对象也不再限于上层社会。

第三节　金银器南北方风格的形成

隋代和初唐的开放精神，使传统风习中增加了许多标新立异的事物。总体上看，隋代和初唐金银器制造受西方文化影响较大，八世纪中叶基本完成了中国化

1 湖南省博物馆：《长沙南郊的两晋南朝隋代墓葬》，《考古》1965 年第 5 期，第 225—229 页之第 227、229 页。

2 李建丽、李振奇：《临城李氏墓志考》，《文物》1991 年第 8 期，第 85—90 页之第 85 页。

3 江西省文物管理委员会：《江西清江隋墓发掘简报》，《考古》1960 年第 1 期，第 26—29 页之第 27、28 页。

4 山西省考古研究所、太原市文物管理委员会：《太原隋斛律徹墓清理简报》，《文物》1992 年第 10 期，第 1—14 页之第 13 页。

5 袁泉：《唐至北宋时期陶瓷器中的金属器因素》，载北京大学中国考古学研究中心、北京大学震旦古代文明研究中心编：《古代文明》（第 6 卷），文物出版社，2007 年，第 231—272 页。

过程，开始独立发展。生产制作情况是：八世纪中叶以前主要由北方中原地区的中央官府和皇室作坊生产，以西安、洛阳为中心的唐代金银器，代表着正统风格。八世纪中叶以后，地方官府和民间私营作坊兴起，并主要出现在南方地区。南方地区的作品，尽管模仿了一些西安、洛阳艺匠的手法，但制作技术及器物形式仍然表现出不同的特色。不过，金银是珍贵而高级的用品，原料的开采、冶炼受到地区条件的限制。器物制作工艺复杂，只能在特定的地区由少量专门工匠承担，产品只供少数人享用，因此金银器的南北区别并不十分明显。另外，唐代前期金银器主要由官府控制生产，优秀的工匠为中央和皇室所录用，产品的统一性很强。无论考古发现或史籍记载，都证明八世纪中叶以前金银器制作中心在北方。西安是唐代都城所在地，也是金银器出土最多的地区之一。

金银器南北风格差异，根据目前资料只能比较清楚地了解中晚唐以后的情况。“安史之乱”后中国经济大规模南移，金银器的制造随之在南方地区开始兴盛。生活环境和历史传统的不同使人们的审美意识不同，社会经济结构的变化也影响着制作者为自身利益而迎合社会需求，逐渐形成以西安、洛阳为中心和以江浙为中心的南北两大生产地，但金银器形制、纹样和制作上的南北不同风格，并非全然不同。考古出土的遗物，目前尚难确定出隋代和唐代前期产于南方的金银作品。各地的工匠受中央官府征调，地方的作品会进奉到中央，使混在一起的器物难以分辨。即便是中晚唐以后，南北便利的交通和频繁的往来，也不会形成明显的区域性文化差别。所以，只能从总体看到南北方金银器的群体特征。

北方地区金银器产品在法门寺地宫中大量存在，其中最主要的是刻有“文思院”字样的器物。“文思院”是皇室作坊，职责非常明确，主要就是制造金银器，所以这些器物制作于北方地区毫无异议。目前所见带有“文思院造”字样的器物可如表一所示。此外，明确制造于北方地区的器物还有陕西蓝田杨家沟出土的双凤纹花瓣形银盒[1]，盒外底部刻“内园供奉合咸通七年（866年）十一月十五日造使臣田嗣莒重一十五两五钱一字”。陕西西安西郊未央区鱼化寨南二府庄出土宣徽酒坊银注壶，器物圈足内的器底刻“宣徽酒坊咸通十三年（872年）六月二十日别敕造七升地字号酒注壹枚重壹百两臣杨存实等造监造番头品官冯金泰都知高品臣张景谦使高品臣宋师贞”字样[2]。陕西耀县柳林背阴村出土的宣徽酒坊莲瓣纹弧腹银碗，碗外底刻“宣徽酒坊宇字号”字样[3]（图4-10）。陕西西安和平门出土的左策使宅茶托，圈足内侧刻“左策使宅茶库金涂拓子壹拾枚共重玖拾柒两伍钱一”[4]。这些器物形成了九世纪北方中原地区器物群。江苏镇江丹徒丁卯桥出土的950余件银器、浙江长兴县下莘桥出土的100余件银器、浙江临安水邱氏墓出土的38件银器，是目前南方地区主要的三批器物。将北方器物群与南方器物群相比较，就能看出金银器制作因原材料、工匠集团、生活习俗、地理环境、文化传统等方面的不同，导致北方与南方器物存在一些差异。

1 樊维岳：《陕西蓝田发现一批唐代金银器》，《考古与文物》1982年第1期，第46—51页之第46—48页。

2 朱捷元、李国珍、刘向群：《西安西郊出土唐“宣徽酒坊”银酒注》，《考古与文物》1982年第1期，第51、52页。

3 陕西省博物馆：《陕西省耀县柳林背阴村出土一批唐代金银器》，《文物》1966年第1期，第46—49页。

4 马得志：《唐代长安城平康坊出土的鎏金茶托子》，《考古》1959年第12期，第679—681页。

中晚唐时期的金银器皿普遍流行多曲瓣器形的做法，但是南北风格并不完全相同。南方地区器物的曲瓣十分醒目，如丁卯桥窖藏的素面菱花形银盘（碟）、素面葵花形银碗、葵花形银茶托、梅花瓣形银茶托[1]，刻意强调器物的弧曲变化，使口沿凸凹突出，整体造型如盛开的花朵。北方地区产品中的曲瓣却比较含蓄，如法门寺地宫的折枝纹葵花形银盘，虽然也都是五曲瓣形，但分瓣处只是微微内凹，整体感觉仍是圆形。两者之间的微妙区别能从大量器物的比较中感受出来。

图 4-10　陕西西安西郊出土“宣徽酒坊”银碗

南方金银器中盒、盆、酒筹等出人意料地精巧华丽，而同时期北方器物显得有些笨拙，这种风格上的区别应是当地历史传统的延续。南方地区金银器种类丰富，水邱氏墓出土的银温器、缠枝纹银豆、四足银炉和丁卯桥窖藏龟形银筹筒等均不见于北方地区，而杯、碗等常见器类则明显地在形制上更加丰富多样。南方地区的碗或杯类的器物，圈足较高，显得十分粗壮[2]，有的甚至可以称为高足碗、高足杯。大型带圈足的盒似乎主要为南方地区制作，丁卯桥窖藏出土了二十多件，北方法门寺发现的比较精美的带圈足的盒也是南方的贡品。

图 4-11　江苏丹徒丁卯桥窖藏出土龟形银筹筒

南方金银器对动物造型追求逼真的效果。丁卯桥窖藏的龟形银筹筒做成十分写实的龟形座，龟昂首向前，甲背按龟背自然状态制作成不规则形，龟背片也仿生设计，每片内还錾刻细密的线纹，自然和谐，极为生动（图 4-11）。北方地区法门寺地宫的龟形银盒、山西繁峙的龟形银盒，虽然与丁卯桥窖藏龟形银筹筒是用途不同的器物，但是都是写实的龟形器，造型比较呆板，细部装饰图案化倾向

1 镇江博物馆：《镇江出土金银器》，文物出版社，2012 年，图 19、20、29、30。

2 镇江博物馆：《镇江出土金银器》，文物出版社，2012 年，图 19、20、21、27。

很浓。法门寺地宫龟形银盒的龟头之下有明显的颈部，龟身有浑圆之感，龟背片严格地限制在龟背整体之内，故有些龟背片只有半个或一小部分，失去仿生效果，边缘则是叶片似的装饰，腹部锤有点纹，腿部刻出几何式的鳞纹，虽然一丝不苟，却显得过分拘谨，整体造型器具化（图 4-12）。繁峙龟形银盒采用夸张的造型，龟昂首回视，龟背片做出八卦纹，边缘为雷纹，与龟的背片自然纹样完全不同，腹部、腿部的制法和装饰手法与法门寺龟形银盒一致。可见同样是龟的造型，南方和北方的风格不同。历代南方器物的动物造型和图像所表现的真实感几乎要掩盖过器物本身的形式，显示出地方艺术特色和相对独立性。唐代南方金银艺匠的创新，是非中原艺匠所敢于尝试的，表明南北方在传统习俗和艺术品位上的不同。

图 4-12　陕西扶风法门寺塔基地宫出土鎏金银龟盒

图 4-13　陕西扶风法门寺塔基地宫出土鎏金银碟

器物的纹样装饰方面，南北区别较大。中晚唐金银器大都不再追求满地装饰的华丽，在器体上布置纹样时常留出一些空白，这种装饰手法被称为“开光”。虽然这是唐代金银器装饰变化的共同规律，但在北方地区表现得更为突出。“开光”在西安出土的八世纪中叶的金银器上已经开始出现，中晚唐时期成为较普遍的做法。人们更乐于接受分单元设计的花纹，再在花纹部分鎏金，用鎏金的黄色和银的洁白形成的强烈对比来表现艺术情趣。这就是唐代文献中常提到的“金花银器”，如法门寺地宫出土的折枝纹葵花形银碟，在花纹之外留出洁白的银质底色，花纹部分鎏金（图 4-13）。满地装饰花纹金银器在中晚唐北方地区衰落，通体饰花纹的器物与唐代前期相比锐减，即便是皇家作坊“文思院”的作品，如法门寺地宫的折枝纹圜底银碗虽有花纹，但空白处更多。还有的器物为素面，如法门寺地宫素面平底金碗。南方地区则不同，器物满地装饰的做法仍然盛行，如丁卯桥窖藏的鹦鹉纹圆形银盒、鹦鹉纹花瓣形银盒、凤纹花瓣形银盒，均为通体装饰、鎏金的豪华作品（图 4-14）。法门寺地宫双狮纹花瓣形银盒，与丁卯桥窖藏的满饰纹样的银盒在造型和装饰上十分接近，银盒底外刻“江南西道都团练观察处置等使臣李进”的字样，恰好表明是来自南方的进奉之物。

莲瓣纹是北方地区中晚唐比较普遍流行的艺术题材。法门寺地宫五足银炉炉盖的莲花钮、银盐台的底盘、盆形银炉的底座上部、莲瓣纹多曲银碗的碗壁、银阏伽瓶的圈足、银香宝子器体的下部都有莲瓣纹或装饰。陕西耀县柳林背阴村出土的宣徽酒坊银碗上也有莲瓣纹[1]，这是北方从唐初就开始流行的历史悠久的纹样。南方地区金银器皿上的纹样繁多，盛于北方地区，但是莲瓣纹比较罕见，主要流行各种自由奔放、不拘一格的折枝纹。南方进奉的喀喇沁旗窖藏“刘赞”葵花形银盘[2]、法门寺地宫“浙西”银盆上饰折枝石榴纹（图 4-15），西安北郊“裴肃”葵花形银盘[3]，背阴村“敬晦”葵花形银盘[4]，喀喇沁旗“刘赞”葵花形银盘、狮纹葵花形盘（图 4-16）上的肥阔、流畅的折枝花叶、折枝串花和一种非花非叶的纹样均不见于北方“文思院”的作品中。突出叶花的缠枝纹也与北方突出藤蔓的缠枝纹不同，半花纹边饰在南方的器物上出现较多。

南方地区的作品，尽管模仿了一些西安、洛阳工匠的手法，但很快表现出不同的特色。纹样种类的多样化和世俗化是南方金银器总体风貌，较少受宗教艺术的影响，莲花、摩羯纹远不如北方盛行，民间喜闻乐见的题材如鸳鸯、凤鸟、鹦鹉较为流行。法门寺地宫的“浙西”银盆纹样精美，通体鎏金，是目前所知唐代最大的银器皿之一，即便是富贾巨商、高官显贵也难得有如此华丽的器皿，应是专门为进奉皇室制作的。这件银盆虽然发现于法门寺地宫，但既不可能是做佛事的法器，也不可能是僧侣的生活用物，因为银盆的主题装饰是寓示男欢女爱的鸳鸯嬉戏纹样题材，它应是皇室转赠的施舍物。其纹样与“文思院”的作品完全不同，浓郁的生活气息和世俗情趣使之在法门寺地宫出

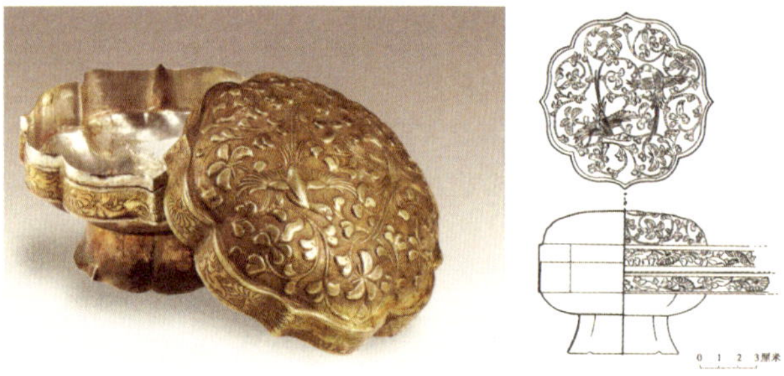

图 4-14 江苏镇江丁卯桥窖藏出土银盒

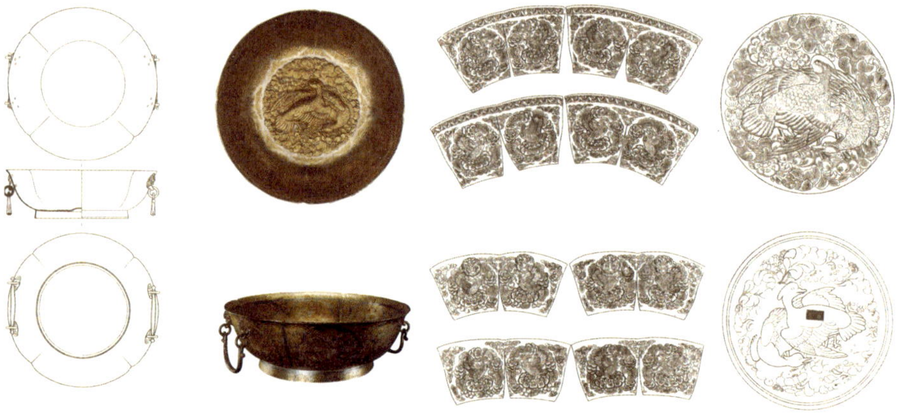

图 4-15 陕西扶风法门寺塔基地宫出土“浙西”银盆

1 朱捷元、李国珍、刘向群：《西安西郊出土唐“宣徽酒坊”银酒注》，《考古与文物》1982 年第 1 期，第 51、52 页。

2 喀喇沁旗文化馆：《辽宁昭盟喀喇沁旗发现唐代鎏金银器》，《考古》1977 年第 5 期，第 327—334 页之第 329—331 页。

3 李长庆、黑光（陕西省博物馆）：《西安北郊发现唐代金花银盘》，《文物》1963 年第 10 期，第 60 页。

4 陕西省博物馆：《陕西省耀县柳林背阴村出土一批唐代金银器》，《文物》1966 年第 1 期，第 46—49 页。

图 4-16　辽宁昭盟喀喇沁旗窖藏出土狮纹银盘

土的金银器中一枝独秀。

中晚唐时期，由于南方地区物产和地理的优越条件，金银器制作兴盛，产品数量超过北方中原地区。商品经济发展刺激和促进金银器制造，“安史之乱”后南方相对安定的政治形势则为之提供了保障。南方金银器生产能迅速崛起，直接关系到器物制作的金银开采，中晚唐时从制度上出现很大的变化。由于采矿和冶炼都需要专门的技术，并依赖于地方，中央官府对地方和私人开采金银已无法有效控制，欲让金银业发展，就不得不让利于地方。《唐六典》《唐会要》和两唐书记载的唐代产、供金银及金银器的制作，所涉及的大都是八世纪中叶以后的事情。南方的岭南道、江南道是金银的主要产区。《新唐书·地理志》载：全国产金地，南方占 92%；产银地，南方占 94%，仅岭南道产金、银之地分别占全国的 53% 和 69%[1]。唐代前期的赋税实行租庸调制，庸调通常为布匹，只有产银地区才贡银，主要是岭南道。八世纪中叶以后，南方贡金银州的数量大增。唐初曾规定技艺高超的工匠不许纳资代役，必须到中央作坊为国家服役。《唐六典》卷七工部尚书条载：“少府监匠一万九千八百五十人，将作监匠一万五千人，散出诸州，皆取材力强壮、伎能工巧者，不得隐巧补拙，避重就轻。其驱役不尽及别有和雇者，征资市轻货，纳于少府、将作监。其巧手供内者，不得纳资，有阙则先补工巧业作之子弟。一入工匠后，不得别入诸色。”[2] 而此时则失去控制，金银器制作随之由北向南转移。因而南方金银手工业逐渐形成很大的规模，开采、冶炼、制作俱全，形成各种专门化手工行业。得天独厚的条件，可以充分地利用当地资源，降低生产成本，自行生产金银器开始兴盛，并迅速成为成熟的手工业门类。

南方金银器的制作，首推扬州及其周边地区。因地理条件优越，扬州首先作为商业性城市发展起来，成为一大贸易都会，吸引了许多手工业者和商人。“安史之乱”时一些文人名士避难江南，官府的工匠、长安的商人也有流入南方。《新唐书》卷四一《地理志·淮南道·扬州广陵郡》提到扬州土贡时，最先列出的就

1 （日）加藤繁：《唐宋时代金银之研究——以金银之货币机能为中心》，中华书局，2006 年，第 396—411 页。

2 陈仲夫点校本，中华书局，1992 年，第 222 页。

是金、银[1]。扬州在盛唐后的贸易地位，使之成为全国最大的金银集散地。淮南道等是中央朝廷金银器的供应地。《旧唐书》卷一七四《李德裕传》所载的皇帝两次宣索，所需银竟达二万二千四百余两、金一百三十两，数目惊人[2]。不仅反映唐代南方地区金银的产量很高，器物制作的力量也十分雄厚。法门寺地宫“浙西”银盆，可能即李德裕奉命制作的器物之一。唐代扬州是重要的商业城市，金银手工业十分兴盛，首饰的制造亦非常著名，扬州市三元路西金器窖藏中的金首饰数量多、保存完整，应是扬州本地制造的。丁卯桥在唐代属润州丹徒县，为南方银器生产的中心之一，属于润州制作的唐代金银器还曾在镇江市甘露寺铁塔塔基[3]中发现。

中晚唐时期，位于北方地区的中央政府“金银作坊院”和皇室“文思院”的产品，原则上是供应皇室和宫廷的需求而不销售，只是通过赏赐等渠道才会流出宫廷。因为皇室和宫廷制作金银器时一般不考虑成本，如法门寺地宫的素面圆形银盒，直径 18.4 厘米、高 9.8 厘米，重量达 816.5 克，与其他北方地区中晚唐金银器一样比较厚重。丁卯桥窖藏的一件素面圆盒经过实测，腹径 11 厘米、高 8.3 厘米，重 203 克。其他十几件素面圆形银盒和四件鹦鹉纹圆形银盒也大致如此。丁卯桥窖藏出土 28 件银盒中，造型、尺寸和重量完全一致的素面圆盒有 15 件，显然是作坊中定做或待售的商品。商品化的生产目的，要求产品为人们喜爱，又要降低成本，因此引起南方金银器的制作和风格发生改变。南方地区金银器的商品化趋势明显，在满足人们喜爱的同时，对珍贵的金银材料尽可能缩减，即便是专门制造的进奉之物，由地方官府或私营作坊承制时，也显示出轻、薄的特征。民间自行制作的器物，器形品种丰富，器物纹样多样化、世俗化，但更是草率粗糙，如浙江长兴县下莘桥银器窖藏很可能是民间私人作坊的产品，出土的素面、简单的器物较多。某些器类生产量大，制作手法比较一致。即便比较华丽的物品也具有轻薄的特点。

由于皇室和中央从南方宣索和收买金银器，北方地区的出土遗物中也包含着南方的产品。一些器物上所刻文字中的人名、地名、官名等，准确地表示出它们制作于南方。陕西西安南郊西北工业大学窖藏[4]出土“李勉”圆形银盘（图 4-17），李勉曾任洪州刺史兼御史中丞，

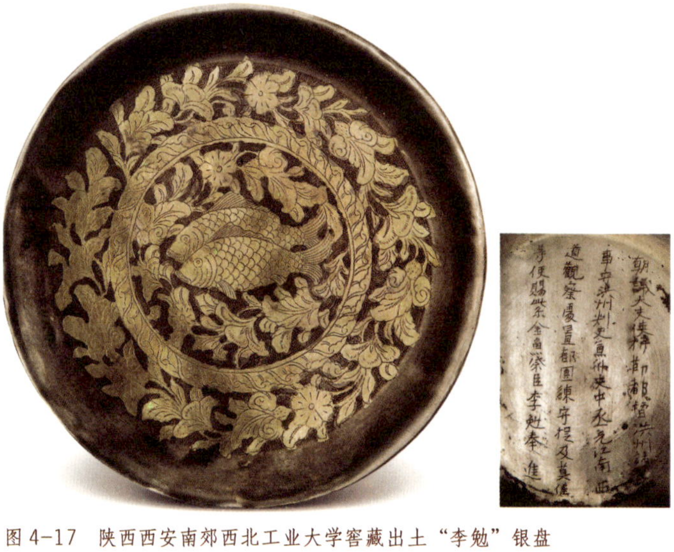

图 4-17　陕西西安南郊西北工业大学窖藏出土“李勉”银盘

1 中华书局，1975 年，第四册，第 1051 页。

2 中华书局，1975 年，第一四册，第 4512 页。

3 江苏省文物工作队镇江分队、镇江市博物馆：《江苏镇江甘露寺铁塔塔基发掘记》，《考古》1961 年第 6 期，第 302—315 页。

4 保全：《西安出土唐代李勉奉进银器》，《考古与文物》1984 年第 4 期，第 29—31 页。

充江南西道观察等使；辽宁昭乌达盟喀喇沁旗哈达沟门出土“刘赞”葵花形银盘，刘赞曾任宣州刺史兼御史中丞，充宣歙池等州都团练、观察等使；陕西西安北郊坑底村出土“裴肃”葵花形银盘，裴肃曾任越东刺史，浙东督团练、观察、处置等使；陕西耀县柳林背阴村出土“敬晦”葵花形银盘，敬晦曾任盐铁使、浙西观察使；陕西蓝田杨家沟出土“李杆”葵花形银盘和法门寺地宫出土“桂管臣李杆进”银笼子，桂管臣指桂管经略使，治所设在桂州，属岭南道；另外，还包括法门寺发现的“浙西”银盆等。这些器物从刻铭中的人名、地名和官名上看，都是制作于南方，然后进奉到皇室或中央政府的，这和文献中屡屡提到的供奉金银器物事件相吻合。据文献记载，唐宪宗时（806—820 年）“军国费用，取资江淮”[1]，韩愈说“当今赋出于天下，江南居十九”[2]，杜牧则指出“今天下以江淮为国命”[3]。皇室使用的各种奢侈品也是如此，考古发现的九世纪的金银器中，南方产品占绝大多数。这并非是考古发现的偶然性，表明南方确实存在多处金银制造场所和大批优秀的工匠，使其金银制造业得到前所未有的发展，如同八世纪中叶以后南方的经济发展逐渐超过北方一样，带有南方产地刻铭的器皿与法门寺出土的皇室“文思院”的作品相比，南方金银器皿的制作水平甚至超过中央政府和皇室作坊。南方金银制造业发展的重要意义，在于使金银器得到一定程度的普及，北方皇室、中央官府的工匠团体虽没有解体，但是已不能独领风骚，地方官府及个体工匠的制作品进入市场，也供应朝廷，唐代前期政府垄断金银产业的局面被打破。中晚唐南方金银器制作行业的迅速兴起，也为宋以后南方金银器的发展、普及奠定了坚实的基础。

第四节　巧夺天工的工艺技术

中国古代金银器制作的历史虽然悠久，但与希腊、罗马以及中亚、西亚等地相比则不算兴盛。唐代的情形发生了变化，唐代不仅是中国古代金银器制作的鼎盛时期，在世界金银器制作史中也独树一帜。《安禄山事迹》卷上在叙述唐玄宗、杨贵妃赏赐安禄山金银器时提到金花银器、金镀银、金平脱、银平脱、金花银双丝、银织、镂银等多种金银制作工艺和技术名称[4]。这表明，唐代金银工艺已十分发达，可能一些重要的制作技术已为习见，所以当时文献不予详载，上述唐代金银工艺名称，是无意中保留下来的，所以没有逐一对这些工艺作详细的解释。用这些工艺技术制成的器物，在地下出土实物中均已发现，比如法门寺地宫出土的《法门寺物账》记录的工艺名称就有“金筐宝钿真珠装”“银金花钑作”和“真金钑花”等，与出土金银器实物可以对应。

金的熔点为 1064.43℃，银的熔点为 961.93℃，在液态情况下流动性较好，冷

1 《全唐文》卷六三《宪宗皇帝》，中华书局，1983 年，第一册，第 677 页上。

2 〔唐〕韩愈撰，马其昶校注，马茂元整理：《韩昌黎文集校注》第四卷《送陆歙州诗序》，上海古籍出版社，1986 年，第 231 页。

3 《樊川文集》第十六，上海古籍出版社，1978 年，第 249 页。

4 唐宋史料笔记丛刊本，中华书局，2006 年，第 77—83 页。

凝时间较长，所以浇铸温度可略低于铜等金属，容易制作出精细的作品。金银器的浇铸与青铜器相同。唐代金银器中有铸造的，如何家村窖藏出土的金筐宝钿团花纹金杯（图4-18）、鎏金伎乐纹八棱银杯、银石榴罐等，这些器物以胎体厚重为特点。铸造工艺很难制作出薄胎器物，再加上金银本为贵重金属，耗费材料的铸造器物在唐代并不多见。

图4-18 陕西西安何家村窖藏出土金筐宝钿团花纹金杯

在金银制作工艺取得的卓越成就中，锤揲技术的成熟和广泛应用是重要特征。锤揲技术充分利用了金银板片质地较柔软的特点，通过锤击使板片材料按设计延展，形成需要的形制。一些形体简单、较浅的器皿可以直接锤制出来。较复杂的器物各部分分别锤制，再焊接成器。器皿中的碗、盘、碟、杯等大多采用这种方法制造，如何家村出土的莲瓣纹弧腹金碗，从器物内部可看到清楚的锤揲痕迹（图4-19）；水邱氏墓中器形复杂的银盖罐，用银片分别锤出各个部分，然后合成（图4-20）。

锤揲技术使唐人能够追求优美而写实的艺术表现，既可以制作器物形体，也可以制作装饰花纹。何家村窖藏的莲瓣纹弧腹金碗先锤制出器物的基本形态，然后由内向外锤出双层莲瓣纹轮廓，莲瓣由碗内壁向外壁微微突出，形成内凹外凸的效果，再在外凸的莲瓣轮廓上錾刻花纹。舞马纹提梁银壶的舞马纹样凸出于器表，马的形象逼真，口、鼻、眼等细部清楚，身体的肌肉也有明显的表现（图4-21）。随意锤击的难度很大，却容易表现作品的个性。有时金银板片在锤制时按底模成型，使纹样更为准确。一些器物上相同的装饰纹样是用事先做好的底模锤制出来的。河北宽城出土的鹿纹菱花形银盘[1]，盘沿上有六组完全相同的花纹，制作时应是衬有模具，否则自由锤揲很难达到相同的效果。辽宁昭盟喀喇沁旗出土的摩羯纹葵花形银盘、狮纹葵花形银盘[2]以及西安八府庄出土的狮纹葵花形银盘[3]等，盘沿纹样都是用模具锤制出来的。锤揲技术使金银器皿摆脱了平板单调的表

1 宽城县文物保护管理所：《河北宽城出土两件唐代银器》，《考古》1985年第9期，第857、858页。
2 喀喇沁旗文化馆：《辽宁昭盟喀喇沁旗发现唐代鎏金银器》，《考古》1977年第5期，第327—334页。
3 李问渠：《弥足珍贵的天宝遗物——西安市郊发现杨国忠进贡银铤》，《文物参考资料》1957年第4期，第11页；韩伟：《海内外唐代金银器萃编》，三秦出版社，1989年，第88、205、206页。

图 4-19　陕西西安何家村窖藏出土莲瓣纹弧腹金碗

图 4-20　浙江临安水邱氏墓出土银盖罐

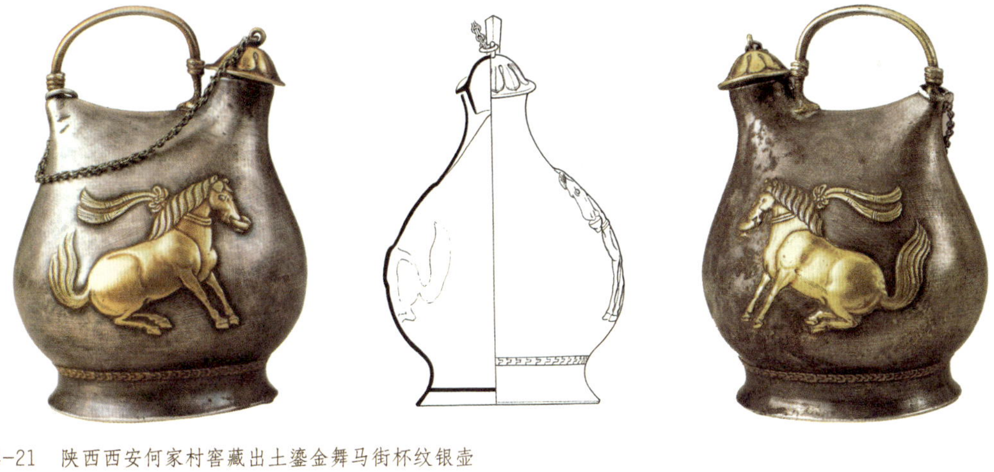

图 4-21　陕西西安何家村窖藏出土鎏金舞马衔杯纹银壶

现形式，器物丰富多变，形制更为随意，纹样形成了浮雕作风。金银质地较柔软是加工精细作品的便利条件，同时也有器物易于变形的缺陷，在进行锤揲花纹等进一步加工时，金银板片容易扩张。唐前期的高足杯等器物，口沿下常有一周凸弦纹，不仅是美观的装饰，更重要的是在制作工艺上，这条外加的凸弦纹，起到加固器胎的作用。尽管唐代仍有少量铸造的金银器，但铸造的器物胎体厚重，耗费材料，且经常需要多人分工合作。因此锤揲技术在质地较软又十分珍贵的金银器制作中被广泛采用。中亚、西亚金银器，一般多是在器物内或外的一个面上装饰花纹，而唐代体现出独特的工艺特征，有许多器皿双面装饰花纹，而且两面的纹样不同，如何家村窖藏的银耳杯、折枝纹圜底银碗均采用此类装饰手法。

与锤揲技术结合运用的是錾刻。錾刻是在器物成形之后的进一步加工技术，多用于花纹的制作。錾刻有时为平面雕刻，有时呈浮雕状，可在器物的表里同时使用。在金银器制作有了锤揲技术后，錾刻一直作为细部加工手段而使用在器物的表面刻画上。贴金、包金器物的纹样部分也采用此法，在唐代称为“钑”。法门寺地宫四天王纹方形银盒和六臂观音纹方形金盒，《法门寺物账》中分别称为“银金花钑作函”和“真金钑花函”。唐代金银器上流行的珍珠地纹是在器物表面用圆錾刀錾出细密的小圆圈，排列整齐，需要技术熟练的工匠花费较多的时间，使银器表面更为斑斓，表现出白银光芒四射的质感。珍珠地纹是唐代创新和特有的工艺，并影响了其他地区。中晚唐的器物轻薄，珍珠地小而浅，也比较稀疏。另外，还有一种特殊的錾刻称为镂空，是錾刻掉设计中不需要的部分，形成透孔的纹样，也称为透雕，唐代的银香囊就是这种工艺的代表。香囊的用途为熏香，内外三层用同心机环连接，无论怎样转动，其内部的香灰也不致撒落，但需要将香气散发出来，便将外壁錾刻出透气孔，即把设计的花纹中不需要的部分去掉（图 4-22）。法门寺银笼子的制作也采用镂空技术，这应是茶笼，储存茶饼，透气可风干。银香囊和笼子采用镂空技术，主要是出于实用功能的需要，唐代也有不少器物花纹镂空纯粹是作为装饰。

鎏金是当时非常流行的工艺，做法是将纯金和汞按一定比例混合成金汞，俗称金泥，涂抹在器物上，然后在火上烘烤，汞遇热蒸发，金留存在器物表面。战国、西汉时期鎏金工艺已经十分成熟，但多运用在铜器上。鎏金银器的真正兴盛是在唐代。唐代把鎏金叫作“金涂”，或称“金花”“镀金”“金镀”。前述《安禄山事迹》记载的“金花大银盆”“金镀银盖碗”“金镀银盒子”等即应为鎏金银器。西安和平门出土的一件银茶托在圈足内刻有“大中十四年（860 年）八月造成浑金涂茶拓子一枚金银共重拾两捌钱叁字”，这个“金涂茶拓子”即目前所称的鎏金茶托。法门寺地宫中的大量金银器，据同出的《法门寺物账》所记“金涂锁

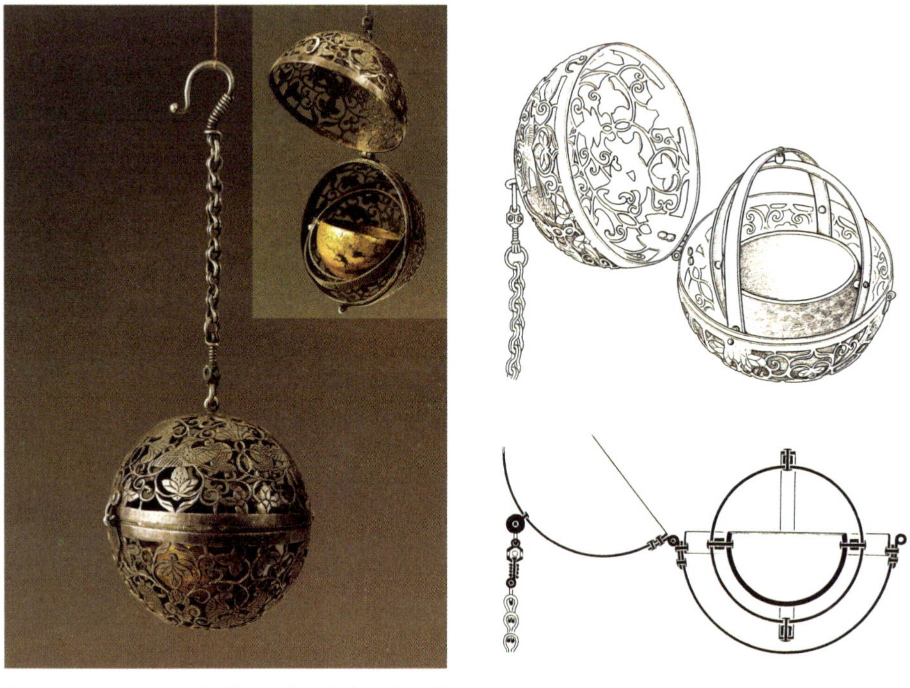

图 4-22　陕西西安何家村窖藏出土银香囊及线描图

子”“银金涂钑花菩萨”等，也是鎏金银器。鎏金工艺可分为通体鎏金和局部鎏金两种。通体鎏金器看上去和金器相同。鎏金的薄膜对容易氧化的白银表面起到保护作用，一些精致的通体鎏金银器只有在显微镜下才可与金器分别。局部鎏金在唐代银器中最常见，即只在花纹部分鎏金，文献中叫作“金花银器”，《法门寺物账》有“银金花合”“银金花盆”等，是把器物质地与装饰结合在一起的称谓。由于只在器物纹样部分鎏金，故产生出黄、白鲜明对照的艺术效果，华丽美观。局部鎏金有两种方法，一是刻好花纹再鎏金，二是鎏金后再刻花纹。前者主要流行于唐前期，后者多见于中晚唐，这可能是因为唐前期纹样为满地装，中晚唐多为局部纹样的缘故。

掐丝、焊缀金银珠、镶嵌工艺在隋唐五代不仅继续流行，而且制作更加精美。掐丝是一种精细、费时的工艺，其做法是将锤打成极薄的金银片，剪成细条，慢慢扭搓成丝，可以单股，也可以多股。另外还有拔丝，是通过拔丝板的锥形细孔，将金银挤压而入，从下面小孔将丝抽出。较粗的丝也可直接锤打而成。金银珠的制法是把金银片剪成丝，切成段，加热后熔聚成粒，颗粒较小时，自然浑圆，颗粒较大，形状不规整需要再用两块木板碾研。还可以将金银丝的一端加热，用吹管吹向端点，受热熔化而落下圆珠，有时无须吹落，使圆珠冷却凝结在金银丝的一端备用。掐丝、金银珠经常是用焊接的方法依附在器物的表面。较大的金银珠和金丝，先用白芨类的黏着剂暂时固定位置，逐个焊接。较小的珠和金丝及细密的装饰，统一撒点焊药，然后一起加热熔化焊药，冷却后达到焊接的目的。焊药的主要成分一般与被焊物相同，加少许硼砂混合而成，也有用银与铜为主合成的焊药。唐代的镶嵌经常以金银为母体，镶嵌宝石。李静训墓出土的闹额钗，何家村窖藏的团花纹带把金杯，在光滑的表面上，焊缀以扁金丝构成的花朵，纹样突出于器表，极富立体感；在扁金丝构成的花朵边缘再焊以细密排列的金珠，花朵中原来镶嵌着宝石、珍珠等，使器物更加灿烂辉煌。法门寺地宫珍珠宝钿方形金盒也是镶嵌的佳作。掐丝编织器物有玲珑剔透之美，法门寺金银丝笼是用细细的金丝编织而成，为唐代掐丝、金银织工艺的精品。陕西长安县（今西安市长安区）王村窦皦墓出土的金玉宝钿带及銙、环等饰件，皆用玉为边框，下衬金板，金板上用金片做出花和叶，其间镶嵌各色宝石，其余部分平铺细小的金珠，极为精细，为唐代焊缀金珠工艺的代表作[1]（图4-23）。

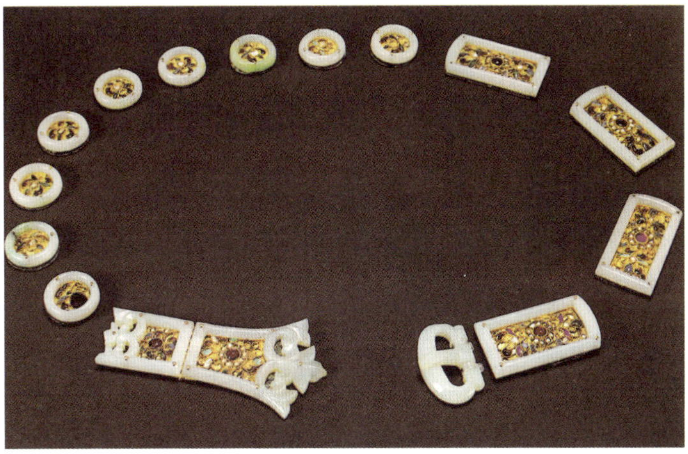

图4-23 陕西长安县王村窦皦墓出土的金玉金钿带

焊接是金银器必不可少

1 陕西省考古研究所编：《陕西新出土文物选粹》，重庆出版社，1998年，第104页，图103。

的技术。不仅掐丝、金银珠工艺用焊接的方法依附在器物表面，口小腹大的瓶壶类器皿更离不开焊接技术。陕西咸阳出土的缠枝纹金注壶[1]、辽宁昭盟喀喇沁旗出土的双鱼银壶[2]等，器形口小腹大中空，无法直接锤出。这类器物一般是分两部分锤制，而且多是分上下两部分，然后焊接在一起，打磨光滑，高超的焊技几乎看不出焊接的痕迹。何家村窖藏的银瓶长颈较粗，但流口部与腹部相接处仅留直径约为 0.5 厘米的小孔，器壁厚重，两半浇铸，焊接成型。此外，唐初的作品还有将另外制成的凸凹起伏的花纹片，嵌或贴在器胎上，熔接后整体为半浮雕式，如何家村窖藏双狮纹短柄三足金铛。

唐代金银器制作也采用了铆接、切削等工艺。铆接时将接件和主体间凿出小孔，用穿钉钉牢，是制作器把、提梁常采用的手法。河南洛阳齐国太夫人墓出土的提梁银壶通体由两块银片铆接而成，腹部有明显的接缝，用三十个银铆钉铆接[3]（图 4-24）。西安沙坡村素面银带把杯也用铆钉固定[4]。一些盘、碗、盒等器皿底部留有同心圆加工痕迹，证明当时已经有了简单的机械车床。机械车床切削加工痕迹纹路较深，不光滑，与打磨抛光留下的痕迹不同。

金银平脱是唐代极为流行的工艺，主要出现在铜镜和漆木器上。唐代铜镜有许多在镜背粘贴金银花饰，其做法是把剪成各种纹样的金、银箔片粘贴在器物上，再髹漆打磨光滑，使金银片与漆面平齐，有的还进一步在金、银箔片上刻划纹样，黑色的漆底和黄白的纹饰形成强烈的对比。陕西西安东郊长乐坡出土的圆形四鸾衔绶镜是其中的代表，四只金黄色的衔绶飞鸟在黑色的漆底上显得十分灵动[5]（图 4-25）。河南偃师杏园神龙二年（706 年）宋祯墓出土的菱花镜，镜背贴的银箔上錾刻有纹样并鎏金。洛阳关林天宝九年（750 年）卢氏墓出土的平脱镜[6]，镜钮外

图 4-24　河南洛阳伊川鸦岭齐国太夫人墓出土提梁银壶

图 4-25　陕西西安东郊长乐坡出土金银平脱镜

1 李毓芳：《咸阳市出土一件唐代金壶》，《考古与文物》1982 年第 1 期，第 53、43 页。
2 喀喇沁旗文化馆：《辽宁昭盟喀喇沁旗发现唐代鎏金银器》，《考古》1977 年第 5 期，第 327—334 页。
3 洛阳市第二文物工作队：《伊川鸦岭唐齐国太夫人墓》，《文物》1995 年第 11 期，第 24—44 页。
4 西安市文物管理委员会：《西安市东南郊沙坡村出土一批唐代银器》，《文物》1964 年第 6 期，第 30—32 页。
5 申秦雁：《陕西历史博物馆珍藏 · 金银器》，陕西人民美术出版社，2003 年，第 141 页，图 157。
6 洛阳博物馆：《洛阳关林唐墓》，《考古》1980 年第 4 期，第 382 页。

布满金银平脱团花、折枝花及鸾凤。偃师杏园唐代宗大历十三年（778年）郑洵墓出土的平脱镜[1]的镜背是用银箔剪成的衔花对鸟，中间点缀金箔剪成的石榴。偃师杏园开元二十六年（738年）李景由墓还出土了银平脱漆方盒，盒四壁精美的缠枝纹是用银箔贴成，繁缛细密，异常精致。金银平脱镜多为盛唐及稍晚时期的作品。此外，金银作为其他器物上辅助性装饰手段在唐代十分流行[2]，但在这些工艺品中，金银已经不是器物的主体了。

金银首饰、冠服饰能较突出地反映出一个时代金银器的工艺水平。首饰中钗和簪是最为常见的。中国古代的钗簪从唐代开始渐渐走向繁盛，钗主要有折股钗、钿头钗、花树钗、步摇及其他，簪的样式和装饰也比唐之前要复杂得多，头饰中还有宝髻、花钿、梳篦、耳饰、项饰，另有腕饰等等[3]。江苏扬州市三元路西窖藏[4]发现的首饰种类较全，有栉、耳坠、戒指、挂饰和串饰。做工十分精细，将锤揲、錾刻、镂空等综合运用，如金栉上的纹样虽只是在一层金箔上錾刻，却给人以多层次之感，动物、人物和花草线条纤细，需借助放大镜才能看清。安徽合肥西郊南唐墓出土有四蝶银步摇、双蝶金镶玉步摇和双蝶花钿簪等，其中的金镶玉步摇的簪首是用螺旋式的银丝做出枝条，枝条上嵌连金镶玉的双蝶，挂坠各种花饰和摇叶[5]（图4–26）。

冠帽饰在唐代的彩绘壁画和石椁线刻图中能见到不少，比如陕西乾县懿德太子墓石椁东壁门扉上的两位盛妆侍女，皆戴卷云形顶冠，冠上饰宝钿珠牌、凤钗步摇[6]（图4–27）。许多被盗扰的唐代较高等级的墓葬中经常会出土各式金、银、铜的花饰片，有的勾连金属丝或镶嵌有宝石。这些饰片有的应该是冠帽饰。较完整的冠饰实物不容易被发现，陕西咸阳国际机场贺若氏墓中发现过一套，出土时仍戴在死者头上，由金颚托、金花钿、金坠、金花等各种金饰件和宝石、珍珠、玉饰等300多件连缀而成[7]。近年来在陕西西安南郊李倕墓[8]和江苏扬州隋炀帝萧后墓[9]中又有新的发现。李倕墓冠饰是目前唯一复原了的唐代女性冠饰[10]。冠饰整体高约32厘米，宽约16.5厘米，由四件鎏金铜发簪、一件铁发簪、一件铁发钗、13件大型金饰件、250余件小型金饰件组成，镶嵌有410余颗珍珠、千余块绿松石，另外还有300余处空位，可能镶嵌有绿松石或珍珠等（图4–28）。材质分析和研究结果显示，冠饰中用到的材料包括金、银、铜、铁、绿松石、珍珠、贝壳、玛瑙、红宝石、石榴石、

1 王振江：《唐代金银平脱铜镜的复原》，《考古》1987年第12期，第1129—1132页之第1129页。
2 张广立、徐庭云：《漫话唐代金银平脱》，《文物》1991年第2期，第81—85页。
3 扬之水：《中国古代金银首饰》卷一，故宫出版社，2014年，第78—142页。
4 徐良玉、李久海、张容生：《扬州发现一批唐代金首饰》，《文物》1986年第5期，第68、69、77页。
5 石谷风、马人权：《合肥西郊南唐墓清理简报》，《文物》1958年第3期，第65—68页。
6 陕西省考古研究院、乾陵博物馆：《唐懿德太子墓发掘报告》，科学出版社，2016年，第63—68页。
7 陕西省考古研究所编：《陕西新出土文物选粹》，重庆出版社，1998年，第103页，图102。
8 陕西省考古研究院：《唐李倕墓发掘简报》，《考古与文物》2015年第6期，第3—22页；陕西省考古研究院、德国美茵兹罗马—日耳曼中央博物馆：《唐李倕墓——考古发掘、保护修复研究报告》，科学出版社，2018年。
9 南京博物院、扬州市文物考古研究所、苏州市考古研究所：《江苏扬州市曹庄隋炀帝墓》，《考古》2014年第7期，第71—77页。
10 陕西省考古研究院、德国美茵兹罗马—日耳曼中央博物馆：《西安市唐代李倕墓冠饰的室内清理与复原》，《考古》2013年第8期，第36—45页；张建林：《李倕墓出土遗物杂考》，《考古与文物》2015年第6期，第65—68页；陕西省考古研究院、德国美茵兹罗马—日耳曼中央博物馆：《唐李倕墓——考古发掘、保护修复研究报告》，科学出版社，2018年。

图 4-26　安徽合肥西郊南唐墓出土金镶玉步摇及玉片上的纹饰

图 4-27　陕西乾县懿德太子墓石椁外东壁椁板中幅线刻

图 4-28　陕西西安李倕墓出土冠饰及其细部

红玉髓、琥珀、象牙、玉石、琉璃、羽毛、漆器及精美的纺织品等。工艺考察表明，其制作方法有锤打、鎏金、贴金、掐丝、镶嵌、金珠以及彩绘等。李倕为唐高祖李渊玄孙女，开元二十四年（736 年）因病卒，年 25 岁。

第五节　金银器与中外文化交流

唐代以前，中国金银工艺落后于中亚、西亚乃至地中海沿岸的古代国家。随着丝绸之路的畅通、兴盛，西方物品传入中国，考古发掘出土的、数量众多的外来物品中，较多的是金银器。这些可笼统地归属“西方”的国家和地区大多都有悠久的金银器制作传统，较早地掌握了成熟的技术。八世纪中叶以前，“西方”金银器对唐代金银器的影响十分明显。目前考古发现的金银器中，有些明显不见于中国的传统器形，应属西方的输入品。在把它们与“西方金银器”进行反复比较后，可将一部分器皿分成与粟特、萨珊和罗马－拜占庭有关的三个系统。但这并不意味着三者可以截然分开，中亚、西亚及地中海沿岸古代国家复杂的历史背景和金银器皿自身内涵的多样性，也决定了这些器物本身常常是多种文化的集合体。

生活在中亚地区的粟特人，经商足迹遍及欧亚内陆，在充当国家贸易转运者的同时也是东西文化的传播者。近一个世纪以来中亚地区的考古发现不仅证实他们自身的文化十分发达，也表明他们与唐朝的关系十分密切。中国考古发现的与粟特有关的唐代金银器皿中，一部分是输入的粟特银器，另一部分是唐代的仿制品。

图 4-29　内蒙古敖汉旗李家营子出土银带把壶和猞猁纹盘

内蒙古敖汉旗李家营子出土的银带把壶、素面罐形银带把杯、银长杯、猞猁纹银盘（图 4-29），何家村窖藏出土的素面罐形带把杯（图 4-30）、沙坡村出土的鹿纹银碗、西安西郊出土的缠枝纹银碗

图 4-30　陕西西安何家村窖藏出土银带把杯

和河北宽城出土的银壶[1]应该是输入的粟特银器。

李家营子出土的这一组银器很值得关注。银带把壶，高28厘米；鎏金，锤揲成形，素面；器身平面呈扁圆形，口部有流，束颈，鼓腹，喇叭形矮圈足，有联珠围绕足的底沿；弧形把，上端和口缘相接处有一胡人头像。这类器物起源早，分布广，在罗马到伊斯兰时代的中亚、西亚经常可以见到，传至东方的中国和日本后，被称为胡瓶。日本奈良正仓院保存一件银平脱漆瓶，被书于天平胜宝八年（756年）的《东大寺献物账》称为“漆胡瓶一口”[2]。这类带把银壶，过去一般认为是波斯萨珊的银器。二十世纪七十年代，马尔萨克把过去归为萨珊银器中的一部分带把壶区分出来，考定为粟特地区的产品，一共找到七件，时代均在七世纪之后（图4-31）[3]。这些银器存在许多共同的特征，比如将壶把的上端直接安在口上，把与口衔接处常有装饰，颈部较短粗，圈足较粗矮等。中亚粟特地区的陶器中也流行这类把壶。李家营子出土的这件银带把壶与马尔萨克考定的这组粟特银器很相近，时代也吻合。素面罐形银带把杯，高11.2厘米，口径6.5厘米；器身平面呈扁圆形；口两端上翘，束颈，鼓腹，圈足外侈，腹部有环形把，把上加椭圆形指垫。指垫的设计十分实用、巧妙，当用手执杯时，拇指按在圆垫上既可使手感舒适，又能帮助其他手指加力持重，增加持杯时的稳定性。粟特地区的其他杯类也常见这种指垫。与这件带把杯相近的器物在俄罗斯米努辛斯克盆地西部、叶尼塞河上游的科彼内2号墓中有出土，为缠枝纹金带把杯，年代为八世纪，可供参考[4]。银长杯，呈舟形，口长18.5厘米（报告称圈足已残）。这种不分瓣、不带耳的长杯在西方有较多发现，并且历史悠久。粟特地区也十分流行，中亚撒马尔罕（Samarkand）东约70公里的片治肯特城发掘出土大量的粟特壁画，其中有许多人物手持这种长杯宴饮的画面，与粟特壁画艺术接近的巴拉雷克反映嚈哒王族宴饮场面的壁画中也有持长杯的人物。猞猁纹银盘，高4厘米，口径18厘

图4-31　粟特地区七至八世纪的带把壶

1 宽城县文物保护管理所：《河北宽城出土两件唐代银器》，《考古》1985年第9期，第857、858页。

2 奈良国立博物馆：《正仓院展》，株式会社便利堂，1990年，第133页。

3 Б.И.Маршак, Согдиское Серебро.Москва，1971年，附图。

4 （苏）C.B.吉谢列夫著，王博译：《南西伯利亚古代史》，新疆人民出版社，2014年，第652—656页。

米。侈口，斜壁，圈足外侈。盘中心单独饰一猞猁或虎状动物。中国古代动物的纹样十分流行，但未见到这种动物及装饰手法。萨珊、粟特的银器上虽未发现这种动物，却盛行在盘心饰动物。粟特地区的银盘更流行在盘中心饰纹样，特别是动物。李家营子的五件银器（还有一件银勺）原来出土于一座墓葬中，年代为七世纪后半叶至八世纪中叶，附近有人骨而无其他遗迹和遗物，墓主人很可能是随身携带一套餐具（带把壶、带把杯、长杯、盘、勺）的旅行者，因遇不测突然死亡，遗体连同随身物品一起被草草下葬。从出土银器的特征看，不排除这是一位粟特商人的可能性。

中国与萨珊王朝往来最密切的时期是北魏至唐初。唐永徽二年（651 年）萨珊国王，伊斯提泽德三世（Yazdeerd Ⅲ）被杀，萨珊灭亡，其子卑路斯（Perozes）逃至吐火罗，咸亨年间（670—674 年）来到唐朝，被授予右武卫将军。卑路斯死后，其子尼涅师于调露元年（679 年）返回吐火罗，20 年后，部落离散。唐代，萨珊与中国通使凡 29 次，其灭国后所谓使者，可能是萨珊遗族或商人冒充的使节。定居中土的“波斯人”，其中有的是金银工匠。《旧唐书》卷八《玄宗本纪上》记载，开元二年（714 年）十二月，“时右威卫中郎将周庆立为安南市舶使，与波斯僧广造奇巧，将以进内。监选使、殿中侍御史柳泽上书谏，上嘉纳之”[1]。又《旧唐书》卷一二四《田神功传》载，田神功“为邓景山所引，至扬州，大掠百姓商人资产，郡内比屋发掘略遍，商胡波斯被杀者数千人。……大历三年（768 年）三月，朝京师，献马十匹、金银器五十件、缯彩一万匹”[2]。中晚唐时期，扬州一带居住有波斯人已得到考古发现的验证，2004 年在扬州市普哈丁园南侧出土了一块李府君墓碑（现收藏于扬州双博馆）[3]。墓主名摩呼禄，“望郡陇西贯波斯国人也”，“舟航赴此”，“谢于大和九年（835 年）”，年七十五岁，夫人穆氏。这位“生居西域，云水舟航，漂流楚客”的波斯人是由海路来华，流寓扬州的。上述记载表明，唐代居住在中国的波斯人为数不少，中晚唐时期由海路而来，活动于南方沿海、沿江地区的波斯商人可能更多，他们手中应该有不少金银器，有的是带来的，有的是就地制造的。

唐代金银器中萨珊式器物最具代表性的应属多曲长杯，其平面大致呈长椭圆形，器壁为多曲瓣状，目前已发现几十件，但多是仿制品或是萨珊多曲长杯影响下的作品，年代为七世纪后半叶至九世纪，以九世纪的作品居多（图 4–32）。多

图 4–32　日本白鹤美术馆藏缠枝纹银长杯

1 中华书局，1975 年，第一册，第 174 页。

2 中华书局，1975 年，第一一册，第 3533 页。

3 郑阳、陈德勇：《扬州新发现唐代波斯人墓碑意义初探》，《中国穆斯林》2015 年第 3 期，第 58—60 页。

曲长杯的祖型在伊朗，这是伊朗人在萨珊王朝时期创造定型的器物，以后逐步向外传播，或被仿制。中国发现的多曲长杯最初忠实地模仿萨珊的器物，其造型上最重要的多曲特征与萨珊长杯几乎完全一致，说明七世纪后半叶或稍晚，萨珊银器对中国产生了相当大的影响。但将它们与全部萨珊长杯比较，又显现出独特性。不仅其形制上杯体较深，口沿向外敞开，足部增高等皆表现出与萨珊器物微妙的区别；繁缛细密的植物纹样更在萨珊器物上不见踪影。唐代工匠尽管模仿外来的器物造型，但并不盲目。从最典型的仿制品上能够反映出受西方影响很大的唐代金银器七世纪后半叶已经开始中国化。在中国长杯演变谱系中，杯体深、敞口、高足等有别于萨珊器的特征，在后来的器物上沿着两个方向发展，一种是先将八曲改为八瓣，即每曲形成的内凹线都是从口至底，再进一步将八曲减少至四曲。一种是基本保持着八曲的特征，但杯体更深，几乎成为圜底碗的形态，下面的足更高，呈喇叭形，足部的棱已经消失，中国流行的荷叶纹饰与形体结合成为装饰。长杯在中国演变出的这两个分支是唐代的创新之作，成为两种使用功能不同的器物。

图 4-33　陕西西安何家村窖藏出土鎏金双狮纹银碗

图 4-34　陕西西安李静训墓出土金高足杯 、金扣玉碗

唐代金银器皿中还有一些较特别的纹样装饰应该是在萨珊银器影响下出现的。八世纪中叶以前的一些器物上有带翼的动物如狮、鹿和独角兽等，周围绕以绳索纹圆框或花瓣（图 4-33）。这种“徽章式”的双翼动物纹样是萨珊器物上流行的。这种纹样后来在中国的器物上发生了改变，首先是取消了圆框中的动物，代之以唐代流行的宝相花，八世纪中叶以后的唐代金银器少见这种徽章式纹样的装饰。

隋唐金银器中的高足杯可能源于罗马—拜占庭。高足杯是一种形制特殊的器物，主要流行于八世纪中叶以前。它分为上、下两个部分，上部为杯体，用来盛装液体，下部是器足，具有放置和使用时手执的功用。高足杯的杯身平面为圆形或多曲圆形，有的腹深大于口径，有的小于口径，圜底，下接高足。高足的顶部很细，部分带有一个圆饼状的托盘，高足中部一般有算盘珠式的节，下部向外撇。这种高足杯隋唐以前极少，唐以后不流行。隋代和唐代前期，金银高足杯数量较多：内蒙古呼和浩特土默特左旗毕克齐镇出土两件银高足杯[1]；西安隋大业四年（608 年）李静训墓出土金、银高足杯各一件（图 4-34）；西安南郊隋丰宁公主墓出土一件金高足杯[2]；沙坡村（图 4-35）、何家村唐代窖藏均有高足杯出土。在西亚、地中海地区公元前一世纪至七世纪的遗址出土不少釉陶、青铜、玻璃和金银的高足杯。偏西的地中海地区的高足杯足部多带有节状装饰，这是中国早期高足杯的重要特征。黑海沿岸彼尔塔瓦市出土的四件金银高足杯的年代与中国早期金银高足杯相近，两者形制上的相似度也很高。一件金杯的杯体中部有折棱，下部锤揲四个浮雕式的忍冬纹，高足中部有算珠式节；另外一件的形制相同，杯体折棱下饰绳索纹，其下为花瓣纹。另两件银杯素面，高足中部的节细小，几乎为凸弦纹。因此，高足杯最初应是罗马风格的器物，拜占庭时仍沿用。当然，由于萨珊控制着中国通往拜占庭的要道，不能排除这种影响是间接的。有一个现象值得注意，中国发现的一些仿金银器皿的铜、锡、陶瓷高足杯，大都出于南方的湖南、湖北、江西地区，时代最早的为东晋、隋。这似乎与拜占庭和中国的关系相吻合。中国通过南海与罗马—拜占庭交往的历史悠久。《后汉书》卷八八《西域传》记载，东汉初，大秦“与安息、天竺交市于海中，利有十倍”[3]。《梁书》卷五四《诸夷传·中天竺国》载：“汉恒帝延熹九年（166 年），大秦王安敦遣使自日南徼外来献，汉世唯一通焉。其国人行贾，往往至扶南、日南、交趾，其南徼诸国人少有到大秦者。”[4] 因此，隋唐时中国南方出土较多的铜、锡、陶瓷高足杯是仿罗马—拜占庭的可能性更大。

因为考古材料的局限性和不平衡性，关于唐代金银器与西方金银器关系的研究还不可能全面、深入地进行。粟特、萨珊、罗马—拜占庭金银器各自的特征目前并不十分明朗，再加上文化本身以及文化传播的复杂性，所以，我们只能在唐代金银器中甄别出那些异域风格明显的器物，并分析它们可能性更大的产地或文化因素来源。此外，上述三个系统并不能囊括西方对唐代金银器皿产生影响

图 4-35　陕西西安沙坡村窖藏出土银高足杯

1 内蒙古文物工作队、内蒙古博物馆：《呼和浩特市附近出土的外国金银币》，《考古》1975 年第 3 期，第 182—185 页。

2 戴应新：《隋丰宁公主与韦圆照合葬墓》，《故宫文物月刊》第 186 期，1998 年，第 76—93 页。

3 中华书局，1965 年，第一〇册，第 2919 页。

4 中华书局，1973 年，第三册，第 798 页。

的全部地区。种种迹象表明，唐代金银器中还存在突厥、吐蕃、印度、贵霜、嚈哒、阿拉伯文化的因素。只是由于资料不多，或文化特征不明显，及有关某些文化的本身尚待探索，不能做出更多的推测（关于突厥、吐蕃的金银器详见本章第六节）。

中西文化交流是双向的，通过丝绸之路，中国古代的先进技术亦传入中亚、西亚乃至欧洲。金银器皿也是如此，在现已查明的粟特银器中，便有许多与唐代金银器相近，有的应是接受了中国的影响，在碗、杯、盘等大宗器类的造型和纹样上均有体现。

粟特银器中，七世纪至八世纪前半叶的带把杯，以八棱形、罐形杯体和把上带指垫、指垫上有人头像为特征。到八世纪中叶以后，杯身发生很大的变化，器体由八棱变为筒形和圜底碗形，形态由较瘦高向粗矮发展，口径渐渐大于杯高，还出现桃形双重花瓣的装饰。参照唐代同类器物，这种变化应该是接受唐代新样式的结果。粟特银器在八世纪中叶以前不见葵花形装饰的宽沿外折的银盘，其后骤然较多地出现，当是受唐文化影响的结果。虽然目前尚未报道过粟特地区出土唐代金银器的情况，但从粟特银器中的唐代风格看，当时的粟特地区肯定有唐朝金银器的输入。《新唐书》卷二二一下《西域传下》中记载昭武九姓的西曹国，“有金具器，款其左曰：‘汉时天子所赐。’”[1]《通典》所引杜环《经行记》记载了杜环在大食见到汉人的情景，“绫绢机杼，金银匠、画匠、汉匠起作画者，京兆人樊淑、刘泚，织络者，河东人乐陈、吕礼”[2]。说明中国不仅物品很早就输入到这一地区，唐代还有工匠到达中亚、西亚。叶尼塞河上游的哈卡斯出土的银盘和金盘是唐代的器物，出土地点在当时的黠嘎斯，黠嘎斯与唐朝的交往远不如粟特，尚发现有唐代金银器，粟特地区应该没问题。唐代其他物品输入粟特地区，已被大量的考古发现所证实。撒马尔罕博物馆、片吉肯特博物馆、吉尔吉斯国家科学院考古研究所工作室，都有当地出土的唐代铜镜、钱币等物。

除了金银器皿之外，金银首饰、带饰和货币也反映出中外文化交流的一些情况。隋代李静训墓出土的金项链和金手镯可能是西亚、中亚或南亚输入的产品。金项链（图 4-36）由 28 个金质球形饰组成，球形饰上各嵌有 10 颗珍珠，出土时珠多已脱落。金球分左右两组，

图 4-36　陕西西安李静训墓出土金项链

1 中华书局，1975 年，第二〇册，第 6245 页。

2〔唐〕杜佑撰，王文锦、王永兴、刘俊文、徐庭云、谢方点校:《通典》卷一九三《边防九 · 西戎五》，中华书局，1988 年，第五册，第 5280 页。

每组 14 个，各球之间系用多股金丝编织的链索相连接。两端用金纽联系，金纽中为一圆形金饰，其上镶嵌一深蓝色珠饰，珠饰之上刻阴纹花角鹿。其左右各有一金钩。左右两组金球链索之顶端各有一方形嵌“青金石”的金饰，其上附一金环，纽饰两端之钩即纳入环内。项链的下端为一垂珠饰，共有五件，居中者为一圆形金饰，其上镶嵌鸡血石，在鸡血石之外镶嵌珍珠一周，共 24 颗。在其两侧各有一四边内曲的方形金饰。再外各为一圆形金饰，上镶嵌蓝色珠饰，其周缘亦各镶嵌珍珠一周（10 颗）。最下挂一心形蓝色垂珠，其边缘的金饰作三角并行线凹入（似嵌入水晶）。项链上所镶嵌的珍珠大都脱落，尚存 98 颗（原应为 320 颗）。这种链珠又称为多面金珠，以往曾发现于巴基斯坦与印度东海岸，其焊珠工艺曾流行于古代两河流域、埃及和希腊等地；凹雕大角鹿的宝石饰件也曾发现于巴基斯坦；项链上多处镶嵌的青金石，其古代的产地在阿富汗的巴达克山[1]。金手镯呈椭圆形，分成四节，各节两端较阔，上镶嵌珠；嵌珠似玻璃制，作半球形，透明，表面有白锈，珠似无色；各节以方形镶嵌青绿色玻璃珠的小节相连；开口处有纽饰，一端为花瓣形扣环，上嵌小珠 6 个，另一端为一钩，钩之端亦嵌珠一；钩及环之另端均为活轴，可自由开合；轴端套以小珠，尚残留一粒。长径 7 厘米，短径 5.5 厘米，一对重量 108.75 克。与之造型、结构相近的金手镯见于北印度阿旃陀石窟五六世纪的壁画中，镯环通体绘成黄色，嵌物为白色[2]。

宁夏固原发现的粟特人墓葬出土有祆教风格的金覆面。固原南郊唐仪凤三年（678 年）史道德墓出土的最为完整，包括日月形额饰，还有眉饰、眼饰、鼻饰、唇饰、颌饰、鬓饰，总共十一件[3]。因该墓已被盗掘，器物受到破坏和扰动，各部分的缀连情况只能从功能上进行推测。九龙山 M33 保留了额、颌、鬓饰三部分组合的形态[4]。这是一座夫妇合葬墓，两具人骨经鉴定为欧罗巴人种，墓的年代约为隋唐之际。这件所谓的“金冠饰”出土时佩戴在北侧男性墓主人的头骨上；由上下两部分组成，即头部的金冠与下颌的颌托；日月金冠位于前额正中，末端用细绳索绾结于脑后，颌托位于下颌，两端由耳前向上至冠下，也用细绳索绾结；纹饰除日月外，还有神鸟、祥云，周边锤揲出联珠纹（图 4-37）。从这两座墓葬的发现基本可以复原出这种丧葬用具的完整组合及其使用情况。

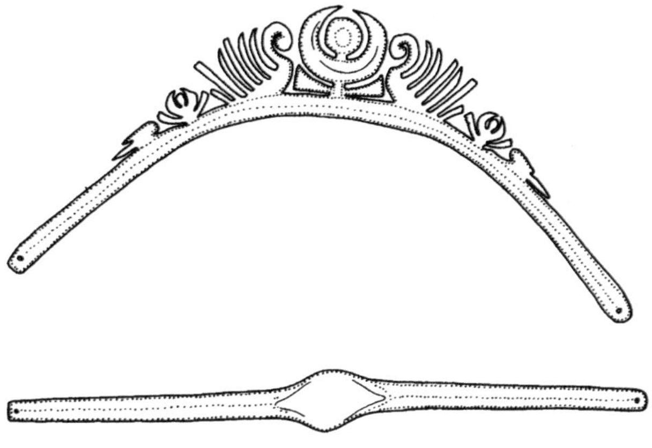

图 4-37　宁夏固原九龙山 M33 出土的金冠及下颌托

1 熊存瑞：《隋李静训墓出土金项链、金手镯的产地问题》,《文物》1987 年第 10 期，第 77、78 页；岑蕊：《试论东汉魏晋墓葬中的多面金珠用途及其源流》,《考古与文物》1990 年第 3 期，第 85—87、104 页。

2 熊存瑞：《隋李静训墓出土金项链、金手镯的产地问题》,《文物》1987 年第 10 期，第 78、79 页

3 宁夏回族自治区固原博物馆罗丰：《固原南郊隋唐墓地》，文物出版社，1996 年，第 89—91、103、104 页。

4 宁夏文物考古研究所：《固原九龙山汉唐墓》，科学出版社，2012 年，第 127—129、137—139 页。

青海博物馆收藏一件具有希腊罗马风格的包金银腰带，据说出自都兰墓地[1]。腰带带扣做成由两个门扇组成的拱形门状，门扇内各有一手持长矛的守门武士，带身镶缀七个圆形的牌饰，里面交错装饰倚坐的双翼女神和坐立的男神，手持麦穗形物、酒杯（图 4-38）。类似的腰带见于阿富汗席巴尔甘 TillyaTepe 黄金之丘 4 号墓[2]。这件腰带可能通过丝绸之路青海道传入，是吐谷浑或其他民族上层贵族的用品[3]。

图 4-38　青海博物馆收藏的包金银腰带

隋唐时期的墓葬、窖藏和寺院塔基地宫等遗迹中还出土了不少外国钱币。何家村窖藏出土“和铜开珎”银币五枚，这是日本奈良王朝元明天皇和铜元年（即唐景龙二年，708 年）效仿“开元通宝”钱铸造的，是日本最早铸行的法定货币（图 4-39）。从年代上看，这五枚银币应该是唐玄宗开元四年（716 年），由日本第七次遣唐使团带入中国的。隋唐时期出土最多的外国金银货币是萨珊银币和拜占庭金币。萨珊王朝亡于唐高宗永徽二年（651 年），萨珊银币主要见于魏晋南北朝时期，最晚的是萨珊末代王伊斯提泽德三世（Yazdeerd Ⅲ，632—661 年），其中数量最多的是库思老二世（Khosrau Ⅱ，590—628 年）。因为银币固有的货币属性，中晚唐时期仍有流通。何家村窖藏、陕西长安县天子峪舍利塔[4]中均发现有库思老二世银币。以库思老二世为界，萨珊银币正面王冠的形制似乎有所变化，库思老二世以前各

图 4-39　陕西西安何家村窖藏出土的“和同开珎”银币

1 青海省博物馆、青海民族博物馆：《河湟藏珍·历史文物卷》，文物出版社，2012 年，第 201 页，图 189。

2 AFGHANISTAN——Hidden Treasures from the National Museum, Kabul, Edited by Fredrik Hiebert and Pierre Cambon, Published by The National Geographic Society, Washington, D.C.2008, p268.269.

3 葛承雍：《从出土汉至唐文物看欧亚文化交流遗痕》，《故宫博物院院刊》2015 年第 3 期，第 122、123 页。

4 朱捷元、秦波：《陕西长安和耀县发现的波斯萨珊朝银币》，《考古》1974 年第 2 期，第 126—132 页。

王冠一个共同特点是正前方装饰弯月，弯月上托日轮；库思老二世以降，一个共同的主题是王冠两侧为展开的双翼，中间托以日轮（只有少数例外）[1]。拜占庭帝国终于公元 1453 年，但中国境内发现的拜占庭金币数量较少，目前约 50 枚，多数见于隋唐时期的墓葬，金币的形制与魏晋南北朝时期无多大差别，只是有不少仿制品[2]。

第六节 突厥和吐蕃的金银器

七至九世纪，突厥和吐蕃是与唐王朝关系十分密切的两个周边少数民族政权。《新唐书》卷二一五上《突厥传上》记载："唐兴，蛮夷更盛衰，尝与中国亢衡者有四：突厥、吐蕃、回鹘、云南是也。"[3]两《唐书》均将其列为四裔传之首，记载远比其他民族或政权要详细。因与唐王朝领土接壤，所以冲突不断，但文化交流也很频繁。从各种文献记载和考古发现看，突厥和吐蕃的金银制品丰富，并且有各自的特点。

东西方文献记载表明，突厥有大量使用金银的传统。弥南德《希腊史残卷》记载了六世纪末突厥与拜占庭帝国交往的一些史实。公元 569 年，查士丁皇帝派出以"帝国东部诸城的总督西里西亚人蔡马库斯（Zemarchus）"为首的使团前往突厥。"使团到达后，立即被召唤拜会西扎布鲁（Sizabulus，即木杆可汗）。西扎布鲁居于帐中，坐于两轮金椅上，金椅在必要时可由一匹马拉动"；"第二天又在另一帐相聚，此处同样饰以五颜六色的丝绸，内有不同形态的雕像，西扎布鲁坐于黄金制造的床上，中央有金制瓶、壶、罐，其人再设宴席，宴间吵闹嬉说，如此方罢"；"次日又换一帐聚会。内有饰金木柱，一金床以四孔雀负载。帐前有一大排马车，满载银器、银盘、银碗，及大量银制动物肖像，其质量不在我们制造的器具之下；突厥统治者竟如此富有！"[4]从蔡马库斯的经历看，突厥可汗的起居几乎是被金银器所包围的，可汗使用的金银器不仅种类繁多，数目巨大，而且工艺精湛。

一直以来，突厥富有金银的记载没有得到考古学的验证。二十一世纪之前，被认为可能与突厥有关的金银器数量很少，绝大多数出自叶尼塞河流域苏联科品内、图雅赫塔等地的墓葬中[5]。2001 年，土蒙联合考古队在蒙古国中部毗伽可汗陵陵园内的祀庙遗址中发现了"毗伽可汗宝藏"（图 4-40），包括金器、银器、铜器、

1 陈凌：《突厥汗国与欧亚文化交流的考古学研究》，上海古籍出版社，2013 年，第 147、148 页。

2 李一全：《略谈我国出土的东罗马金币》，《考古与文物》2005 年第 1 期，第 54—59 页；夏鼐：《西安土门村唐墓出土的拜占庭金币》，《考古》1961 年第 8 期，第 446 页；罗丰：《关于西安所出东罗马金币仿制品讨论》，《中国钱币》1993 年第 4 期，第 17—19 页；康柳硕：《中国境内出土发现的拜占庭金币综述》，《中国钱币》2001 年第 4 期，第 3—9 页。

3 中华书局，1975 年，第一九册，第 6023 页。

4（英）裕尔撰，（法）考迪埃修订，张绪山译：《东域纪程录丛——古代中国闻见记》，中华书局，2008 年，172—173 页。

5 （苏）蒙盖特：《苏联考古学》，中国社会科学院考古研究所资料室（内部资料），1963 年，第 285、286 页。

铁器、宝石、丝织品等六大类，共数千件，其中金银器1800余件[1]。金器类有带扣、腰带、碗碟、牌饰等。银器类的重要发现是一个装饰上千银花的百宝箱，上面的各类银花饰件多达1850件。此外，还发现两件银鹿以及银碟、银钵等。毗伽可汗死于开元二十四年（736年），唐玄宗“诏宗正卿李佺往申吊祭，并册立伊然，为立碑庙，仍令史官起居舍人李融为其碑文”[2]。毗伽可汗陵出土的这批金银器经过科学发掘，年代明确，等级很高，为研究突厥金银器提供了极为重要的实物资料。综合早年发现的材料，目前我们已经能了解到突厥金银器的大概情况[3]。

图4-40 蒙古国毗伽可汗陵祀庙遗址中发现的部分金银器

突厥使用的金银器皿主要有壶、罐、瓶、杯、铛、盘六类，目前所见，杯的数量较多，类型多样，包含的文化因素也最复杂。这些金银器皿可以区分为突厥风格、波斯—粟特风格、罗马风格和中原风格四组。突厥风格的金银器是指突厥民族特色的金银器，以带鋬、折肩、盘口为典型特征，主要有带鋬折肩罐、无鋬折肩罐、鼓腹溜肩罐、带盖盘口溜肩罐、圜底长把壶、带鋬折肩罐形杯、带把筒形杯等。带鋬折肩罐是其中最为典型的器物，其基本造型为侈口，束颈、折肩、鼓腹、带圈足，折肩处一侧下方有鋬，鋬上有指垫。二十世纪三四十年代，科品内恰阿斯塔墓地出土一个银碟和放在碟中的四个金罐，一个金盘和大量的金银和青铜饰物，其中有两件带鋬折肩罐，其鋬上有花叶形指垫，通体饰繁缛的缠枝纹样。其中一件底部刻有铭文“黄金……阿契的馈赠”，另一件铭文为“我们已经把银子交给了贝格”[4]。“阿契（Atsch）”当为“饿支”，是部落名，“贝格（Beg）”是突厥官号[5]。饿支见于《新唐书》卷二一七下《回鹘传下附黠戛斯传》，曰：“东至木马突厥三部落，曰都播、弥列哥、饿支，其酋长皆为颉斤。”[6]因此，这两件带鋬折肩金罐应该来源于突厥。肩部带鋬罐长期流行于中国西北地区，是塞种人、

1 参看林梅村：《松漠之间——考古新发现所见中外文化交流》，下编第四章“毗伽可汗宝藏与中世纪草原艺术”，三联书店，2007年。

2 《旧唐书》卷一九四上《突厥传上》，中华书局，1975年，第一六册，第5177页；《新唐书》卷二一五下《突厥传下》，中华书局，1975年，第一九册，第6053—6054页。

3 本节以下关于突厥金银器的论述参考了陈凌：《突厥汗国与欧亚文化交流的考古学研究》，上海古籍出版社，2013年，第105—189页，第四章“突厥器皿研究”和第五章“突厥金冠与银鹿”。

4 （苏）蒙盖特：《苏联考古学》，中国社会科学院考古研究所资料室（内部资料），1963年，第285页。

5 陈凌：《突厥汗国与欧亚文化交流的考古学研究》，上海古籍出版社，2013年，第109页。

6 中华书局，1975年，第一九册，第6148页。

乌孙、匈奴等游牧民族经常使用的器形。从突厥时代开始，在传统器形上加入折肩、鋬上加指垫、圈足等新的设计，其中鋬上加指垫的做法可能是受到了粟特金银器的影响。波斯—粟特风格的金银器主要有杯、瓶两大类。杯包括圈足船形长杯、圜底船形长杯、圜底碗形杯、带鋬圈足杯、觚形圈足杯；瓶类则主要是胡瓶（关于长杯和胡瓶参考本章第五节）。带鋬圈足杯是突厥金银器中最典型的粟特风格器物。从公元七世纪中期开始，这种杯已经广泛流行于中亚粟特地区，其最突出的特征是鋬上有平板式、多呈菱形的指垫，鋬下附尾状指钩。受罗马风格影响的突厥金银器皿主要是高足杯一类，有高足杯和折肩罐式高足杯。中原风格的金银器皿主要是长颈瓶（军持）和长柄铛。长颈瓶（军持）最初应源于天竺，是浴佛所用的净水瓶。佛教东传后进入中原地区，经过几个世纪的发展演变，到唐代已是十分汉化的器物。毗伽可汗陵出土的长柄折肩罐式银铛则是突厥风格和中原风格的组合形式，因为在罐上加长柄而成的铛是汉文化的典型器物。这件造型并不美观或许也未必实用的器物真切地反映出突厥与唐王朝之间的文化交流。

毗伽可汗陵还出土了几件与突厥王权、部族宗教崇拜和信仰有关的精美金银器。一件是由五个立梁组成的黄金王冠，锤揲而成，每个立梁上镶嵌1—3颗红宝石，总数在12颗以上，基本纹样为忍冬花纹草，正中立梁上为锤揲出的一只展翅鸟的形象，鸟尾上方呈葵花状日轮。两件镀金银鹿，一件完好，另一件被火烧坏，只残余头颈和三足。完整的一件大角，长颈，腹部刻翼，镀金，四蹄略向内攒聚，蹄下方铸成榫状，可知原先当置于某物之上。黄金王冠所代表的理念应该来自波斯祆教的战神韦雷斯拉格纳（Verethraghna），形式上则受到中原汉地佛教之毗沙门天王崇拜的影响，综合了祆教教义、中原因素和草原“传统”王权神授观念三种因素，反映了突厥汗国内部文化的多元性；金翼银鹿表现的也可能是战神韦雷斯拉格纳。

突厥金银器近年来有新的发现。2011年发掘的蒙古国布尔干省巴彦诺尔大型壁画墓[1]出土金银钱币、钵（或为罐）、铃、带扣、手镯、戒指、耳饰等150余件，出自棺内的木箱内和供台上，其中包括金币37枚，银币4枚，带鋬鼓腹金罐1件，金手镯2件，金戒指1件。带鋬鼓腹罐，短颈，鼓腹，平底，肩部稍下处带鋬，鋬上有花叶形指垫，素面，口径6.38厘米，腹径8.77厘米，底径5.77厘米，高6.67厘米，厚0.1厘米，重213克（图4-41）。该墓的年代为七世纪，墓主可能是突厥贵族。

图4-41　蒙古国布尔干省巴彦诺尔壁画墓出土金币及金罐

1 （蒙）阿·敖其尔、勒·额尔敦宝力道著，萨仁毕力格译：《蒙古国布尔干省巴彦诺尔突厥壁画墓的发掘》，《草原文物》2014年第1期，第14—23页。

公元七世纪，在青藏高原上强大的吐蕃王国，它的兴盛与唐帝国（618—907年）几乎同时，在与唐帝国以及周边地区的文化交流中，经济文化的发展达到了相当的水平。金银制作工艺是吐蕃王国一个重要的手工业门类。美国学者爱德华·谢弗（薛爱华）指出："在对唐朝文化做出了贡献的各国的工匠中，吐蕃人占有重要的地位。吐蕃的金器以其美观、珍奇以及精良的工艺著称于世，在吐蕃给唐朝的土贡和礼品的有关记载中，一次又一次地列举了吐蕃的大型金制品。吐蕃的金饰工艺是中世纪的一大奇迹。"[1]

文献记载的吐蕃金银器，种类繁多[2]，其中作为贡（献）品的有"高七尺，中可实酒三斛"的金鹅、金鹅盘、"上有狮子、象、驼、马、原羝等"的金城、金瓮、金颇罗、金球罽、金盏、金胡瓶、金盘、金碗、金银衣服、银盘、银犀、银鹿、银羊等。反映吐蕃王国内部使用金银器情况的有：赐予南诏的"金印""金字告身"，传驿所用的"七寸金箭""银鹘"，"以黄金饰蛟螭虎豹""配金缕剑"的赞普装饰，"瑟瑟""金""金涂银""银""铜"的官印等。开元二十四年（736年），"吐蕃遣使献方物，金银器玩数百事，皆形制奇异。帝令列于提象门外，以示百僚"。或可体现出全盛时期的吐蕃王国上贡给唐帝国金银器贡品的整体情况。敦煌古藏文写卷中还有金马鞍、金箭筒、金银链条等与游牧习俗有关的金银器物的记载。

目前，明确属于或很有可能是吐蕃王国的金银器的发现，不仅验证了上述的文献记载，而且在很大程度上反映出吐蕃王国使用金银器的整体情况。经过科学发掘的吐蕃金银器很少。1999年发掘的青海都兰吐蕃一号墓出土有鎏金银鸟形饰、鎏金银带饰、金箔和鎏金银饰片等；三号墓出土有卷草纹镶嵌绿松石金牌饰、十字花金箔饰、三狮纹或狮纹镶嵌绿松石包金银饰、金珠缀饰，珍珠地卷草纹银管状饰、圆角方形银指环；四号墓出土有银饰[3]。2000年，西藏浪卡子县查加沟古墓出土马形牌饰、圆形盔饰、筒形饰件、耳饰、戒指等17件金饰[4]。这是目前比较明确的吐蕃金银器，但因发现很少，墓葬已被盗掘，出土的又都是劫后残留的附属金银饰件或小型单体饰品，与文献记载存在很大的差距。

所幸的是，目前存世的古代金银器中有不少应该是吐蕃王国时期的金银制品。西藏拉萨大昭寺收藏有一件银壶[5]。开圆口，口缘外饰八曲，其下饰一空心立体似羊形首，首后侧竖双耳，首前端上下唇间衔圆形管形小流，下接上敛下侈的喇叭形细颈，颈上端饰弦纹、四瓣毬纹各一匝，颈下接近球形瓶身，颈、身相接

1 （美）爱德华·谢弗著，吴玉贵译：《唐代的外来文明》，陕西师范大学出版社，2005年，第313页。

2 齐东方：《唐代金银器研究》，中国社会科学出版社，1999年，第297页，表38"吐蕃输入唐朝的金银器"。

3 北京大学考古文博学院、青海省文物考古研究所：《都兰吐蕃墓》，科学出版社，2005年，第10、11、66—69、124页。

4 西藏自治区山南地区文物局：《西藏浪卡子县查加沟古墓葬的清理》，《考古》2001年第6期，第45—47页。原简报将该墓定为西藏"早期金属器时代"的遗存，可能早至距今2000年前后。此据霍巍的研究。

5 宿白：《西藏发现的两件有关古代中外文化交流的重要文物》，载联合国教科文组织、中国社会科学院考古研究所编：《十世纪前的丝绸之路和东西文化交流——沙漠路线考察乌鲁木齐国际讨论会（1990年8月19—21日）》，新世界出版社，1996年，第405—411页。尺寸依据宿白：《三记拉萨大昭寺藏鎏金银壶》，载宿白：《魏晋南北朝唐宋考古文稿辑丛》，文物出版社，2011年，第207页。

处饰联珠纹、叶纹、四瓣毬纹和弦纹组成的纹带一匝，纹带之下为三组大型垂饰，垂饰外绕卷云，中心似作宝珠，垂饰下接由竖叶、联珠、垂叶组成的纹带一匝。其下为该壶的主要图像：流口下面的空间应是该壶腹部的中心位置，锤揲出一组人像，内容为一系有鞶囊的壮胡持革带，似正在扶持一长须醉胡，另一着高靿靴的幼胡屈蹲于上述壮胡跨下，并抱持其右足（图4-42）。此组图像两侧的空间各为一举起琵琶背手反弹并作舞姿的男胡。可见的纹饰鎏饰金色，形象生动。

海外流散的中国金银器中也有较为明确的吐蕃金银器。克里弗兰艺术馆收藏的一件直筒形带把

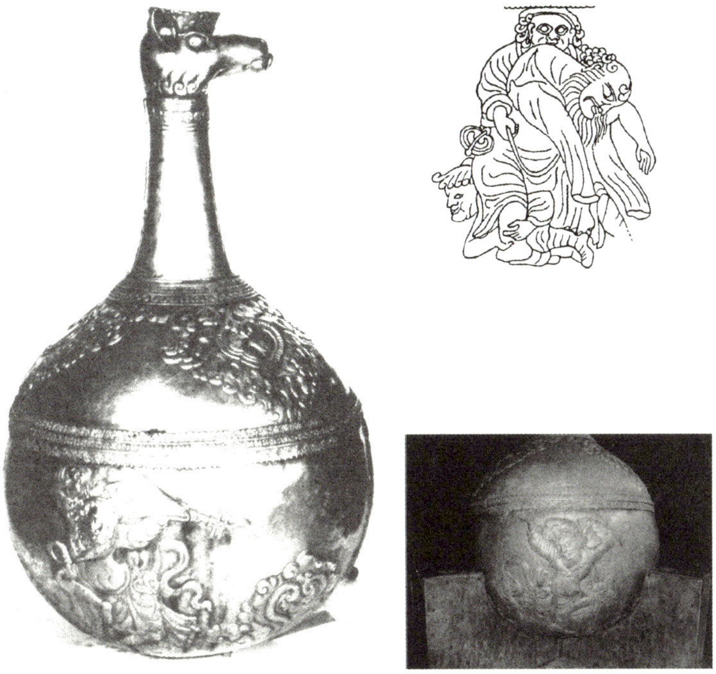
图 4-42　西藏拉萨大昭寺收藏吐蕃银壶

图 4-43　美国克利弗兰艺术馆收藏直筒形带把杯

图 4-44　美国克利弗兰艺术馆收藏银瓶

杯（图 4-43）的底部，錾刻有古藏文铭刻一行，其中元音字母“E”反写，是吐蕃时期的古藏文文字特点之一，文中的分隔标点符号也具有典型的古藏文特征；铭文内容的译文大意可能是“具有崇高地位的汉地妻子私人藏品”；与这件带把杯同时入藏克里弗兰艺术馆的还有一件银瓶和一件来通（图 4—44、图 4-45），它们无论是在器形、纹饰和制作工艺上都十分相似，表明它们很可能同时出土，来源相同[1]。

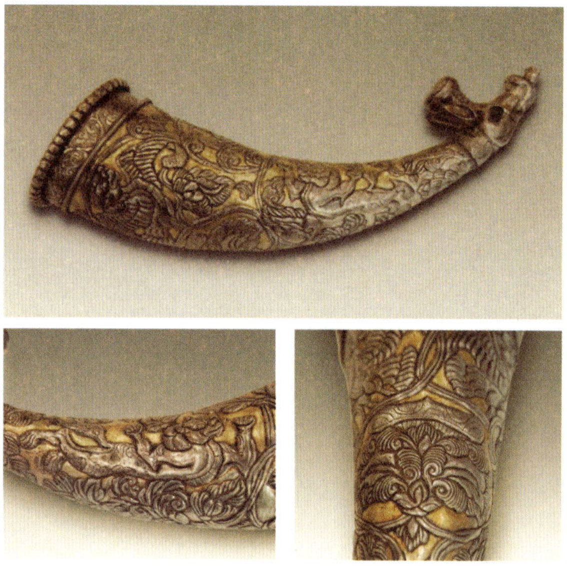

图 4-45　美国克利弗兰艺术馆收藏银角杯

以上这些发现，为我们了解吐蕃金银容器提供了重要线索。有了这些明确或相对可靠的标准器，学者们对流散海外，收藏在欧美各博物馆和一些私人收藏家手中的金银藏品进行了调查和研究，在尚缺乏充分考古发现的情况下，尽可能地去了解吐蕃金银器的面貌，形成了较为全面、系统的认识[2]。

吐蕃金银器从造型上看既有杯、盘、碗、壶等各类生活用具，也有耳坠、戒指等首饰以及作为服饰上装饰品的各类牌饰，还有马具、马饰等富有民族特色的金银饰件。用作器物表面装饰的各类金银饰片也很流行。其中制作最为精美的是各种容器，这与文献记载相吻合。从装饰风格上看，吐蕃金银器流行狮、羊、鹿、立鸟、立凤、独角兽等各种动物纹饰，同时也流行忍冬、卷草、缠枝花草等各种植物纹饰，还创造出一批具有民族特色的纹饰母题，如交颈立鸟、带翼异兽、人面鸟身与鸟足的异人，两相扶持的醉人、胡旋舞人等。在制作工艺上，吐蕃金银器采用了锤揲、鎏金与镀金、掐丝、焊缀与镶嵌、雕刻与錾刻、错金、包金与贴金等多种技法，从而形成吐蕃金银器造型生动、纹饰丰富多样、富于民族气息的独特面貌。

第七节　金银器与社会生活

金银器在社会生活中的作用主要包括两个方面：一是金银器的实用功能；二是由于金银器的特殊价值产生的社会功能。金银器之有别于其他如陶瓷等类器物，最重要的便是自身有很高的财富价值。用稀有而珍贵的金银材料制成造型、纹样精美的器物，其陈列观赏功能已远超出使用功能。另外，唐代金银的货币职能已充分体现出来，金银器物实际重量也象征着货币价值。金银及其器物具有体积小、

1 霍巍：《吐蕃系统金银器研究》，《考古学报》2009 年第 1 期，第 107、108 页。
2 吐蕃金银器的专门研究，参考霍巍：《吐蕃系统金银器研究》，《考古学报》2009 年第 1 期，第 89—128 页；另见霍巍：《吐蕃时代考古新发现及其研究》，科学出版社，2012 年，第 162—219 页，第五章“近年来考古发现的吐蕃系统金银器研究”。

价值高的优势，成为广泛运用于馈赠、供奉、赏赐、赋税的最佳物品，作为对外交往、经济制度、政治斗争的媒介物，直接参与社会生活，甚至重大政治活动，这是任何其他质料的器物所无法取代的。

就器物功能而言，唐代金银器皿大致可以分为饮食器、妆具、佛教舍利容器、药具等，其中饮食器具应为大宗，这在文献以及金银器上的刻铭和墓葬壁画中均有所体现。

《安禄山事迹》卷上记载天宝十年（751 年）正月一日是安禄山的生日，唐玄宗、杨贵妃赐予的“诸器物”多为金银[1]。“先日”，唐玄宗所赐有“金花大银盆二，金花银双丝平二，金镀银盖碗二，金平脱酒海一并盖，金平脱杓一，小马脑盘二，金平脱大盏四、次盏四，金平脱大（马）脑盘一”。“其日又赐陆海诸物，皆盛以金银器，并赐焉。（所赐禄山食物、香药，皆以金银器盛之，其器并赐，前后又不可胜计也。）”从“金平脱酒海一并盖”看，唐玄宗所赐的这套金银器皿应为酒具。盛“陆海诸物”的金银器则可能以食器居多。《太平广记》卷二三三“裴弘泰”条[2]记载，唐人裴弘泰赴其叔父裴均所举宴席晚至，裴均不悦而责之，“（裴）弘泰谢曰：‘都不见客司报宴，非敢慢也。叔父舍罪，请在座银器尽斟酒满之，器随饮以赐弘泰，可乎？’合座壮之，（裴）均亦许焉。（裴）弘泰次第揭座上小爵，以至觥船，凡饮皆竭。……筵中有银海，受一斗以上，其内酒亦满。（裴）弘泰以手捧而饮。”这次宴席“在座银器”都是酒具，由“小爵”“觥船”，至“银海”。贮酒、饮酒器还有盘、碗，《唐摭言》卷十五《杂记》记载：“王源中，文宗时为翰林承旨学士。暇日与诸昆季蹴鞠于太平里第，球子击起，误中源之额，薄有所损。俄有急召，比至，上讶之，源中具以上闻。上曰：‘卿大雍睦！’遂赐酒两盘，每盘贮十金碗，每碗容一升许，宣令并碗赐之。源中饮之无余，略无醉态。”[3]

唐代金银器皿中自铭而表明其功能的有很多发现，如陕西西安西郊鱼化寨、耀县柳林背阴村出土的“宣徽酒坊”所造银“酒注”壶和银碗，陕西西安和平门出土的“左策使宅茶库金涂拓子”，法门寺地宫出土的“银金花香炉”“大银香炉”“银

图 4-46　江苏镇江丁卯桥窖藏出土的部分金银筵席用具

1 历代史料笔记丛刊本，中华书局，2006 年，第 81、82 页。
2 中华书局，1961 年，第五册，第 1788 页。
3 〔五代〕王定保：《唐摭言》，唐五代笔记小说大观本，上海古籍出版社，2000 年，下册，第 1705 页。

金花茶罗子”“银金花茶碾子”“银金涂盐台”，江苏丹徒丁卯桥窖藏出土的“酒瓮壹口并盖巢子”等，涉及酒器、茶具和佛具等。

唐代金银饮食器具中较成套的酒器和茶具可分别以江苏丹徒丁卯桥发现的银器（图 4-46）和陕西扶风法门寺地宫出土的金银器（图 4-47）为代表，其时代为九世纪的晚唐。

图 4-47　陕西扶风法门寺塔基地宫出土部分金银茶具

丁卯桥窖藏出土九百五十余件银器和二十件银铤，其中绝大多数是银钗，多达七百六十件。在近二百件银器皿中，很多都刻有“力士”二字，发掘者援引《新唐书》卷一三四《韦坚传》所记载天宝年间（742—756 年）“豫章力士瓷饮器”[1]之语为证，推测该窖藏出土的器皿多为酒器，故称这批银器皿为“力士银酒器”[2]。也有人认为这些金银器皿可称为筵席用具[3]，主要包括带盖链银酒瓮，银盆，银勺，银执壶，银素面五曲碗，银金花鹦鹉衔枝纹五曲碗，银金花双凤戏珠纹菱花式长盘，银素面四曲长盘，银莲花口碟，银金花双凤衔枝纹菱花盒，银盒残底，银鎏金龟负“论语玉烛”筹筒（含银鎏金酒令筹、银鎏金令旗、银鎏金酒旗），银素面盏。另外还有银匙、银箸、银托子、银金花炉等，或可作为筵席取食、茶饮和熏香之用。

陕西扶风法门寺地宫出土的遗物，多数为唐懿宗和唐僖宗供奉佛祖的奇珍异宝，其中金银器是地宫中主要的供奉器，由懿宗和僖宗先后“恩赐”，也有诸头进奉之物，其中有刻铭依据或可推定为茶具的有十余件。数量多且精美的金银器被供奉于皇家寺院合乎情理，茶具与佛寺发生关联在唐代也是自然的事。据《封氏闻见记》卷六“饮茶”条记载：“开元中（713—741 年），泰山灵岩寺有降魔师大兴禅教。学禅务于不寐，又不夕食，皆许其饮茶，人自怀挟，到处煮饮，从此转相仿效，遂成风俗。”[4]茶叶有破睡荡昏的功效，因此得到了佛门的青睐，自此成为风俗未必属实，

1　中华书局，1975 年，第一五册，第 4560 页。

2　丹徒县文教局、镇江博物馆：《江苏丹徒丁卯桥出土唐代银器窖藏》，《文物》1982 年第 11 期，第 24 页。

3　扬之水：《晚唐金银酒器的名称和样式》，《中国历史文物》2008 年第 6 期，第 14—24 页；收录于扬之水《奢华之色——宋元明金银器研究》第三卷《宋元明金银器皿》，中华书局，2012 年第 3 版，第 171—198 页。

4　〔唐〕封演撰，赵贞信校注，历代史料笔记丛刊本，中华书局，2005 年，第 51 页。

但至少应有推波助澜的作用。唐长安城西明寺遗址出土一件雕刻有“西明寺茶碾”的石茶碾，也是茶具与佛门相联系的一例[1]。文献记载和考古发现说明，饮茶不仅是唐代僧人日常生活中的普通事，而且唐代也以茶敬佛、供养舍利[2]。

唐代大体上还处在煎茶阶段，制备、煮饮所需的茶具主要包括烘焙器、碾罗器、贮茶器、贮盐器、烹煮器、点茶器和饮茶器等，其中大多数器物在法门寺地宫出土的金银器中都有发现[3]。据《法门寺物账碑》的记载，唐僖宗供奉的茶具是“茶槽子、碾子、茶罗、匙子一副七事共重八十两”和“琉璃茶椀拓子一副”，其中的“七事”金银茶具包括鎏金鸿雁流云纹银茶碾子一套三件，含茶槽子、碢轴（鎏金团花纹银碢轴）和辖板；鎏金仙人驾鹤纹壶门座银茶罗子一套三件，含茶罗、罗网、抽屉和鎏金蔓草纹长柄银匙一件，属碾罗器、烹煮调融器。另外，摩羯纹蕾钮三足架银盐台、盘丝座葵口素面小银盐台，金银丝结条笼子、鎏金飞鸿毬路纹银笼子，鎏金飞鸿纹银则、系链银火箸，鎏金银龟盒和若干瓷碗、琉璃盏及托、琉璃杯可归入茶具[4]，应分别为贮盐器、烘焙器、烹煮器、贮茶器和饮茶器（表二）。

表二　陕西扶风法门寺地宫出土的茶具

大类（功能）	小类（形态）及其数量
烘焙、贮茶器	金银丝结条笼子（“结条笼子”）、鎏金飞鸿毬路纹银笼子（“笼子”），鎏金银龟盒（“龟”）
碾罗器	甲：鎏金鸿雁流云纹银茶碾子一套三件，含茶槽子、碢轴（即鎏金团花纹银碢轴）和辖板（“茶槽子”和“碾子”）。 乙：鎏金仙人驾鹤纹壶门座银茶罗子一套三件，含茶罗、罗网、抽屉（“茶罗”）。 丙：鎏金蔓草纹长柄银匙（“匙子”）
贮盐器	摩羯纹蕾纽三足架银盐台（“盐台一副”之一）、盘丝座葵口素面小银盐台（“盐台一副”之一）
烹煮、调融器	鎏金鸿雁纹银则（失载）、系链银火箸（“火箸”，也可用作香具）
饮茶器	琉璃盏及托（“瑠璃茶椀柘子”）

注：本表主要依据任新来的研究制作而成，略有调整，无明确依据的瓷器、玻璃器都不归入茶具，括弧引文为《法门寺物账碑》记载的名称。

关于唐代金银器皿的具体功能及其使用情况，还值得注意的是唐墓中的壁画。唐代墓葬壁画中描绘的器皿，有些可以推定为金银器，从中可以明确一些金银器皿的功能。壁画虽难以准确表现出所绘器物的质料，却能如实反映其形态。唐代金银器皿的造型独特，器物制作曾受到西方文化的影响，特别是在唐代前期，许多器皿都带有中亚、西亚风格，与中国传统的器物差异较明显，较容易识别。这些绘制的金银器具与人物、建筑等在墓葬空间内共同构成叙述场景，同时又位于具有身份和地位指向性的壁画墓中，反映出它们在当时社会生活的具体功能。

唐墓壁画中出现日常生活中的各种器皿很多，能较清楚地推定绘有较多金银器

1 中国社会科学院考古研究所唐城工作队：《唐长安西明寺遗址发掘简报》，《考古》1990年第1期，第45—55页。
2 冉万里：《中国古代舍利瘗埋制度研究》，文物出版社，2013年，第193页。
3 韩伟：《从饮茶风尚看法门寺等地出土的唐代金银茶具》，《文物》1988年第10期，第44—56页。
4 《法门寺考古发掘报告》，文物出版社，2007年，上册，第130—137页；任新来：《法门寺茶器具考释》，《农业考古》2013年第2期，第67—75页。

皿的有陕西三原焦村贞观五年（631年）淮安靖王李寿墓[1]和陕西富平县吕村乡双宝村咸亨四年（673年）房陵大长公主墓[2]壁画。李寿墓石椁内壁侍女图中诸人所执的兽首杯、高足杯、提梁壶、细颈瓶和八曲长杯表现的可能是金银器[3]（图4-48）。石椁象征墓主人生前的寝殿，这些金银器皿与长瓶、钵、杯等陶瓷器皿，食案、炭炉、胡床等设备共同组成一套宴饮器具，展现出贵族生活的一幕场景。房陵大长公主墓壁画中出现的壶、高足杯、盘等能完整准确地再现当时金银器的形制、用途和使用方法。这是一座长斜坡墓道，多天井、过洞和小龛的双室砖室墓。这种墓形在唐代，特别是八世纪中叶以前的葬仪中，只有最高等级的人才能使用。房陵大长公主是唐高祖李渊的女儿，55岁时薨于九成宫，以正一品皇姑大长公主的身份陪葬父亲李渊的献陵。壁画绘制在天井、甬道和墓室内，残存27幅，均为相对独立、姿态各异的侍女图。墓室中所绘的壁画表现出带有连贯性、又各负其责的供奉主人进餐的连续场面。侍女所执器有多曲盘、带柄长颈壶、四足大盘、五足圆盘、盝顶盖盒、高足杯、多曲长盘等。五足圆盘上放置黄色、红色瓜果。陕西长安县南里王村唐墓[4]墓室东壁绘制一幅宴饮图，长方形食案边上置矮床，上面有一六出葵口大盆，盆中置弯柄勺，应是金银酒樽及匙。唐代壁画墓墓主的身份一般为三品以上，宴饮、侍奉是壁画中常见的题材，金银器皿自然非一般人所习用，因此壁画墓中出现金银器皿的情况不少，类似的题材还见于章怀太子李贤墓[5]、李震墓[6]和虢王李凤墓[7]等。

图4-48　陕西三原先李寿墓石椁内壁侍女图（线图）

由于金银器的特殊价值产生的社会功能则主要体现在赠赏和供奉两个方面。

赠赏金银是历代政治活动中通常的行为，唐朝初年，唐太宗李世民宣称“国家大事，惟赏与罚。赏当其劳，无功者自退；罚当其罪，为恶者咸惧”[8]。但是唐代用于赏赐的金银，以制成的器物为主，这是前代不多见的。用金银器收买人心

1 陕西省博物馆、文管会：《唐李寿墓发掘简报》，《文物》1974年第9期，第71—88、61页。

2 安峥地：《唐房陵大长公主墓清理简报》，《文博》1990年第1期，第2—6页。

3 孙机：《唐李寿石椁线刻〈侍女图〉、〈乐舞图〉散记（上）》，《文物》1996年第5期，第33—49页。

4 赵力光、王九刚：《长安县南里王村唐壁画墓》，《文博》1989年第4期，第3—19页。

5 陕西省博物馆、陕西省文管会：《唐李贤墓壁画》，文物出版社，1974年，图37。

6 陕西历史博物馆：《唐墓壁画集锦》，陕西人民美术出版社，1991年，第112页图128。

7 陕西历史博物馆：《唐墓壁画集锦》，陕西人民美术出版社，1991年，第41页图25、第72页图73。

8 《贞观政要》卷三《论封建》，谢保成集校本，中华书局，2003年，第123页。

作为政治斗争的手段在唐初已经出现。《旧唐书》卷六八《尉迟敬德传》载，李建成和李元吉将谋害李世民，密致书招慰尉迟敬德，“赠以金银器物一车”[1]。在争夺皇位以刀兵相见之前，以金银网罗心腹。宫廷内部权力斗争中，赠送财宝以笼络权臣也司空见惯。《旧唐书》卷六五《长孙无忌传》记载，永徽六年（655年），“帝将立昭仪武氏为皇后，无忌屡言不可。帝乃密遣使赐无忌金银宝器各一车，绫锦十车，以悦其意”[2]。唐高宗为达到立武氏为皇后的目的，试图用赐金银宝器来取得权臣长孙无忌的支持。唐廷对有功于朝廷和帝王的将军、权臣进行表彰的方式之一也是赏赐金银器。《旧唐书》卷六八《秦叔宝传》云：“破尉迟敬德，功最居多。高祖遣使赐以金瓶。”[3]李隆基翦灭太平公主等敌对势力后，对王琚、姜皎、李令问、王毛仲、王守一等人大肆封赏，“累日，玄宗燕于内殿，赐功臣金银器皿各一床”[4]。对有功绩的外邦之人也不例外。开元二十三年（735年），李过折斩契丹可突于降唐，唐玄宗诏封为北平郡王，“赐锦衣一副、银器十事、绢彩三千匹”[5]；至德二载（757年），唐肃宗因回纥在收复两京时立下战功，“赐锦绣缯采，金银器皿”[6]；贞元三年（787年），“诏（李）元谅将本军从浑瑊与吐蕃会盟于平凉。与瑊俱申号令，严其部伍而还，时谓元谅有将帅之风。德宗嘉之，赐马十匹，金银器锦彩等甚厚”[7]；元和十五年（820年），“帝以（李）光颜功冠诸将，及徐泗李愬……各赐锦彩五百匹，银瓶盘等五事”[8]。除了对建功立业者予以重赏外，皇帝一时兴起也把金银器物赐予身边的侍臣，事如前述的安禄山和王源中等人。

从文献中可知，唐初用于赠赏的金银器并不多，时代越晚数量越多，赠赏的范围也逐渐扩大。虽然中国历史上在政治斗争和社会生活中用财宝重金收买对方、笼络人心的做法屡见不鲜，但唐代的特殊之处不是简单地赠以金银，而是用金银制成的器物赏赐，这不仅说明当时赏赐金银器物兴盛，也反映了唐代金银器制造业的蓬勃发展。人们对金银及器物的观念发生了变化，使之变成了社会运转的润滑剂，在宫廷内部斗争、对外交往、军事战争等更为广泛的层面发挥出特殊的作用。

黄金、白银被人类所利用后，很快超越了金属自身的实用性，对社会生活发挥出特殊作用。唐代皇室和权贵们对金银器物的喜好和重视，为一些人通过进奉金银物品而取得宠幸提供了机会。进奉是中央和地方官吏给皇帝的额外贡献，进奉的财物纳入内库，以供皇帝私人使用，不同于法定赋税，也不同于各地常贡。唐代地方进奉金银始于初唐，开始兴起于唐玄宗时期，盛行于唐德宗及以后的中晚唐时期。从考古出土资料看，唐德宗贞元（785—805年）以前主要是金银铤，贞元以后进奉金银器皿开始盛行[9]。

1 中华书局，1975年，第八册，第2479页。
2 中华书局，1975年，第七册，第2454页。
3 中华书局，1975年，第八册，第2502页。
4 《旧唐书》卷一〇六《王琚传》，中华书局，1975年，第一〇册，第3250页。
5 《旧唐书》卷一九九《契丹传》，中华书局，1975年，第一六册，第5353页。
6 《旧唐书》卷一九五《回纥传》，中华书局，1975年，第一六册，第5199页。
7 《册府元龟》卷三八五《将帅部·褒异一一》，中华书局，1960年，第五册，第4578页。
8 《册府元龟》卷一二八《帝王部·明赏二》，中华书局，1960年，第二册，第1541页。
9 关于唐代的金银进奉之风，参读卢兆荫：《从考古发现看唐代的金银“进奉”之风》，《考古》1983年第2期，第173—179页；收录卢兆荫：《玉振金声——玉器·金银器考古学研究》，科学出版社，2007年，第217—225页。

早在唐高宗、武则天时，就出现了地方官向皇帝进奉金银器之事。《旧唐书》卷八一《李敬玄传》记载："敬玄弟元素，亦有吏才，初为武德令。时怀州刺史李文暕将调率金银造常满樽以献，百姓甚弊之，官吏无敢异议者。"[1]进奉是地方赋税之外的供献，这种额外的财富进入的不是国库，而是帝王的私囊。对此，唐代统治者并不避讳。天宝时"王鉷为户口色役使，岁进钱百亿万缗，非租庸正额者，积百宝大盈库，以供天子燕私"[2]。大盈库或称为内库，是皇室专有的收藏宝物的地方。大盈库的宝物并非限于金银，但金银可能浓缩庞大数量的各种物品的等量价值，十分昂贵，却体积轻巧，故成为大盈库的主要收藏。体积轻巧而价格昂贵的金银器又有易于运送的优点，试图邀功取宠的地方大臣，把进奉的财物折成金银，甚至再做成精美的器物送到长安并成为最佳的选择。唐玄宗时期进奉之风开始兴盛，并愈演愈烈，发展至安史之乱以后，每逢元旦、冬至、端午和皇帝生日，地方官员都要贡献财物，号为"四节进奉"，还以"助军""贺礼""助赏"等名义进奉财物。极盛之时，甚至有"月进""日进"。五花八门的进奉，引起了不少人的不满和担忧。唐德宗时期的诗人王建《送吴谏议上饶州》诗云"养生自有年支药，税户应停月进银"[3]，表明江西观察使所辖之地的饶州，虽为著名的产银区，但"月进银"这种正税外的特别供奉成为当地额外的负担。

进奉物品的种类繁多，金银为重要内容，其形式先以金银铤出现。但金银铤并不能用于陈列玩赏，宫廷权贵和地方官吏进奉的目的是邀宠，都希望自己所进奉的物品得到皇帝的喜爱，加深皇帝的印象。贪婪和邪恶也会刺激人们聪明才智的发挥，将金银加工成精美的器物，使之兼财富、实用和艺术为一体来取悦帝王是最好的办法。因此，伴随进奉金银之风兴起，金银器物的制作也日趋发达。《旧唐书》卷一三六《齐映传》记载，"映于东都举进士及宏词时，张延赏为河南尹、东都留守，厚映。及映为相，延赏罢相为左仆射，数画时事令映行之，及为所亲求官，映多不应。延赏怒，言映非宰相器。（贞元）三年（787 年）正月，贬映夔州刺史，又转衡州。七年（791 年），授御史中丞、桂管观察使，又改洪州刺史、江西观察使。映常以顷为相辅，无大过而罢，冀其复入用，乃掊敛贡奉，及大为金银器以希旨。先是，银瓶高者五尺余。李兼为江西观察使，乃进六尺者。至是，因帝诞日端午，映为瓶高八尺者以献"[4]。齐映官至宰相，因"无大过"被贬为地方官，心中愤愤，希望重新得宠，于是效仿前任地方官，利用当地丰富的金银资源和制作技术，向皇帝进奉银瓶。他在皇帝诞日端午敬献的高八尺的大银瓶，超过以往任何人所进奉的。齐映在银瓶制作上花费的心机，自然代表着许多官吏的内心世界。竞相攀比导致了器物越做越大，越制越精，越献越多。

中晚唐时，淮南道逐渐成为中央朝廷金银器的供应地。唐代宗大历时期（766—779 年），这里的金银器就很多。《旧唐书》卷一二四《田神功传》载，因刘展反叛，邓景山引田神功助纣，"至扬州，大掠百姓商人资产，郡内比屋发掘略遍，商胡波斯被杀者数千人。……大历三年（768 年）三月，朝京师，献马十匹，

1 中华书局，1975 年，第八册，第 2756 页。

2 《新唐书》卷五一《食货志》，中华书局，1975 年，第五册，第 1346 页。

3 《全唐诗》卷三〇〇《王建四》，中华书局，1960 年，第九册，第 3410 页。

4 中华书局，1975 年，第一一册，第 3751 页。

金银器五十件，缯彩一万匹”[1]。田神功所献的金银器当取自扬州。九世纪，中央朝廷的金银器更依赖于淮南地区，王播任淮南节度使期间，文献中就留下他三次进奉的记录。长庆四年（824年）“八月，淮南节度使王播进宣索银妆奁二……十月，淮南淮西又各进宣索银妆奁二”[2]；《旧唐书》卷一六四《王播传》载，“太和元年（827年）五月，自淮南入觐，进大小银碗三千四百枚”[3]。大历时田神功回京进献的金银器数量尚不多，而到王播时所献数目则是惊人的。这或许表明，时代越晚，进奉的金银制品越多。大量考古发现的金银器实物也证明，中晚唐时期地方金银器进奉之风很盛，如前述“李勉”圆形银盘、“刘赞”葵花形银盘、“裴肃”葵花形银盘、“敬晦”葵花形银盘、“李杆”葵花形银盘和“李杆”银笼子等。

第八节　金银器与宗教信仰

隋唐五代时期，从隋文帝开始的历代统治者绝大多数都大力扶植佛教，敬佛礼佛，大行布施，修寺建塔，开窟造像，广度僧尼，使古代佛教的发展达到了新的高度。

考古发现的与佛教有关的金银实物绝大多数都出自佛寺寺塔塔身的天宫或塔基的地宫之中，主要用于舍利的瘗埋和供养[4]。天宫或地宫中出土的器物，除舍利之外，都可以归入供养器的范畴。盛放舍利的容器也是供养品。如果按舍利的瘗埋和供养进行分类，则可大体分为舍利容器和供养品这两大类。唐代的舍利容器有函、盒、钵、瓶、棺椁、灵帐、塔形容器等外重容器，还有棺、瓶、函、塔、盒、钵、罐等核心容器，各类容器常见用金银制作的。供养品是佛教徒、信徒等对佛及僧人的施舍品。对佛及僧进行供养有净财供养、饮食供养、鲜花供养、衣服供养等多种形式。通过供养，可以使供养人获得各种功德。所以，在瘗埋舍利的过程中，佛教信徒纷纷施舍各种物品。供养品主要有佛具、香供养具、佛教造像、菩提树、花果、灯明和普通供养品等。

隋唐五代时期，金银材质的佛寺供养品可以陕西扶风法门寺塔和浙江杭州雷峰塔塔基地宫出土的金银器为代表，因为其中包含了不少唐皇室、吴越国王室的供养品，不乏精美的金银器。法门寺地宫出土金银器的年代绝大多数属于唐懿宗咸通年间（860—874年）。雷峰塔则始建于开宝五年（972年），竣工于太平兴国二年（977年）。

法门寺塔基地宫出土的与佛教有关的金银器是目前为止发现的级别最高、制作最精、最成系统的一批。这批器物多数为唐懿宗和唐僖宗供奉给寺院的，共计340件（组），大体包括舍利容器和供养品两大类，其中金银器有118件（组）。地宫中出土了四枚佛指舍利，采取了四种不同的组合盛装方式，每一种都包含有

1 中华书局，1975年，第一一册，第3533页。

2 《册府元龟》卷一六九《帝王部·纳贡献门》，中华书局，1960年，第二册，第2034页上栏。

3 中华书局，1975年，第一三册，第4277页。

4 本节关于隋唐五代佛寺天宫、地宫出土金银器的讨论，参考了冉万里：《中国古代舍利瘗埋制度研究》，文物出版社，2013年。

图 4-49 陕西扶风法门寺塔基地宫出土金塔及佛指舍利

图 4-50 陕西扶风法门寺塔基地宫出土银阏伽瓶

金银容器，最庄重、华丽的“八重宝函”组合是木函—鎏金银函—银函—鎏金银函—金函—金函—珷玞石函—金塔。另外三套为汉白玉灵帐—铁函—鎏金银棺，汉白玉塔—铜塔—银棺，铁函—鎏金银函—银包角木函—水晶椁—玉棺。“八重宝函”，由外而内依次为银棱盝顶木函、鎏金四天王盝顶银函、素面盝顶银函、鎏金如来说法盝顶银函、六臂观音纯金宝函、金筐宝钿珍珠装纯金宝函、金筐宝钿珍珠装珷玞石宝函、宝珠顶单檐纯金四门塔，金四门塔塔座中心焊接银柱，上套置佛指舍利一枚（图 4-49）。这套“宝函一副八重”见于出土的《法门寺物账》的记载，“第一重”至“第八重”（由内而外）依次为“真金小塔子一枚”“珷玞石函一枚金筐宝钿真珠装”“真金函一枚金筐宝钿真珠装”“真金钑花函一枚”“银金花钑作函一枚”“素银函一枚”“银金花钑作函一枚”“檀香缕金银棱装铰函一枚”。

法门寺地宫中出土的供养品数量众多，按其质地有金、银、铜、瓷、木、琉璃、玛瑙、玳瑁、水晶、玉、丝绸等。属于佛具的有锡杖、钵、如意、阏伽瓶（图 4-50）、袈裟及衣物等；属于香供养的有香案、香炉、手炉、香宝子和请香具等；还有佛造像、花果和其他大量的普通供养品，各类中基本都有金银器。锡杖一共有三件，即迎真身银金花四股十二环锡杖、双股十二环金锡杖、鎏金双股六环铜锡杖。金银钵有迎真身金钵一件、迦陵频伽纹金钵一件、鎏金团花纹银钵两件。银如意两件，一件为素面云头如意，柄侧錾刻：“咸通十三年（872 年）文思院造银白成如意一枚，重九两四钱。打造作官臣赵智宗、判官高品臣刘虔诣、副使高品臣高师厚、使臣弘毖。”阏伽瓶四件，安置在地宫的四角，应该表示密宗的某种仪式。瓶盘口，细颈，圆腹，圈足，带流。腹部錾刻四组莲瓣纹图案，内为羯摩三钴金刚杵纹。腹下部和圈足錾仰莲和覆莲，莲瓣之间也有羯摩三钴金刚杵。

羯摩三钴金刚杵是密宗的法器，这种纹饰还见于地宫出土的其他佛具上。香供养具则有素面银香案、银塔式香炉、鎏金卧龟莲花纹五足银香炉、鎏金鸿雁纹壶门座五环银圈足香炉、如意柄银香炉、鎏金银香宝子、鎏金银箸和银香匙等。佛造像有鎏金银捧真身菩萨（图4-51）、鎏金带座银菩萨等。花果有银芙蕖（莲花）一对，以银筋为茎、座，以银箔为花叶；主茎顶端以莲蓬为蕊的芙蕖，内外三层，共十六瓣；主茎中部分出三茎，其一为莲蕾，其余为翻卷的莲叶；均通高41厘米，每件重535克。普通供养品可以金银茶具为代表（详见本章第七节）。较特殊的供养品还有鎏金镂空银莲花藻井一件，原与地宫后室顶部的大理石盖石相连，先以金、银钉钉于圆形木板，木板上墨书发愿文："弟子崔庆可从宝帐将迎释迦牟尼佛真身。心中一切愿速得成就。□愿□□曹氏同生一处，一切先世父母□□□□难苦解脱哉。发无边愿，愿此生□□为众生谁愿一切诸如来□□□愿我诸愿早成就，济渡诸众□□死海，大唐咸通十二年（871年）岁□□十一月造此宝帐镜花。"圆形木板中心有圆孔，原为素面银钗将铜镜一面通过此孔与汉白玉盖石下刻的铺首系联成一整体，作为藻井，径38厘米，高6厘米。

浙江杭州雷峰塔塔基地宫共出土文物51件（组），其中金银器14件，包括"千秋万岁"铭鎏金银盒、银阿育王塔、"千秋万岁"铭镂孔银垫、鎏金银腰带、如意纹银腰带、银钗、银臂钏、银镂空饰件等。其中鎏金银盒是舍利容器，其套装方式是铁函—鎏金银盒—银阿育王塔—金棺。阿育王塔纯银打造，塔身与山花蕉叶上镂刻佛传及本生故事（图4-52），内置金棺，金棺内奉安"佛螺髻发"的发舍利。"千秋万岁"铭银垫位于铁函内，垫在银盒之下。鎏金银腰带位于铁函内，环绕在鎏金银盒四周，腰带带扣刻铭为："弟子陈承裕敬舍身上要（腰）带入宝塔内"。地宫壁面还粘贴有鎏金铜小佛像、天王像和圆形镂空银饰等，其中鸳鸯纹银饰，镂空薄片状，中间为展翅相对的鸳鸯，上下镂刻莲荷枝叶，鸳鸯表面鎏金。圆形镂空银饰件，正中为展翅相对的鸳鸯，四周刻莲叶、苞蕾，枝茎缠绕，周边一圈联珠纹，直径6厘米。铁函下堆放的各种供养品中有银臂钏。三件银臂

图4-51 陕西扶风法门寺塔基地宫出土鎏金银捧真身菩萨

钏中有两件表面刻卷草纹，一件正面锤揲弦纹，背面浅刻“弟子王晖女弟子琥七娘共舍”字样，是善男信女施舍给佛祖的财宝。这些金银器多采用锤揲、镂空、錾刻、焊接、鎏金等工艺制作而成。

除了地宫之外，雷峰塔废墟中还清理出两件阿育王塔，一件纯银，一件为鎏金铜塔，原先可能置于塔身的天宫之中。银塔身上镂刻佛传、本生故事，与地宫中出土的基本相同，塔内悬挂高 4 厘米的葫芦状金瓶。此二塔无铭，但与浙江金华万佛塔出土的铜、铁阿育王塔相似，后者分别有“吴越国王钱俶敬造八万四千宝塔乙卯岁记”“吴越国王俶敬造宝塔八万四千所永充供养时乙丑岁记”铭文[1]。雷峰塔遗址出土的一面铁镜[2]背面铸有“天下兵马大元帅吴越国王钱俶铸造菩萨一万身永充供养”。这表明地宫、天宫中贵重的金银器物都应该与吴越国王室有关。

图 4-52 浙江杭州雷峰塔地宫出土银阿育王塔

除法门寺塔和雷峰塔塔基地宫之外，还有其他一些重要的考古发现。

陕西耀县隋神德寺塔基地宫出土篆书“大隋皇帝舍利宝塔铭”的石函一件[3]，内有鎏金盝顶铜盒，内装骨灰、舍利三、隋五铢二十七、金环、银环九、玉环、波斯萨珊银币三；石函内还有圆铜盒、方铜盒、铜瓶、玛瑙器、铜簪等。塔铭纪年为仁寿四年（604 年）。金环、银环和波斯银币应属普通的供养器。

河北正定开元寺塔基地宫出土石函一件，内套装木函、金函，金函内存放舍利。金函制作简单，正方形，盝顶，函身用金片连接后底部内折，内置一方形金片作底，盖侧面四角作豁口[4]。从石函纹饰和出土钱币看，年代当为初唐时期。金函为舍利容器。

陕西长安王家庄天子峪唐至相寺天宫[5]位于塔第三层，为砖砌的竖穴洞，出土一件白瓷钵，内装骨灰和大小套装的两个银盒和一个金盒。大银盒口径 5.5 厘米，高 5 厘米，内装口径 2.6 厘米，高 2 厘米的小银盒和七枚波斯萨珊银币。小银盒内装口径 1.1 厘米，高 1.5 厘米的小金盒。该塔址附近曾出土永徽元年（650 年）纪年的泥佛像。瓷钵和银币也具有初唐特征。这是瓷钵—大银盒—小银盒—小金盒

1 浙江省文物管理委员会：《金华万佛塔出土文物》，文物出版社，1958 年，第 3、4 页。
2 圆形，直径 9.5 厘米，背面无钮，是否为铁镜存疑，见《雷峰遗珍》（文物出版社，2002 年）第 65 页。
3 朱捷元、秦波：《陕西长安和耀县发现的波斯萨珊朝银币》，《考古》1974 年第 2 期，第 126—132 页。
4 刘友恒、聂连顺：《河北正定开元寺发现初唐地宫》，《文物》1995 年第 6 期，第 63—68 页。
5 朱捷元、秦波：《陕西长安和耀县发现的波斯萨珊朝银币》，《考古》1974 年第 2 期，第 126—132 页。

的组合。银盒、金盒似为舍利容器，银币为普通供养器。

甘肃泾川唐大云寺塔基地宫出土一件刻“大周泾川大云寺舍利之函揔一十四粒”的舍利石函[1]。函内由外而内套装鎏金铜匣、银椁和金棺，金棺内置琉璃瓶，内装舍利十四颗（图4-53）。石函四面刻铭文及施主姓名。银椁满饰缠枝忍冬纹，金棺装饰华丽，远胜银椁。铜匣内另有金钗一件、银钗十一件。据刻铭，金银棺椁的年代为武则天延载元年（694年）。这是石函—鎏金铜匣—银椁—金棺—琉璃瓶组合，银椁、金棺为舍利容器。

江苏句容行香唐代东霞寺塔基地宫出土铁函一件，内套装鎏金大铜椁、银椁和鎏金小铜棺[2]。其造型和纹样与甘肃泾川出土的银椁、金棺相似，两者年代应相近。这是铁函—鎏金铜椁—银椁—鎏金小铜棺的组合，银椁为舍利容器。

山西太原太山武周时期龙泉寺塔塔基地宫出土石函一件，内套装鎏金铜饰木椁、木胎鎏金铜椁、木胎银椁和金棺[3]。银椁和金棺是舍利容器。长治城区发现唐代塔基，有两处地宫，正中的圆形土坑内置石椁，由外而内套装石棺、银棺、金棺，金棺内放置丝织物；圆形土坑正南1.5米处有一方形土坑，内有长方形石函，套装带盖白瓷罐、绸布包裹的金黄色素面金属圆盒，盒内装舍利[4]。银棺、金棺、金黄色金属圆盒是舍利容器。

陕西临潼庆山寺舍利塔基地宫主室北壁下正中位置有石雕舍利宝帐，附近整

图4-53　甘肃泾川大云寺塔基地宫出土鎏金铜匣、银椁和金棺和琉璃瓶

1 甘肃省文物工作队：《甘肃省泾川县出土的唐代舍利石函》，《文物》1966年第3期，第8—14、47页。
2 刘建国、杨再年：《江苏句容行香发现唐代铜棺、银椁》，《考古》1985年第2期，第182—184页。
3 龙真、冯钢、常一民：《太原太山龙泉寺基址发掘调查取得重要成果》，《中国文物报》2009年1月14日第2版；龙真、裴静蓉：《太原晋阳古城太山龙泉寺唐塔塔基遗址发掘》，载国家文物局：《2008中国重要考古发现》，文物出版社，2009年，第125—129页；赵凤燕、冯健、李书镇、刘俊：《太原太山龙泉寺出土唐代五重棺椁工艺初探》，《文物天地》2015年第4期，第19—22页。
4 山西省文物管理委员会、山西省考古研究所：《山西长治唐代舍利棺的发现》，《考古》1961年第5期，第286、287页。

齐有序地供奉有各种器物，共出土 127 件，其中金银（包括鎏金、鎏银器）有 48 件[1]。舍利容器组合为石宝帐—银椁—金棺—琉璃瓶。属于佛具的有四股十二环银首金锡杖、鎏银钵、鎏金铜净瓶，香供养具有鎏银兽足兽面衔环香炉、银匙、银箸，花果有金莲花，还有鎏金管形器、鎏金高足杯和团扇形银器等。两件金莲花形态逼真，梗、茎、花、叶、蕾皆金质，残高 29.5 厘米。梗中空，内实铜梗。花直径 9 厘米，蕊心镶嵌绿宝石，蕊周围粘珍珠。金叶染绿，脉络清晰。蕾似含苞待放。这对金莲花原为石宝帐座前角上的饰物。据出土的《上方舍利塔记》碑，这座地宫的年代为开元二十九年（741 年）。

江苏镇江甘露寺铁塔塔基地宫出土一件刻有“润州甘露寺重瘗舍利塔记”的宋代长方形大石函。大石函内有小石函两件，银函、银盒两件，漆盒一件，其中两件小石函属唐代，为宋代重瘗，其余属宋代。位于东边的小石函内套装银椁、金棺和小金棺，小金棺内置银人像，为瘗埋长干寺舍利所用；西边的小石函内套装银椁、金棺，为瘗埋禅众寺舍利所用。据石函和出土其他石刻上的铭文，原唐代“石塔”为李德裕所建，于长庆五年（825 年）和太和三年（829 年）先后将由长干寺、禅众寺分过来的舍利瘗埋至此。北宋熙宁二年（1069 年）再建铁塔，将原先李德裕所瘗之物重新安置。这是石函—金棺—小金棺—银人像和银椁—金棺组合。

陕西西安交通大学校园出土三件套装在一起的银盒，由外而内分别是六曲“都管七个国”银盒、海棠形鹦鹉纹圈足银盒和海棠形龟背银盒（图 4-54）[2]。龟背形银盒内装有水晶珠二颗，褐色橄榄形玛瑙珠一颗。从银器的形制和纹饰看，应为中晚唐时期遗物。银器出土地在唐道政坊的范围内，原应属于佛寺塔基[3]。这套银盒显然是舍利容器。“都管七个国”六曲银盒造型优美，纹样丰富、精细，不仅是唐代银器中的精品，还反映了唐代中外文化交流的盛况。银盒子母口，高圈足；盖面正中大致呈六边形，主纹为一人骑象，有“都管七个国”“昆仑王国”“将来”榜

图 4-54　陕西西安出土“都管七个国”舍利银盒

1 临潼县博物馆：《临潼唐庆山寺舍利塔基精室清理记》，《文博》1985 年第 5 期，第 12—37 页。

2 张达宏、王长启：《西安市文管会收藏的几件珍贵文物》，《考古与文物》1984 年第 4 期，第 22—31 页。

3 田中一美：《都管七箇国盒の図像とその用途》，《佛教芸術》第 210 号，1993 年，第 15—30 页。

刻；其外围六个凸瓣，内装饰人物故事并錾刻国名，有“婆罗门国”“呪锡”“土蕃国”“踈勒国”“高丽国”“白拓□国”“乌蛮人”；盒口上下十二个凸瓣的外缘鱼子地，刻十二生肖及缠枝纹，两侧配有“子时”“半夜”“丑时”“鸡鸣”至“戌时”“黄昏”“亥时”“人定”二十四时榜刻。七国、十二生肖、二十四时按照一定的规律排列[1]。

从上述分析大致可以看出，隋唐五代时期佛寺天宫或地宫瘗埋和供奉舍利使用金银器有如下特点：其一，金银使用较为普遍，但主要用作舍利容器，除法门寺和雷峰塔地宫之外，金银供养器不多。这一点与之后的宋代存在比较明显的差别。除了考古发现的偶然性和局限性之外，隋唐五代时期金银器不够普及可能是主要原因之一。其二，舍利容器流行石—铜—银—金套装组合，金银容器再套琉璃容器或者直接盛放舍利，表明了金银的珍贵。其三，舍利容器以及为礼佛而特制的供养品的造型、装饰纹样具有强烈的佛教色彩，其他普通供养品主要立意在于供养品的贵重，以表明供养之心的虔诚，所以器物在造型、纹样方面比较世俗化，不拘一格。

西汉以来，以金银为食器可益寿，饵丹药可得长生，炼丹需用金银的观念，随着道教的兴起和发展渐渐深入人心。唐代上层社会热衷于金银器的使用或也与推崇道教有一定的关系[2]。目前考古发掘的唐代金银器中，颇具道教色彩的是著名的何家村窖藏[3]。窖藏共发现金、银、玛瑙等制作的医药用具数十件和多种金石药品，金银器具有：银石榴罐四件、银双耳锅一件、银提梁锅四件、银铛一件、带流金铫一件，另有银盒、罐、壶、鼎、碗、钵等二十余件（图 4-55）。其中，银石榴罐可能为用作蒸馏的炼丹器，银双耳锅、银提梁锅可能为煮药器，带流金铫、银铛可能为温药器，其余应为盛药器。另外还有玛瑙臼和玉杵各一件，应为研药器。与上述器物相关联而出土的药物有金屑 787 克、金箔 4388 克、麸金 126 克，另有丹砂、钟乳石、紫石英、白石英、琥珀、珊瑚和密陀僧等。

何家村窖藏器物中包含有与道教炼丹有关的器具是无疑的，遗物中成组成套的金银炼丹具、药具，还在一些银盒内盛装朱砂、石英、琥珀、石乳等药物，这些药物大都有镇静安神、益气明目、健五脏提精神的作用，故被认为是炼丹的主要原料。药具、药物很可能与炼丹有关。不过进而推测该窖藏的拥有者应该是一位热衷于道教炼丹术的人物，甚至认为何家村窖藏是道教遗址，问题较大。窖藏共有遗物 1000 余件，即便那些医药具、药物是道教炼丹物品无疑，它们在这批遗

1 关于银盒图像的考证可参读周伟洲：《唐“都管七箇國”六瓣银盒考》，《唐研究》第三卷，北京大学出版社，1997 年，第 405—435 页。

2 关于唐代金银器中的道教文化因素，可参读武玮：《唐代金银器中的道教文化》，《殷都学刊》2006 年第 2 期，第 103—106 页。

3 陕西省博物馆文管会写作小组：《从西安南郊出土的医药文物看唐代医药的发展》，《文物》1972 年第 6 期，第 52—55 页；耿鉴庭：《西安南郊唐代窖藏里的医药文物》，《文物》1972 年第 6 期，第 56—60、55 页；吴德铎：《何家村出土医药文物补证》，《考古》1982 年第 5 期，第 528—531 页，全文见吴德铎：《科技史文集》，上海三联书店，1991 年，第 233—248 页；戴应新：《解放后考古发现的医药资料考述》，《考古》1983 年第 2 期，第 180—186 页；沈睿文：《何家村窖藏再认识——从考古学的功能研究谈起》，载《华林》第三卷，中华书局，2004 年，第 249—264 页；沈睿文：《宝光下的道踪》，《读书》2004 年第 5 期，第 144—151 页；沈睿文：《一个与道教有关的遗存——何家村窖藏再认识》，《中国文物报》2013 年 6 月 13 日第 7 版。

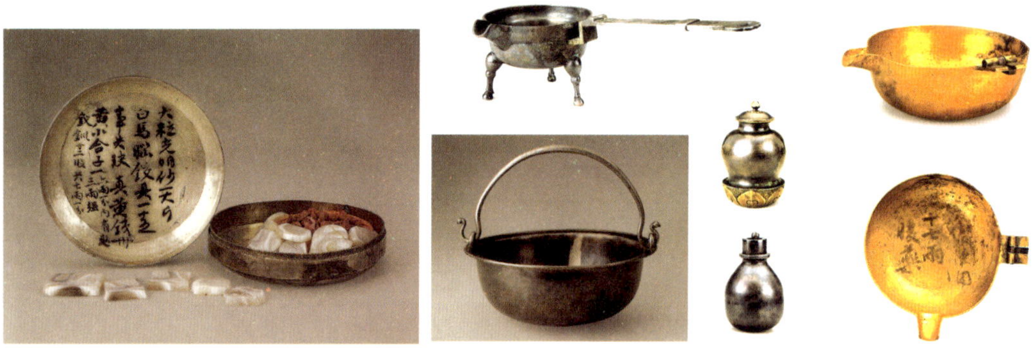

图 4-55 陕西西安何家村窖藏出土部分炼丹具、药具

物中所占比例也甚少。更相反的例子是，遗物中还有历代钱币、金银器皿、玛瑙、琉璃、水晶器，甚至有来自波斯、东罗马、日本的输入品，反映官府税收的银饼，代表官员等级身份的玉带等等，遗物内容不仅丰富，还有层次，道教主人或道教遗址的解释很难说通。何家村窖藏应属官府的财产[1]。这些医药用具、金石药品也应与医药类的职能部门相关[2]。

唐代金银器上的装饰纹样，很多也与佛、道文化有关，虽然题材丰富，手法多样，但更多体现的是金银器的时代嬗变和区域文化之间的差异，很难说具有某种特殊的寓意。因为这些纹样一般不独见于金银器，还常见于石窟壁画、墓葬壁画、葬具线刻、织物、铜镜和陶瓷器等上的装饰，具有相当的普遍性。

中古时期入华的三夷教多少都与金银有关系，其中较为突出的是祆教。祆教产生和最初传播的区域是金银器兴盛的西亚、中亚地区，因此金银器很容易与祆教产生关联。与佛教徒“礼佛”一样，塑金神像，并用金银器供奉是祆教徒“事火”的常见做法。《隋书》卷八三《西域传·曹国》记载：“国中有得悉神，自西海以东诸国并敬事之。其神有金人焉，金破罗阔丈有五尺，高下相称。每日以驼五投、马十四、羊一百口祭之，常有千人食之不尽。”[3]得悉神是“自西海以东诸国并敬事之”的大神，有金像。这一神祇可能是祆教主星辰雨水的女神。第三章所举新疆焉耆七个星乡出土的银碗碗沿刻有可能意为“这件器物属于得悉神”的铭文。金破罗是“阔丈有五尺”的大型酒器，可能用于供奉得悉神[4]。北周至隋代的安伽、史君和虞弘墓出土的石葬具图像中有不少祭祀祆神的画面，使用的器皿

1 齐东方：《何家村遗宝的埋藏地点和年代》，《考古与文物》2003 年第 2 期，第 70—74 页；杭志宏认为何家村遗宝应为两部分，同时埋入地下，其中小部分为邠王李守礼子李承宏私人所有，绝大多数带有墨书或为墨书记载的物品，应是李承宏从皇宫国库（内库）、金银作坊院等地盗出并埋藏于兴化坊邠王府旧址的。埋藏时间为唐代宗广德元年（763 年）十月吐蕃人攻入长安后的十五天左右（杭志宏：《再议何家村遗宝的主人、年代和埋藏地点》，《陕西历史博物馆馆刊》第 19 辑，三秦出版社，2012 年，第 256—265 页）。

2 梁子、程云霞认为何家村宝物为唐政府少府监下辖的中尚署、铸钱院等机构所藏匿。这些医药用具应是少府监为尚药局或尚食局制作的，也可能是备用标准器。见梁子、程云霞：《何家村窖藏：制作机构及其世界性意义》，《西北大学学报（哲学社会科学版）》2016 年第 1 期，第 32—37 页。

3 中华书局，1973 年，第六册，第 1855 页。

4 蔡鸿生：《唐代九姓胡与突厥文化》上编《唐代九姓胡》（五）“得悉神和金破罗”，中华书局，1998 年，第 11—14 页。

有不少应该就是金银器[1]。安伽墓石墓门的门额上中央是一火坛，两侧为人首鹰身的祭祀，前面各有一供案，上置胡瓶、细颈壶、高足杯等各类器皿，表面涂金黄色或白色，有的插有花叶枝[2]。

祆教还对金银器的装饰产生了影响，金银器上有不少与祆教有关的装饰纹样，最有代表性的是一些祆神装饰。战神崇拜在祆教中有特殊的意义，在祆教流行地区较为突出，体现为以各种形式刻画战神化身形象，包括牡牛、马、骆驼、野猪、神乌、牡羊和牡鹿等七种形象，这在波斯、粟特、中国的新疆和中原内地发现的金银器、织物、王宫壁画雕塑上都有所体现[3]。另外，众所周知，祆教的火坛和祭祀场景更是萨珊银币重要的装饰内容。

总而言之，金银本是贵重之物，佛教、祆教等用之塑造神像，装饰神殿，并用金银器供奉诸神是信仰虔诚的表现。道教中金银器的使用则可能与道家某些独特的观念有关。当某种宗教信仰流行、普及，深入人心的时候，一些带有表征性的，或体现其思想观念的装饰纹样就容易出现在包括金银器在内的器物上。

1 张凌：《安伽、虞弘和史君等墓出土石葬具图像中的器物研究》，北京大学考古文博学院硕士学位论文，2006 年。

2 陕西省考古研究所：《西安北周安伽墓》，文物出版社，2003 年，第 16、17 页，图一三、彩版一四至二一。

3 参读前揭陈凌：《突厥汗国与欧亚文化交流的考古学研究》，上海古籍出版社，2013 年，第 184—189 页。

第五章
宋代金银器

唐中叶以后，伴随着安史之乱造成的经济中心南移，金银器的生产开始打破了宫廷、中央官府独揽的模式，南方地区的地方官府和私人作坊也开始生产，享用者也出现民间阶层。五代时期的南方沿袭着唐代的余绪，在城市文化背景下，北宋都市平民对银器的大量使用，使金银器在经过盛唐的高潮之后面临的盛极难继的局面得以改变。中晚唐文化中与日常生活相关的人文意向明显增多，到了宋代已成为一种普遍的风气，使得金银器的市民气息日益浓厚。南宋以后金银器发生了划时代的变化，主要表现在：随着商品经济的繁荣、市民的壮大、文人的市民化，金银制品的商品化成为一种新的趋势；为适应市民这一新的接受群体的需要，金银制品的形制、纹饰、风格发生了一系列的变化，反映市民生活和思想趣味的作品逐渐增多。宋代的金银器作品已经很少看到外来文化的影响，也一改唐代的雍容华贵、热情奔放的作风，趋于柔和含蓄、清丽自然，更多地带有中国传统的装饰韵味。

宋代民间作坊的产品是当时金银器生产的主流，产品的重要特征是世俗化和商品化，成为富庶人家的日常生活用品。器物的制作向两个方向发展：一是更加华丽、精细，二是趋于素朴、简洁，适应了社会不同阶层的需求。有些器物的形制、纹样等形成了一定的模式，可能是批量生产的。不少器物胎体轻薄，制作简洁，小巧玲珑，是商品化的必然结果。

江浙一带于中晚唐率先发达起来的金银制造业，在宋代得到继承和发展。唐代中晚期新兴的“扬一益二”的四川，金银制造业开始兴盛。银产量很高的赣闽地区，金银器制造也有了起色，两宋时期进入江南经济先进行列的福建地区也发现精美的金银器。

第一节　金银器的普及和区域特征

由于考古材料的局限，目前我们对宋代皇室、官府所使用金银器实物的情况尚缺乏认识。据文献记载，宋代皇室、官府金银器的主要生产机构是始设于宋太宗太平兴国三年（987 年）的文思院。文思院源于晚唐，经五代的发展，到了宋代沿袭了唐代文思院的职能，但除了为皇室服务，同时也为官府诸部门服务，成为重要的官营手工业作坊；两宋时期，文思院的总体规模一直在扩大，生产部门逐渐增多，南宋在北宋的基础上变化尤大[1]。宋代文思院的基本职责是“掌金银、犀玉工巧及采绘、装钿之饰。凡仪物、器仗、权量、舆服所以供上方、给百司者，于是出焉”[2]。其内部又可分为上、下两界，“其上界造作金、银、珠、玉，下界造铜、铁、竹、木、杂料”[3]。除文思院之外，后苑造作所也与金银器的生产有关。后苑造作所“在皇城北，掌造禁中及皇属婚娶名物”，领作七十四，有“缕金作”“腰带作”“钑作”“打造作”“镀金作”等；此外还负责“北朝礼物”的生产，至和元年（1054年）十二月诏：“后苑作金箔只令本所作造，除制造皇帝头冠礼物及北朝礼物，即便使用并毛头金，仍据合使数目旋行计料，拍造供使……”[4]

宋代民间金银器发展的繁盛，在文献记载和考古发现中均有很好的体现。唐代晚期，工商业的发展冲破了中国古代城市内商业贸易由政府严格控制的局面，沿街开店日渐增多，而且出现了“扬一益二”等商业气氛浓厚的新兴城市。时至宋代，商品经济进一步发展，政治型城市更商业化，商业性城市增多，金银器手工业随之兴盛。金银器的使用开始普及到了市民阶层，与市民生活紧密关联，饮食器是宋代金银器的大宗。都城或一些商业发达城市的“酒肆”内常常金银器皿齐备。《参天台五台山记》记述了北宋神宗熙宁五年（1072年）、六年（1073年），日本入宋僧人成寻巡礼天台山、五台山行程中的见闻。从中可知，金银器，特别是银器在民间的使用比较普遍，成寻至杭州“见店家廿町许，所置物以金银造”；“市东西卅余町，南北卅余町，每一町有大路小路，百千卖买，不可言尽。见物之人，满路头并舍内。以银茶器，每人饮茶，出钱一文”；至台州“巳时，通判郎中斋。客有子鸿长老，三前皆银器筋匙”；至杭州“市内大小路辻，卖买绫罗、金银、香药、绢绵布、食物等满多”；至洛阳“从梵才三藏房有请，即行向，点茶。果廿种以银器备之”；“文慧大师来请，即相共向房，以银器盛珍果八种，并美菜五种，飱羹五度，茶银五坏（杯），银小器也”；“于三藏房，数刻间答，有珍果五种，皆用银器”；“点茶两度，银花盘，并置银口茶器，茶壶，银也”[5]。《梦粱录》卷一六“酒肆”记载了约南宋晚期临安城“酒肆”使用银器的情况，云：“杭都如康、沈、施厨等酒楼店，及荐桥丰禾坊王家酒店、阇门外郑厨分茶酒肆，俱用全桌银器皿沽卖，更有碗头店一二处，亦有银台碗沽卖，于他郡却无之。”[6]

文献记载和考古发现均表明，宋代没有唐代那样影响很大的制作中心，金银器的制作更为普及，使用的范围明显扩大。就考古材料而言，目前金银器不仅出现在河北、江苏、浙江，在福建、江西、四川、安徽、山东、山西等以往少有金银器出土的地区也发现不少。唐代极少发现金银器的四川、福建地区更

1 王菱菱：《宋代文思院的由来及其职能的变化》，《宋史研究论丛》，河北大学出版社，2008年，第293—303页；王菱菱：《宋代文思院的管理体系与管理措施》，《河北大学学报（哲学社会科学版）》，2010年第1期，第8—20页。

2 《宋史》卷一六三《职官三·工部·文思院》，中华书局，1977年，第一二册，第3864页。

3 〔清〕徐松辑：《宋会要辑稿》第七十五册《职官二九之二》，中华书局，1957年，第2988页。

4 〔清〕徐松辑：《宋会要辑稿》第七十九册《职官三六之七二、七三、七四》，中华书局，1957年，第3107、3108页。

5 （日）成寻著，王丽萍校点：《新校参天台五台山记》，上海古籍出版社，2009年，第23、27、83、199、295、343、345、575页。

6 〔宋〕吴自牧撰，见《东京梦华录》（外四种），古典文学出版社，1956年，第264页。

是突然增多。

笼统地说宋代金银器得到普及并不准确。宋代文献中有很多关于金银价格的记载。宋真宗咸平年间（998—1003年）、宋钦宗靖康元年（1126年）、宋高宗绍兴四年（1134年）、宋宁宗时期（1195—1224年）的金银比价分别约为1∶6.3、1∶13.3、1∶13和1∶12.1[1]。《三朝北盟会编》记载靖康二年（1128年）金银比价约为1∶6.3，其中金每两三十五贯，银每两五贯五百文；金每两博米四斗，银每两博米一斗[2]。金与银的比价，以及金银与一般商品的比价决定，金银器很贵重，金器更是难以普及，银器的价格则是富庶的市民阶层可以承受的。

从考古发现的实物和文献记载中可以发现，不论是器皿，还是首饰及其他饰品，宋代在市民阶层流行的主要是银器或鎏金银器。据截至2011年4月的统计[3]，如果把金法器作为特殊用途的金器皿，目前在宋代墓葬、窖藏和塔基的地宫或天宫这三类遗迹中发现的金器皿只有32件，如果不把金法器包括在内，则只有16件完整的金器皿。金首饰及饰品方面，52座墓葬共出土金首饰及饰品172件，8处窖藏出土89件。银器的发现明显更多，52座墓葬中共发现215件器皿，22处窖藏共发现660件器皿，25座塔基地宫或天宫发现170件器皿；银首饰及饰品方面，82座墓葬出土218件，14处窖藏出土176件，5座塔基地宫或天宫出土73件。

金银器是手工业中比较特殊的门类，当商品经济发展，经济重心发生变化时，地方金银手工业的兴盛成为必然，一些不易察觉的南北之别、地区差异在宋代逐渐显现。目前考古发现的中原和北方地区的金银器不多，但与南方地区存在一定的差别。而南方金银器集中在江浙、成渝、赣闽发现，同时也显示出这些地区的不同。

北方地区发现的北宋时期的金银制品主要见于寺院塔基地宫、窖藏和墓葬，其中窖藏和墓葬中发现很少。寺院塔基地宫中出土的金银器，其制作较粗率，远不及唐代法门寺地宫所出的皇家物品，又因为都是些与佛教有关的法物及供奉物品，也不足以体现宋代金银制品的整体风格（关于这一时期的礼佛金银器，详见本章第四节）。所以，根据目前有限的考古发现，尚不能对北宋金银器有较全面的认识。不过，这些寺院塔基中发现的不少金银器物，多伴有纪年的遗物，基本可以推测出其制作时间的下限，由此可以大致建立起北宋金银器的编年序列。同时，这些金银器也反映出北宋时期，北方、中原地区民众在宗教信仰方面倾注的心思和愿意付出的财力。这也是宋代金银器普及的体现之一。

北方地区发现的窖藏的数量远少于南方地区，目前只见于山东和陕西等地，所藏物品也不太丰富。山东莒南窖藏[4]发现银器22件，实重2510克，出土时，外面包有一层黑色很薄的灰，估计原先这些银器盛于木盒之内。其中，盥洗器具有银钵盆一、吊匜两件；餐饮器具最多，有荷叶盏十、莲蓬盏六、碗二；还有鎏金银卧狮一（似为器钮）。这些器物均采用锤揲、錾刻相结合的工艺，使花纹浮凸，特别是银卧狮，制作精细。济南老城区卫巷遗址窖藏坑中央置一黑釉瓷罐，口径

1（日）加藤繁：《唐宋时代金银之研究——以金银之货币机能为中心》，中华书局，2006年，第376页。
2 此据王仲荦著、郑宜秀整理：《金泥玉屑丛考》，中华书局，1998年，第238页。
3 廖望春：《宋代金银器物研究》，南京大学出版社，2012年，第1—30页。
4 山东莒南县图书馆张成荣、吴瑞吉：《山东莒南发现宋代银器窖藏》，《文物资料丛刊》（8），文物出版社，1983年，第133—135页。

13厘米，通高18.9厘米，内有簪、钗、耳坠、环等金器10件，钗、狮形配饰、钏、镯、壶、盒和银块等银器25件[1]。此外，陕西扶风发现三处窖藏[2]：上宋柳家宋代房址的陶瓮中有银带饰，包括方銙九、花形銙四、带扣三、带环一；午井四户宋代院落遗址发现的铁壶中装金镯、耳环各一对，银铤和碎银，共重3000多克；法门宝塔一处房址的陶罐中出土银温碗、碗、六曲碗、耳杯、铤各一，六曲圈足碗二。

因政治和经济方面的原因，宋代墓葬突破了礼法的制约，向世俗化方向发展，从以严格的等级制度来维护家族的门第和社会地位，变成了注重风水堪舆以为子孙求得福祉，在总体上显示了葬制从简的特点[3]。再加上纸质明器的使用，所以，北方地区宋墓的随葬品不算丰富，金银器皿尤少，几乎不见金器皿，银器皿也只有十件左右。考古发现中保存较好的家族墓地，能在一定程度上反映当时士大夫阶层在丧葬中使用金银器的情况。陕西蓝田北宋中晚期吕氏家族墓地共清理墓葬29座，出土有素面金簪、银錾花胭脂盒等饰品和妆盒类金银器[4]（图5-1），与其他材质器物相比，数量极少，但这应该与吕氏家族器用尚质，不嗜奢华有关，不具有普遍性。河南洛阳邙山宋代壁画墓[5]出土的金银器则较为丰富，有金簪、金饰、银勺、银葵花盘、银盒、银梅瓶及盖、银碗各一，金耳饰、鎏金手镯、银箸各一对（双）。从器形大小和装饰纹样看，所谓“银杯”实应为银壶上的扣盖，银瓶口部刻“六”字；银盘盘沿背面竖刻“行宫公用葵花盘式面共重捌两”（测重154.1克），属自铭器名（图5-2）；银勺柄端背面竖刻“文伯”二字；一双银箸上分别刻“云甫”“明之”。该墓的年代约为北宋晚期，简报从出土器物以及“行

图5-1　陕西蓝田吕氏家族墓地M25出土银胭脂盒

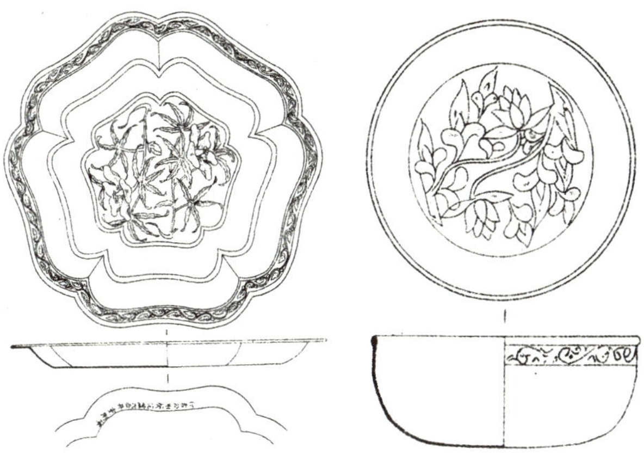

图5-2　河南洛阳邙山北宋壁画墓出土部分银器

1 济南市考古研究所：《济南老城区卫巷遗址出土的宋代金银器窖藏》，《中国国家博物馆馆刊》2016年第6期，第41—53页。

2 罗西章：《扶风出土的宋金时代金银器》，《考古与文物》1984年第4期，第32—36页。

3 秦大树：《宋代丧葬习俗的变革及其体现的社会意义》，《唐研究》第十一卷，北京大学出版社，2005年，第313—336页。

4 陕西省考古研究院：《陕西蓝田县五里头北宋吕氏家族墓地》，《考古》2010年第8期，第46—52页之第49、51页；陕西省考古研究院、陕西历史博物馆、北京大学考古文博学院、北京大学赛克勒考古与艺术博物馆：《异世同调——陕西省蓝田吕氏家族墓地出土文物》，中华书局，2013年，第106、107、138—143页。

5 洛阳市第二文物工作队：《洛阳邙山宋代壁画墓》，《文物》1992年第12期，第37—51页。

宫公用"铭文推测墓主可能是一位与皇室有某种联系的女性。

南方地区两宋时期的金银器也主要出土于窖藏、墓葬和寺院天宫或地宫中，但时代多为南宋，属北宋的不多。

江浙地区自西汉以来就是金银器的重要产地，考古发现的宋代金银遗物最多。目前在江苏的南京、江浦、溧阳、镇江、连云港，浙江的瑞安、永嘉、吴兴等地都有发现，主要为墓葬随葬品，虽然各墓随葬的数量不算多，种类比起窖藏来说也较少，却能反映金银制品在日常生活中被使用的情形。

江苏南京幕府山北宋中期（不早于仁宗明道年间，1032—1033 年）夫妻合葬墓[1]出土的金银物品较多，盗余残留的男性墓主随葬品有鎏金银梳背、银盒、银杆各一；女墓主随葬多件金饰，有霞帔坠、龙凤簪、团龙簪、簪、耳勺、金丝梳背各一，以及如意簪一对、蝌蚪形饰三，还有银粉盒、鎏金银盒各一，银刀一。金银发饰造型多种多样，制作精美别致。江苏溧阳葬于北宋哲宗元祐六年（1091 年）李彬墓中出土银盒一、箸一副[2]。南京太平门外王家湾徽宗时期（1101—1125 年）宋墓[3]也发现有金钗、金簪、银发插、金花头饰件，其中金簪长 13.9 厘米，重约 11.56 克，刻"囫□围□□市色金贰钱玖分"十二字。江苏吴县北宋末年（不早于徽宗政和年间，1111—1118 年）"宋故宗姬"赵氏墓[4]出土的银器具稍多，有八棱菱花盒、荷叶盖柳斗罐、盖罐各一，匙三，与同出的瓷洗、盖罐、粉盒及漆唾盂、铜镜，共同组成一套日用洗漱、梳妆用具。据墓志可知，墓主贵为皇室之女，但是也只随葬银器和瓷器、漆器一起组成的日用器具组合。安徽合肥北宋包拯家族墓地 M2（北宋末年）出土有包银青瓷碗（盒）、银盒、银压胜钱、银饰等[5]。吴兴北宋末南宋初墓（不早于宋徽宗宣和年间，1119—1125 年）[6]墓主可能是一般官宦人家的女眷，所出银盘、银蝶形粉盒与其他物品一样为日用器具。这几座墓葬的情况表明，北宋时期随葬的金制物品多为簪、钗、梳背、头饰等饰件，银制物品常见盒，偶见盖罐、盘、匙、箸等。

到了南宋时期，墓葬中随葬的金银器皿丰富起来。浙江诸暨桃花岭南宋孝宗淳熙八年（1181 年）墓出土鬲式炉、渣斗、温酒器、执壶、洗、水盂、粉盒、筷、钗等银器 11 件[7]。安徽休宁县南宋庆元六年（1200 年）工部侍郎朱晞颜夫妇墓出土金银器三十余件，有葵形金盏、六边形盘盏一副等[8]。江苏江浦南宋运判直阁寺丞张同之妻章氏葬于宁宗庆元八年（1202 年），随葬有银瓶、盖罐、盖盒、盂、

1 南京市博物馆：《南京幕府山宋墓清理简报》，《文物》1982 年第 3 期，第 28—30 页。

2 镇江市博物馆、溧阳县文化馆：《江苏溧阳竹簀北宋李彬夫妇墓》，《文物》1980 年第 5 期，第 34—44 页。

3 金琦：《南京太平门外王家湾发现宋墓》，《考古》1961 年第 2 期，第 101 页。

4 叶玉奇、王建华：《江苏吴县藏书公社出土宋代遗物》，《文物》1986 年第 5 期，第 78—80 页。

5 安徽省博物馆：《合肥东郊大兴集北宋包拯家族墓群发掘报告》，《文物资料丛刊》(3)，文物出版社，1980 年，第 154—178 页之 169 页。

6 吴兴县文化宣传站：《浙江吴兴皇坟山宋墓清理简报》，《文物资料丛刊》(2)，文物出版社，1978 年，第 118—122 页。

7 宋美英（诸暨博物馆）：《诸暨桃花岭南宋纪年墓研究》，《东方博物》2009 年第 4 期（第三十三辑），浙江大学出版社，2009 年，第 13—23 页。

8 卢茂村、王少清：《休宁朱晞颜墓出土遗物及其有关问题的探讨》，《安徽文博》总第 4 期，1984 年，第 56—62 页；安徽博物院：《江淮撷珍》，文物出版社，2013 年，第 14—17 页。

盘、碗、盏、高足杯、盆、唾盂各一件及银箸一副，盒、钵、匙各二，还有定窑银扣白瓷碗一、定窑银扣白瓷盘三[1]。这些日用器具以餐饮用具为主，还包括盛装器具、洗漱器具和梳妆器具等。不过，插戴的头饰只有银钗一。上海宝山月浦南宋理宗端平元年（1234年）承务郎谭思通夫妇墓出土金钗、簪、耳坠、耳环、手镯等金首饰或装饰类器22件，银盒、匙、箸、霞帔、簪、发饰、如意、手镯、戒指、元宝等银器36件，以首饰类簪、钗等最为丰富多样，全部出自夫人墓中[2]。浙江衢州度宗咸淳十年（1274年）的史绳祖夫妇墓[3]，除头饰有金簪三外，还有银质的盒（内置金娃娃）、八卦纹杯、八角形杯、碗、盘、盖瓶各一，另有银鞋一双。浙江东阳金交椅山南宋墓出土金器共四件（组），有盏、手镯、簪、钗；银（鎏金）器19件，有托盘、瓶、温酒器、套、渣斗、匙、筷、碗、盘、盒、手镯、簪、钗、霞帔等[4]。浙江兰溪费垅口村南宋墓出土有金杯、发箍，银高足杯、长颈瓶、盒、执壶、洗、渣斗、筷、匙、茶则、笊篱和火拨等[5]。这几座南宋墓葬的随葬品以银器为大宗，器类涉及日常生活的多个方面，各类多为一件，似仅为墓主阴间享用而备的一套具有象征意义的用具。从古人“事死如事生”考虑，当时的官宦、富庶人家日常生活使用银器应是较为普遍的。几座墓的女性墓主随葬基本相同的梳妆器具、佩饰，说明南宋至元初南方地区的银制梳妆用具、佩饰的制作，形制、纹样等已形成了一定的模式。

江浙地区的窖藏物品最为精美。江苏溧阳平桥宋末元初窖藏[6]出土银器27件，分别放在两个陶罐中。其中包括鎏金银碗四、盘四、盆二、夹层碗二、桃形杯一，银制品有碟九、莲瓣形碗三、瓶一、盒一，铤六。这批银器的造型多样，纹饰迥异，华美精致，展现了南宋银器的艺术风格，是这一时期江浙地区的代表作品。许多器物上还刻有制作的铺号和工匠名字，表明由不同的店铺及工匠制作，可能是官宦人家埋藏的。

长江中游地区的两湖一带目前金银器发现不多。湖南临澧柏枝乡窖藏出土银杯盘一副、盘、碟、胆瓶、簪、钗、串、巾环等62件，原盛于一距地表五十厘米的陶罐内，年代为南宋末年[7]。虽然目前湖南一带的宋代金银器发现较少，但根据文献记载，南宋时期长沙的银茶具是很出名的。南宋人周煇于绍熙年间（1190—1194年）写的《清波杂志》卷四“茶器”云：“长沙匠者造茶器极精致，工直之厚，等所用白金之数。士夫家多有之，寘几案间，但知以侈靡相夸，初不常用也。”[8]宋末元初人周密《癸辛杂识·前集》“长沙茶具”条记载：“长沙茶具，精妙甲天下。

1 南京市博物馆：《江浦黄悦岭南宋张同之夫妇墓》，《文物》1973年第4期，第59—66、55页。

2 上海博物馆编著，何继英主编：《上海唐宋元墓》，科学出版社，2014年，第63—87页。

3 衢州市文管会：《浙江衢州市南宋墓出土器物》，《考古》1983年第11期，第1004—1011、1018页。

4 吕海萍（东阳博物馆）：《东阳金交椅山宋墓出土文物》，《东方博物》2011年第2期（第三十九辑），浙江大学出版社，2011年，第5—14页。

5 陈星、周菊青（兰溪市博物馆）：《兰溪费垅口村南宋墓出土文物》，《东方博物》2011年第2期（第三十九辑），浙江大学出版社，2011年，第15—23页。

6 肖梦龙、汪青青：《江苏溧阳平桥出土宋代银器窖藏》，《文物》1986年第5期，第70—77页。

7 陈国安：《湖南临澧县柏枝乡出土宋元窖藏银器》，《湖南省博物馆文集》第四辑，《船山学刊》杂志社编辑出版，1998年，第137—144页；湖南省博物馆：《湖南宋元窖藏金银器发现与研究》，文物出版社，2009年，第9—29页。

8 〔宋〕周煇撰，刘永翔校注，唐宋史料笔记丛刊本，中华书局，1994年，第175页。

图 5-3 湖南临澧县柏枝乡宋末元初窖藏出土部分银器

每副用白金三百星或五百星，凡茶之具悉备，外则以大缕银合贮之。赵南仲丞相帅潭日，尝以黄金千两为之，以进上方，穆陵大喜，盖内院之工不能为也。”[1]“穆陵”即宋理宗，“进上方”“内院之工不能为”的长沙银器工艺水平应该很高。从临澧柏枝乡窖藏出土的银器皿或许可以窥视长沙银茶具的一个侧面（图 5-3）。

四川盆地的中部和西部，为宋代人口密集、经济发达的地区。这一地区发现许多金银器窖藏，出土大量遗物，数量之多远非其他地区所能相比。重要的窖藏有三处：成都市彭州南宋晚期窖藏[2]出土金银器 350 件，是宋代金银器发现最多的一批。金银器按大小叠放，大件在下，小件放在大件之内，四周用砖砌筑，上盖砂石板。出土金质器具 27 件，器皿有菊花形碗、五曲葵口盏、瓜形盏、高圈足杯、六曲葵口圜底杯，还有钗、簪等首饰。323 件精美的银制器皿有梅瓶、壶、执壶、长颈瓶、碗、杯、盏、温碗、盆、盘、茶托、熏炉、唾盂、器盖等。许多器物刻有铭文；德阳孝泉镇南宋窖藏[3]有银器 117 件，装在四耳陶罐内，罐上盖一砖，砖上有“崇宁通宝”钱币，而罐的四周有“崇宁通宝”160 余斤。银器有盖瓶、银瓶、吊匜、执壶、钵、勺、温碗、茶托附杯、茶托、菊瓣碗、笠形碗、高足杯、菱花形杯、瓜形壶、博山炉盖、熏炉底、飞禽纹圆盒、双禽纹八棱盒、双雀纹三十二瓣盒、双凤纹圆盒、双凤纹刻花盒、镂空盒、蝶形饰、钗等。不少银器有刻铭，标明产地、商号、工匠姓氏、成色或器物名称等，其中有“孝泉周家打造”铭，为当地制品。绵阳黄家巷窖藏[4]有银器 35 件，包括茶托、盘、盏、碗、瓶、壶、盆、盒、盒盖、鼎以及耳环等。两件银碗底部錾刻“檝甫”二字，两件

1 〔宋〕周密撰，吴企明点校，唐宋史料笔记丛刊本，中华书局，1988 年，第 42 页。

2 彭州市博物馆、成都市文物考古研究所：《成都市彭州宋代金银器窖藏》，《文物》2000 年第 8 期，第 4—20 页；成都市文物考古研究所、彭州市博物馆：《四川彭州宋代金银器窖藏》，科学出版社，2003 年。

3 沈仲常：《四川德阳出土的宋代银器简介》，《文物》1961 年第 11 期，第 48—52 页。

4 绵阳市博物馆：《绵阳市出土宋代窖藏银器、钱币》，《四川考古报告集》，文物出版社，1998 年，第 398—405 页。

银瓶底部錾刻“□□十八日记”，可能为银号押记。窖藏出土 22.5 公斤“崇宁通宝”。

此外，出土十件以下的金银器窖藏尚有数处。绵阳魏城公社窖藏[1]用铁锅覆盖五件叠放在土中的银盘，底部均刻有铭文；崇庆窖藏[2]出土四件银碗；双流县窖藏[3]则出土银铤和银钗、金钗、金镯等首饰；重庆涂山湖窑址还出土有金耳环、金簪、金珰、银镯等金银首饰，还有银碗[4]。窖藏出土的遗物多是遇战乱等突发事件时作为财宝埋藏起来的，埋藏的时间多在南宋时期，但器物或许有早些时候制作的。埋藏者的身份、地位明显不同，四川彭州窖藏数量最多，金银器皿和首饰同放一处，不少器皿类动辄达数十件，无疑为达官贵人府邸的物品。那些少量的藏品或许是一般富裕人家的。

贵州地区发现的金银器大体可以归入成渝地区。贵州遵义地区是唐末至明末杨氏世袭统治的播州所在，杨氏实际统治播州 27 代 30 世，长达 725 年。1949 年以来陆续发现并发掘了一批杨氏及其家族的墓葬。2013—2014 年发掘的 M3 为第十四世杨价夫妇墓，时代为南宋晚期，出土了大量的金银器[5]。该墓为带墓道的大型土坑木椁墓，双室并列，均为一椁一棺。女椁头室内出土狮钮银执壶、银烛台、银瓶、银匙、银筷、金杯、金盘各一；男椁头室出土金银器三十二件，其中金器六件，包括盘、碗、筷、匙、茶托和杯；银器二十件，包括执壶、温碗、碗、杯、盘、盖、钵、茶托和盒；男室棺椁之间还有银洗、温碗、执壶、烛台和壶等（图 5-4）。杨价夫妇墓和成都彭州等窖藏的年代相近，器物十分相似。

图 5-4　贵州遵义南宋播州土司杨价夫妇墓出土部分金银器

赣闽地区的金银器见于江西彭泽、波阳、遂川、德安、乐安，福建福州、邵武等地，虽然不似江浙一带华丽、精致，器物的种类和形制、数量也不如成渝地区金银器丰富，但由于多出土于纪年墓葬中，所以能清晰地描绘出经济重心南移后，南方金银器分布格局的新变化。

这些纪年墓葬的随葬品显示，随着时间的推移，器物的种类发生了变化，女性使用金银器有逐渐丰富的趋

1 陈显双：《绵阳魏城公社出土的宋代窖藏银盘》，《文物》1974 年第 4 期，第 78 页。

2 陈显双：《四川崇庆县城出土宋代银碗》，《考古与文物》1983 年第 1 期，第 51 页。

3 成都市文物管理处：《四川双流县出土的宋代银铤》，《文物》1984 年第 7 期，第 95、96 页。

4 重庆市博物馆：《重庆市涂山窑宋代瓷窑试掘报告》，《考古》1986 年第 10 期，第 894—915 页。

5 贵州省文物考古研究所、中国社会科学院考古研究所、遵义市文物局：《贵州遵义市新蒲播州杨氏土司墓地》，《考古》2015 年第 7 期，第 87—100 页。

势。彭泽易氏葬于哲宗元祐五年（1090年），随葬有金耳环和银梳、银手镯[1]。波阳施氏葬于徽宗政和元年（1111年），随葬金龙头杖、钗、簪，银箸、勺、盒[2]。福州理宗淳祐七年（1243年）黄昇墓出土金霞帔坠，银钗、蝶形盒、盅、盖罐[3]。福州淳祐十四年（1250年）许峻夫妇墓出土鎏金银碗、镜盒、双鱼饰以及银蝶形盒等[4]。德安度宗咸淳十年（1274年）周氏墓，头饰有金钗、鎏金银簪，日用器皿有银奁、银粉盒、银碟、银盏托和鎏金银霞帔坠，还有银下颌托、银护膝和银护肘[5]。

赣闽地区女性墓随葬金银器有逐渐增多的趋势，在北宋初常见耳环、手镯、梳等，后来增加了钗、簪、盒；南宋时期金银饰品更多，银制妆奁组合形成。福州黄昇高髻插鎏金银钗三支，颈饰凤纹金坠，胸前佩心形鎏金银霞帔坠，用三层漆奁盛装银蝶形盒、银盅、银盖罐及其漆粉盒等其他梳妆用具。德安周氏墓的金银发饰、佩饰更多，还有三层银奁盛放银粉盒、胭脂碟。这种女性随葬金银制品以发饰、佩饰和梳妆器具为主的风习，表现得比江浙地区更为突出。

赣闽地区男性随葬的金银器不多，但也有逐渐增多的趋势。北宋时期的遂川郭知章墓[6]随葬的金银制品有13件金带饰和一件银饰镜盒盖。南宋时期的福州许峻夫妇墓[7]，棺内在头部附近放置鎏金银盒、托杯、执壶等，身体两侧放置银筷筒、筷子、汤匙等，主要为餐饮器具且件数多为一件，应该是平时使用的日常生活用具。

两处南宋窖藏更印证了当地金银制品逐渐增多且使用更加广泛这一发展趋势。江西乐安窖藏[8]中出土100余件银器，有双鱼盘、杯、匙、箸、玉壶春瓶、壶、勺、人物亭阁盘、文字牌等。福建邵武窖藏[9]出土的银器共140余件，日用器具有菱花形杯、双鱼碗、圈足碗、八棱体碟、小漏勺、菊花杯、菊花盘、梅花杯、梅花盘、鎏金八棱体亭台楼阁盘、鎏金夹层刻《踏砂行》八棱体杯，饰物有镯、钗、簪和鎏金凤簪、鎏金双鱼佩件、鎏金凸花环形饰件，以及兽面形银泡、压胜钱、银链等。窖藏通常是在遇到突发事件时掩埋的财宝。邵武窖藏器物在出土时大部分完好如新、光亮可鉴，能看到打印的银铺匠户的名号。同时，出土的还有元宝形银铤一块、残银铤一块、银条一段、凿形银铸块一块，当为制造银器的原材料。根据文献记载宋代福建路管辖六州二军四十五县，各州辖县掌管的采银场多寡不一。邵武军所辖之地最为富有，属下的四县皆有银场。《元丰九域志》卷九详细记载了邵武军所辖四县的银场、金场：邵武，“黄土、邹溪、寺城三银场”；光泽，“太

1 彭适凡、唐昌朴：《江西发现几座北宋纪年墓》，《文物》1980年第5期，第28—33页。
2 温江县文化馆：《江西波阳宋墓》，《考古》1977年第4期，第286页。
3 福建省博物馆：《福州市北郊南宋墓清理简报》，《文物》1977年第7期，第1—17页。
4 福建省博物馆：《福州茶园山南宋许峻墓》，《文物》1995年第10期，第22—33、21页。
5 江西文物考古研究所、德安县博物馆：《江西德安南宋周氏墓清理简报》，《文物》1990年第9期，第1—13页。
6 唐昌朴、梁德光：《江西遂川发现北宋郭知章墓》，《文物资料丛刊》（6），文物出版社，1982年，第175、176页。
7 福建省博物馆：《福州茶园山南宋许峻墓》，《文物》1995年第10期，第22—33、21页。
8 江西省历史博物馆杨后礼：《江西省乐安县发现窖藏银器》，《文物资料丛刊》（8），文物出版社，1983年，第116—120页。
9 王振镛、何圣庠：《邵武故县发现一批宋代银器》，《福建文博》1982年第1期，第54—57页。

平一银场”；归化，“磜磜一金场。江源一银场”；建宁“青女、蕉坑、龙门三银场”[1]。邵武窖藏的银制品很有可能是作坊的遗物，或许就是邵武银场的产品，起码使用的原料应该产自当地。

宋代赣闽地区银的产量很高。日本学者加藤繁曾将宋代诸路的进奉银依数量多少列表[2]。列表记录了史书所载的宋代银的产地，认为可以作为当时各路银的产额参考的是《文献通考》卷二十二“市籴考三”所载毕仲衍《中书备对》所述元丰间（1078—1085年）诸路二节（圣节与南郊）进奉金帛的记录。表中加藤繁将其中关于诸路的进奉银取出，依其数量的多少列表。福建路排名第一，在“同天节进奉银”一万四千两，“南郊进奉银”二万三千两，合计三万七千两。江南西路位居第二，“同天节进奉银”一万四千五百两，“南郊进奉银”一万五百两，合计二万五千两。他指出：“进奉银数额的规定大概视各路之富力与银产额之多寡为主要标准。福建路的进奉银所以占诸路第一位者，不是因为福建路之富甲天下，而是因为该路六府军十八县的四十九银场（据《九域志》）自唐末以来已经逐渐开采，银的出产很旺盛，有银坑的州军虽不多，而论其产额却为诸路之冠。江南西路的进奉银占第二位、两浙路占第三位，其主要原因也是由于银的出产兴旺的缘故。”

而在江西，更发现了分布广泛的古代银矿遗址，贵溪、德兴、金溪、广昌、广丰、上高、于都、全南等众多县市都有保存，开采及冶炼时间早到南北朝，晚至明清，以唐宋时期为最盛。其中保存情况较好的是上高县蒙山宋元银矿遗址和德兴市银山唐代银矿遗址[3]。上高县蒙山银矿占地28万平方米，有采矿井坑十七处。其中曾对银洞遗址2号洞进行过调查，矿窟是自然形成的溶洞，垂直深度为140米，最宽处为10.5米，最窄处0.5米。采掘是沿自然银矿带进行的。据《上高县志》记载：“宋庆元六年（1200年），有银铅发泄于蒙山，始即蒙山置场。”[4]可知蒙山从宋宁宗庆元年间（1195—1200年）开始采掘，而1号洞洞口石壁所刻“宝祐”三年（1255年）的碑文，写明至宋理宗时当地乡民奉令对矿洞进行封禁。因此，这里在宋代至少采掘了约六十年。在距银洞2.5公里的鉴里村，至今有银矿渣遗址。地面矿渣堆积如山，量达数十万吨。矿渣中心有当时的炼银遗址。对采集的表层银矿渣标本进行过化学成分分析，结果表明所含银量较少，仅为每吨十克，说明当时提炼工艺已具有一定水平。

在唐代的考古发现中，赣闽地区几乎不见有金银器的报道，而到了宋代却大增，原因应该是两宋时期福建的经济已进入江南先进地区行列[5]。其中矿产的开采尤为突出，产银又是重要的一项。以银治见之于史籍的也不少，如将乐银治，南宋开禧时（1205—1207年）经营不善，岁课不足，坑治户被系者常达数百人，张

---

1 〔宋〕王存撰，王文楚、魏嵩山点校，中华书局，1984年，第406页。

2 （日）加藤繁：《唐宋时代金银之研究——以金银之货币机能为中心》，中华书局，2006年，第419—433页。

3 曾文德、黄英豪：《古代江西多银场》，《南方文物》1993年第1期，第116页。

4 〔明〕陈廷举、郑廷俊纂修：《〔嘉靖〕上高县志》卷之上《舆胜·蒙山务》，据此中国国家图书馆：《原国立北平图书馆甲库善本丛书》第三五九册，国家图书馆出版社2013年，第424页上栏。

5 郑学檬：《中国古代经济重心南移和唐宋江南经济研究》，岳麓书社，2003年，第263—377页。

式任将乐主簿，“籍其人，使贫富财力相兼，亡者释之，课更以羡。”[1] 汀州银冶还代江西建昌县输银六千两银子[2]。矿产丰富，加之采掘较多，甚至私人也可以进行采炼，使得福建的官宦人家讲究奢华和排场有丰富的原料做保障。

宋代的云南地区属大理国，可以作为一个单独的区域。云南大理崇圣寺千寻塔始建于唐开成元年（836 年），大理国时期（937—1094 年）又在其南北修建了两座砖塔，与千寻塔合称“崇圣寺三塔”。1978 年，云南省文博单位对三塔进行维修的过程中，在千寻塔塔刹中心柱基座的木雕经幢里发现了大批的南诏、大理国文物，其中金银器有黄金造像七尊、金丝藤编一、刻纹金片一以及数十件鎏金银器、鎏金铜器等，多数属于大理国时期[3]。千寻塔出土的这批华丽的金银器与大理国“妙香佛国”的美誉相得益彰，反映了宋代云南地区金银器使用的一些情况。

总体而言，就文献记载和目前的考古发现看，宋代江浙、成渝、赣闽三地的金银器生产大有并驾齐驱，呈三足鼎立之势，这与唐宋以来地方金银的开采冶炼有密切的关系，也是唐宋时期经济重心向南方转移，促使南方经济发展的结果。但是随着商品经济的发展、金银器使用的普及，各地金银器在器类、装饰和工艺特点上，仍是共性居多，个性较少，尤其是长江沿线四川、贵州、湖南、江浙等地的金银器相似度很高。另外，从发现数量而言，窖藏往往是最多的，这对了解一个时期某个区域的金银器特征具有重要意义，但相比墓葬和塔基地宫和天宫等的发现，时代过于集中（多为宋末元初）也成为窖藏的局限性。因此，在阐释宋代金银器时代演进和区域特征时，墓葬、塔基地宫和天宫、窖藏等的考古发现以及文献资料应该有机结合。从某种程度上说，目前学界所揭示出的宋代金银器特征，实际上多属南宋中晚期，这也是导致宋、元金银器（指元代汉地的金银器）“相类”“相似”的重要原因。总之，宋代金银器（包括北宋和南宋）约 300 年的发展轨迹还有待进一步的深入研究。

第二节　丰富多彩的造型、纹样和工艺

宋代金银器的使用已普及到普通的市民阶层，在广大的疆域范围内，因为地理环境、文化传统的差异性，金银器呈现出一些区域性特征在所难免。但宋代金银器在器物组合、造型、纹样和工艺上的趋同性也十分明显，甚至大于差异性。这种统一性主要缘于商品经济的发展和程朱理学影响下人们思想观念和审美情趣的变化。

商品经济的发展极大地推动了各行手工业的发展。宋代金银器中有许多属日

1 〔清〕金鋐、郑开极纂修：《〔康熙〕福建通志下》卷四八《人物·兴化府·张式》，见北京图书馆古籍出版社编辑组：《北京图书馆古籍珍本丛刊 35》，书目文献出版社，1988 年，第 2373 页上、下。
2 〔清〕金鋐、郑开极纂修：《〔康熙〕福建通志下》卷三二《名宦三·汀州府·江璞》，见北京图书馆古籍出版社编辑组：《北京图书馆古籍珍本丛刊 35》，书目文献出版社，1988 年，第 1906 页下。
3 樊海涛：《浅论云南省博物馆藏古代金器》，载南京博物院：《金色中国——中国古代金器大展》，译林出版社，2013 年，第 94—105 页之第 102 页。

图 5-5　江苏溧阳平桥窖藏出土鎏金银盏

常饮食用具，器类比唐代更为丰富，每类器物又有各式各样的形制，而且器物多成套出土，还有许多由于批量生产而出现的形制和纹样雷同的制品。金银器皿整体上体型小巧、轻薄，常见的碗、盏、杯、盘等口径往往在 20 厘米以内。在程朱理学的影响下形成的尚文重理的文化氛围和含蓄空灵的审美情趣也影响到了宋代金银器的发展，简朴素雅、心物化一、克己复礼的作品成为时代的主流。

从器物功能上分，宋代金银器在器类上与之前的金银器没有太大的差别，主要有饮食器、日用杂器、装饰用器、宗教用器和货币几类。饮食器是大宗，盏、盏托、杯、盘、碗、碟、盒、瓶等是常见的器皿，形制花样繁多，极富变化。

江苏溧阳平桥窖藏出土的 27 件器皿，除两件银盆形制、花纹相同外，其他盏、碟、盘、盒、瓶各不相同。其中的十件银盏足以让人眼花缭乱，花瓣造型既有四曲、五曲、六曲、八曲、十二曲的不同，还有单瓣、重瓣、复瓣等的区分，梅花形、葵花形、菱花形银盏和莲瓣纹银盏的内底多呈花心状，略向上凸起（图 5-5）。瑞果纹银盘的瑞果竟高于盘沿，超过了盘体的高度，锤揲出的瓜瓞、石榴、桃、荔枝及枝叶仿佛置于盘中，十分逼真（图 5-6：左）。鱼藻纹银盘则是一幅动物纹和植物纹融合的景致，中央是龟伏莲叶，四周是花藻装点的水塘，四条鲤鱼环游其中（图 5-6：右）。“寿比蟠桃”银盏桃形作盏，枝梗为把，将外形、纹样和寓意完美结合（图 5-7）。

四川彭州窖藏出土七件金碗、盏、杯等，一件为圆口，两件菊花形，两件为多曲葵口，两件呈瓜形，都是造型与装饰的有机结合。菊花形金碗，器壁和器足为三十二曲花瓣形，内底有突起的圆形花蕊，花蕊外饰花瓣一周，整体俯视呈绽开的菊花（图 5-8）。瓜形金杯达到了仿生的极致，整体五棱，呈瓜形的一半，头端有外鼓的瓜脐，尾端瓜蒂处有五片瓜萼和细瓜藤式的柄，形象生动（图 5-9）。五曲葵口金碗，器壁被弯曲的棱线分为相互叠压的五瓣，内底突起的五瓣花衬以五片叶，与五瓣器壁有机地结合成五瓣花形。六曲菱花形银碗内底如同器壁也是六瓣依次叠压的六瓣花。六瓣葵花形银碗，器壁六瓣的边缘分饰莲花、葵花、梅花、牡丹、石榴、桃花的缠枝花纹带，内底所饰的衬叶六瓣花鎏金，花蕊竟饰于高凸中空的圆柱之上，装饰格外华丽新颖。十曲艾叶纹银盏托也是仿生造型的绝佳实例。有的器物局部采用仿生造型，如三足圆形盘的足即为 V 形树叶状。还有植物纹和动物纹的结合，龟伏荷叶纹银碗，器壁光素，内底饰二十六曲荷叶，中心有爬行状的乌龟一只，装饰简洁而生动。“龟游莲叶”典出于《史记 · 龟策列

图 5-6 江苏溧阳平桥窖藏出土银盘

图 5-7 江苏溧阳平桥窖藏出土鎏金“寿比蟠桃”银盏

图 5-8 四川彭州金银器窖藏出土菊花形金盏

图 5-9 四川彭州金银器窖藏出土瓜形金盏

传》，在宋代主要是一种祝寿题材[1]。

彭州窖藏的动物装饰也十分生动、传神。银蟠螭纹夹层盏，外壁饰两条突起的蟠螭，一条横爬于杯腹，一条两爪攀在杯沿，头伸向口内（图 5-10）。这是宋

1 扬之水：《奢华之色——宋元明金银器研究》第三卷《宋元明金银器皿》，中华书局，2012 年第 3 版，第 50—57 页。

图 5-10 四川彭州金银器窖藏出土“教子升天”银盏

图 5-11 四川彭州金银器窖藏出土银执壶及温碗

代开始流行的“教子升天”装饰纹样[1]。凤首形盖银执壶和象形盖银执壶，不仅突出动物装饰，还配以华丽的纹样。前者造型和装饰相呼应，盖上部呈凤首形，喙部外皆鎏金；壶身通体饰两只凤鸟展翅于花丛中，华丽异常。后者的装饰较为繁杂，器盖呈重瓣仰莲状，其上立一象；器身的颈部饰卷草纹，肩部饰变形兽面纹与朵云纹，腹上部饰双龙戏珠纹，腹下部饰变形蝉纹，内填云纹或蕉叶纹，圈足饰卷草纹；流下部与壶身连接处饰一龙头张口露齿，作含流于口内状（图 5-11）。

宋人的精细体现在形制相同的器物装饰各异的纹样，在不影响实用的基础上，竭力追求着审美的效果。江西乐安县窖藏的 22 件银匙所饰花纹各不相同，有各种折枝花卉如牡丹、菊花、荷花、桂花、梅花、桃花等，还有家禽、家畜和野兔。江苏溧阳平桥窖藏的九件银碟，底部錾刻的花卉分别为牡丹、樱桃、绣球、秋葵、梅竹、栀子、山茶、芙蓉、莲花（图 5-12）。福建邵武故县窖藏的八件菱花形盏，内壁口沿下压印相同的连续六瓣小花纹带，内底压印的图案则分别为菊花、梅花、茶花、牡丹、玉兰花等。绵阳黄家巷窖藏出土的七件银盘，内底线刻牡丹、月季、芙蓉、玫瑰、石竹、芍药、桃花。还有一些银器将动物纹饰和植物纹完美结合。四川绵阳魏城窖藏的五件银盘，三件盘沿压印缠枝荷叶、莲花图案，盘心均以鸳鸯戏水图案为主体，所衬的背景则各不相同，一件以垂柳、水草、巨石为饰，一件以荷叶、莲花、水草为饰，还有一件以花草为饰。

取材广泛、纹样写实也是宋代金银器装饰的特点，而且十分注意形制和装饰

1 扬之水：《奢华之色——宋元明金银器研究》第三卷《宋元明金银器皿》，中华书局，2012 年第 3 版，第 46—50 页。

的搭配。邵武窖藏的菊花形盏、盘皆为重瓣菊花，内底为花蕊；梅花形盏、盘皆作五瓣，压印梅花临水、新月当空的“梅梢月”图案[1]（图 5-13）。从这种花纹与形制的呼应、不同形制器皿的巧妙搭配，不难看出宋代对精致和排场的追求。

多棱体器是宋代富有特色的金银器造型。唐代的银盘有圆形、菱花形、葵花形和少量不规则形，带把杯有作八棱形的，入宋以后八棱体器皿明显增多，主要见于盘盏、杯、注碗等，如四川彭州窖藏的八棱体盏，福建邵武故县窖藏的八棱体盏、盘、碟，浙江衢州史绳祖墓的八棱体银杯，安徽休宁朱晞颜夫妇墓出土的六棱体金盘盏一副（图 5-14）。

批量生产使器物大量重复。乐安县窖藏中出土双鱼盘三十八件、杯二十件、匙二十二件、箸二十三双，就是典型的批量制作的产品。而溧阳平桥窖藏的九件银碟，绵阳黄家巷窖藏的七件银盘，绵阳魏城窖藏的五件银盘，邵武故县窖藏的八件菱花形碗，形制、大小也都相同。

花果是宋代金银器最为常见的造型和装饰题材，莲花、菊花、牡丹、蜀葵、茶花、梅花以及各种瓞等造型或纹样比比皆是，花果与动物、人物和各种景致相互搭配形成一些相对固定的模式，比如梅梢月、蝶赶菊、龟游莲叶、教子升天等等。象征繁荣幸福和美好吉祥的纹样内容在宋代最为盛行，有如意云纹、双凤纹、对鸟纹、双鱼纹、狮子戏球纹、瑞果、鱼藻、牡丹、童子戏球等。福州许峻夫妇墓的银器装饰极为精美，鎏金银执壶和温碗饰对鸟纹，鎏金银碗饰梅花纹，

图 5-12　江苏溧阳平桥窖藏出土银碟

图 5-13　江苏南京江浦南宋张同之墓出土银梅花盘盂一副

1 “梅梢月”的定名见扬之水：《奢华之色——宋元明金银器研究》第三卷《宋元明金银器皿》，中华书局，2012 年第 3 版，第 22—25 页。

鎏金银镜盒饰双凤纹，银盒通体饰如意云纹。与唐代相比，宋元金银器最为鲜明的特征是中土化的强势，此前的一切外来因素，这时候都已经被融入新的艺术语汇而蔚然形成一种崭新的风貌[1]。

宋代金银器上大量的纹样不仅是图案化的装饰，更具写实性，飞跃在花丛中的鸟雀，盛开的菊花、缠枝牡丹、对称的荷莲、团花等等，生活情趣浓厚。这些流行的内容，寓意着福、禄、寿、禧。通过形式象征和心理暗示，维系、支撑着社会的秩序，而一些蓬勃向上、善良乐观和充满智慧的行为与活动，潜移默化地塑造了人们的性情。宋代出现寓意吉祥的图画样式是中国民俗美术史上的一件大事，文献能够证明当时以花、鸟、虫、兽组合表现特定的寓意确已出现。

图 5-14　安徽休宁县南宋朱晞颜夫妇墓出土金盘盏一副

史绳祖墓的八卦纹银杯为夹层，内层底部阴刻金、木、水、火、土五行图像；外层口沿刻方块纹一周（六十四块），腹部在二周凸弦纹之间以突出直纹分为八区，内饰八卦纹；底部阴刻弦纹三圈，一直线将底部分为两半，在各圈的半面交叉相间针刻点纹，似寓阴阳之意（图 5-15）。

图 5-15　浙江衢州史绳祖夫妇墓出土银盏

丰富多彩的器物造型与纹样本身就是金银工艺成就的体现，制作过程中采用的铸造、镂空、切削、焊接、錾刻、锤揲、压印等技术，充分显示了当时工匠的精湛技艺。但宋代器物的精细之外也有新创造，双层（即带夹层）、重瓣、高浮雕就是新的工艺。

器皿做成双层在唐代尚未发现，溧阳平桥窖藏中的乳钉纹鎏金银盏、双兽耳乳钉纹鎏金银盏，邵武故县窖藏的鎏金八棱体碗及彭州窖藏蟠螭纹银杯都是有内

1 扬之水：《奢华之色——宋元明金银器研究》第三卷《宋元明金银器皿》，中华书局，2012 年第 3 版，第 118 页。

外壁的双层器物。宋代的器物一般较薄，加工比较方便，但成品容易变形，而且采用锤揲技术做出高浮雕纹样使壁面凸凹起伏。做成双层器壁，既增加了器物的牢固程度，又使内壁光滑易于使用。

重瓣的做法别具一格，溧阳平桥窖藏中的银碗，腹壁为三重仰莲瓣，内底为凸出的莲蓬，圈足亦饰覆莲瓣。邵武故县窖藏银器的主要装饰特征也采用重瓣做法，莲瓣纹碗的器壁呈三四重仰莲瓣状。彭州窖藏莲瓣纹金碗，器壁也呈三四重仰莲瓣状。银碗器壁呈四重仰莲瓣。绵阳黄家巷窖藏银碗，腹饰三重仰莲瓣，内底向上凸起，呈莲蓬状。重瓣的做法在唐代也曾出现，但数量不多，在宋代不仅流行，而且制作复杂，使器物层层错位叠压，整体如盛开的花朵，极具观赏性。

高浮雕也是北宋以后特别是南宋时期，颇具特色的装饰技法。遂川北宋郭知章墓金带銙装饰高浮雕缠枝花果。溧阳平桥窖藏的梅花形、葵花形、菱花形银碗和莲瓣纹银碗，内底无论是花纹还是动物均向上凸起，而狮子戏球纹银盘的狮子和瑞果纹银盘的瑞果竟高于盘沿，超过了盘体的高度。成渝区高浮雕的装饰不多，碗类器物的内底装饰略高于底平面。四川彭州窖藏的莲瓣碗内底向上凸，呈莲蓬状。

在簪钗上镂刻出精细的花纹前代已出现，但宋代的技术更加精致，并与其他技法结合使用。江西彭泽易氏墓银梳和福州黄昇墓、福州许峻夫妇墓的银霞帔坠是其代表作。浙江衢州史绳祖夫妇墓出土的银丝盒，内外两层是在薄银片外焊以银丝编成的图案花纹，制作精细，反映了南宋银器工艺的水平，类似的作品在四川德阳也曾发现。

宋代，复古思潮和金石学开始兴盛，出现了许多仿古器物，一般以先秦时期的青铜礼器为模仿对象，甚至有的瓷窑主要烧制仿古作品。受社会风尚的影响，金银器中也有一些仿古制品。江苏溧阳平桥窖藏出土的一件乳钉纹鎏金银盏，造型如同商周时期青铜器中的簋，外腹以细云纹为地，饰二十颗乳钉（图 5-16）。造型和装饰纹样均仿青铜礼器，十分雅致。有趣的是，1976 年在距离溧阳很近的

图 5-16　江苏溧阳平桥窖藏出土仿古银盏托、江苏丹阳司徒公社出土青铜簋

丹阳司徒公社青铜器窖藏[1]中就曾出土过一件造型和纹样与之几乎相同的青铜簋。该簋圆形，侈口、束颈、鼓腹、高圈足、双兽耳，腹饰四排乳钉纹，以斜方格纹为地，上下界以两周圈点纹。该窖藏的年代约为西周中晚期，或可晚至春秋早期。相似的青铜簋还见于陕西宝鸡茹家庄西周墓[2]。宋金时期遗址中也发现过相似的仿制品[3]。四川绵阳黄家巷窖藏出土的银鼎，颈部、耳部饰雷纹，腹下部饰蕉叶纹，古色古香。除了整体仿造，仿古纹样在较多的银器上可见踪迹，尤以彭州窖藏银器所见的最多。银温碗的口沿外饰云纹、雷纹、斜线纹组成的纹带，下腹部饰变形蝉纹一周，足部饰雷纹一周。圆口盘的沿面饰雷纹，内底饰变形龙纹组成三个如意云纹，互相缠绕。蟠螭纹夹层银杯口沿下饰雷纹一周，腹中部满饰卷云纹。象盖执壶的筒形盖口沿外饰雷纹，腹下部饰变形蝉纹，内填云纹或蕉叶纹。叶形三足的银盘沿面饰雷纹，内底饰变形龙纹组成三个如意云头，互相缠绕。德阳窖藏的银盒侧面装饰雷纹带。绵阳黄家巷窖藏的斗笠形银碗口沿内饰雷纹带，银瓶肩部以雷纹衬地饰蟠虺纹，还有银鼎。赣闽区仅见乐安窖藏凸花器饰有乳钉。

宋代的复古思潮影响官民生活与行动的准则，许多器物都内蕴着一种古制的遗风，不独见于金银器，在瓷器、铜器的器形中也可见到，四川江油宋代铜器窖藏[4]就出土有三件鼎和一件爵，阆中窖藏[5]出土一件铜觚。大邑窖藏瓷三足炉颈饰回纹，腹饰弦纹和云雷纹，足饰饕餮纹，铜（鼎）炉饰弦纹、回纹、蝉纹和夔纹[6]，体现出当时的风尚。

第三节　注重装饰与市民生活

注重装饰是宋代金银器的特征之一。宋代民间兴起的金银手工业，自然投世人所好以求发展，所以装饰体现出器形和纹样质朴、自然的市民化倾向，民间风格浓郁，致使工艺技术和器物种类日趋多样化。

银盘是最适合表现诗情画意的场景以体现文人高雅情趣的载体。福建邵武窖藏的银鎏金魁星盘盏一副中的八角形盘以高浮雕的人物、龙凤、池鱼、花草、亭台楼阁构成完整的画面；八角形盏为夹层，内层盏心錾刻《踏莎行》词句，词云："足蹑云梯，手攀仙桂，姓名高挂登科记。马前喝到（道）状元来，金鞍玉勒成行对。宴罢琼林，醉游花市，此时方显平生至（志）。修书速报凤楼人，这回好个风流婿"；盏外壁六个开光以六个连续画面表现《踏莎行》的词境（图 5-17）。江西乐安窖藏的两件人物亭阁盘虽已残破，但仍可看出装饰图案都有特定的情节内容，一件盘上刻亭阁、人物和"椿柱亭"三字，一长者倚坐于亭门，五人身着官服，面对老者作朝见状。另一件盘上在亭阁两旁分刻柳树、梅花，梅旁刻"林

1 镇江市博物馆、丹阳县文物管理委员会：《江苏丹阳出土的西周青铜器》，《文物》1980 年第 8 期，第 3—6 页。

2 宝鸡茹家庄西周墓发掘队：《陕西省宝鸡市茹家庄西周墓发掘简报》，《文物》1976年第 4 期，第 39 页。

3 北京市文物研究所：《北京金代皇陵》，文物出版社，2006 年，第 101、102 页。

4 江油县文物保护管理所：《四川江油县发现宋代窖藏》，《考古与文物》1984 年第 6 期，第 52—55 页。

5 阆中县文化馆张启明：《四川阆中县出土宋代窖藏》，《文物》1984 年第 7 期，第 85—90 页。

6 大邑县文化馆：《四川大邑县安仁镇出土宋代窖藏》，《文物》1984 年第 7 期，第 91—94 页。

隐”两字，亭右有三人作击鼓、吹笛状。线刻画面，构图严谨，形象生动。

梅瓶（酒经）、玉壶春瓶是新兴的器物，晚唐、五代已有少量相似的器形，在宋代十分流行。彭州窖藏银制器皿有梅瓶十件（图5-18），乐安县窖藏中有玉壶春瓶两件。考古发现显示，宋代流行盘盏和注碗的组合，元代流行盘盏与玉壶春瓶的组合，这或许与宋元之际酒的品种和温酒方式发生变化有关[1]。

图5-17　福建邵武窖藏的银鎏金魁星盘盏一副

梅、菊等写实的花卉是宋代流行的装饰图案。江苏江浦张同之夫妇墓随葬的银盘压印“梅梢月”，福州许峻夫妇墓鎏金银盏内壁錾刻梅花图案，碗心錾刻五瓣花及缠枝花草。梅、菊作为器物的造型也极为盛行。福建邵武窖藏也有梅花杯、菱花形杯、菊花杯、菊花盘、梅花盘。

图5-18　四川彭州窖藏出土银梅瓶

提到金银饰物，其实早在唐代南方的窖藏中已经多次见到。江苏扬州唐代窖藏[2]出土的是金首饰，有罕见的金栉，精巧的耳坠、戒指、挂饰和串饰。丹徒丁卯桥唐代窖藏[3]的760支银钗令人叹为观止，而且其中十七支还鎏金刻花，饰有蔓草、菱形和联珠等，同出的29件银镯，呈曲圈状，外面有三道凸棱。浙江长兴下莘桥唐代窖藏[4]饰物的种类比较丰富，有镂空凤钗十六，刻花银钗二，素面银钗二十七，银篦三，银镯三。

1 扬之水：《奢华之色——宋元明金银器研究》第三卷《宋元明金银器皿》，中华书局，2012年第3版，第90—93页；扬之水：《元明时代的温酒器》，《南方文物》2016年第1期，第232—234页。

2 徐良玉、李久海、张容生：《扬州发现一批唐代金首饰》，《文物》1986年第5期，第68、69、77页。

3 丹徒县文教局、镇江博物馆：《江苏丹徒丁卯桥出土唐代银器窖藏》，《文物》1982年第11期，第15—27页。

4 长兴县博物馆夏星南：《浙江长兴县发现一批唐代银器》，《文物》1982年第11期，第38—42页。

只是，如同金银器皿为皇室贵族所有一样，唐代的金银饰物也少见于民间。佩戴金银首饰的传统在宋代女性中更为兴盛，首饰的种类比唐代丰富。常见的首饰，宋代及宋以后多俗称为“头面”，一副头面少则十几，多则二十以上，主要有金银和珠翠两类，以金银为主[1]。

南京幕府山北宋合葬墓女性墓主的金首饰非常丰富，有金累丝镶宝梳背一、金簪一、金耳挖簪一、金麒麟凤凰纹搔头式簪一、金镂空花筒簪一、金花筒钗一对、金连三式花头簪一对，金帔坠一枚[2]（图 5-19）。头饰的造型各不相同，制作精美别致。金簪的簪头有一团龙蟠居于如意云上，簪上半部镂空卷草纹。金连三式花头簪由三个金球组成，金球满饰朵朵梅花，采用透雕、压印、吹焊、线刻等工艺方法制成，具有很高的艺术价值。当时的头饰崇尚金质，鎏金也随之盛行。湖南临湘陆城南宋夫妇合葬墓（一号墓）[3]出土的头面也很有代表性，有金耳挖簪一、金连七式花筒钗一、金绣羽鸣春图簪一、金竹节钗一对、金花筒钗一对、金步摇一、金帘梳一、银缠钏四、银链一（失配件）[4]（图 5-20）。有的金簪背面刻有“彭家工夫”四字。另外，南京太平门外王家湾宋墓出土有金钗、金簪、银发插、金花头饰件[5]；江西德安周氏墓出土头饰有金钗、鎏金银簪[6]；浙江永嘉县窖藏[7]所出的几乎都是发饰和首饰，多数鎏金，有银钗二十八、簪十六，以及造型生动的麒麟形饰一件、蝴蝶形饰三件、花形

图 5-19　江苏南京幕府山北宋中期墓出土头面一副

图 5-20　湖南临湘陆城南宋一号墓出土头面一组

1 扬之水：《奢华之色——宋元明金银器研究》第一卷《宋元金银首饰》，中华书局，2014 年第 2 版，第 10、11 页。
2 器物定名、归类，依据扬之水：《奢华之色——宋元明金银器研究》第一卷《宋元金银首饰》，中华书局，2014 年第 2 版，第 202 页。
3 湖南省博物馆：《湖南临湘陆城宋元墓清理简报》，《考古》1988 年第 1 期，第 63—65 页。
4 器物定名、归类，依据扬之水：《奢华之色——宋元明金银器研究》第一卷《宋元金银首饰》，中华书局，2014 年第 2 版，第 202 页。
5 金琦：《南京太平门外王家湾发现宋墓》，《考古》1961 年第 2 期，第 101 页。
6 江西文物考古研究所、德安县博物馆：《江西德安南宋周氏墓清理简报》，《文物》1990 年第 9 期，第 1—13 页之第 11、12 页。
7 金柏东、林鞍钢：《浙江永嘉发现宋代窖藏银器》，《文物》1984 年第 5 期，第 82—85 页。

饰一件。还有双箍面银钏两件、银钗杆八件。其中叶形龙纹簪，在镂空的缠枝细花上压印一条龙，龙的颈、腹、尾部又分别錾刻一朵菊花，边缘线刻细珠纹，精美绝伦。头饰的多种样式反映了市民生活的情趣和当时的风俗。即便在山乡僻壤，也很注重梳妆打扮。陆游《入蜀记》卷六乾道六年（1170年）十月十三日条记载："有妇人负酒卖，亦如负水状，呼买之，长跪以献。未嫁者率为同心髻，高二尺，插银钗至六只，后插大象牙梳，如手大。"[1]

唐宋之际是女子头面发生一次大变化的时期：就样式而言，宋代金银首饰一方面先有辽、后有金的影响，另一方面更有自己的创造，逐渐完成了唐式向宋式的转变；在制作工艺上，最突出的一点是，由唐代的以"镂钱揲"为主，演变为以"捶揲"为主，把平面图案做成很有浮雕效果的立体图案，再辅以"镂花"即錾刻，使浮雕式的图案既有灵动的生意，又有着仿佛工笔写生的微至；如果说唐代金银簪钗的纹样风格是精细纤巧的话，那么宋元则是丰满富丽，但其实后者体量更小，用材更为轻薄[2]。

金银霞帔坠是霞帔底端所系的压脚，使霞帔得以平展地下垂。福建福州黄昇墓出土的金帔坠出土时尚缝在褐色绣花霞帔的底端。江西德安周氏墓出土的银帔坠出土时也缝在素霞帔底端。宋代"帔有二等，霞帔非恩赐不得服，为妇人之命服；而直帔通用于民间也"[3]，本是身份、地位的象征，但至南宋时尚未形成严格的制度，在民间也广泛使用。《梦粱录》卷二〇"婚娶"条记载，富贵之家在嫁娶时所送的聘礼"当备三金送之，则金钏、金鋜、金帔坠者是也。若铺席宅舍，或无金器，以银镀代之"[4]。宋代的霞帔坠一般由两个滴水形（也称心形）或圆形纹样相同的金片扣合而成，均镂空而成，玲珑剔透。目前所见以滴水形为多。江苏南京市幕府山北宋墓出土的金霞帔坠图案上方为一枝菊花，左侧为山茶，右侧为牡丹，花间对舞一鸾一凤，顶端为花结，以为佩系。福州许峻夫妇墓和黄昇墓出土的银霞帔坠以细银丝组成图案，做工极精细。上海宝山月浦南宋谭思通夫妇墓出土的银鎏金霞帔坠，主体图案为满池娇，寓意仕途显达、夫妻好合。江西德安南宋周氏墓出土的鎏金银帔坠一面上有"转官"二字，一面有一"寿"字（图5-21）[5]。纹样中的绣球，当时人名作"转官毬"，象征官运，应是从作为显宦特赐之服饰的毬路纹金带而来，同时也可延伸为一般的吉祥祝福[6]。

妆奁用具逐步形成是宋代银器的特点之一。由北宋时期的银盒和盖罐等发展为南宋以漆奁、银奁放置银蝶形盒、银盅、银荷叶纹盖罐。江西德安南宋周氏墓出土的梳妆用品集中包在一条褐色素罗巾中，放置在银奁内；银奁为六曲葵花形，分上、中、下三层，每层有子母口相套，上层置铁镜一，中层放置木梳、竹簪、

1 《笔记小说大观》，江苏广陵古籍刻印社，1983年，第九册，第20页下。

2 扬之水：《奢华之色——宋元明金银器研究》第一卷《宋元金银首饰》，中华书局，2014年第2版，第205、206页。

3〔宋〕高承撰，〔明〕李果订，金圆、许沛藻点校：《事物纪原》卷三"衣裘带服部·帔"条，中华书局，1989年，第150页。

4 〔宋〕吴自牧撰，见《东京梦华录》（外四种），古典文学出版社，1956年，第305页。

5 江西文物考古研究所、德安县博物馆：《江西德安南宋周氏墓清理简报》，《文物》1990年第9期，第1—13页之第11页。

6 扬之水：《奢华之色——宋元明金银器研究》第一卷《宋元金银首饰》，中华书局，2014年第2版，第167、168页。

竹刀、纸梳、纸篰、纸刷、纸刀、纸篦和银盘（内盛物似为胭脂），下层放置一银粉盒[1]。到了宋末元初，安徽六安花石咀2号墓[2]已用银奁盛装银粉盒、银胭脂碟、银粉缸、银胭脂罐、银粉盂、银粉具以及银蝶形饰、银狮形佩饰、金钗。福建福州许峻墓出土的鎏金葵形银盒为双凤纹，盒内置一层屉板，放置铜镜一件[3]（图5-22）。

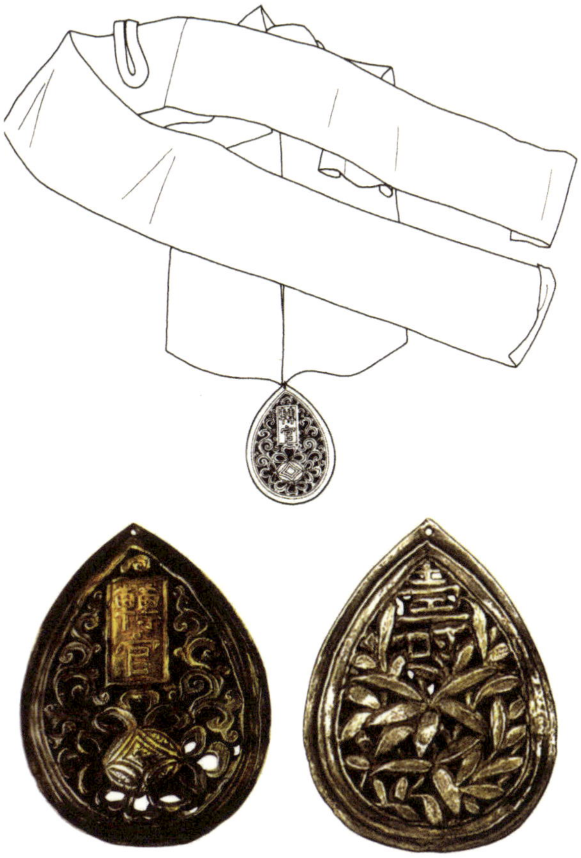

图5-21 江西德安南宋周氏墓出土的鎏金银帔坠

图5-22 福建福州许峻墓出土鎏金银盒

宋代金银器的使用和制作比唐代广泛，与金银原料相对容易获得、生活富庶有密切的联系。据宋人王林《燕翼诒谋录》卷二记载[4]：宋朝"立国之初，崇尚俭素，金银为服用者鲜，士大夫罕以侈靡相胜，故公卿以清节为高，而金银之价甚贱"。在崇尚俭素的时期，很少将金银器物随葬到墓里。但是"（宋真宗）咸平（998—1003年）、景德（1004—1007年）以后，粉饰太平，服用寖侈，不惟士大夫家崇尚不已，市井闾里以华靡相胜，议者病之"，这种情况引起朝廷的关注。"大中祥符元年（1008年）二月，诏：'金箔、金银线、贴金销金间蹙金线，装贴什器土木玩之物，并行禁断。非命妇不得以金为首饰。许人纠告，并以违制论。寺观饰塑像者，赍金银并工价，就文思院换易。'……（大中祥符）八年（1015年）三月庚子，又诏自中宫以下，衣服并不得以金为饰，应销金、贴金、缕金、间金、戭金、圈金、解金、剔金、撚金、陷金、明金、泥金、榜金、背金、影金、阑金、盘金、织金金线，皆不许造。"但政令执行不利，"上之所好，终不可得而绝也"。致使至大中祥符八年（1015年）十一月乙巳"真宗皇帝览三司奏乏银支用"，惊

1 江西文物考古研究所、德安县博物馆：《江西德安南宋周氏墓清理简报》，《文物》1990年第9期，第1—13页之第8、9页。

2 安徽六安县文物工作组：《安徽六安县花石咀古墓清理简报》，《考古》1986年第10期，第916—921页。

3 福建省博物馆：《福州茶园山南宋许峻墓》，《文物》1995年第10期，第27页。

4 诚刚点校，唐宋史料笔记丛刊本，中华书局，1981年，第14、17、18页。

诧金银之价的增踊。宋徽宗崇宁（1102—1106年）至靖康（1126—1127年）间，北宋都城汴梁金银器的使用是很普遍的。避地江左的孟元老在追念京师“阔略大量”的淳朴民风时说：“其正酒店户，见脚店三两次打酒，便敢借与三五百两银器。以至贫下人家，就店呼酒，亦用银器供送。有连夜饮者，次日取之。诸妓馆只就店呼酒而已，银器供送，亦复如是。”[1]

不过，金银器的多见并不标志其已进入寻常百姓家。从南方考古发现的情况看，金银器主要见于朝廷要员、地方巨富、世家豪族的墓中。彭泽易氏“世居彭泽为豪族”，墓志为“浔阳李仲宁刊字”，是宋代有名刻工所刻。波阳施氏是“宋故中大夫龙图阁待制熊公讳本之夫人咸宁郡太夫人”，出身于官位显赫的大官僚家族，其祖施元长乃宋兵部郎中、金紫光禄大夫，其父官至尚书刑部侍郎，其夫和为其撰写墓志铭的刘正夫、薛昂、范致虚在《宋史》都有传[2]。遂川郭知章是宋英宗治平二年（1065年）的进士，历任州、县官吏数十载，到了哲宗时成为在朝“亲揽万机”的要员，并受“赐三品”的官爵，享受“食邑九百户”的俸禄，建中靖国年间罢官，晚年又转调“知青州”。溧阳李彬夫妇是“赀积巨万”的地方富豪，吴县赵氏贵为皇室之女，吴兴宋墓的墓主也被推测为官宦人家的女眷，合肥东郊大兴集M2[3]则是名臣包拯家族的成员。

所谓民间金银器的广泛使用，主要指产品不再限于仅皇室贵族享用，一般富庶之家和市井酒楼也多有使用。宋人张择端所绘的《清明上河图》展示了北宋东京汴梁城内店铺林立、人来车往的繁华景象。孟元老《东京梦华录》卷四“会仙酒楼”条记载，“如州东仁和店，新门里会仙楼正店，常有百十分厅馆动使，各各足备，不尚少阙一件。大抵都人风俗奢侈，度量稍宽，凡酒店中，不问何人，止两人对坐饮酒，亦须用注碗一副，盘盏两副，果菜楪各五片，水菜椀三五只，即银近百两矣。虽一人独饮，碗遂亦用银盂之类”[4]。这既是汴梁都人风俗奢侈的真实写照，也反映了银器在日常生活中的使用和制作所需用的银两。南宋都城临安的金银器使用与汴梁相比毫不逊色。据《武林旧事》卷六“酒楼”“歌馆”条记载，和乐楼、和丰楼、中和楼、春风楼、太和楼、西楼、太平楼、丰乐楼、南外库、北外库、西溪库是“官库”，“属户部点检所，每库设官妓数十人，各有金银酒器千两，以供饮客之用”。熙春楼、三元楼、五间楼、赏心楼、银马杓、康沈店、陈厨等有名的私设酒楼“每楼各分小阁十余，酒器悉用银，以竞华侈”。歌馆也不例外，“惟唐安安最号富盛，凡酒器、沙锣、冰盆、火箱、妆合之类，悉以金银为之”[5]。遍布京都大街小巷的酒楼、歌馆大量使用银制器具，其数量之巨难以计数。这不仅需要充足的银两，也使民间金银的制作更为普遍。

1〔宋〕孟元老撰，伊永文笺注：《东京梦华录笺注》卷五“民俗”条，中华书局，2007年第2版，第451页。

2《宋史》卷三五一《刘正夫传》中华书局，1977年，第三二册，第11099、11100页；卷三五二《薛昂传》，第三二册，第11122、11123页；卷三六二《范致虚传》，第三二册，第11327—11329页。

3 安徽省博物馆：《合肥东郊大兴集北宋包拯家族墓群发掘报告》，《文物资料丛刊》第3集，文物出版社，1980年，第154—178页。

4〔宋〕孟元老撰，伊永文笺注：《东京梦华录笺注》卷四“会仙酒楼”条载，中华书局，2007年第2版，第420、421页。

5〔宋〕四水潜夫：《武林旧事》，西湖书社，1981年，第93—95页。

图 5-23 浙江义乌游览亭村宋代窖藏出土鎏金银台盏

图 5-24 河南洛阳邙山北宋壁画墓东西耳室壁画线描图

北宋晚期以来的都城奢华之风随着都城的迁移更多地熏染到南方地区，目前已发现的南宋银器就是具体的例证。乐安银器窖藏出土的实用器具中，盘、碗、匙、箸的件数分别在二十件以上。这些物品或是官宦人家的宴饮器具，或是酒楼歌馆的待客家当。福州许峻墓出土的银器器类最为丰富，有执壶和温碗、托杯、唾盂、镜盒、盆、洗、钵、盏、碟、粉盒、壶等。许峻官至架阁朝请通判，原配陈氏和继室亦出身显贵，他们随葬的物品反映出福建地区达官显贵日常生活中使用银器的状况。

从功能上而言，宋代金银器皿主要是筵席用具，出土较完整的可以四川彭州窖藏为代表，主要有盘盏、盏、长瓶、果盘、注子、唾盂、茶盏及盏托、熏炉等几大类[1]。其中“盘盏”指盘、盏一副形成的组合。浙江义乌柳青乡游览亭村宋代窖藏出土“陈官人宅用”金花银台盏七副，每件酒盏的盏心各錾一幅饮酒图，能较直观地反映出一些金银酒器使用的情况（图5-23）；图中涉及的酒器种类主要有：带莲叶盖的酒坛、三足花口酒樽、酒勺、花口果盘、深腹酒盏（杯）、以木架为托的酒瓮、酒注、酒盏、瓜棱式酒壶、高足酒盏（杯）等。河南洛阳邙山宋代壁画墓[2]西耳室北壁侍奉图中的两女子各手捧玉壶春瓶一、盘盏一副，东耳室侍奉图中的两女子各手捧盘盏二副及小食案、注壶，东耳室备宴图的方桌上可见有注壶、台盏、盘盏、食盒和罐等（图5-24）。该墓同时出土了银勺、银盘、银梅瓶及盖、银碗等筵席用具，壁画中注壶的流部特长且直，可能为金属质，因此不排除所表现的这些器皿是银器的可能性。

第四节　工匠、作坊刻铭与金银器的商品化

经商和从事手工业的群体增多，是社会结构发生变化的直接反映。社会需求给金银器的制作带来新的变化。材质珍贵的金银器，在经过历代的发展进步后，终于摆脱了皇室和高级贵族近乎垄断的局面，成为一般性商品走向民间。南宋理宗端平年间（1234—1236年），世人已见临安城“自五间楼北，至官巷南御街，两行多是上户金银钞引交易铺，仅百余家。门列金银及见钱，谓之看垛钱。此钱备入纳算清钞引，并诸作匠炉鞲纷纭无数”[3]。

金银原材料已有数处发现。浙江杭州出土宋代金条[4]，长11.6—12.3厘米，宽1.3—1.4厘米，重39.1—39.7克，成色为95%—99.2%。金条的正、背、侧面都磨光，两端则未磨光且不平整。可知在制造过程的最后阶段，是适当地剪损两端，使其符合预定的标准重量。金条的正面有铭文，自上而下直读，中部有店名或人名的主要铭文，有“石元铺”“石三郎”“魏六郎”“武一郎”等，还有较小的直打铭文“十分金”三字。铭文是用硬金属印模打制，相同的铭文字形和大小都一致。根据金条的形式相同，实测和银行鉴定成色相差都极小，又有店名、人名和“十分金”铭文，可以肯定是金货币。

安徽合肥发现金制品窖藏[5]有金条、金片、金钗、金箔共33件，重813克。金条三枚，各重19克，打制成长条形，长短、宽窄、戳印文字各不相同。其长和

1 扬之水：《奢华之色——宋元明金银器研究》第三卷《宋元明金银器皿》，中华书局，2012年第3版，第114—117页。

2 洛阳市第二文物工作队：《洛阳邙山宋代壁画墓》，《文物》1992年第12期，第37—51页。

3〔宋〕灌圃耐得翁：《都城纪胜》“铺席”条，见《南宋古迹考》（外四种），浙江人民出版社，1983年，第91页。

4 费均：《解放后杭州出土的一些宋代货币》，《文物》1965年第6期，第50—52页。

5 合肥市文物管理处：《合肥市出土宋代金铤和金牌》，《考古》1981年第6期，第559—560页。

宽分别为8.9×0.9厘米，9×0.7厘米，7×0.9厘米，厚皆为0.1厘米。两枚印有“十分金”字样。金片11枚，也是长方形，长1.5—2.3厘米，宽0.8—1.1厘米，厚0.1厘米，一般重4克。其中5枚印“十分金”字样。金钗18枚，长24厘米左右，重量多为39克，均有打印戳记。既有不同的姓氏之印，也有“十分金”印。

唐代金银器有少量带刻铭的器物，如西安西郊出土的一件银壶上刻“宣徽酒坊，咸通十三年（872年）六月廿日别敕造，七升，地字号酒注壹枚，重壹佰两匠臣杨存实等造，监造番头品官臣冯金泰，都知高品臣张景谦，使高品臣宋师贞”字样[1]。文字内容表明此件器物出自唐代官府作坊，因为只有在官府作坊中，才会有带官职的人参与产品的制作过程。宋代器物刻铭者甚多，刻铭内容主要是银铺匠户的名号，表现出宋代私营作坊和个体工匠发展的成熟。四川彭州窖藏发现金银器近350件，其中可辨器形的有343件，有铭记的有250多件，约占器物总数的70%，共有铭记近480款，铭文内容大致可以分为：制造工匠名款、制造商家名款、制造时间的年号款、制造时间的干支款、制造地点款、器物拥有者地名款、器物名称款、金银成色款、重量款及其他一些不能分类的铭记（表三）[2]。

商业的发展必然会产生竞争，保证质量才会有信誉，吸引到客源，所以标明店家、工匠和产品质量的刻铭最为常见。店家字号或工匠的刻铭多刻在器足、器底和口沿下面。彭州窖藏的高圈足杯的圈足外壁刻“吉”字，瓜棱壶足外壁和器底铭刻“吉庆号”，一件杯状茶托足外壁铭“德号”，实心钗的钗头、钗尾压刻铭文“张十二郎记”“何□三郎记”“王家十分”“汪家造十分”等。德阳窖藏发现的银器多同时刻有店铺名、工匠和质地，如一件银杯圈足外刻“周家打造十分银”。也有将纪年、产地和店铺名同刻的，一件银茶托在圈足一侧刻“己酉德阳”，另一侧刻“周家造”，互相对称。素面银瓶底刻三行文字，左边为“南阳”，中间为“周家十分煎银”，右边为“勤号”；一件菱花形杯圈足刻“周家十分”，一面刻“北牕仁兴号”，或许标明的是制作店名与销售店名。彭泽易氏墓银梳的“江州打作”“周小四记”标明其为当地所产，因为彭泽即“江州”。湖南临澧柏枝窖藏银钏、银缠钏上有“李百七造”“李念一元艮”（图5-25）。

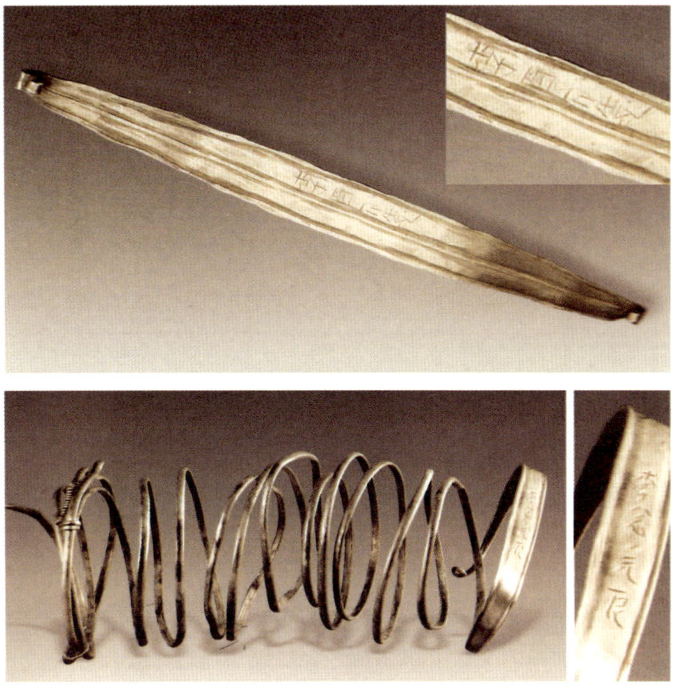

图5-25　湖南临澧柏枝窖藏银钏、银缠钏及刻铭

1 朱捷元、李国珍、刘向群：《西安西郊出土唐“宣徽酒坊”银酒注》，《考古与文物》1982年第1期，第51、52页。

2 成都市文物考古研究所、彭州市博物馆：《四川彭州宋代金银器窖藏》，科学出版社，2003年，第223—232页。

刻意宣扬产品质量的刻铭也经常出现。南京太平门外王家湾宋墓金簪刻“□□□□□市色金二钱玖分”。彭州窖藏的龟伏荷叶盏足外壁刻铭“张家十分”，凤鸟纹梅瓶底部刻铭“周家十分”，圆口盘腹外壁刻铭“陈家十分”。德阳窖藏的银勺墨书“并□”“未三七”“十八□大”“西”“十八两足大”；银尊内底有墨书“冯□”，器外墨书三行“□佰肆拾贰□”“中二□”“浮”。这与“周家打造十分银”的内容相似，这些标注重量的器物都是在为店铺的产品进行宣传，也是向人们保证自己的信誉。而如意纹银瓶底所刻的“东阳可久”，菱花形杯圈足所刻的“庞家造洛阳子昌”，则寓意着长久和昌盛。

表三　四川彭州金银器窖藏出土金银器铭文选录简表

器名	铭文内容	铭文位置	施铭方式
金菊花碗	“绍熙改元舜字号”	圈足外壁	錾刻
金菊花碗	“先父”	外壁	錾刻
金圈足杯	“吉”	圈足外壁	錾刻
金瓜形盏	“齐”	口部外壁	錾刻
金圆头钗	“王家造十分”	钗脚	压印
	“王家造十分”	钗梁	
金方头钗	“寺街张家”	钗脚	压印
金方头钗	“瞿家十分”	钗脚	压印
金方头钗	“汪家造十分”	钗脚	压印
银素面梅瓶	“袁家十分”	外底中心	錾刻
银敞口壶	“董宅”	外底	錾刻
银弦纹壶	“丁卯鱼羊行可”	圈足内壁	錾刻
银长颈瓶	“陇西郡董宅”等	外底等	錾刻、压印
银斗笠碗	“行父”	足底	錾刻
银斗笠碗	“南安”	足底	錾刻
银弧腹碗	“福德”	口部外壁	錾刻
银深腹素面杯	“东海郡逝娘置”等	口部外壁等	錾刻
银器座	“壬申泉兴权”	外底	錾刻
银莲花形盏	“史氏妆奁”	足部外底	錾刻
银盆	“戊寅仲冬广陵西宅置重五十一两”等	沿面下等	錾刻
银十曲圆弧盘	“公平用”“子才”	外底中部	錾刻
银十曲圆弧盘	“公兴用”“子才”	外底中部	錾刻
银六曲葵口温碗	“子达置”“陈家打造十分”“董”	外底中心等	錾刻
银六曲葵口温碗	“己未陈留唐位”“寺街陈家”“注子一付重叁拾壹两”“唐位”等	外底中部等	錾刻、压印
银圆形茶托	“董”“史氏妆奁”	口部外壁等	錾刻
银圆形茶托	“董”“董”“共五两”等	圈足外壁等	錾刻
银熏炉承盘	“董”“厚德堂”“香奁一座重柒拾两”	内底等	錾刻

（据成都市文物考古研究所、彭州市博物馆：《四川彭州宋代金银器窖藏》，科学出版社，2003年，第194—207页，附表一，金器铭文一览表；附表二，银器铭文一览表，节选、改制而成）

有些器物上所刻的姓氏，应该是所有者的姓氏。四川彭州窖藏的长颈瓶底部刻“陇西郡董宅”，如意纹银梅瓶口部刻“董”字，直口壶底部刻两个“董”字，撇口壶底部刻“董宅”。德阳窖藏的银执壶柄有“西宅”字样，底墨书“冯宅□”；银尊内底有墨书“冯□”。

从大量刻铭中，还反映出有些器物是定做的物品。德阳窖藏银器一件银茶托口边刻“癸巳南宅号□”，托边刻“马氏妆奁”及“沈宅”；另一件银茶托的边上刻“沈氏行妆”“沈宅”。一件银杯底刻“绍昌”，器内墨书“密二件”“宅兑”“十二□”及“笙”，器外亦墨书“宅兑”。一件银杯口外刻“沈氏行妆”，圈足外与其相对处刻“周家打造十分银”，圈足另一面刻“成”。一件银杯口外刻“沈氏行妆”。一件器内墨书“□正九□娘”“拾连大”。一件银盒内墨书“共计□□正”。彭城窖藏的菱花口盏足外壁刻铭“史氏妆奁”（图 5-26）。这些器物刻铭的重要性还在于，一些被认为是盏、杯、茶托的器皿可能是梳妆用品，至少是被用作妆奁、行妆器具。“马氏妆奁”“沈氏行妆”“史氏妆奁”等字样，表示出制造者对客户的承诺和自己信誉的保证。

福州许峻墓的银器虽然仅在银粉盒底部錾刻“张念七郎”，鎏金银温碗底部錾刻“低银刘打”，不知产地，但鎏金银碗所饰梅花与邵武故县窖藏的梅花碗纹样相似。银霞帔坠、荷叶盖罐与福州黄昇墓所出的相近，应该就是福建的产品。出土于各地的小口银瓶、银霞帔坠、银丝盒等十分相像，表明这时金银制造行业的产品已有一些固定样式，各地工匠的作品基本相同，并流行了较长的时间。而相似的装饰、相同的器形正是金银器商品化批量生产的特征。

邵武故县银器窖藏不仅日用器具和首饰共存，还有制作材料出土，相同的制造者名款“吴七郎造”“李四郎”在器皿和首饰都可以见到，因此，这些物品极有可能是银器作坊的遗物。同时，从银器所见的制造者名款达十余种之多，可以想见这处银器作坊的规模颇为可观。

器物上出现作坊和工匠的明确标示，显然是商品经济发展到一定阶段的必然现象。在店铺和工匠的刻铭中，宋人习惯用某家、某铺、某郎的叫法。浙江永嘉窖藏出土的五十件银饰，有刻铭“蔡景温铺”“兴贤吴铺”“京溪供铺记”“京溪供铺工夫”“冯匠仕工夫”“任七秀才造”“陈宣教”“余宣钱”“施八郎”“余定毅”“马千一□”“林瑞□”“城南周□□”“北山仕”等，表明这些饰物是由不同的店铺及工匠制作。彭州窖藏银器刻铭有“张家”“周家”“陈家”等。邵武故县窖藏器物打印的银铺匠户名号，有“尹一郎”“吴七郎造”“李四郎”“朱十二郎”“□千一郎”“张十郎”“张六郎造”。不少工匠的名字出现在多件器物之上。其他地点发现的工匠名

图 5-26　四川彭州窖藏“史氏妆奁”款银盏、盘一副

字也多称“某某郎”，工匠似乎地位不高，许多都以“郎”称名，也反映了器物制作多在民间。江浙区和赣闽区多是工匠姓名，而成渝区的刻铭多是店家名号。

宋代金银的商品化在货币上也有很好的体现。宋代金银在公、私经济方面的用途比前代更为广泛，其中白银的货币性增强，银锭（或铤）的使用范围和数量显著增加[1]。目前，考古发现的宋代银锭（铤），见于湖北、河南、山东、安徽、江苏、浙江、江西、湖南等地，绝大多数为南宋时期，属于北宋的不多。湖北黄石西塞山共发现银锭近三百件，装在一件黄釉陶缸内[2]。这批银锭大小重量不一，最大的1919克，最小的114.5克。其中155件带有文字，有模印和刻写两种，前者比较整齐，一般为银铺所在的街道、银铺招牌、银锭重量和成色，如“卖钞库拾贰两半监验霸北街西苏宅韩五郎”；后者主要标明银锭的来源、用途和有关人名，如“连州起淳祐六年（1246年）经制银赴湖广总所交权司法蒲四郎记元”。河南方城发现一处南宋银铤窖藏，共出土银铤六件，其中三件保存完整，两端呈弧形，束腰式，表明微凹，周有波纹。一件正面长15.5厘米，两端宽各9厘米，腰宽6厘米；背面长15.3厘米，两端宽8.3—8.4厘米，腰宽5厘米；两端厚1.8—2.1厘米，腰厚1.8厘米；重1950克；表面錾刻：“广州经总制库起发绍兴二十六年（1156年）春季经总制银经（？）铤伍拾两。专库苏举、李枢，监官黄亨，右宣教郎经略司干办公事权通判向”四行五十字；右下角砸印“北张铺”三字倒立款识[3]。湖南常德三湘酒厂出土金铤一件、“京销银锭”两件、“出门税”银锭一件[4]（图5-27）。湖北荆州城外出土银锭十二件，其中一件上铸有“府东门”“黄将仕宅”“广东转运”“销铤银”等文字，边上刻有“淳祐十一年（1251年）押人林崧英”[5]。江苏常州茅山窖藏[6]牌子金29件，共重113.7克，银铤12件，共重1647.2克。牌子金正面有戳记，共二十一种，有铺名，如“张铺”，匠人名，如“薛十一郎”，

图5-27　湖南常德三湘酒厂出土南宋银锭

1 （日）加藤繁：《唐宋时代金银之研究——以金银之货币机能为中心》，中华书局，2006年，第130—225页。

2 程欣人：《湖北黄石市西塞山发现大批宋代银锭》，《文物参考资料》1955年第9期，第159、160页；陈上岷：《谈西塞山出土的宋代银锭》，《中国钱币》1985年第3期，第28—31页。

3 河南方城县文管会刘玉生：《河南方城县出土南宋银铤》，《文物》1977年第3期，第79、80、68页。

4 喻玉娇：《湖南出土金银器》，湖南美术出版社，2009年，第48—57页。

5 程欣人：《荆州城外发现宋代银铤》，《文物》1960年第4期，第90页。

6 詹婉容、朱蕴慧：《苏南茅山出土南宋金牌、银铤》，《考古与文物》1982年第6期，第44、45、61页。

地名，如“南京周宅”，黄色成色，如“十分赤金”，还有“严将作”“出门税”等；银锭大者487克，小者225—229克，正面及四角都印有“出门税”字样。南京高淳下坝元代早期窖藏出土南宋金银铤三十件[1]。

宋代银锭的形制一般为船形或束腰形，中间微凹，四周起棱，中间有与外棱相对平行的纹路，这与周密《癸辛杂识》续集卷下“金紫银青”所记载“有纹如罗甲”“有松纹”“有中洼而郭高”[2]的所谓“精银”相似。与前代相比，宋代的商业贸易中，白银支付有了更为重要的地位。考古发现的银锭铭文从三个侧面反映了这一状况：一是白银成色有了商业规范，二是卖钞库银的收入，三是银铺的兴起[3]。卖钞库银是政府出卖盐钞给商人后的收入，盐钞则是商人出钱购得的领盐凭证。宋代文献中关于金银铺的记载较多，因往往兼做金和钞引的生意，故有“金银钞引交易铺”“金银钱钞交易铺”和“金银盐钞引交易铺”等叫法，常俗称“金银铺”，业务大致有金银器饰的卖买，金银地金即金银铤、金银饼等卖买，金银的鉴定，金银器饰与地金的铸造和钞引的卖买等五种[4]。考古发现中印记有某铺字号、某郎等银铺工匠名的银锭，在一定程度上验证了宋代“金银铺”行业的兴盛。

第五节　信徒供养与寺院的金银遗物

寺院遗址出土大量金银器是宋代的一大特点，这在一定程度上反映了宋代金银器的普及。唐代一些塔基中也发现金银器物，甚至有法门寺塔基地宫那样的大量出土。但总体来看，除了法门寺遗物，其他寺院遗址出土的主要是放置舍利的金银棺椁和少量供养器，属于寺院自身的遗物。宋代的情况则有所不同，许多世俗的器物作为财宝供奉施舍于寺院，也有特别制造的器物。与唐代佛教的兴盛相比，宋代更加民间化，各种规则淡化，供养器也多样化。其中用以珍藏佛舍利的有银函（匣）、椁、棺、塔、幢、盒、瓶等，用于礼佛的有银罗汉、供养人，仪式活动时使用的有净瓶、洗、盘、盂、香熏等，形成了较完备的宗教供奉器具[5]。

河北、河南、山东、甘肃、陕西等地的宋代佛教寺院塔基地宫中，发现了不少金银器物。由于多为有纪年的遗迹，基本可以推测出其制作时间的下限。

河北定县静志寺真身舍利塔塔基[6]出土的金银器物最多，有金棺，银椁、像、鎏金银塔、净瓶、瓶、熏炉、双凤盒、盒、盘、碗、洗。同出的太平兴国二年（977年）“重建静志寺真身舍利塔铭”最末记载新入藏的一批金银器云：“太平兴国二年岁在丁丑五月辛酉朔二十二日，三处舍利葬于地宫内，又新施到银棺子一、小金棺

1 葛鹏云：《南京高淳下坝元代窖藏及其相关问题》，《中国国家博物馆馆刊》2015年第12期，第119—127页。

2 台湾商务印书馆影印四库全书，第一〇四〇册·子部三四六，2012年，第108页。

3 黄成：《从考古发现谈南宋白银流通的几个问题》，《中国钱币》1989年第2期，第53、54页。

4 （日）加藤繁：《唐宋时代金银之研究——以金银之货币机能为中心》，中华书局，2006年，第490—501页。

5 关于宋代舍利瘗埋制度，参读冉万里：《中国古代舍利瘗埋制度研究》，文物出版社，2013年，第277—380页。

6 定县博物馆：《河北定县发现两座宋代塔基》，《文物》1972年第8期，第39—51页。

子三、银塔子二、银香炉一、银净瓶一、银香合子一、银瓮子一……”而香炉上錾刻有“……解脱……涅槃……太平兴国二年五月十六日造记”。定县净众院舍利塔塔基[1]，出土有银塔、棺、瓶等五件，净众院舍利塔建于至道元年（995年）。

河南邓州福胜寺塔地宫出土银椁、金棺、银盒和银壶[2]。银椁置于石函内，各部分用圆形铆钉铆合，两侧椁板压印僧院名称和施主姓名。金棺放置于银椁内前部。两侧棺板、前挡、后挡及棺底的周边均錾凿圆孔，再用金丝穿结为一体，然后扣合棺盖，表面纹饰丰富。后挡錾刻铭文六行，云：“维摩院僧赵过，观音院僧惠应，龙山院僧仪明、张谷，打造人赵素”；右侧棺板后端边缘处刻“未年三月造”。金棺内前部放置“佛骨”一，后部放置圆形银盒一，盒内有“佛牙”一。银盒为圈足，边缘钻圆孔，用银丝连结在盒的下部，盒口径6.5厘米，高7厘米。另有鎏金双龙纹银壶一件，铸造而成，体小工精，小口，长颈，鼓腹，平底。口上有莲瓣纹盖，以银链与颈部的活动银环，腹部铸出对称双龙纹，表面鎏金，口径1厘米，腹径3厘米，底径1.5厘米，通高5厘米。据地宫石须弥座上所刻的《地宫记》，该地宫的年代为宋仁宗天圣十年（1032年）。

山西临猗双塔寺西塔[3]，宋代名为妙道寺舍利塔，地宫须弥座供放的石函内有满盛舍利子的银棺一具。该塔建于北宋熙宁二年（1069年），出土的银棺右侧刻铭文二行：“熙宁二年十月二日，解州安邑县打造观榔人张文立记”，左侧刻“同造作人东京采能记”。临猗仁寿寺地宫[4]出土有鎏金银棺、银净瓶，后者錾刻“施主李氏男乐璘”，明确为信徒施舍、供奉之物，出土石函有北宋仁宗嘉祐元年（1056年）纪年。

山东兖州兴隆塔地宫[5]出土鎏金银棺一，表面錾刻纹饰十分丰富；另有金瓶一，带盖，盖顶为一尊罗汉像，小口，细长颈，瓜棱形瓶身，素面无纹，瓶内存放有舍利。地宫内出土有“（宋仁宗）嘉祐八年（1063年）安葬舍利”纪事碑。长清真相院释迦舍利塔地宫[6]，出土银器十五件，其中主要物品是九件银罗汉，还有椁盖、棺盒、女供养人、钵、器座足残片。地宫内有苏轼撰书的《齐州长清县真相院释迦舍利塔铭并引》刻石，记述此塔建成于元祐二年（1087年）。所出银椁盖内刻有“绍圣五年（1098年）戊寅岁正月辛酉十二日”的年款。

江浙地区塔基埋藏的金银器远比中原和北方地区华丽，也为南方其他地区所少见，主要发现有：

江苏南京明大报恩寺遗址北宋长干寺塔基地宫是近年来自陕西扶风法门寺、

1 定县博物馆：《河北定县发现两座宋代塔基》，《文物》1972年第8期，第39—51页。

2 河南省古建研究所、河南省文物研究所：《邓县福胜寺塔地宫出土一批稀世珍宝》，《中原文物》1988年第3期，第25、26页；河南省古代建筑保护研究所、河南省文物研究所：《河南邓州市福胜寺塔地宫》，《文物》1991年第6期，第38—47页。

3 临猗县博物馆乔正安：《山西临猗双塔寺北宋塔基地宫清理简报》，《文物》1997年第3期，第35—53页。

4 临猗县博物馆乔正安：《临猗县仁寿寺北宋塔宫清理简报》，《文物季刊》1995年第1期，第19—24页。

5 山东省博物馆、山东省文物考古研究所、兖州市博物馆：《兖州兴隆塔北宋地宫发掘简报》，《文物》2009年第11期，第42—62页。

6 济南市文化局文物处、长清县博物馆：《山东长清县宋代真相院释迦舍利塔地宫》，《考古》1991年第3期，第217—223页。

浙江杭州雷峰塔塔基地宫之后，佛教考古的一次重大发现[1]。地宫出土器物种类丰富、数量众多，除6000余枚铜钱外，还有金、银、铜、铁、陶、瓷、玉、玛瑙、水晶、玻璃、丝绸、香料等器物236件。地宫内的器物大多数以丝织物为袱，将不同质地的多件器物形成二十余个包裹。从功能上可以分为瘗藏容器、舍利、供养器三大类，其中瘗藏容器有鎏金银七宝阿育王塔，上有300余字的铭文，详细记录了集资打造该塔的情况（图5-28）。还有鎏金银椁、金棺、大银函、鎏金小银函、小银盒等（图5-29）。供养器中包括金银器六十一件，有鎏金银瓶、鎏金银香炉、鎏金银莲蓬宝子、鎏金银香炉、鎏金银香囊、鎏金银香匙、鎏金银饰、银香盒、银葫芦形瓶、银环、银钩各一，鎏金银钗四，金银币四十六，还有泥金的丝织物若干。除金银币外的金银器多数为香具。据《金陵长干寺真身塔藏舍利石函记》等文字材料，地宫的年代为大中祥符四年（1011年）。

图5-28 江苏镇江长干寺塔基出土阿育王塔及塔盖顶面铭文

江苏连云港市海清寺阿育王塔据所嵌碑文记载，建于天圣元年（1023年），竣工于天圣九年（1031年）[2]。塔心柱的长方形砖室正中放石椁，其内以铁匣盛放银棺和银精舍，银棺中置鎏金银棺和银方匣，还在砖室的铺地砖缝内放置银圆盒。银棺和方匣以银丝捆扎。据银棺、鎏金银棺、银方匣上所刻铭文，可知是谢氏家族、沈氏家族和傅氏家族在天

图5-29 江苏镇江长干寺塔塔基出土鎏金银椁

1 南京市考古研究所：《南京大报恩寺遗址塔基与地宫发掘简报》，《文物》2015年第5期，第4—52页。
2 连云港市博物馆：《连云港海清寺阿育王塔文物出土记》，《文物》1981年第7期，第31—38页。

圣四年（1026年）施舍的物品，用以盛装佛骨、佛牙、舍利，在建塔时埋入。银棺的形制接近一长方形的盒，盖较平缓，装饰纹样表现的是佛涅槃的情景。银棺盖为佛的涅槃像，棺前两侧为天王力士像，棺身两侧为十大弟子哀悼像和梵天来降、守护圣灵像。鎏金银棺的棺盖正中为佛的涅槃像，棺身前面和两侧面锤揲结跏趺坐于莲花座上的菩萨像。新出现的银精舍为仅见的一例，长10厘米，宽6厘米，高6.5厘米，其内安放一长方形木莲花座，上置一木刻佛牙，佛牙下衬垫纺织品，精舍盝顶，前后各一门，门两侧各锤揲一护法托塔天王像，两侧各开三窗。

江苏涟水妙通塔地宫[1]在供台上置石函，石函内的金银器有金棺、银椁、金钗以及贴金木或麻胎箍形器。银椁为前高宽、后低窄的长盒形，由盖、座、身三部分组成，内置金棺。金棺用赤金片剪接而成，主要部分以银缕穿接，内置银盒、佛牙和舍利等物。银盒素面，顶、底均平，高3.7厘米，腹径4厘米，内存放骨灰。地宫内有石碑一通，可知妙通塔是宋英宗治平四年（1067年）为瘞藏证因大师的舍利而建。

江苏镇江甘露寺铁塔始建于宋熙宁九年（1076年），建成于元封元年（1078年），塔基内的宋代石函[2]中藏有银函、银盒等。银函正面刻释迦坐像，两侧刻仕女月下焚香图，后面刻文字十行，共68字，盖阴墨书三行14字"临川王安礼元丰元年（1078年）四月七日记"（图5-30）。图案在开光内置佛像和仕女，生活气息浓厚。银盒为圆形，瘞盛舍利和灵骨。此外，一件漆盒内盛有银牌。银牌双层中空，长5.5厘米，宽4.2厘米，厚0.7厘米。正面双钩刻"佛"字，背面双线钩刻"比丘慧平施"。这是较早出现的用于宗教信仰的银牌。慧平是甘露寺的僧人，在铁塔的第三层所铸的带职位名称的僧人中有"维那僧慧平"，职务是管理寺中事务。

浙江瑞安慧光塔，建成于庆历三年（1043年），宋代称"仙岩寺塔"，元代

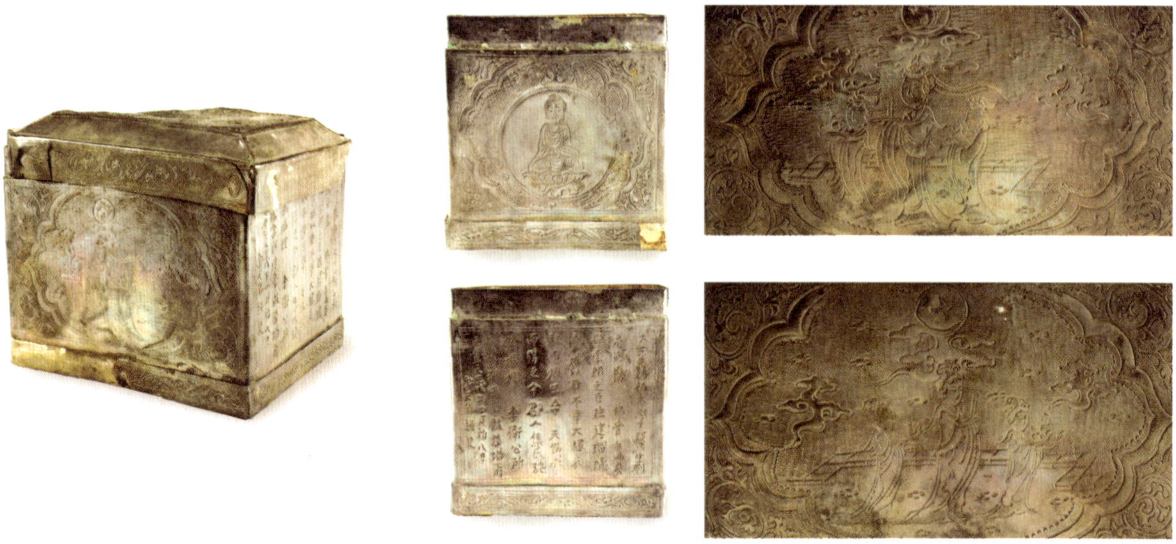

图5-30　江苏镇江甘露寺铁塔塔基地宫出土北宋银函

1 淮安市博物馆、涟水县图书馆：《江苏涟水妙通塔宋代地宫》，《文物》2008年第8期，第20—32页。
2 江苏省文物工作队镇江分队、镇江市博物馆：《江苏镇江甘露寺铁塔塔基发掘记》，《考古》1961年第6期，第302—315页。

改为现名[1]，发现的九件银器都装在漆舍利函内。在“建塔助缘施主姓名”中提及的器物有鎏金舍利瓶、鎏金盂子、鎏金请舍利箸各一件，为法明院比丘利和劝缘制造。舍利瓶有景祐二年（1035年）刻铭。此外，出土银瓶两件，一件有明道二年（1033年）的刻铭，为县尉柳珣施舍。银神王两件，有景祐四年（1037年）刻铭，为陈氏信徒施舍，同时记有银匠陈满的姓名。鎏金银塔一件，高34.8厘米，四面七层，第一层一面刻施主姓名，三面为武士像，其他六层四面都为佛像。银葫芦瓶一件，亦刻有施主姓名。浙江黄岩灵石寺塔始见于北宋乾德三年（965年），塔六面七级，从底层到顶层，层层设置天宫十六个，其中第四层北部天宫遗物较丰富，发现有银花、金盒、银盒等，年代最晚为治平四年（1067年）入藏[2]。浙江宁波天封塔塔基地宫出土银“天封塔地宫殿”模型一，银塔一、银龛金造像一、银熏炉二、银香炉一，另有银碗、镯各一，匙二，银花三、银条四、银钗九、银牌十二、银钱二十二[3]。一些银器上有绍兴十四年（1144年）的刻铭。

上海松江约元祐年间（1086—1094年）兴圣教寺塔地宫石函内的漆盒中有一件铜卧佛和两件银匣[4]。银匣皆呈长方形，子母口，大者盛装佛牙，匣底部刻莲花牌位。其内的铭文为“郭椿年舍银造匣追荐亡母赵氏超生”。小者盛装舍利和佛牙，匣底部刻莲花座牌位，牌位内为“蔡溥舍银造匣追荐亡妻俞氏超生”。此外漆盒底部还有小银珠101颗。

整体而言，这些寺院塔基发现的金银遗物可以分为两类：一类是供奉舍利的容器，一类是供养品，主要为佛具和普通生活用品[5]。

供奉舍利的金银容器主要有函（匣）、棺椁、塔、盒、瓶、精舍等。银函（匣）的形制多为方形或长方形，盖为盝顶，有的底部有足。金银棺椁从北魏以来一直存在。北魏郦道元《水经注》卷一《河水一》记载：“佛泥洹后，天人以新白缫裹佛，以香花供养，满七日，盛以金棺，送出王宫。”[6]宋代瘗埋舍利的棺椁的质地主要有石、铜、金、银、木等。目前考古发现的金棺银椁通常由棺盖、棺体和棺座组成。棺盖多呈覆瓦、盝顶或平顶形。定县静志寺以金棺、银椁为舍利的盛装器具，各三件。一件金棺高4.9厘米，盖以珍珠纹衬地饰花朵缠枝纹，棺身正面表现门，背面表现佛足，两侧面分别为僧人，一侧为二人对坐论法，另一侧为三人，二对一说法。一件鎏金银椁高7.5—11.5厘米，正面为门，两侧面以云纹为框饰张口奔驰的龙和虎，背面无纹。定县净众院所出鎏金錾花银棺，高15.8厘米，长22厘米，宽10.7厘米，周身刻以流云，棺两侧各刻一条飞龙。临猗双塔寺西塔地宫须弥座供放的石函内有银棺一具，满盛舍利子。棺盖前端有云片饰件，前挡刻门，门两侧刻铭文为施主姓名。棺体两侧錾刻相同的诸天降十二部乐迎佛入涅槃境。后挡刻门，右侧刻铭文两行，“熙宁二年（1069年）十月二日，解州安邑县打造

1 浙江省博物馆：《浙江瑞安北宋慧光塔出土文物》，《文物》1973年第1期，第48—58页。

2 台州地区文管会、黄岩市博物馆：《浙江黄岩灵石寺塔文物清理报告》，《东南文化》1991年第5期，第242—283页。

3 林士民：《浙江宁波天封塔地宫发掘报告》，《文物》1991年第6期，第1—27、96页。

4 上海博物馆：《上海市松江县兴圣教寺塔地宫发掘简报》，《考古》1983年第12期，第1125—1129页。

5 参读冉万里：《中国古代舍利瘗埋制度研究》，文物出版社，2013年，第339—357页。

6 〔北魏〕郦道元著，陈桥驿校证：《水经注校证》，中华书局，2007年，第5页。

观榔人张文立记”，左侧刻“同造作人东京采能记”。长清县真相院释迦舍利塔地宫的银椁，盖内刻文 102 字，“绍圣五年（1098 年）戊寅岁正月辛酉十二日，刘氏夫妇施银十两打椁葬父母所遗舍利，由莒镇仇宗明亲手全造”。

塔形金银舍利容器在唐五代时期就有发现，在法门寺塔、雷峰塔塔基地宫中都有出土，宋代则较常见。河北定县静志寺出土四件六角银塔，高 26 厘米，分别以银板折成六角柱、六角锥形组合而成。塔座刻有施主姓名，塔顶刻有“钱共用一十两七分金一钱”。定县净众院也有银塔，高 35.5 厘米，两层，第一层门两侧有“善心寺”“舍利塔”铭文牌，层下绕一对龙，第二层正面左右也装饰有龙的形象。南京大报恩寺遗址北宋长干寺塔基地宫出土的鎏金银七宝阿育王塔，上有长篇铭文。塔为单层方形，由塔座和塔基两部分组成，子母口扣合；通高 117 厘米，最大边长 45 厘米，内部以檀香木制作骨架，表面为银皮，通体鎏金，塔体上凿有 452 个圆孔，以镶嵌宝石。所镶宝石，初步鉴定有水晶、玻璃、玛瑙、青金石等。塔座以及塔盖顶部均中空，内盛供养物。

盛放舍利的金银容器还有瓶、盒。宋代以前安置舍利的瓶以琉璃瓶和金银瓶为主，宋代在此基础上开始较多地使用瓷质的葫芦形瓶、盘口瓶，甚至净瓶。目前金银质的舍利瓶发现很多。江苏苏州虎丘云岩寺塔天宫出土有金瓶，带盖，鼓腹，高 2.9 厘米，腹径 7 厘米[1]；浙江瑞安慧光塔出土素面银瓶二、银葫芦瓶一、金瓶一，体型很小，均有刻铭。盒有金、银、铜、瓷等不同质地，形制主要为圆形、六瓣形，子母口，有的带矮圈足，其中银盒很常见。浙江黄岩灵石寺天宫出土三件盒，互相套合，自内而外依次为金、银、铜。其中金盒呈琮形，盖面刻铭“许仁德并妻应二十一娘男从政等舍金盒半两”，出土时盒盛放舍利 350 粒以及一枚琉璃珠。银盒为圆形，盖周缘刻铭“许仁德为父母舍清财造置舍利盒一枚重半两永充供养丙寅八月日”，出土时盒内有方乳香若干块。最外层的铜盒刻铭则有“乾德四年（966 年）”纪年。

供养品是各时期寺塔塔基地宫出土最多的器物。据《妙法莲华经》（六）《授记品》记载：“诸佛灭后，各起塔庙，高千由旬，纵广正等五百由旬，皆以金、银、琉璃、砗渠、玛瑙、真珠、玫瑰七宝，合成众华、璎珞、涂香、末香、烧香、缯盖、幢幡，以用供养。”[2] 目前宋代塔基地宫及天宫出土的供养器物大体可以分为：佛像、菩萨像、罗汉像和供养人像等；佛具类的钵、幡、净瓶、金刚铃、香炉及请香道具等；七宝类的砗渠、银牌、银条等；瓷器、铜镜、钱币等其他财物。因施舍者的虔诚，各类中均不乏金银质的贵重器物。

宋代以金银制作，用作供养的佛像、菩萨像、罗汉像或供养人像不多。山东长清县元丰八年（1085 年）真相院释迦舍利塔地宫的九件罗汉像制作得十分出色，表现出佛祖涅槃以后，弟子们精神沮丧、痛不欲生的神态。有些在腹背錾刻文字，如“郭氏史氏二人共施罗汉一尊”“焦县丞管两尊”“赵氏太君管一尊，邹”“邹□法钊氏施银壹两，打十大弟子一尊”“邹□造三尊”等。另有一件银女供养人像，其花冠、服饰亦做得相当精细，人物小巧精细，比例适度，显示出匠人所具有的

1 苏州市文物保管委员会：《苏州虎丘云岩寺塔发现文物内容报告》，《文物》1957 年第 11 期，第 38—45 页之第 40 页。

2 《大正藏》第 9 册，第 21 页。

丰富的想象力和高超的制作技艺。大理千寻塔出土金造像七件。其中有一件银背光金阿嵯耶观音立像，通高 24 厘米，重 1130 克，带银舟形背光，金碧辉煌（图 5-31）。阿嵯耶观音是南诏、大理国时期“滇密”阿吒力教崇拜的主要圣像。“阿嵯耶”来自梵语“Acarya”，意为轨范师、正行，也可解为“圣”，阿嵯耶观音即圣观音，是云南地区所独有的观音像。目前已知的阿嵯耶观音已超过二十尊，式样相近，其中一件背部有铭文：“皇帝骠信段政兴资为太子段易长生、段易长兴等造记……”是十二世纪左右的作品。千寻塔出土的这件银背光金阿嵯耶观音立像很可能是大理王室供奉的。此外，河北定州太平兴国二年（977 年）静志寺塔基地宫出土一件银天王立像。浙江瑞安景祐四年（1037 年）慧光塔地宫出土两件鎏金银神王像。江苏镇江元丰元年（1078 年）甘露寺铁塔出土有银人像。浙江宁波绍兴十四年（1144 年）天封塔地宫出土有银龛金释迦佛像。

其他金银供养品方面，山东长清真相院释迦舍利塔基地宫出土三件银钵；浙江宁波天封塔塔基地宫出土吊幡两件，以薄银片制成，长条形，顶部有呈等边三角形的幡头，顶角有小孔，可悬挂。顶下为一直板，上镌“佛法僧宝”四字，其两边和下部铸出四条象征的幡带；山东兖州兴隆塔塔基地宫出土一件金净瓶，纯金制作，瓶身呈瓜棱形，瓶盖顶有一尊罗汉像；云南大理千寻塔出土一件铜鎏金金刚杵，柄部套一银环；河北定县静志寺塔基地宫出土一件三足银香炉，覆钵形盖，上有宝珠形镂空钮，盖面线刻四只飞翔的凤、云纹及供养人姓名；浙江宁波天封塔塔基地宫出土银匙两件；江西南丰大圣舍利塔塔基地宫出土三件银牌，其中一件长 17 厘米，宽 3 厘米，其上铭文为“兴城乡洞仙院僧庆元舍钱幡子壹首”[1]。

用金银打造舍利容器并供奉金银器物，反映了信徒对佛法信仰的虔诚。数量、种类众多的金银供养器普遍见于南北各地、各个时期的诸多佛寺遗址又体现出宋代以后，金银器在民间更大程度地普及。南京大报恩寺北宋长干寺塔基地宫出

图 5-31　云南博物馆藏收集大理国铜鎏金观音像

1 南丰县博物馆：《南丰大圣舍利塔地宫清理简报》，《江西文物》1989 年第 2 期，第 27—32 页。

土的鎏金银七宝阿育王塔上有300余字的铭文[1]，向我们展现了众生集资，倾心打造银塔供奉寺院的情形，该塔：

共计用银一百二十二两：曾再遇银十两，浦宅刘氏一娘银九两三分，曹延寿银五两，张宅刘氏一娘银二两，高邮军戴承坦银五两半，昇州李承弟银二两，六名共舍到银三十四两，一除舍到列。买银八十七两三分，计钱八十四贯二百四十文足陌。打造银塔手工钱二十二贯七百五十文足，珠宝手工三百八十五文足，五贯文足买檀香并手工作塔身，共用钱一百一十二贯三百七十五文足陌。会首张重旺舍钱四十一贯一百八十九文足，王文舍钱十五贯四百文足，浦承务舍钱十三贯五百三十六文足陌，张约舍钱一十一贯二百八十文足陌，徐守忠舍钱一十贯文足陌，曹延寿钱一贯文足，浦宅刘氏一娘钱七百七十文足，刘氏一娘舍钱四百文足，戴承矩一十五贯四百文足，演化母庚氏、并普仁、普轮舍钱二贯五百文足。

九百文足通剩水银钱。通收到钱一百一十二贯三百七十五文足陌，已在前项用遍，舍到前件银不在此钱内。共渡过金二两八钱半：高邮戴承坦舍金二两，会首张重旺、弟重义、男延熙、仲氏二娘、武氏九娘合家眷属等，共渡塔金八钱半。徐俗舍檀香七斤同作塔身，卢承福舍水晴（晶）五十个，演化大师将到大圣七宝念珠并水晴珠宝，并装在塔上，钟旺舍晴。大中祥符四年四月八日记。扬州银作装匠人朱承信、男守恭，弟承旺字。勾当造七宝塔弟子张延熙，都会首弟子张重旺，守滑州助校弟子王文，演化大师勾当造塔可政。

该塔用去银材料122两，其中包括六人舍银34两，另买银87两3分（计钱84贯240文足陌），这是材料费用。还花去“打造银塔手工钱”22贯750文足，镶“珠宝手工”385文足，“买檀香并手工作塔身”5贯文足。买银费、加工费、辅助材料费、“九百文足通剩水银钱”，共计112贯375文足陌。这些钱由“会首张重旺”等十余人施舍。“共渡过金二两八钱半”，其中“高邮戴承坦舍金二两”，会首张重旺“合家眷属等共渡塔金八钱半”。另有众人舍“檀香七斤同作塔身”“水晴（晶）五十个”等。塔由“扬州银作装匠人朱承信、男守恭，弟承旺字”。

1 南京市考古研究所：《南京大报恩寺遗址塔基与地宫发掘简报》，《文物》2015年第5期，第4—52页之第19、20页。

第六章
辽、西夏、金代金银器

从五世纪末开始，活跃于北方草原地区的契丹族日益强盛。唐贞观二年（628 年）契丹背离突厥，归附唐朝。神册元年（916 年），辽太祖耶律阿保机建国，至保大五年（1125 年）天祚帝耶律延禧为金朝所俘，辽亡，其时中原为五代和北宋王朝。无论是武力冲突，还是友好交往，辽代和中原朝廷都有着密切的联系。

辽代金银器是了解契丹文化面貌的珍贵实物，由于目前五代、北宋时期的金银器发现不多，它同时也弥补了唐宋之间发展变化脉络不清的环节，而其与中原文化的交流、融合，使其在很大程度上代表了这一时期中国金银器的整体面貌。辽代金银器在造型、纹饰、制作工艺等方面都直承唐风，在本民族金银器的基础上，吸收消化周边各民族文化，发展出了自己的特色，其中既有富于民族文化特征的装饰品、马具和殓葬用具，也有与中原关系密切的日常生活器皿。

西夏、金代金银器目前发现较少，但也显现出一些民族特色。自辽代以来，汉族工匠不断北迁，逐渐与当地民众融合，产生出民间匠人，形成产品的特有风格。西夏、金代金银器的新颖样式，与其说是北方中心文化的传播，不如看作是当地传统与之融合后所产生的异样风格。

第一节 贵族墓葬、宗教遗迹与辽代金银器的分期

建立辽朝的契丹族，原以游牧为生，不定居所。根据目前出土的丰富遗物，及其鲜明的自身特点，证实契丹人对金银装饰十分喜爱。大量的辽代金银器发现在等级规格很高的皇室、贵族墓葬中，虽然可能与考古发现的偶然性有关，却是目前辽代金银器考古发现的特点。

内蒙古赤峰市阿鲁科尔沁旗辽太宗会同五年（942 年）耶律羽之墓[1]发现金银器三十余件，以生活器皿为大宗，还有金银饰品。赤峰巴林左旗盘羊沟会同六年（943 年）后唐德妃伊氏墓

1 内蒙古文物考古研究所、赤峰市博物馆、阿鲁科尔沁旗文物管理所：《辽耶律羽之墓发掘简报》，《文物》1996 年第 1 期，第 4—32 页。

出土银器十四件（套）[1]。赤峰市大营子辽穆宗应历九年（960 年）驸马赠卫国王墓[2]出土金带饰、鎏金马具和银日用器皿等金银器六百余件。锡林郭勒盟多伦县辽圣宗统和十一年（993 年）贵妃萧氏墓出土戒指、垂饰等金器四十七件；冠、靴、盒、匙、勺、箸等银器七件；还有银盏、银扣青瓷器，银饰玉石器、漆木器等[3]。通辽市奈曼旗辽圣宗开泰七年（1018 年）陈国公主、驸马合葬墓[4]出土各种金银器二百余件。这是目前辽代考古发现中，年代明确的、最为丰富的几批辽代金银器。耶律羽之是早期契丹皇族成员，官至辽东丹国左相。后唐德妃伊氏归契丹后，受到格外的礼遇，“特修宫苑，俾遂优遊厚有，又特令充赡给，降鸿私而迥异，方故国以无殊”，死后“藏事依中朝之轨式，表上国之哀荣”[5]。赠卫国王驸马萧沙姑，也叫萧屈列，尚辽太祖耶律阿保机的女儿质古。兰陵萧氏为辽圣宗贵妃。陈国公主为辽景宗的孙女、辽圣宗的侄女，驸马是萧绍矩。这些贵族墓葬都建造得十分豪华，随葬物品非常丰富，金银器多制作精细，纹饰华美，风格瑰丽，代表了辽代工艺美术的最高水平，同时也揭示出了辽代各时期金银器的基本面貌。

辽代金银器的发现中，还应该提到的是二十世纪九十年代初英国伦敦展出的一批多有辽圣宗太平年间（1021—1031 年）錾文的金银器，包括函、方盒、碗、杯、佩带、盘和匜等三十余件[6]。从錾文内容看，这批金银器主要是文忠王府大殿祈福用具以及承天皇太后（辽景宗皇后萧燕燕，即萧太后）殿的供养、祭祀用器，是官员们出资命工匠们制造的。文忠王府是辽代“十二宫一府”中“拟诸宫例”但称“府”的宫卫。“大丞相晋国王耶律隆运，本韩氏，名德让。以功赐国姓，出宫籍，隶横帐季父房。赠尚书令，谥文忠。无子，以皇族魏王贴不（魏王名贴不——笔者注）子耶鲁为嗣，早卒；天祚皇帝又以皇子敖鲁斡继之。官给葬具，建庙乾陵侧。拟诸宫例，建文忠王府。”[7]耶律隆运与辽景宗萧后的关系非同一般。《契丹国志》卷七记载：“丞相耶律隆运，本汉人，姓韩，名德让，太后有辟阳侯之幸，赐姓耶律，改名隆运。寻拜大丞相，封晋王。景宗崩，太后临朝，隆运私事之。是时，太后年方三十，诸子尚幼，外无亲援，雄杰角立，帝登大宝，皆隆运力也。帝念其功，父事之。隆运薨，帝为制，服其终始，眷遇如此。”[8]这批金银器铭文中的“文忠王府大殿”应是耶律隆运死后在文忠王府设置的真容殿，

---

1 赤峰市博物馆、巴林左旗辽上京博物馆、巴林左旗文物管理所：《内蒙古巴林左旗盘羊沟辽代墓葬》，《考古》2016 年第 3 期，第 30—44 页；陶建英：《赤峰地区出土唐宋时期金银器艺术风格浅析》，《草原文物》2016 年第 1 期，第 101—108 页。

2 前热河省博物馆筹备组：《赤峰县大营子辽墓发掘报告》，《考古学报》1956 年第 3 期，第 1—26 页。

3 内蒙古文物考古研究所、锡林郭勒盟文物保护管理站、多伦县文物局：《内蒙古多伦县小王力沟辽代墓葬》，《考古》2016 年第 10 期，第 55—80 页。

4 内蒙古自治区文物考古研究所、哲里木盟博物馆：《辽陈国公主墓》，文物出版社，1993 年

5 马凤磊：《后唐德妃伊氏墓志铭释考》，《草原文物》2016 年第 2 期，第 99 页。

6 李缙云：《一批辽代金银器的初步研究》，《文物春秋》1991 年第 3 期，第 41—46 页；濡川：《辽文忠王府金银器小考》，《文物春秋》1991 年第 3 期，第 47—49、46 页；李缙云：《续记一批新出现的辽代金银器》，《文物春秋》1994 年第 2 期，第 52—57 页；李缙云：《流失海外的一批辽代金银器》，《收藏家》1995 年第 6 期，第 12—15 页；韩伟：《辽代太平年间金银器錾文考释（上）》，《故宫文物月刊》第十一卷第九期（129），第 4—23 页，1993 年 12 月；韩伟：《辽代太平年间金银器錾文考释（下）》，《故宫文物月刊》第十一卷第十期（130），1994 年 1 月，第 100—107 页。

7 《辽史》卷三一《营卫志上》，中华书局，1974 年，第二册，第 370 页。

8 〔宋〕叶隆礼撰，贾敬颜、林荣贵点校本，上海古籍出版社，1985 年，第 72 页。

因为他卓越的功勋以及与萧后的特殊关系，所以在文忠王府内还设置了皇太后殿。官员们为表诚心，用成套的金银器致祭。因此，如果这批金银器不误，那么可以说这是目前所见规格最高的一批辽代金银器。辽代帝、后御容殿供奉金银器的情况或许可以参考元代皇家供奉祖宗织锦御容的神御殿（也称影堂）。《元史》卷七五《祭祀志四》云："黄金瓶斝盘盂之属以十数，黄金涂银香合碗碟之属以百数，银壶釜杯匜之属称是。"[1]两相比较，器形确多有重合之处。关于这批金银器的来源，有可能出自河北涿鹿一带的窖藏[2]或文忠王承嗣者的墓葬中[3]。不论是窖藏抑或是墓葬都可能与辽末金兵攻陷上京路有关[4]。本章对辽代金银器的研究，以考古发掘材料为要，所以只将这批材料列出，不作进一步的申述。

辽代崇佛，建寺修塔，供养舍利非常盛行，佛寺的天宫或地宫中不乏金银舍利容器和供养品的发现。目前的考古发现中以辽代中晚期，特别是辽代中期居多，主要有：辽宁朝阳新华路辽塔地宫（984年）[5]、北京顺义辽净光舍利塔地宫（1013年）[6]、辽宁朝阳北塔天宫（1043年）[7]、内蒙古赤峰市巴林右旗庆州白塔（1049年）天宫[8]、北京房山北郑村辽塔地宫（1051年）[9]、辽宁沈阳新民辽滨塔天宫（1110—1114年）[10]和河北易县净觉寺舍利塔地宫（1115年）[11]等。

这些从有纪年的遗迹中出土的器物群是对辽代金银器进行分期断代的标尺，

1 中华书局，1976年，第六册，第1875页。

2 Christian Deydier, Oriental Bronzes Ltd, IMPERIAL GOLD FROM ANCIENT CHINA paet 1&2Mussum Rietberg Zurich Die Sammlung Pierre Uldry, CHINESESCHES GOLD NUD SILBER. 韩伟：《辽代太平年间金银器錾文考释（上）》，《故宫文物月刊》第十一卷第九期（129），第4—23页，1993年12月；韩伟：《辽代太平年间金银器錾文考释（下）》，《故宫文物月刊》第十一卷第十期（130），第100—107页，1994年1月。

3 濡川：《辽文忠王府金银器小考》，《文物春秋》1991年第3期，第49页。

4 《契丹国志》卷一一《天祚皇帝中》记载：天庆九年（1119年）"夏，金人攻陷上京路，祖州则太祖之天膳堂，怀州则太宗德光之崇元殿，庆州则望仙、望圣、神仪三殿，并先破乾、显等州如凝神殿、安元圣母殿、木叶山之世祖殿、诸陵并皇妃子弟影堂，焚烧略尽，发掘金银珠玉"。贾敬颜、林荣贵点校本，上海古籍出版社，1985年，第117页。

5 辽宁省文物考古研究所：《辽宁朝阳新华路辽代石宫发掘简报》，《文物》2010年第11期，第42—54页。

6 北京市文物工作队：《顺义县辽净光舍利塔基清理简报》，《文物》1964年第8期，第49—54页。

7 朝阳市北塔考古勘察队、朝阳市北塔维修办公室：《朝阳北塔1986—1989年考古勘察纪要》，《辽海文物学刊》1990年第2期，第15—23页；朝阳北塔考古勘察队：《辽宁朝阳北塔天宫地宫清理简报》，《文物》1992年第7期，第1—28页；辽宁省文物考古研究所、朝阳市北塔博物馆：《朝阳北塔——考古发现与维修工程报告》，文物出版社，2007年。

8 德新、张汉君、韩仁信：《内蒙古巴林右旗庆州白塔发现辽代佛教遗物》，《文物》1994年第12期，第4—33页。

9 齐心、刘精义：《北京市房山县北郑村辽塔清理记》，《考古》1980年第2期，第147—158页。

10 沈阳市文物考古研究所：《沈阳新民辽滨塔塔宫清理简报》，《文物》2006年第4期，第47—57页。

11 河北省文物管理处：《河北易县净觉寺舍利塔地宫清理记》，《文物》1986年第9期，第76—80页。

可以对辽代金银器的演变有清楚的认识[1]。整体而言，目前所能见到的辽代金银器，早期（907—982年）和中期（983—1054年）数量较多，种类丰富，而晚期（1055—1125年）相对要少，且以银器为主。出土金银器最多的是辽圣宗时期（983—1030年）的墓葬。辽兴宗（1031—1054年）以后，金银器的发现以佛塔遗址为主，也有一些窖藏。

辽代早期（907—982年）的金银器可以内蒙古赤峰市阿鲁科尔沁旗耶律羽之墓（942年）、巴林左旗盘羊沟会同六年（943年）后唐德妃伊氏墓、赤峰大营子驸马赠卫国王墓（960年）的随葬品为代表。另外，赤峰市敖汉旗沙子沟一号辽墓[2]、松山区城子乡洞山村窖藏[3]、克什克腾旗二八地一号辽墓[4]、阿鲁科尔沁旗宝山辽墓[5]，通辽市科尔沁左翼后旗吐尔基山辽墓[6]、科左后旗白音塔拉辽墓[7]、科尔沁右翼中旗代钦塔拉辽墓[8]，乌兰察布丰镇永善庄三号村辽墓[9]；辽宁法库县叶茂台乡14号辽墓[10]、锦州市张扛村一号辽墓[11]、北票市水泉一号辽墓[12]、建平县张家营子辽墓[13]等出土的金银器与前述金银器有相似之处，年代也大致属于这一时期。

辽代早期金银器种类繁多，包括日用器皿、人体装饰品、马具、殡葬用器和佛教用具等。金器及鎏金银器的比重较大，装饰题材丰富，制作工艺精湛，在很多方面都体现出了对唐代和西方金银器传统的继承。

耶律羽之墓随葬的器物可以区分为产自中原和当地制造的两类。那些鎏金铜带饰、马具和佩饰等显然是契丹人的传统，而在器形和纹样上都与唐代酷似的花

1 目前有关辽代金银器分期的论述主要有：韩建武《试论辽代金银器的分期及特点》，《陕西历史博物馆馆刊》第三辑，西北大学出版社，1996年，第41—47页；朱天舒：《辽代金银器》，文物出版社，1998年，第1—85页；张景明、赵爱军：《论辽代金银器》，《考古与文物》2001年第2期，第65—77、94页；张景明：《中国北方草原古代金银器》，文物出版社，2005年，第191页；张景明：《辽代金银器研究》，文物出版社，2011年，第81—104页。其中，朱天舒将辽代金银器分为三期：第一期，辽太祖至辽景宗时期（907-982年）；第二期，辽圣宗到兴宗时期（983—1054年）；第三期，辽道宗至天祚帝时期（1055—1125年）。张景明将辽代金银器也分为三期：第一期，辽初太祖至圣宗时期（907—1030年），又可分为辽太祖至辽穆宗时期（907—968年），辽景宗、辽圣宗时期（969—1030）前后两个阶段；第二期，辽兴宗时期（1031—1054年）；第三期，辽道宗、天祚帝时期（1055—1125年）。

2 内蒙古自治区敖汉旗文物管理所：《内蒙古敖汉旗沙子沟、大横沟辽墓》，《考古》1987年第10期，第889—904页。

3 项春松：《赤峰发现的契丹鎏金银器》，《文物》1985年第2期，第94—96页。

4 项春松：《克什克腾旗二八地辽墓》，《内蒙古文物考古》1984年，第3期，第80—90页。

5 内蒙古文物考古研究所、阿鲁科尔沁旗文物管理所：《内蒙古赤峰宝山辽壁画墓发掘简报》，《文物》，1998年第1期，第73—95页。

6 内蒙古文物考古研究所：《内蒙古通辽市吐尔基山辽代墓葬》，《考古》2004年第7期，第50—53页。

7 贲鹤龄（内蒙古通辽市博物馆）：《科左后旗白音塔拉契丹墓葬》，《内蒙古文物考古》2002年第2期，第12—18页。

8 兴安盟文物工作站：《科右中旗代钦塔拉辽墓清理简报》，《内蒙古文物考古文集》第二辑，中国大百科全书出版社，1997年，第651—667页。

9 王新民、崔利明：《丰镇县出土辽代金银器》，《乌兰察布文物》1989年第3期，第120、121页。

10 辽宁省博物馆、辽宁铁岭地区文物组发掘小组：《法库叶茂台辽墓纪略》，《文物》1975年第12期，第26—36页。

11 刘谦：《辽宁锦州市张杠村辽墓发掘报告》，《考古》1984年第11期，第990—1002页。

12 辽宁省博物馆文物队：《辽宁北票水泉一号辽墓发掘简报》，《文物》1977年第12期，第44—51页。

13 冯永谦：《辽宁省建平、新民的三座辽墓》，《考古》1960年第2期，第15—19页。

口金杯（图 6-1）、鎏金银盒、五曲银盘和银唾壶等金银器或直接来自中原，或是中原工匠在契丹地区制作的器物。鎏金折肩银罐、鎏金带把杯（图 6-2）又显示出辽代器物受西方影响的特点。

中原与北方契丹风格并存是辽国早期遗物较为普遍的现象。克什克腾旗二八地一号辽墓出土的五曲银碗内底的花瓣，联珠纹圈中饰双鸟，五曲壁上饰折枝团花，口沿饰由半花瓣纹带简化而来的花边，在纹样因素和造型上都与江苏镇江丁卯桥出土的唐代鹦鹉纹多曲银碗[1]有相似之处。赠卫国王驸马墓出土的双面人头形鎏金银饰件下部为六面体，每面錾刻折枝牡丹，花叶舒展，与中原的文化结合得完美自然，工匠已经深谙制作的精髓。吐尔基山辽墓出土的圆形摩羯纹金花银盆、葵形摩羯戏珠纹银盘分别与丁卯桥窖藏出土的葵形摩羯纹银盆、海棠形双凤戏珠纹银盘[2]相似（图 6-3）。

图 6-1　内蒙古赤峰市阿鲁科尔沁旗耶律羽之墓出土五曲金杯

图 6-2　内蒙古赤峰市阿鲁科尔沁旗耶律羽之墓出土多棱鎏金银杯

图 6-3　内蒙古通辽市科尔沁左翼后旗吐尔基山辽墓出土银盘与镇江丁卯桥窖藏出土银盘对比图

契丹与唐的关系密切而深远。唐太宗贞观二十二年（648 年），唐朝设立松漠都督府，以契丹联盟首领窟歌为都督，以诸部酋长为刺史，将其纳入中原王朝的行政建制。辽立国之时已经有了一定的汉文化的基础，表现在丧葬方面，有了规模较大的多室仿木结构的墓葬，墓室内饰彩绘壁画，随葬丰富的物品，新的埋葬礼俗逐步形成，中原文化的影响显而易见。不仅在金银器上能够看到两种文化融合的时尚，墓葬壁画也是如此。内蒙古赤峰宝山一号墓墓葬年代为辽太祖天赞二年（923 年），墓室内石房顶部绘制的《云鹤图》与晚于它一年的河北曲阳王处直墓的同类绘画相似；宝山二号墓葬的年代在 926—938 年之间，

1 镇江博物馆：《镇江出土金银器》，文物出版社，2012 年，第 44、45 页，图 27。
2 镇江博物馆：《镇江出土金银器》，文物出版社，2012 年，第 26、27 页，图 7；第 14、15 页，图 4。

所绘分别以苏蕙、杨贵妃为主角的《织锦迴文图》和《杨贵妃教鹦鹉图》是唐人绘画的题材[1]。此类壁画或是杂用唐代旧样，或是由所掠汉地俘户中的画工所绘。在人物故事画中，侍从仆婢多为契丹人，发型、服饰、面相以至衣纹的处理、人体的轮廓与汉人不同，画中的一些细节也只有对契丹风俗习以为常的画手才能掌握得恰到好处。因此，学者们推测，宝山壁画在绘制之时，应有汉族画工和契丹画工共同参与其事。同州郃阳县令胡峤曾随萧翰至契丹，“居虏中七年。当周广顺三年（953年），亡归中国，略能道其所见。云：……遂至上京……有绫锦诸工作、宦者、翰林、伎术、教坊、角觝、秀才、僧尼、道士等，皆中国人，而并、汾、幽、蓟之人尤多”[2]，这些人必然带去了中原人的生活习俗和思想观念。

但是，契丹人并未因为接收汉人文化而丧失自身文化的特点，而是在融合的过程中逐渐形成新的文化特征。稍晚于耶律羽之墓的赠卫国王驸马墓随葬的金银器出现了更多的契丹人自身的特点，大量完备的马具、盔甲及刀、剑、矛、镞等兵器，都是具有北方游牧民族色彩的器物，其种类和数量以及精美程度都极其罕见。鎏金银马具饰件，由四个丁字形节约和十二个长方形饰件组成，纹样为行龙纹。双面人头形鎏金银饰件，上为双面人头，发式是契丹人特有的髡发，头顶发不及耳，耳前有一缕头发，戴大耳环，眉毛粗重，胡须浓密。克什克腾旗二八地一号辽墓出土了几十件金银器，以器皿和饰件为主，“大郎君”折肩银罐、五角星纹银扳指杯、团鸟小簇花五曲银碗、鞍饰、银铃罩等都与唐代以来中原地区的金银器物不同。哲里木盟奈林稿二号辽代壁画墓[3]出土的缠枝花纹金带銙、摩羯纹金耳坠、扁团花纹金戒指等金银饰物共三十多件，应是契丹人特有的装饰类首饰和服饰，鎏金带把折肩杯也是少见的器类。

不过，即便是在以契丹民族特点为主的器物中，也能看到中原文化的渗透。赤峰城子窖藏鸡冠形银壶的壶身主题花纹以双重的花瓣、联珠纹带构成的菱形框，内以鱼子纹为底饰卧鹿，衬山石花草（图6-4）；鎏金摩羯纹银提梁壶盖饰荷叶纹，盖沿和壶颈饰花瓣和联珠纹，腹壁为龙首鱼身的摩羯，仰视火焰珠。这些纹样装饰显示了中原文化的意味。

图6-4　内蒙古赤峰城子窖藏出土银鸡冠壶

首饰、服饰、马具为早期契丹

1 罗世平：《织锦回文：宝山辽墓壁画与唐画的对读》，《书画艺术学刊》2006年第1期，第15—23页；巫鸿、李清泉：《宝山辽墓：材料与试读》，上海书画出版社，2013年，第5—47页。

2 《新五代史》卷七三《四夷附录二》，中华书局，1974年，第三册，第905、906页。

3 内蒙古文物工作队：《内蒙古哲里木盟奈林稿辽代壁画墓》，《考古学集刊》第1辑，中国社会科学出版社，1982年，第231—243页。

图 6-5 内蒙古通辽市科尔沁左翼后旗吐尔基山辽墓出土金耳坠、金戒指、金手镯

墓的习见之物，更有契丹本民族的特点。出土首饰的墓葬很多，除了耶律羽之墓、吐尔基山辽墓（图 6-5），科右中旗代钦塔拉辽墓的出土物也很丰富。女性墓主人戴金耳坠，颈饰鎏金球，腕戴金镯，指戴七个金戒指；男性墓主也戴金耳坠。木椁室室顶正中悬挂银镜，主体花纹是飞蝶纹。右耳室内有两副马具，为半月形缠枝牡丹纹鎏金银鞍饰、缠枝牡丹花后鞍桥鎏金银饰、刀形缠枝牡丹纹鎏金银鞍饰。另外，敖汉旗李家营子二号辽墓[1]出土了九十九件卷草纹金带饰。敖汉旗沙子沟一号墓出土有金坠、鎏金银带饰。锦州市张扛村一号辽墓出土有鎏金银饰牌、鎏金银耳坠、鎏金银镯等。法库叶茂台乡 14 号辽墓出土有金耳饰、金项饰、鎏金银扞腰和鎏金银鞍桥。

早期辽代皇室贵族使用的金银器由中原输入的主要是生活器具，有碗、盘、匜、杯、壶、盏托、钵、唾壶、盒。辽契丹族自产的器物种类主要包括生活器具、饰物、马具。饰品有饰牌、项坠、手镯、耳坠、带饰、戒指，马具有鞍桥、带饰、缨罩、铃具。契丹族的传统物品中，装饰以中原风格的纹样为主，也吸收了中原文化的因素，多见龙、凤、摩羯、双鱼、折枝花卉，也有绶带纹、荷叶纹和人物故事，花瓣、联珠组成的带饰流行，还采用珍珠纹衬底、纹饰鎏金的工艺。

辽代中期（983—1054 年）的金银器，主要见于内蒙古通辽市奈曼旗陈国公主及驸马合葬墓、赤峰市翁牛特旗解放营子辽墓[2]，辽宁朝阳二十家子乡前窗户村辽墓[3]、喀喇沁左旗北岭辽墓[4]、建平张家营子辽墓和王胡子沟硃碌科辽墓[5]、凌源小喇嘛沟辽墓[6]，河北平泉县小吉沟辽墓[7]；辽宁朝阳新华路辽塔、北京顺义净光舍利塔、辽宁朝阳北塔、内蒙古赤峰市巴林右旗庆州白塔、北京房山辽塔等的天宫或

1 敖汉旗文化馆：《敖汉旗李家营子出土的金银器》，《考古》1978 年第 2 期，第 117—118 页。孙机先生的《论近年内蒙古出土的突厥与突厥式金银器》（《文物》1993 年第 8 期，第 48—58 页）一文认为此墓是唐代的突厥墓。

2 翁牛特旗文化馆、昭乌达盟文物工作站：《内蒙古解放营子辽墓发掘简报》，《考古》1979 年第 4 期，第 330—334 页之第 332 页。

3 靳枫毅：《辽宁朝阳前窗户村辽墓》，《文物》1980 年第 12 期，第 17—29 页。

4 武家昌：《喀左北岭辽墓》，《辽海文物学刊》1986 年第 1 期，第 32—51 页。

5 冯永谦：《辽宁省建平、新民的三座辽墓》，《考古》1960 年第 2 期，第 15—24 页。

6 辽宁省文物考古研究所：《凌源小喇嘛沟辽墓》，文物出版社，2015 年。

7 平泉县文保所（张秀夫），承德地区文化局（田淑华、成长福）：《河北平泉县小吉沟辽墓》，《文物》1982 年第 7 期，第 50—53 页。

地宫。

辽代中期金银器的种类没有早期丰富，日常器皿以及各种装饰品发现不多，但佛教用具的数量则明显增加。随着南北文化交流的增强，北宋时期的中原文化对辽代金银器开始产生了较明显的影响。

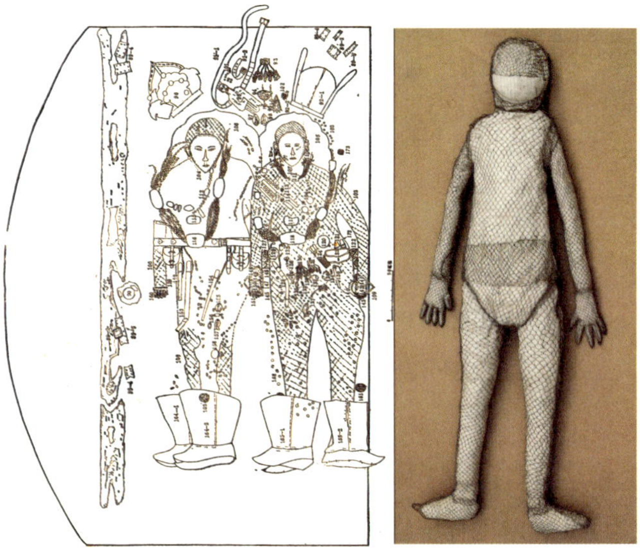

图 6-6　内蒙古通辽市奈曼旗陈国公主墓随葬品分布图及银丝网络

内蒙古奈曼旗陈国公主和驸马合葬墓，是辽代中期墓葬中出土文物最丰富、保存最完整的契丹贵族墓葬。墓中出土的金银器以葬具最为突出，公主和驸马都是头枕鎏金银枕，脸部罩有金面具，头戴缀金银冠，脚穿鎏金银靴，全身着银丝网络（图 6-6）。墓中还随葬银盏托、银执壶、银罐、束腰银盘、鎏金缠枝纹银钵和鎏金盘龙纹银奁。鎏金缠枝纹银钵内沿饰联珠纹与水波纹，内底正中为带蓬八瓣莲花，以一周联珠相隔，外饰两枝缠枝荷叶、莲花纹，最外圈是简化花瓣纹。鎏金盘龙纹银奁的盖顶饰半浮雕龙戏珠纹，边缘饰联珠纹和花瓣纹，盖侧和腹部饰凤纹和折枝牡丹、四瓣花纹，圈足饰联珠纹带（图 6-7）。

图 6-7　内蒙古通辽市奈曼旗陈国公主墓出土鎏金盘龙纹银奁

贵族墓葬的金银器皿有些被供放在棺床前的木桌上。翁牛特旗解放营子辽墓的木桌上有五曲银杯、银壶、四曲海棠形银盘。辽宁建平的张家营子辽墓墓室中央长方形木桌上放置契丹铭六曲菱形银碟和银箸、银匙等。

这一时期比较独特的器类是陈国公主墓的鸟纹金盒、缠枝忍冬纹镂空金香囊、忍冬卷草纹金针筒等。鸟纹金盒呈八曲葵花形，锤揲花纹后錾刻细部，以联珠纹为缘，以水波纹为底，盒身正面正中是双鸭，背面正中是双鹤，盒身侧面是联珠构成的缠枝纹（图 6-8）。金香囊、金针筒的装饰纹样都是缠枝忍冬纹，前者镂空，后者以珍珠纹衬底。辽宁朝阳北塔天宫出土的童子云纹银盒，带有链子，便于配挂携带，有着游牧文化色彩。

礼佛金银器的大量出现是辽代中期金银器的重要特点[1]。辽宁朝阳新华路辽塔地宫（984 年）出土的全是银器，有棺（鎏金）、针（箸）、匕、碟、钵和菩提树等。北京顺义辽净光舍利塔地宫（1013 年）发现有银盒，内盛葫芦形器，装有舍利，

1 关于辽代的舍利瘗埋制度，参读冉万里：《中国古代舍利瘗埋制度研究》，文物出版社，2013 年，第 380—430 页。

另有银座水晶塔、银饰等。辽宁朝阳北塔天宫（1043年）出土有木胎银棺，内置金舍利塔，塔内置金盖玛瑙舍利罐，另有鎏金银塔、金银经塔、金银宝盖、银菩提树、灯笼形银饰、金法轮、龙纹银碟、银罐、银囊盒、银瓶等。内蒙古巴林右旗庆州白塔（1049年）的塔刹内发现有金板经咒及鎏金银舍利塔、长颈舍利银瓶、银板、银碗、银碟、银匙等银器。北京房山北郑村辽塔地宫（1051年）石函内出土银佛幡、银树、八曲银碗、八曲银盘等。

辽代佛寺天宫、地宫中出土的金银器与唐、北宋相比没有太大的不同[1]。金银首饰等小型金银器稀少似乎是一个特点。这些金银器中，作为舍利容器的有塔、棺、瓶、罐、盒等。供养品中的佛具有宝盖、法轮、佛幡、钵，香供养有匙、箸，另有菩提树和银花（图6-9）。除罐、瓶、盒经常作为舍利容器外，碗、盘、碟一类应该是一般的供奉品。

辽中期的器皿总体上以素面居多，装饰花纹比前期简化，中原文化的直接影响已经减弱了。碟、盘、碗等流行多曲的造型。服饰和马具在辽中期很有特色，特别是蹀躞带及带上的佩挂，有刀、锥、荷包、针筒、双鱼形佩以及葫芦形吊扣，是契丹金银器中独具特色的饰物。陈国公主墓出土的马具不仅有鎏金

图6-8　内蒙古通辽市奈曼旗陈国公主墓出土金盒

图6-9　辽宁朝阳北塔天宫出土金舍利塔、银菩提树

1 关于辽代的舍利瘗埋制度，参读冉万里：《中国古代舍利瘗埋制度研究》，文物出版社，2013年，第380—430页。

凤纹银鞍饰，也有鎏金雀绕花枝纹银鞍饰，还有彩绘云凤纹银障泥。

辽代中期是辽王朝进入稳固政权、发展经济的时期。契丹贵族一改早期"破代北"，"南掠燕、蓟"[1]的做法，发布多条减免租赋以及扶助农业生产的诏书。辽圣宗统和七年（989年）三月"禁刍牧伤禾稼……诏免云州逋赋……（十年，992年，二月）免云州租赋……（五月）朔州流民给复三年……（十二年，994年，十二月）赐南京统军司贫户耕牛……（十九年，1001年，十二月）免南京、平州租税……（开泰三年，1014年，四月）诏南京管内毋淹刑狱，以妨农务"[2]。这些护农政策的措施，不仅使农业生产得以迅猛发展，矿冶、陶瓷、铸造、食盐、织造等各业也得以壮大发展。北宋使臣苏辙感慨地说出"北朝之政，宽契丹，虐汉人，盖已旧矣"[3]。辽中期的金银器，在保存本民族特色的基础上，吸收融会了中原文化，开始多样化，形成更有特点的风格。

辽代晚期（1055—1125年）的金银器发现较少。河北易县净觉寺舍利塔地宫出土十一件金银器，根据地宫墙壁上的题字可知为天祚帝天庆五年（1115年）建塔时入藏。这些器物包括金瓶、鎏金银器盖、银塔、双凤纹银盒、银碗、银盏托、长柄银香炉、银钵、银匕、银箸和银器座。无论是供奉佛舍利的银塔，还是礼佛物品，都比较矮小，金瓶径不过2厘米，仅高6厘米。银盒、碗、盏托口部的纹饰相似，可能是专为地宫中供奉一次制造的。

器物时代接近的巴林右旗白音汉窖藏[4]出土的折枝牡丹纹八棱银执壶和温碗（图6-10）、双鱼团花纹海棠形银盘、柳斗形银碗、荷叶纹五曲银碗、二十五曲莲瓣纹银碗、复瓣仰莲纹银碗、折枝牡丹纹八棱银碗等银器，颜色光泽与早期、中期的区别较大，某些碗的底部还有契丹银器上常见的刻划符号。这批器物上的莲瓣边缘，是沿袭发展辽代前期的作风。器形、纹样、工艺

图6-10 内蒙古巴林右旗白音汉窖藏出土折枝牡丹纹八棱银执壶和温碗

1 《辽史》卷三七《地理志一》，中华书局，1974年，第二册，第447页。

2 《辽史》卷一二至卷一五《圣宗本纪》，中华书局，1974年，第一册，第134、142、157、175页。

3 苏辙：《栾城集》卷四一《使北还论北边事札子》，《影印文渊阁四库全书》，台湾商务印书馆，1983年，第1112册。

4 巴右文、成顺：《内蒙昭乌达盟巴林右旗发现辽代银器窖藏》，《文物》1980年第5期，第45—51页。

明显带有宋代金银器的影响。墓葬随葬金银器的种类和数量不多。辽宁建昌龟山一号辽墓仅出土二十二曲银碗两件、银盘一件[1]。

目前发现的辽代晚期金银器多集中于辽道宗年间（1055—1101年），契丹贵族日常生活中的金银器皿风格发生了巨大的变化，做工相对粗糙，器壁薄，有些器表凸凹，素面器较多。使用凸花工艺及剔地工艺等，承接中期以后兴起的做法之外，带有浓重宋代造型的艺术风格。较多的植物类仿生器形，曲瓣花形的碗杯类器皿，纹饰与造型完全结合，多取材于植物类造型，如荷花、莲叶和柳斗等，工巧而富立体感，犹如雕塑作品。器形方面，八棱体器物和辽中晚期兴起海棠形长盘也为宋辽所共有的器形。龟山辽墓所出的辽晚期二十二曲银碗、易县所出的托盏及盒等器迥异于辽前期的器形，却是宋代金银器惯用的表现手法，但辽代器物相对简单粗糙，不够工巧别致。

北宋初年在实现中原地区的统一后，几次对辽用兵都遭失败。辽军于1001年（辽圣宗统和九年，宋真宗咸平四年）倾全国之力南下，战争的结果是1004年的澶渊之盟，宋朝允岁输绢二十万匹、银十万两给辽国，双方罢兵，形成了相对稳定的局面。巨额的岁币改善了辽的财政状况，也使其开始更多地采纳中原地区先进的生产技术和科学文化。直到1042年（辽兴宗重熙十一年、宋仁宗庆历二年），宋还每年增纳绢十万匹、银十万两给辽国。辽不断广泛深入与中原的宋朝进行官方及民间的榷场贸易，同时积极吸收汉族文化。宋与辽有很多直接的金银器皿流通的记载，宋给辽的礼单中有大量的金银器，辽也常以金鞍、金带等送给宋国。辽代金银器上一些宋式的工艺、造型和纹样风格开始出现，并且越来越多（详见本章第三节）。

总而言之，辽代金银器的基本工艺、器皿类的器形和纹饰，是继承唐文化发展起来的，但把晚唐的繁复华丽逐渐变得简朴疏朗，赋予其另一种风格，最终形成契丹人自己的特色。中期以后，辽代金银器在纹饰的演变、器皿的色泽和某些器形上，逐步地显示出宋的影响，但也只是局部细微零碎地渗透。辽代金银器皿类的特征，除了草原文化独特的配链器、鸡冠壶外，其他如盒、唾壶、曲腹碗等是晚唐以来始终流行的器类，但有些器物逐步形成了自己的风格，如辽高足杯，口径大于杯深，足部无承盘、无节的宽圈足等。辽代主要纹样龙纹、凤纹、卷草纹、云纹、折枝纹等在中期以后的变化趋向上是由图案性团花格局走向写实，开始融进了宋的风格。

辽代金银器皿的功能主要仍是茶酒器。辽代文献对社会生活层面的记述不多，所以无法从中了解太多金银器皿使用的细节，但在政治活动中，辽帝对有功大臣经常是“酒及其银器”一并赏赐，比如，统和四年（986年）五月，蒲姑率军复蔚州，攻下灵丘、飞狐，“赐蒲姑酒及银器”，七月，涅里底等擒宋将杨继业，“赐涅里底等酒及银器”[2]。辽代墓葬绘画中有很多跟日常生活相关的备茶、备酒场景，经常出现各式器皿，虽然其中可能以瓷器居多，但唐宋以来金属器和陶瓷器经常互仿，这些资料对金银器皿功能的探讨也是重要的参考。河北宣化辽墓M5后室西南壁表现的应该是备茶的场景，画面中都是女性，器皿有台盏、斗笠碗、注

1 靳枫毅、徐基：《辽宁建昌龟山一号辽墓》，《文物》1985年第3期，第48—55页。

2 《辽史》卷一一《圣宗本纪二》，中华书局，1974年，第一册，第122、123页。

图 6-11　河北宣化辽墓壁画中的备茶酒图

及温碗、唾壶，其中的瓜棱形长注壶置于炭炉中，金属器的可能性大（图 6-11：左）。M1 后室南壁拱门西侧描绘的可能是备酒图，画面中是两位男性，桌前案上放置三个梅瓶，显然是贮酒的，桌上的温碗、长颈瓶、圆形盏、花口盏应该就是酒器了（图 6-11：右）。辽墓绘画中的有些器皿，从造型和纹样看很可能就是金银质的，比如内蒙古赤峰友爱村发现的两件木板画，女子双手端着的台盏、男子托持的注及温碗（图 6-12）。

图 6-12　内蒙古赤峰友爱村侍宴图木板画

第二节　富于民族特色的饰品、马具和殓葬用具

游牧的生活方式，使契丹人制造出具有民族风格的金银器品种，这主要体现在冠饰、首饰、服饰、马具和殓葬用具方面。这是辽代金银器中最具本民族特色的部分。

辽代的金银冠饰可以陈国公主和驸马合葬墓出土的为代表。公主的鎏金银冠镂空，冠顶缀饰元始天尊坐像，冠身和侧翅錾刻凤纹与缠枝卷云纹，侧翅的边缘以联珠构成卷云纹（图6-13）；鎏金银靴以缠枝卷云纹衬托凤纹；鎏金银枕以火焰宝珠、如意云纹为中心，饰相对展翅的双凤。驸马鎏金银冠由十六片鎏金薄银片重叠组合，银片先锤揲成形，再镂雕錾刻花纹，然后用细银丝缀合成冠体。冠正面錾刻凤鸟、飞鹤、道教人物及龟，还缀有二十四件凤鸟、火焰宝珠、花卉、对鸟等圆形饰件。鎏金银靴錾刻凤鸟鹤如意云纹，以联珠纹为边框，细部为线刻。鎏金银枕的装饰纹样基本同于公主的银枕。陈国公主墓出土的这两种冠饰在文献中没有明确的记载[1]，但反映的应该是契丹贵族男女冠式的差别。多伦县小王力沟辽墓M2的墓主为辽圣宗贵妃萧氏，该墓出土了与陈国公主相似的鎏金银高翅冠[2]。赤峰温多尔敖瑞山辽墓男女使用的鎏金铜冠样式与陈国公主墓出土的相同[3]。辽宁法库叶茂台辽墓的墓主为女性，棺内随葬有丝织的高翅冠。契丹男性的冠式有一种以“后檐尖长如大莲叶”为特征。《东京梦华录》卷六关于辽国大使所戴金冠的记载，云：“正旦大朝会……诸国使人，大辽大使顶金冠，后檐尖长如大莲叶，服紫窄袍，金蹀躞；副使

图6-13　内蒙古通辽市奈曼旗陈国公主墓出土鎏金银冠（公主）

1 张景明将辽代用金属制作而成的冠分为高翅冠、螺叠式冠、步摇式冠、菩萨冠四种，见张景明：《中国北方草原古代金银器》，文物出版社，2005年，第209页。

2 内蒙古文物考古研究所、锡林郭勒盟文物保护管理站、多伦县文物局：《内蒙古多伦县小王力沟辽代墓葬》，《考古》2016年第10期，第55—80页之第70、71页。

3 赤峰市博物馆考古队、阿鲁科尔沁旗文物管理所：《赤峰市阿鲁科尔沁旗温多尔敖瑞山辽墓清理简报》，《文物》1993年第3期，第57—67页。

展裹金带如汉服。”[1]前述男冠均有此特征，辽宁凌源小喇嘛沟一号辽墓出土的鎏金银冠[2]为男性墓主所有，尤其相似（图6-14）。莲叶冠和高翅冠应该分别是契丹男女贵族常用的冠式。

金银首饰历代都有，辽代以耳坠、项饰、戒指、手镯为最常见的组合，多为金质或银鎏金，而且男性亦戴耳饰和戒指等。契丹贵族墓葬出土的金首饰有很强的一致性。戒指的戒面多呈盾形。手镯多铸造成型，中间宽扁，两端多塑小兽头。耳饰多呈U状，大多饰联珠纹、龙纹、凤纹和摩羯纹等。项饰有管形饰、金银丝球、管形坠和葫芦形坠等。这些首饰有时也与铜、玉、琥珀及玛瑙制品等相结合。耶律羽之墓、科右中旗代钦塔拉辽墓、吐尔基山辽墓、陈国公主墓等都出土有成套的金首饰，位置分布也很清楚，戒指、耳坠多镶嵌有绿松石。一般贵族也佩戴耳坠和手镯，多采用银鎏金，如锦州市张扛村一号墓出土的鎏金银钩形耳坠、海棠花纹鎏金银镯，法库叶茂台乡14号墓女墓主的钩形金耳饰、金丝球项饰，敖汉旗沙子沟一号墓的金钩形耳坠。辽宁朝阳前窗户村墓葬有鎏金雀绕花枝纹银镯；建平张家营子墓有凤形金耳坠、金镯；建平王胡子沟硃碌科墓有摩羯形金耳坠和梅花纹金镯；凌源小喇嘛沟一号墓出土有银鎏金戒指、镂空球状饰、管形饰等。

带具是契丹传统服饰，同时也是葬服的重要组成部分，其中的蹀躞带最有特色，在结构上基本继承了突厥蹀躞带的形式，但在花纹上形成了自己独特的风格，以植物纹为主，还有很少的兽面纹，不见突厥的野兽纹和几何纹[3]。契丹贵族通用的蹀躞带样式大体一致。陈国公主与驸马合葬墓出土有金銙银鞓，银、铜銙银鞓，玉銙丝鞓蹀躞带三种。金銙银鞓蹀躞带一条六十六件束于驸马尸体腰部（公主所束为金銙丝带），长156厘米（图6-15）。带鞓和系垂的小带用薄银片制成，银带鞓的前端有一金带扣，套金带箍一件，中部钉十一件方形兽面纹金带銙，后部钉五件桃形有孔金带銙，带末钉一件圭形金铊尾。十一件方形带銙上均有“古眼”，各系一条小带，各条小带上钉有金带饰，并套有一件小金带箍。有两条小

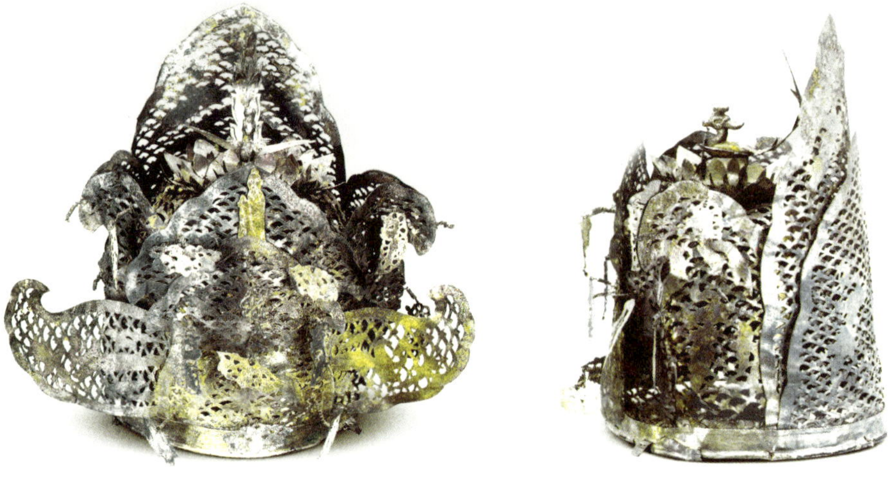

图6-14　辽宁凌源小喇嘛沟一号辽墓出土鎏金银冠正面、侧面

1〔宋〕孟元老撰，伊永文笺注：《东京梦华录笺注》卷六“元旦朝会”条，中华书局，2007年第2版，下册，第516页。

2 辽宁省文物考古研究所：《凌源小喇嘛沟辽墓》，文物出版社，2015年，第16页。

3 冯恩学：《蹀躞带——契丹文化中的突厥因素》，《文物季刊》1998年第1期，第65—69页。

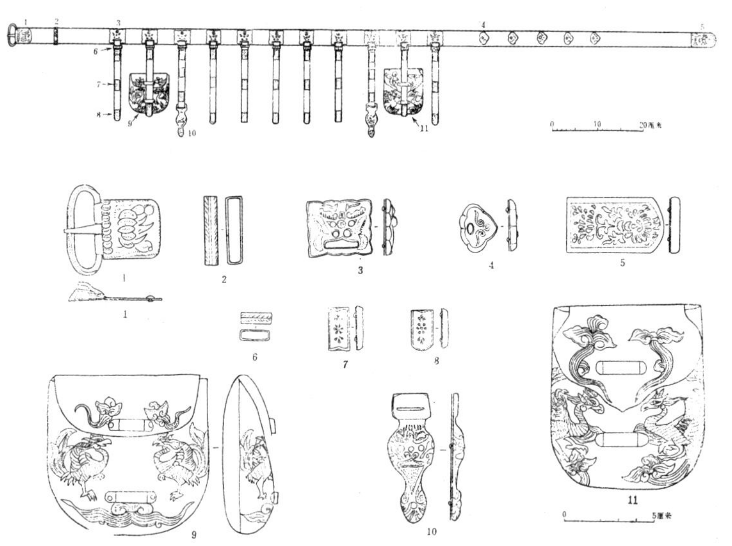
图 6-15　内蒙古通辽市奈曼旗陈国公主墓出土金銙银鞓蹀躞带

带上各系一件錾花银囊，内侧相邻的两条小带下端则各垂挂一件倒置葫芦形兽面纹金带饰。哲里木盟奈林稿二号墓的缠枝花纹金带銙和敖汉旗李家营子二号墓缠枝花纹金带銙，“古眼”较明显，也应属于蹀躞带。应该注意的是，辽西地区契丹墓葬服所用带具与一般契丹贵族通用的蹀躞带有明显的差别，大体属于汉式带具范畴[1]，比如朝阳前窗户村墓葬出土的鎏金童戏纹银带具，“古眼”未穿透，无法挂蹀躞，是象征性的。宋代服制中的束带就包括有“戏童”一类[2]。

辽代贵族腰间佩戴的金银饰，较有特色的还有扞腰。扞腰见于《辽史》的记载，卷五六《仪卫志二》记载“田猎服：皇帝幅巾，擐甲戎服，以貂鼠或鹅项、鸭头为扞腰”[3]，是狩猎时护腰所用。内蒙古多伦县小王力沟辽圣宗贵妃萧氏墓（M2）出土的鎏金银托嵌玉扞腰上部呈多曲连弧形，底部平直，中部有七个凹托座用于嵌玉带銙，两侧各有一长方形孔；嵌玉为青白玉质，浮雕龙纹，辅以卷云纹，长 58.7 厘米，高 15.8 厘米[4]。萧氏为贵妃，身份显赫，可见鎏金银嵌玉扞腰应该是一种很尊贵的扞腰。除玉之外，还有镶嵌琥珀的。辽宁法库叶茂台辽墓出土一件鎏金银嵌琥珀宝塔鸾凤纹扞腰，是棉袍袍带的背饰，后附罗衬，围于后腰，其面部锤錾出五个塔式建筑，刹如伞顶，檐有流苏，底为莲座，塔身镶嵌琥珀，地錾鸾凤纹，两端有扣，连在棉袍的长带上系于胸前，两端分垂余膝下[5]。辽宁凌源小喇嘛沟一号辽墓出土鎏金银莲花纹扞腰一件，左右两侧各铆接一个椭圆形铜环扣（图 6-16）[6]。值得注意的是，一些过去认为是冠帽的“山字形冠”有的可能也是扞腰[7]：河北平泉小吉沟辽墓出土的“鎏金龙凤纹银冠”两侧包有长条银片，银片侧缘中空，可用穿钉卡住，高 15.7 厘米，展开长 57.5 厘米；辽宁建平张家营子辽墓出土的“二龙戏珠纹鎏金银冠”高 19 厘米，径 20.9 厘米；辽宁朝阳前窗户

1 刘未：《辽代契丹墓葬研究》，《考古学报》2009 年第 4 期，第 529、530 页。

2 《宋史》卷一五三《舆服志五·带》，中华书局，1977 年，第 11 册，第 3565 页。

3 中华书局，1974 年，第三册，第 907 页。

4 内蒙古文物考古研究所、锡林郭勒盟文物保护管理站、多伦县文物局：《内蒙古多伦县小王力沟辽代墓葬》，《考古》2016 年第 10 期，第 55—80 页之第 73、74 页。

5 辽宁省博物馆、辽宁铁岭地区文物组发掘小组：《法库叶茂台辽墓纪略》，《文物》1975 年第 12 期，第 26—36 页之第 29 页。

6 辽宁省文物考古研究所：《凌源小喇嘛沟辽墓》，文物出版社，2015 年，第 18、20 页。

7 王春燕：《辽代金银器研究》，吉林大学博士学位论文，2015 年，第 43、44 页。

村辽墓出土的“双凤戏珠纹鎏金银冠”高20厘米，周长62厘米，径19.4厘米。内蒙古博物院在赤峰征集到一件缠枝牡丹纹包金银扞腰，长65.5厘米，宽20厘米，两侧带环[1]。这些所谓的“冠”形制基本相同，高度、直径和展长也相近，与陈国公主和驸马合葬墓出土的两顶高约30厘米，箍径约20厘米的鎏金银冠有所差别，可能跟扞腰有关。

图6-16　辽宁凌源小喇嘛沟一号辽墓出土鎏金银扞腰

马具是游牧民族生活用具中有特色的一个器类，契丹也不例外，表现出草原民族的风格。在丧葬中，男女都可使用。但应该注意的是，墓葬中出土的马具有的应该是专供随葬用的明器，仿实物大小、形制而特制。金银马具主要可分为头饰、鞍饰和马身披挂饰这三大类，考古发现中常见鞍饰、辔饰、当卢、铃罩、凸形节约和异形杏叶等。辽代早期的驸马赠卫国王墓出土大量成套的马具，在已知辽墓中是罕见的。其中保存较好的南侧室出土器物1556件，主要即是马具，依形式可分为八组；材质有银鎏金、铜鎏金和铁嵌银花等；辔饰有鹿纹、龙纹、双龙戏珠纹、缠枝花草纹、五瓣花纹等；鞍饰有飞凤戏珠纹、龙戏珠纹和素面等几种；其他配件类型、装饰十分丰富。辽代中期的陈国公主与驸马合葬墓出土的两套马具则十分华丽。这两套马具均出土于西耳室，下葬时应放置在木架上，现保存基本完好，每套九副，有银马络、铁马衔镳、银马缰、银胸带、鎏金铁马镫和鎏金铜马镫、包银木马鞍、彩绘银韂（障泥）、银蹀躞带和银鞧带等。其中木马鞍一副，外镶包贴金银饰，装饰有凤纹、云纹、双凤戏珠纹或雀绕花枝纹；银障泥一副两件，上彩绘云凤纹；胸带、镫带及镫一副二十二件，结构复杂，工艺精美（图6-17）：胸带由两条长银带和两条短银带连成，两条长银带中有一条略短，一条略长，用两个三叶花形玉节约将长带中略短的一条和两条小带联结起来。长带中较长的一条，两端各有带扣一个，略短的两端带头插入其间，各套一个银带箍固定。两条小带一端各套马镫带一条，带下垂鎏金铁马镫。银带上钉有马形、狻猊形玉饰。马镫环梁，上部为方形高鼻，正中有长方形带孔。环梁截面圆柱形。踏板椭圆形，饰镂孔花纹。除此之外，科右中旗代钦塔拉墓右耳室内有两副马具，包括半月形缠

1 张景明：《中国北方草原古代金银器》，文物出版社，2005年，图一一三。

枝牡丹纹鎏金银鞍饰、缠枝牡丹花后鞍桥鎏金银饰、刀形缠枝牡丹纹鎏金银鞍饰。法库叶茂台乡14号墓的墓主是女性，右耳室也放成套的马具、生产工具。辽宁建平张家营子墓出土有鎏金双凤牡丹纹银鞍桥、禽兽纹马具带饰、银当卢等马具。内蒙古宁城县埋王沟四号墓出土鎏金银凤纹鞍桥饰片[1]。辽宁北票西官营镇韩杖子村辽墓出土一副较少见的鎏金摩羯纹银鞍饰[2]。辽宁凌源小喇嘛沟一号辽墓[3]、赤峰敖汉旗新地乡英凤沟七号辽墓[4]均发现有银或银鎏金鞍饰、带具等（图6-18）。契丹擅长带具、马具的制作，还将其作为赏赐的礼品。辽太宗会同元年（938年）九月，“诏群臣及高年，凡授大臣爵秩，皆赐锦袍、金带、白马、金饰鞍勒，著于令”[5]。

图6-17　内蒙古通辽市奈曼旗陈国公主墓出土镶玉银胸带、鎏金铁马镫

图6-18　内蒙古敖汉旗新地乡英凤沟七号辽墓出土鎏金银鞍饰

金属面具和网络是辽代很有特色的殓葬用具，反映了契丹贵族独特的葬俗。尽管在江西德安南宋周氏墓[6]中也曾见到银下颌托、银护膝、银护肘之类的物品，浙江衢州市南宋史绳祖墓[7]有银鞋一双，但宋代中原、南方地区这样的实例极少。辽代面具和网络既可合用，又可单独使用，网络还有手足和全身的不同[8]。目前发现金属面具、网

1 内蒙古文物考古研究所、辽中京博物馆:《宁城县埋王沟辽代墓地发掘简报》,《内蒙古文物考古文集》第二辑，中国大百科全书出版社，1997年，第609—630页之第623页。

2 王永兰、赵志伟:《北票市发现辽代鎏金摩羯纹银鞍饰》,《辽金历史与考古》第五辑，辽宁教育出版社，2014年，第341—343页。

3 辽宁省文物考古研究所:《凌源小喇嘛沟辽墓》，文物出版社，2015年，第23—26页。

4 内蒙古敖汉旗博物馆编著，邵国田主编:《敖汉文物精华》，内蒙古文化出版社，2004年，第121页。

5《辽史》卷四《太宗纪下》，中华书局，1974年，第一册，第44页。

6 江西省文物考古研究所、德安县博物馆:《江西德安南宋周氏墓清理简报》,《文物》1990年第9期，第1—13页。

7 衢州市文管会:《浙江衢州市南宋墓出土器物》,《考古》1983年第11期，第1004—1011、1018页之第1007页。

8 木易:《辽墓出土的金属面具、网络及相关问题》,《北方文物》1993年第1期，第28—34页。

络（包括铜、铜鎏金）的辽墓已有七十多座，在辽五京地区基本都有分布，但多见于辽中京和上京东南地区。整体而言，多见铜质、银质，金质和铅质的较少，死者身份越高，所用质地越好。墓葬的年代则多为辽代中晚期。金属面具和网络的使用应缘于契丹族在丧葬中对尸体的特殊处理方式以及区分死者等级的需要。《辽史拾遗》卷三《太宗本纪下》引《虏庭事实》云："契丹富贵之家，人有亡者，以刀破腹，取其肠胃涤之，實以香药盐矾，五彩缝之；又以尖笔筒于皮肤，沥其膏血且尽，用金银为面具，锦采络其手足。"[1]

陈国公主和驸马合葬墓所出的金银殡葬具最为全面，有冠饰、面具、网络、靴底和枕等，完整地展示了契丹大贵族独特葬俗的全貌。该墓由墓道、天井、前室、东西耳室和后室六个部分组成；后室后壁下为尸床，前有供台，尸床上放置着公主和驸马的尸体，所穿丝织衣物已腐朽，但身上原穿戴的各种金、银制品及佩戴的各种饰件还留存于原位；公主尸体于外侧（靠近供台），全身穿银丝网络一套，头枕錾花银枕一件，面戴金面具一件，腰系金铐丝带一条，脚穿錾花银靴一双；驸马尸体位于内侧，全身穿银丝网络一套，面戴金面具一件，腰系金铐银鞓蹀躞带一条，脚穿錾花银靴一双。驸马的金面具用薄金片锤揲成型，呈半浮雕形，颧骨微凸，面颊略瘦，下颌尖削，鼻梁狭长，双眼圆睁，双唇抿合，双耳与面部分制，用金铆钉将双耳固定于面具两侧边缘，耳轮凸起。面具整体呈金黄色，边缘有 26 个小穿孔，用以连缀头部网络（图 6-19）。银丝网络，穿于公主身上，由头网、臂网、手网、胸背网、腹网、腿网、足网七个部分组成。各部分网络用直径 0.05—0.07 厘米的细银丝编制，网孔一般呈六边孔，纵横相连。胸网和腿网的网孔孔径略大，一般为 1.5—2 厘米，其余部分网孔孔径为 1—1.2 厘米。除了金银殡葬服之外，辽墓中还发现有用银片卷成的短管充当鼻塞的现象，比如辽宁法库叶茂台辽墓。

图 6-19　内蒙古通辽市奈曼旗陈国公主墓出土金面具银丝头网（驸马）

具有鲜明民族特色的物品是仿皮囊壶的鸡冠壶和带链器物。赤峰市松山区洞山村窖藏出土鎏金卧鹿纹银鸡冠壶是辽代早期鸡冠壶的样式，腹部錾两个相套的菱形图案，内框以鱼子纹为地，錾刻一卧鹿。带链器便于配挂携带，适合游牧生活。陈国公主墓出土的八曲鸳鸯纹金链盒及辽宁朝阳北塔天宫的链盒是其中的典型代表。女真贵族腰间的佩饰有"金列鞢"（详见本章第五

1 丛书集成初编本《辽史拾遗（一）》，商务印书馆，1936 年，第 78 页。

图 6-20　内蒙古通辽市科尔沁左翼后旗吐尔基山辽墓出土嵌宝石鎏金包银漆盒

节），可能与此有关。

辽代金银器在工艺上继承了唐代和北方草原民族的传统，也受到了北宋的影响，其中包金银是辽代金银器在工艺方面最突出的技法，或包裹于其他材质的器物外面，或内衬织物。冠佩服饰、马具等常用较薄的金片或银片锤揲而成，包附在其他质料的外面使用。器皿如银砚盒、银棺盒等也有采用包金银的，一些饰牌上面还留有成对的针孔、残留线头和织物的痕迹。为固定住较薄的金银片，在金银片的边缘翻卷包裹同样材质的金丝或银丝。由于金银器越做越薄，一些器皿如碗、瓶等器物上，也用银箍套在口沿以上，形成双口圆唇。吐尔基山辽墓出土的嵌宝石鎏金包银漆盒是一件令人叹为观止的包金银制品（图 6-20）。该盒内部为黑色漆胎，木胎，外以鎏金嵌宝石錾花银片包装。整体略呈倭角四方体，圈足，内置“李家供奉”铜镜。盒盖呈盝顶形，主体装饰可以分为由内而外的六层。正中心一层嵌浮雕团龙玉片，团龙栩栩如生；其外侧第二层是一周联珠纹，应该是用来镶嵌宝石的，但宝石已经脱落；第三层为一周镶嵌的玉饰片，共十三片，玉饰片为簸箕形，刻划有纹理，玉饰片之间以红宝石相分隔；第四层是在十三片玉饰片外围的四个角部各有一个三角形镂空，露出黑色漆胎，应该镶嵌有玉饰片，但已经脱落；第五层是四组玉饰片，每组三片，两侧的刻划鱼纹，中间的刻划花草纹；第六层又是一周联珠纹，镶嵌有绿松石，但大部分已经脱落，仅保留两颗；各层之间又部分镶嵌有红宝石、水晶和绿松石等。盒盖侧面和盒身侧面与第五层相似，同样是四组十二片玉饰片，玉饰片之间以宝石或花草纹相间隔，花纹中心镶嵌绿松石。盒盖内镶有一层银片，其上以鎏金錾刻的技法饰“庭院赏乐图”。盒盖里外的银片均是由三部分接合将漆胎包在里面而成。盒身底部中心有一圆孔，在其里侧没有包裹银片，露出黑色漆胎，外侧包裹有錾刻花纹的银片，围绕中心圆孔有四只飞翔的龙首鱼身的摩羯，摩羯四周是叶纹。凡是玉饰片和宝石周围轮廓均由双层联珠纹构成，花草纹均是单层联珠纹构成。

辽代文献中几乎没有关于金银器生产的明确记载，但从具有独特风格的辽代金银器实物分析，辽代应有自己的金银工艺，产品有精品和普通制品的明显界限，应该同时存在官营作坊和私人作坊[1]。契丹金银器的錾文也有独特的风格，有汉文、契丹文和符号。汉文铭文使用在祭器上，器物纹样鎏金，文字精工细錾，有官营制造的皇家气度。契丹文铭文长短不一，尚无法释读，所錾的银器多为素面，且较粗糙。符号多刻于碗等类底部圈足内，虽潦草，却有一定规范，原应有某种含义。敖汉旗英凤沟7号辽墓（辽代中期）主室供桌上出土一套四件文房用具，有盘、笔洗、双连体笔管和砚，均残留墨迹，银盘外底、笔洗圈足内侧刻有契丹文字或符号。这些带有契丹铭的银器大约就与官府或私人作坊有关。辽的手工业工匠主要集中在宫卫和国有工场里。宫卫是辽的特殊制度，称“斡鲁朵”，与辽代相始终，辽先后设置了十二宫一府。宫卫中除亲兵和门客外，还有大量的宫户。宫户不仅有军政意义，也是一种为皇室服务的经济实体，农牧工商无所不包。国有工场即太府监、少府监、将作监、五冶太师和五坊使，分掌百工。除了完全为皇族服务的宫户和内府诸院百工外，辽的自由工商业中，应当也有金银加工业，以满足大量的社会需求。

第三节　多种文化的融合

契丹人从十世纪初的耶律阿保机时代（916—938年）起逐步发展壮大，在与各族尤其是汉族的交往和征战过程中，不仅大肆掠夺人口，也竭力搜劫金银财货。辽立国之初就积极吸收汉族文化，使得辽代金银器对当地传统的继承并不是主流，特别是器皿，始终没有明显改变对中原地区金银器的模仿、借鉴。同时，辽代金银器除了有构成其主体的唐宋文化因素之外，还包含有中亚文化等成分。有的得自唐代间接传播，有的是匈奴、鲜卑、突厥等北方游牧文化的传统。辽代金银器不少纹饰直接源于草原民族，一些动物纹有更深远的传统根源和更宏大的文化背景，如鹿纹、神马纹和鹰纹都是匈奴和鲜卑人喜爱的装饰题材，也是契丹人常用的纹饰。习用鹿纹的风尚和以花角鹿纹为装饰是北方草原地区游牧民族的习俗，自然出现在辽代金银器上。神马纹装饰在鎏金铜马具上，鎏金铜器纹样和金银器纹样属于同一系统，相信神马纹也用于金银器纹饰，这些神马纹与鲜卑的神马纹饰牌一脉相承。辽墓出土过鹰纹马具，这在匈奴文物上亦有表现。辽代的一些金银器皿与突厥金银器中的同类器很相似。契丹人在消化融汇这些多元的外来因素的同时，也在工艺、器形和纹样各方面创造出了自己的特色。

辽代早期的会同五年（942年）耶律羽之墓随葬的金银器，容器类有杯、碗、盘、罐、盒、盆、匜和唾壶等，是辽墓中出土器皿件数和种类最多、最为精美的一组器物，不少器物唐风浓郁。五曲金杯，锤揲成型，圈足焊接，錾刻纹饰，口径7.3厘米。花式口，曲腹较深，喇叭形圈足。口沿内壁錾刻一周卷云纹，内底中心錾刻一对首尾追随的鱼纹，辅以卷荷叶纹。外腹口沿下錾刻联珠纹和叶瓣纹各一周。中部每一分曲内錾刻葫芦形开光，其内各錾一只鸿雁，周围饰卷草纹，五只鸿雁或飞翔，或俯卧，或衔食，或嬉戏，或小憩，形态各异。其外辅以卷草纹

1 朱天舒：《辽代金银器》，文物出版社，1998年，第77、78页。

角隅纹。腹底饰为仰莲纹，圈足外錾水波纹一周。其内底以荷叶衬双鱼纹的做法，在唐末天复元年（901年）浙江临安水邱氏墓中出土的银盏托[1]、西安的荷叶形银盘[2]上也可见到；外壁在主体纹饰之下饰莲瓣纹，圈足纹饰翻卷的荷叶纹，也与九世纪后半叶的法门寺乐伎纹香宝子、法门寺人物纹香宝子[3]风格一致；主体纹饰在开光中安排纹饰的做法也见于唐代晚期的丁卯桥童子纹三足银壶[4]和“水邱氏”人物纹四足银盖罐[5]。圆口花瓣腹金碗内沿所饰的花瓣纹带和内底的双鱼戏水纹与唐长庆四年（824年）齐国太夫人墓的双鱼纹金长杯[6]内壁相似，只是壁分为五曲、四曲的不同而已；外壁的双雁衔花纹与唐代晚期的“李杆”葵花形银盘[7]腹部花纹的构图接近。其他器皿，无论是装饰简洁的鎏金摩羯纹银碗、鎏金双凤纹五曲银盘、鎏金缠枝卷草纹五曲银盘，还是花纹繁缛的鎏金绶带纹亚字形银盒、鎏金双狮纹菱形银盒、鎏金对雁团花纹银唾壶也都能看到中原金银器的传统，这些金银器应该来自中原地区。

吐尔基山辽墓出土的金银器在造型、纹样和工艺方面也明显受到了唐代金银器的影响。金花银器中的提梁银壶，直口，长颈，扁圆形腹，喇叭状圈足，半圆形提梁，提梁两端有锥形凸起，通过两个桃形饰件与壶身连接；宝珠形盖，盖与提梁之间有银链相连；纹饰采用錾刻和模压工艺；器盖顶部錾莲瓣纹和花鸟纹；壶身、颈部饰折枝花卉纹，肩部为狮子戏珠纹；腹部两侧各饰一组人物图案，上题“四浩（皓）先生”“弘牙（洪崖）先生”；腹底饰仰莲纹，足部饰莲叶纹[8]（图6-21）。菱花形银盘与丁卯桥出土的同类盘十分相似，区

图6-21 内蒙古通辽市科尔沁左翼后旗吐尔基山辽墓出土鎏金提梁银壶

1 浙江省文物考古研究所、浙江省博物馆、杭州市文物考古研究所、临安市文物馆：《晚唐钱宽夫妇墓》，文物出版社，2012年，第79页，插图4—147、4—149。

2 保全：《西安市文管会收藏的几件唐代金银器》，《考古与文物》1982年第1期，第54—58页，图三。

3 陕西省考古研究院、法门寺博物馆、宝鸡市文物局、扶风县博物馆：《法门寺考古发掘报告》，文物出版社，2007年，彩版一四八至一六二。

4 镇江博物馆：《镇江出土金银器》，文物出版社，2012年，第46页，图28。

5 浙江省文物考古研究所、浙江省博物馆、杭州市文物考古研究所、临安市文物馆：《晚唐钱宽夫妇墓》，文物出版社，2012年，彩版四二、四三。

6 洛阳市第二文物工作队：《伊川鸦岭唐齐国太夫人墓》，《文物》1995年第11期，第24—44页之第27页图四。

7 樊维岳：《陕西蓝田发现一批唐代金银器》，《考古与文物》1982年第1期，第46—50页，图二。

8 关于银壶所绘人物故事图的解读，参读扬之水：《关于吐尔基山辽墓出土银壶所绘人物故事图》，《收藏家》2011年第10期，第55—57页。

别只在于前者中心图案为双龙戏珠，后者为摩羯纹。

从当时的情形看，中原的金银器通过多种途径输入辽地。907 年，耶律阿保机即位后，倚重汉人知识分子，成立汉儿司，大兴儒教，接受中原的思想文化。到辽太宗时，效法中原的统治制度，正式习用汉官制。在与中原的接触中，中原的金银器很可能会以朝廷馈赠的形式进入辽国。后唐天成二年（927 年），辽太宗"遣使梅老等二十余人朝贡，兼申和好之意"，后唐则"命指挥使安念德赍锦绮绫罗及金花银器、宝装酒器等赐之"[1]。后唐遣使辽国达十一次。而后来辽太宗攻占晋都汴梁所获的财物中，也可能有金银器。南唐曾遣使契丹朝贡二十四次，吴越国也屡次遣使契丹，进献的"珍玩"与"宝器"可能也包括金银器。在契丹与后晋的争战中，后晋为保国祚经常向契丹贡金求和，会同二年（939 年）八月，"晋遣使贡岁币，奏输戌、亥二岁金币于燕京"；四年（941 年）三月，"晋以许祀南郊，遣使来谢，进黄金十镒"；六年（943 年）六月，"晋遣使贡金"，八月，"晋复贡金"[2]。耶律羽之是辽太祖的堂兄弟，以左相之位秉政十七年，独特的身份和地位使其自然有机会从中原获得金银器。

中原风格的金银器物在丰镇辽墓中也曾见到一件[3]，即鎏金鸳鸯团花纹四曲银碗，不仅形制为唐代所习见，内沿所饰的叶瓣纹和回纹，分别见于河南偃师唐宣宗大中元年（847 年）穆悰墓（M1025）出土的方形银盒盖[4]的边缘和丁卯桥童子纹三足银壶[5]的颈部。鸳鸯周围和外壁的折枝花也与唐代九世纪的折枝纹多曲银碗、美国大都会艺术博物馆收藏银碗的纹样风格一致[6]，应是一件唐代的物品。同墓还出土有异兽毬路纹银带銙等，毬路纹见于唐代法门寺地宫的金笼子[7]，也见于辽早期耶律羽之墓主室石门彩绘、丝织品中的绢地毬路纹大窠卷草双雁绣地图案。不同的是丰镇所见的毬路纹为六瓣连续毬路纹，而其他都是四瓣连续构成毬路纹。这件银带銙至少是深受中原文化影响而制造的。

蹀躞带、带链器以及马具为契丹族特色的器物，但其装饰风格汉风浓厚。李家营子二号辽墓中一件金带饰的底托面錾有"匠郭俱造"。带饰上的卷草纹带有浓厚的唐代风格。即使是契丹的传统器件如饰品和马具，纹饰上大量出现双龙纹、双凤纹、金鹿纹、缠枝纹、缠枝牡丹纹，也体现出对中原文化的吸收。辽代前期金银器的纹样图案，侧重珍禽瑞兽纹，龙纹和凤纹的原型来自唐代。其他图案，如四鹿团花、双鸳衔绶、卧鹿、双狮及卷草、折枝花、团花、忍冬桃形如意结等纹样，边饰如莲瓣纹、云纹、回纹、海棠纹、卷草纹、联珠纹等，也源自唐代金银器。而广泛应用于辽代动物纹的毛发部分和花叶中间的碎线纹也源自晚唐。但辽代金银器的纹饰朴素而疏朗，不似唐代金银器富丽堂皇，种类和形式变化也不

1 〔宋〕王溥：《五代会要》卷二九契丹条，上海古籍出版社，1978 年，第 457 页。

2 《辽史》卷四《太宗本纪上》，中华书局，1974 年，第一册，第 46、49、53 页。

3 王新宇、崔利明：《丰镇县出土辽代银器》，《乌兰察布文物》1989 年第 3 期，第 120 页；李逸友：《论内蒙古文物考古》，《内蒙古文物考古论文集》第 1 辑，中国大百科全书出版社，1994 年，第 22 页。

4 中国社会科学院考古研究所：《偃师杏园唐墓》，科学出版社，2001 年，第 202 页、彩版 6-4。

5 镇江博物馆：《镇江出土金银器》，文物出版社，2012 年，第 46、47 页。

6 齐东方：《唐代金银器研究》，中国社会科学出版社，1999 年，第 65—78 页。

7 陕西省考古研究院、法门寺博物馆、宝鸡市文物局、扶风县博物馆：《法门寺考古发掘报告》，文物出版社，2007 年，彩版七一。

图 6-22　内蒙古赤峰市阿鲁科尔沁旗耶律羽之墓出土鎏金龙纹“万岁台”银砚盒

丰富，中期以后更趋于简化，逐步发展成具有自己特色的纹饰。

耶律羽之墓中有一件鎏金龙纹“万岁台”银砚盒（图 6-22）。盒盖盝顶，正面下端刻波涛，中间锤揲腾龙，三枝立莲穿绕龙身，其中一枝盛开，经龙嘴衔立于龙头顶部，花蕊之上刻“万岁台”三字，上端錾刻远山浮云，一轮骄阳冉冉升起。盒盖四边錾刻牡丹、环形花纹。这件砚盒有浓郁的中原汉族文化的气息，除了“万岁台”文字，龙也是中原文化传说中的神物，鱼子纹衬底的折枝花卉的边饰也为中原所习见。但是，即便是借用汉族传统的纹样或造型，契丹民族作为游牧民族的独特气质也在模仿和借鉴的过程中流露出来。龙为立姿且衔花尚属孤例，龙身的鳞片的制法也全然不同于中原，盝顶上端的山形纹、侧边的环形纹是新颖的图案，地纹呈坑状，不同于唐代下凹的小圆圈。种种与中原传统貌似而神离的做法表明，这件器物极有可能是契丹工匠的作品，有人根据“万岁台”三字和耶律羽之的生平推断，此砚是辽太宗耶律德光所赐[1]。同出的“左相公”银盆的刻铭大概也是这样出现的。

唐末五代中原地区陷入割据之中。契丹政权除接纳逃亡户，还不断掠夺人口。大同元年（947 年），辽太宗攻占后晋都城汴梁（今河南开封），大肆劫掠人口财物，三月“壬寅，晋诸司僚吏、嫔御、宦寺、方技、百工、图籍、历象、石经、铜人、明堂刻漏、太常乐谱、诸宫县、卤簿、法物及铠仗，悉送上京”[2]。其中的百工就是手工业者，可能包括金银工匠。这些流入辽地的汉族工匠带来了各种生产技术，对辽代手工业的发展起到了重要的作用，而且还在生活方式、审美观念等方面对契丹人产生影响。大约在澶渊之盟（1004 年）前后，辽代金银器逐渐向宋代金银器的风格转变。由于北方地区北宋金银器发现不多，与辽代金银器的关系并不十分明确。但文献中记载宋真宗时，孙瑾出使辽国受到契丹人的款待，酒

1　内蒙古自治区文物考古研究所：《文物华章——内蒙古自治区文物考古研究所 60 年重要出土文物》，文物出版社，2014 年，第 98 页。

2　《辽史》卷四《太宗本纪下》，中华书局，1974 年，第一册，第 59—60 页。

宴之中“汉食贮以金器，蕃食贮以木器”[1]。汉族食物用金器盛贮，表示了契丹人使用金银容器的习惯受到中原的某些影响。

考古发现的辽代金银容器往往汉风浓郁，多数器形和纹样都能在中原汉族金银器中发现相似的例子，说明使用金银容器的习惯，除了游牧民族对贵重金属的天生喜爱之外，中原汉族文化的影响也应该是原因之一。文献记载透露过辽与北宋有关金银器交往的情形。每年正旦及皇帝、太后生辰都要互派使臣祝贺，双方所携带的礼物均有定数。宋赠辽的金银器数量较多，且以容器为主。辽赠宋的金银器数量少，品种比较单一，主要是带具、马具之类。这在《契丹国志》卷二一《南北朝馈赠礼物》[2]中有很好的体现。契丹贺宋朝皇帝生日的礼物种类繁多，主要是马匹、食物、水果、马具、皮具、弓箭和织物等，金银器主要是一件装饰金银的织物以及“涂金银龙凤鞍勒”等马具，且数量很少。宋朝贺契丹皇帝生日的礼物中则金银器众多，有“金酒食茶器三十七件”“金玉带二条”“金花银器三十件”“银器二十件”。不仅如此，“其国母生日，约此数焉。正旦，则遣以金花银器、白银器各三十件”。“宋朝劳契丹人使物件”中也有不少金银器，如至贝州“赐茶、药各一银合”，至都亭驿“各赐金花、银灌器、锦衾褥”；朝见日，赐大使“金涂银冠”“金・鞢带”“银器二百两”，赐副使“金带”“银器一百两”；“中节二十人”各赐“银器十两”；“下节八十五人”各赐“银器十两”“金涂银带”；“将发，又赐银瓶、合盆、纱罗、注碗等”。这种政府间的相互馈赠，除明显的政治意义之外，多少也含着交换的意味，而交换的目的则显然是互通有无。

民间贸易也是北宋金银器进入辽地的一个重要渠道。李允则守雄州（今河北雄县）时，“雄州谍者常告，虏中要官闲遣人至京师造茶笼燎炉。允则亦使人倍与值作之，纤巧无毫发之异，且先期至，则携至榷场，使茶酒卒多口夸说其巧，令番商遍观之。如是者三四日，如番官所作已过，乃收之不复出。虏中相传，谓允则贿之，恐有奸变，番官无以自明，乃被杀”[3]。李允则“置银器五百两于城北神祠中。……数日，契丹数十骑盗取之……”[4]可知宋辽边境榷场中有金银器出售，契丹的达官贵人曾派人到北宋京城定做。

辽代晚期巴林右旗白音汉窖藏所出银器，就表现出这种宋文化特征。宋人常见的器形和纹饰相结合的器物如曲口分瓣非常随意而丰富，瓣数形成多层面的装饰效果，在辽器中也有表现。折枝牡丹纹八棱银注碗是一套精细的作品。注盖、颈、肩、腹、足均呈八棱形，盖作八角塔状，荷花蓓蕾式钮，肩部一侧有竹节状长流，另一侧腹部与颈部上端铆接竹节状弯柄；颈、肩、腹、足八面各錾刻八组相同缠枝纹、牡丹纹等，间饰羽状纹；温碗的造型和纹样与注腹部相同。宋代金银高浮雕工艺，使图案高出器物的表面，立体感极强，这种做法在辽宁前窗户村出土的辽代银带銙也有显示。宋代银器纹饰的錾刻连贯，中间不隔断的技法也被辽人接受，表现在一些辽代中晚期的银器上。剔地工艺在宋代运用得较多，不仅在银器上，也在石刻、陶瓷上使用。巴林右旗窖藏银器的卷草纹边饰使用了这种

1 〔宋〕李焘：《续资治通鉴长编》卷五九，中华书局，1980 年，第五册，第 1319 页。

2 〔宋〕叶隆礼撰，贾敬颜、林荣贵点校本，上海古籍出版社，1985 年，第 200、201 页。

3 〔宋〕苏辙：《龙川别志》卷下，中华书局，1982 年，第 96 页。

4 〔宋〕司马光：《涑水记闻》卷六，中华书局，1989 年，第 107 页。

工艺。在辽中期及中晚期以后具有民族传统特色的葬具和装饰品中，鎏金器皿明显减少，也与宋代金银器的风格一致。陈国公主及驸马合葬墓、凌源小喇嘛沟一号辽墓[1]、敖汉旗英凤沟 7 号辽墓[2]中，不少器皿为银制，不鎏金甚至素面。

耶律羽之墓出土的多棱带把杯，一组两件。铸造、焊接成型，抛光，錾刻纹饰，外壁鎏金，口径 7.3 厘米。侈口，杯体呈七棱状，弧腹向内，腹下折内收为圜底，喇叭形圈足。口沿一侧有椭圆形花式指垫，表面模铸卷草，下接弯垂单片指鋬。口沿、圈足、器腹均以联珠纹做边框，上腹錾刻双鸟衔花纹，中腹每面框均为一幅高士图，广袖长袍，阔脸长髯，背倚竹书，坐于蒲团之上，分别作书写、把酒、执扇、饮酒、捧钵、抚琴、读书状，表情闲适，神态各异，似为“竹林七贤”图。腹底錾刻缠枝花，圈足饰山形纹。多棱带把杯的造型并非源自当地，原型应是粟特或唐代的八棱带把杯，但耶律羽之墓的多棱带把杯为七棱，而且不是环状把手，只是在指垫下有一个小鋬。这是契丹人的创新。折棱处的联珠纹更为突出，高士图是中原传统文化的图案。用联珠纹立棱的风习在辽代金银器上常见，还出现用银丝紧密盘卷成螺纹焊在器表上作为边棱的做法，在金耳坠等饰物上有联珠立棱和螺纹立棱共存现象，较晚的器物以简便平滑的螺纹立棱基本取代了带有异域风情的联珠立棱，成为辽代金银器的重要装饰手法之一。

一些折肩的杯、壶、罐，可以看作是辽代器皿的特点，如哲里木盟奈林稿二号辽代壁画墓出土的鎏金带把折肩杯、耶律羽之墓的鎏金折肩银罐、吐尔基山辽墓的鎏金带鋬银壶等。吐尔基山辽墓带鋬银壶的壶身由颈部、腹部、圈足三部分焊接而成；通体以鱼子纹为地，錾刻花纹；肩部棱下有一鋬，上有护手，中间有一圆形凹孔，原镶嵌他物，鋬圆形，斜下方有一凸起；假圈足；口径 8 厘米，底径 7.6 厘米，通高 16.2 厘米（图 6–23）。另外，大营子驸马墓出土的高足杯，杯身浅宽，呈敞盘形，与中亚（今乌兹别克南部铁尔梅兹市）巴拉雷克五至六世纪

图 6–23　内蒙古通辽市科尔沁左翼后旗吐尔基山辽墓出土带鋬折肩罐

1 辽宁省文物考古研究所：《凌源小喇嘛沟辽墓》，文物出版社，2015 年。

2 内蒙古敖汉旗博物馆编著，邵国田主编：《敖汉文物精华》，内蒙古文化出版社，2004 年，第 121 页；邵国田：《敖汉旗英凤沟 7 号辽墓出土银质文具考》，《内蒙古文物考古》2003 年第 2 期，第 71—77 页。

的壁画上人物手中所持的高足杯相近，如果不是承袭唐代，就是直接源自于中亚等西方。

辽高足银杯，杯身大而浅，杯把粗且矮。陈国公主墓所出土的金铸银鞓蹀躞带，带上的佩挂有刀、锥、荷包、针筒和双鱼形佩等，以及有突厥文化影响的金银制成的葫芦形吊扣和豆荚形横栓，是契丹金银器中很有特色的一部分。

《契丹国志》卷二一《外国贡进礼物》[1]能反映出一些辽朝与新罗、西夏以及高昌国、龟兹国、于阗国、大食国、小食国、甘州、沙洲、凉州等在金银器上的直接交流。新罗国进贡品有“金器二百两”“金抱肚一条五十两”“金纱纚五十两”、金鞍辔马一匹五十两”“织成五彩御衣金不定数”，辽回赐及赐奉使的物品有“金涂鞍辔马二匹”“素鞍辔马五匹”（可能为银鞍辔——笔者注）、“金涂银带二条”“白银带一条”。西夏进贡品中没有金银器，辽回赐的物品“除羊外，余并与新罗国同，惟玉带改为金带”。高昌国以下诸国或地区进贡和回赐品中没有提到金银器。

从前述文献记载可知，辽代金银器中有不少为周边国家或地区的输入品，其中来自宋朝的交换、赏赐和贸易品应占大多数。五代十国、北宋和金代早期，中原内地和东北地区的室韦、渤海、女真，甚至朝鲜半岛等地同时还是辽代金银原料的来源地之一。内蒙古地区目前发现的十余件北宋银铤可能就是当年辽宋和平交往期间，由北宋输入的岁币银的一部分[2]。1958 年，昭乌达盟巴林左旗毛布力格村附件发现五件北宋银铤，都为两端宽厚的束腰形，表面比背面宽大，其上均錾刻铭文或铸款，錾文有“福建进奉同天节银伍拾两专副陈轸等监匠”“杭州都税院买发转运衙大观元年（1107 年）郊祀银壹阡两每铤伍拾两专秤魏中立等监匠作”“虔州瑞金县纳到政和四年（1114 年）分奉进天宁节银□□本县典书袁丰银行汤□□验行银田六田五专副梁开□□”“潭州浏阳县永兴银场□□进奉银伍拾两”“信州银伍拾两”，可知是南方各县及银场进奉的官银[3]。除了这些可以用作金银器生产的原料之外，一些可能主要来自宋朝和原室韦部的金银器工匠则应该为辽代金银器的发展产生了积极的作用。但是辽代金银器兴盛的基础应当还是其本国在金银采冶方面的进步。辽国境内原室韦、渤海所在的东北地区，以及现在内蒙古中南部和河北北部一带都产金银，特别是辽上京、辽中京所在的京畿及其附近的“国东”地区是辽代的矿冶中心。《辽史》卷六〇《食货志下》记载：“坑冶，则自太祖（916—938 年在位）始并室韦，其地产铜、铁、金、银，其人善作铜、铁器。……太祖征幽、蓟，师还，次山麓，得银、铁矿，命置冶。圣宗太平间（1021—1031 年），于潢河北阴山及辽河之源，各得金、银矿，兴冶采炼。自此以讫天祚（1101—1125 年在位），国家皆赖其利”[4]；卷三八《地理志二》载，东京道“银州，富国军，下，刺史。本渤海富州，太祖以银冶更名。……新兴县。本故越喜国地，渤海置银冶，尝置银州”[5]；卷三九《地理志三》记载，中京道“泽州，广济军，下，刺史。本汉上垠县地，太祖俘蔚州民，立寨居之，采炼陷河银

1 〔宋〕叶隆礼撰，贾敬颜、林荣贵点校本，上海古籍出版社，1985 年，第 203—205 页。

2 李逸友：《论内蒙古文物考古》，载内蒙古文物考古研究所：《内蒙古文物考古文集》第一辑，中国大百科全书出版社，1994 年，第 26 页。

3 李逸友：《内蒙古巴林左旗出土北宋银铤》，《考古》1965 年第 12 期，第 643、644 页。

4 中华书局，1974 年，第三册，第 930 页。

5 中华书局，1974 年，第二册，第 469 页。

冶”[1]；卷一七《圣宗本纪八》记载，太平七年（1027 年）“复遣使循辽河源求产金银之矿”[2]；《宋会要辑稿》载：“至顺州，东北过白屿河，北望银冶山”。[3]此外，国东地区见于辽代墓志、经幢记载的银冶还有都峰银冶、大石银冶、严州银冶等[4]。辽境的西南地区也有金银冶。《辽史》卷一七《圣宗本纪八》记载，太平七年（1027 年）“五月，清暑永安山。西南路招讨司奏阴山中产金银，请置冶，从之”[5]；卷一一六《国语解》载：“山金司，以阴山产金，置冶采炼，故以名司；后改统军司。”[6]除本土之外，北汉的银矿资料还曾遭到当时契丹的掠夺。乾德元年（963 年），北汉“于柏谷置银冶，募民凿山取矿烹银。北汉主取其银以输契丹，岁千斤，因即其冶建宝兴军”[7]。

目前，开展过考古工作的辽代金银冶遗址不多，河北省承德市平泉县辽陷河银冶遗址是其中一处，考古调查发现了许多废弃的“老洞子”“铅洞”和“银洞子”，其中胡杖子二铅洞，“洞极长，未有人寻至边际，内支岔纵横，作业洞很多，洞壁到处是钎子凿过的痕迹，还有碎盆碗残片”，可能与陷河银冶有关[8]。

第四节　西夏金银器

西夏（1038—1227 年）是以党项族为主体建立的王朝。天授元年（1038 年），其首领拓跋元昊称帝，建都兴庆府（今宁夏银川东南），国号大夏，史称西夏。西夏金银器发现较少，主要见于宁夏、内蒙古和甘肃地区。

目前，西夏墓葬的考古发掘工作开展不多。宁夏回族自治区银川以西的贺兰山东麓，有西夏王陵十一座。二十世纪七十年代，考古工作者对其中的六号陵、八号陵进行了正式发掘。由于曾遭盗扰，地宫中残存的随葬品不多。六号陵可能为西夏开国皇帝嵬名元昊之父太宗李德明（卒于宋明道元年，1032 年）的嘉陵，出土有金带饰、鎏金银饰、金簪和金鞍饰等十件（图 6-24）[9]。八号陵仅存残缺的金银饰件，有嵌绿松石鎏金银饰、花瓣形镂空金饰、金扣边金鞍饰、银片饰、鎏金兽面形银饰和金带饰等。根据已发现的汉文残碑推测，该陵可能是西夏第八位皇帝李遵顼的陵墓，葬于西夏乾定四年，即宝义元年（1227 年）[10]。鎏金银饰和金带饰都采用了高浮雕的手法做出纹样，十分华美。此外，2000—2001 年，永宁县闽宁村发掘西夏墓葬八座，年代为西夏建国前后，其中四号墓出土鎏金银带饰 12

1 中华书局，1974 年，第二册，第 484 页。
2 中华书局，1974 年，第一册，第 200、201 页。
3 〔清〕徐松辑：《宋会要辑稿》第一九六册《蕃夷二》，中华书局，1957 年，第八册，第 7695 页下。
4 冯永谦：《辽代矿冶采炼和金工器物的考古学考察》，《辽金历史与考古》，2014 年，第 77、78 页。
5 中华书局，1974 年，第一册，第 200、201 页。
6 中华书局，1974 年，第五册，第 1539 页。
7 〔宋〕李焘：《续资治通鉴长编》卷四，中华书局，1979 年，第二册，第 114 页。
8 承德地区文化局调查组：《辽泽州、陷河及陷河银冶考》，载陈述主编：《辽金史论集》（第二辑），书目文献出版社，1987 年，第 85—95 页之第 93 页。
9 宁夏文物考古研究所、银川西夏陵区管理处：《西夏六号陵》，科学出版社，2013 年，第 385—388 页。
10 宁夏回族自治区博物馆：《西夏八号陵发掘简报》，《文物》1978 年第 8 期，第 60—70、104 页。

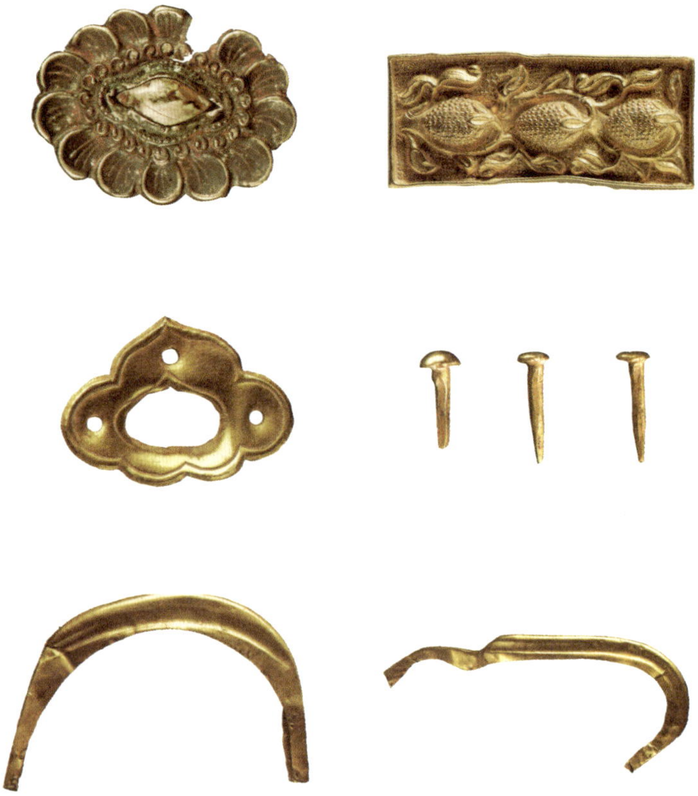

图 6-24 宁夏银川西夏六号陵出土金器

件，均为银质薄片，边缘斜刹，正面鎏金，背面露银，有长方形和圭形两种，正面为用双模凸压中心对称的云头纹[1]。

内蒙古巴彦淖尔临河高油房有一处西夏古城址。1959 年，该城址内东北角曾出土金银器约 27 公斤；1966 年，又在其附近发现一个影青小瓷罐，内藏金器约 250 克，多已被熔毁[2]。考古工作者征集到部分未销熔的金器，有金佛像、金盏及盏托、凤凰纹金碗、金指剔、镂空人物纹金耳坠、金环和桃形镶宝石金饰等。1976 年，宁夏灵武县横山黄河的古渡口发现一批西夏银器[3]，有碗六件、盒两件、发钗八件，还有三件碗的残片。另外，还有一件残银碗内底饰卧牛。1987 年，甘肃武威署东巷兴建专署家属大楼时发现西夏晚期窖藏一处，出土金碗两件、金钵一件、银锭二十件等[4]。

西夏金银器发现不多，一些器物的具体年代不甚明了，对西夏金银器的深入了解尚需更多考古资料的支持，但目前所见的西夏金银器也显现出一些特点。

虽然数量不多，但种类丰富，包括日用器皿、金银首饰及带具、马具及马饰，还有佛教用具、货币、日用杂器等。器皿种类较少，只有盏及盏托、碗、盒和钵等。金银马具及马饰常见于辽金西夏以及后来的元代金银器中，是这些北方草原

1 宁夏文物考古研究所：《闽宁村西夏墓地》，科学出版社，2004 年，第 37—39 页。

2 陆思贤、郑隆：《内蒙古临河县高油房出土的西夏金器》，《文物》1987 年第 11 期，第 65—68 页；内蒙古文化厅文物处：《内蒙古自治区文物考古五十年》，《新中国考古五十年》，文物出版社，1999 年，第 90 页。

3 宁夏博物馆董居安：《宁夏石坝发现墨书西夏文银器》，《文物》1978 年第 12 期，第 84—86 页。

4 黎大祥：《武威出土的西夏银锭》，《中国文物报》1996 年 4 月 21日第 3 版。

地区民族或政权金银器中富有特色的一类。但西夏王陵中出土的金银带饰、鞍饰或马饰有的可能是宋廷的赏赐，文献中可见这方面的记载。景德三年（1006 年），宋廷拜李德明为夏州刺史，“赐袭衣、金带、银鞍勒马，银万两、绢万匹、钱三万贯、茶二万斤”；庆历四年（1044 年）李元昊上表与宋朝约好，宋廷“赐对衣、黄金带、银鞍勒马、银二万两、绢二万匹、茶三万斤”[1]。

西夏金银器中有的有明显的北宋风格，比如高油房城址窖藏出土的金盏、盏托及其所附圈足均呈多瓣葵花形，在盏口沿下方、盏托沿及腹底相接处、圈足外沿分别錾刻缠枝纹，高 5 厘米，最大径 12.8 厘米（图 6–25：左）。圆形金碗敞口，浅弧腹，小圈足。内底心錾刻凤凰团喜纹，内腹壁刻芍药、牡丹和西番莲纹，内沿下刻一周缠枝牡丹纹，圈足外沿刻一周忍冬纹，高 3.5 厘米，口径 10.7 厘米（图 6–25：右）；葵形金碗，十曲，敞口，弧腹，圈足。内底心錾刻凤纹，内沿刻缠枝牡丹纹，高 3.7 厘米，口径 10.2 厘米。甘肃武威东大街署东巷窖藏出土的平底金碗，侈口，平沿，直腹，外口沿饰两圈细弦纹，中间锤揲一圈缠枝卷草纹，碗内底外圈饰缠枝梅花，中间饰折枝牡丹（图 6–26），与洛阳邙山宋代壁画墓出土的平底银碗[2]在造型、装饰手法和装饰内容上都十分相似。

图 6–25　内蒙古巴彦淖尔临河高油房城址出土金盏及盏托、金碗

从文献记载可以看出，北宋建立后，西夏通过朝贡

图 6–26　甘肃武威东大街署东巷窖藏出土金碗、金盏

1《宋史》卷四八五《外国一·夏国上》，中华书局，1977 年，第四〇册，第 13989、13990、13999 页。
2 洛阳市第二文物工作队：《洛阳邙山宋代壁画墓》，《文物》1992 年第 12 期，第 37—51 页之第 46 页。

从北宋获得了不菲的金银赏赐。端拱（988—989年）初，宋太宗授党项首领李继棒"夏州刺史"等职，"赐金器千两、银器万两"，"辞日，宴于长春殿，赐袭衣、玉带、银鞍马、锦采三千匹、银器三千两，又赐锦袍、银带五百，副马百匹"[1]。西夏一直对北宋称臣。目前的西夏考古遗存中，较能体现西夏与北宋政治关系的是西夏王陵。西夏王陵在规划上表现出对中原帝陵设计的认同性，同时又有一些民族特性[2]。西夏金银器或许与之相仿。再加上两国官方、民间的贸易往来频繁，西夏金银器带有明显宋风也在情理之中。当然，西夏进奉给宋廷的贡品中也有金银器，比如太平兴国七年（982年），党项首领李继棒来朝，进奉的物品中就包括其祖母独孤氏所献的"玉盘一、金盘三"[3]。作为进贡的金银器应该是本国自产，至于风格则不得而知。

灵武县横山出土的金银器皿可能反映出西夏金银器自身的一些特色。其中的银碗或侈口、直壁、平底，或直口、浅曲腹、小平底，造型简洁，素面无纹，有的内壁底墨书有标示"三两""三两半"的西夏文字。银盒的造型特殊，两侧有轴环可开合。有一件压印凸起的梵文铭文，莲瓣状银碗底残片刻汉文和西夏文。西夏政府法典《天盛改旧新定律令》卷一七《物离库门》记载："置种种金银器皿者，本处两数当明之，写字刻其上。其中使用、清洗而残破者，前两数字为实当过，则衡量，两数所不足者为耗减。刻字不明显者勿计。"[4]

西夏金银器中发现有金佛像。高油房城址窖藏出土一件金佛像。铸造成型，佛首已失，结跏趺坐，身着袈裟，腰系带垂至膝下。右臂略弯，左手抚膝，外披双领大衣。衣褶錾刻精细。高7.6厘米。

西夏金银器中较能体现其工艺特点和水平的是一些金银饰品和首饰等。高油房城址窖藏出土一组嵌宝石心形金饰，采用了锤揲、掐丝、焊接、模压和镶嵌等多种工艺。个体较大的金饰整体上呈多重心形，最内重嵌一心形宝石，周围衬以錾刻或金丝编织的花瓣，其外或以细密的联珠纹为界再列三重，各嵌一周宝石，或用金丝编织纹样，再镶嵌多重宝石（图6-27：上）。这组金饰玲珑剔透，异常华丽，可能是冠服上的饰品。窖藏中出土的一对金耳坠也是十分精细的作品，镂雕成型，上端为三朵盛开的花，大致呈"品"字形排列；中间为"一主二侍"状的三个伎乐人物像，居中的呈坐姿，吹笙，两侧的为站姿，吹排箫；下端为五朵盛开的花，花心原镶嵌宝石；上、中、下三部分浑然一体；背面连有弯钩；长4.2厘米（图6-27：下）。

西夏境内矿藏资源稀少，但据有限的文献记载，西夏不仅有对金银矿冶方面的认知，也有金银冶炼和成器方面的实践[5]。《天盛改旧新定律令》卷一七《物离库门》记载的"金耗减法"和"银耗减法"中明确规定了金在"生熔铸""熟再

---

1 《宋史》卷四八五《外国一·夏国上》，中华书局，1977年，第四〇册，第13984页。

2 孟凡人：《西夏陵陵园形制布局研究》，《故宫学刊》总第八辑，故宫出版社，2012年，第56—95页之第90—95页。

3 《宋史》卷四八五《外国一·夏国上》，中华书局，1977年，第四〇册，第13984页。

4 史金波、聂鸿音、白滨：《天盛改旧新定律令译注》，法律出版社，2000年，第557页。

5 关于西夏的金银手工业，参读杜建录：《试论西夏的手工业》，《宁夏大学学报（哲学社会科学版）》1999年第3期，第36—42页；杨桂梅：《从西夏文物看西夏的手工业》，《中国历史文物》2005年第2期，第41—45页。

图 6-27　内蒙古巴彦淖尔临河高油房城址出土金冠饰、金耳坠

熔”“熟打为器”几个过程中不可超过的耗减数量，以及“上等”“次等”“中等”“下等”银不可超过的耗减量[1]，体现出一定的金银冶炼和成器水平。

第五节　金代金银器

金代是以女真族为主体建立的王朝。辽天庆五年（金收国元年，1115 年），完颜阿骨打称帝建国，灭辽后，于金太宗天会五年（1127 年）灭北宋，与南宋对峙，迫使西夏臣附、南宋求和。金太宗占领辽、宋之地后，开始采用许多辽、宋制度。金世宗时（1161—1189 年），各项制度大体确立，并分享了辽、宋文化的传统。

目前金代金银器发现不多，这应与金代考古工作整体上不如辽、元、宋开展得多有关。因为金先承辽，后承北宋，金银器生产不太可能突然衰落下去。金代文献中对金银采冶、金银器生产的诸多记载能在一定程度上反映出金代金银制造业整体的发展情况[2]。

《金史·地理志》对各地物产、矿冶的记载比较简略，只提到大兴府（即后晋幽州，辽南京）“产金银铜铁”[3]，太原府“有造墨场、冶银洞、玛瑙石”[4]，这与辽代金银产地有大致重合的地方。但《食货志》中关于“金银之税”的记载提供了金代金银的采冶、规模等重要信息。“世宗大定五年（1165 年），听人射买宝

1 史金波、聂鸿音、白滨：《天盛改旧新定律令译注》，法律出版社，2000 年，第 547、548 页。

2 金代文献中常见金银或者金银器用于赏赐、交聘、贸易等的记载，这也能在很大程度上反映金代金银器的普遍和兴盛，对此已有学者做了专门的收集和研究，此不赘述，参见张景明：《辽代金银器研究》，文物出版社，2011 年，第 322—329 页。

3 卷二四《地理上》，中华书局，1975 年，第二册，第 573 页。

4 卷二六《地理下》，中华书局，1975 年，第二册，第 629 页。

山县银冶。”大定“九年（1169年），御史台奏河南府以和买金银，抑配百姓，且下其直。……十二年（1172年），诏金银坑冶，恣民采，毋收税。二十七年（1187年），尚书省奏，听民于农隙采银，承纳官课。明昌二年（1191年），天下见在金千二百铤，银五十五万二千余铤。三年（1192年），以提刑司言，封诸处银冶，禁民采炼。五年（1194年），以御史台奏，请令民采炼随处金银铜冶，上命尚书省议之……遂定制，有冶之地，委谋克县令籍数，召募射买。禁权要、官吏、弓兵、里胥皆不得与。……坟山、西银山之银窟凡百一十有三”[1]。由此可见，金代金银的采冶规模较大，并且允许百姓私采，官为课税。这为民间金银器的生产提供了重要基础。但应该注意的是，金代中晚期，金廷对庶人阶层使用金银曾有过限制，甚至是禁止，涉及出行、装扮和起居等诸多方面。大定十三年（1173年）规定庶人“不得以金玉犀象诸宝玛瑙玻璃之类为器皿，及装饰刀把鞘，并银装钉床榻之类”，“妇人首饰，不许用珠翠钿子等物”；并且，低级官吏“京府州县司吏皆与庶人同”[2]。承安二年（1197年），又规定“庶人马鞍许用黑漆，以骨、角、铁为饰，不得用玉较具及金、银、犀、象饰鞍辔”[3]。政令具体的实施情况则不得而知。

金代皇室所用的金银器则主要由少府监生产。少府监下设尚方、织染、文思、裁造、文绣、图书等六署，其中尚方署“令，从六品。丞，从七品”（其余五署之“令”“丞”品阶与此同——笔者注）。掌造金银器物、亭帐、车舆、床榻、帘席、鞍辔、伞扇及装钉之事”；图书署“（明昌七年，省入祗应司。）……掌图书缕金匠”；文思署“（明昌七年，省入祗应司。）……掌造内外局分印合、伞浮屠金银等尚辇仪鸾局车具亭帐之物并三国生日等礼物（此句含义不太明确，可能应断为‘掌造内外局分印、合伞、浮屠、金银等，尚辇、仪鸾局车具亭帐之物并三国生日等礼物——笔者注），织染文绣两署金线”[4]。这其中所谓的“祗应司”属尚书工部，长官“提点”为从五品，职责为“掌宫中诸色工作”[5]；“尚辇局，使，从五品……掌承奉舆辇等事”[6]；“仪鸾局……提点，正五品……掌殿庭铺设、帐幕、香烛等事”[7]。“三国生日等礼物”中的“三国”指宋、西夏和高丽[8]。总而言之，少府监下设的尚方署和文思署是金代皇家金银器生产的两个主要机构，两者的职掌有所不同，其中可能以器皿类为主的“金银器物”主要由尚方署生产，其他门类的金银器则可能是两署兼作，文思署还专门造作交聘宋、西夏和高丽“三国生日等礼物”，其中应该包括不少金银器。此外，还专设有“金银库，都监，正九品。（本把八人。）”[9]

目前，金代金银器见于报道的约有十批，主要见于金源地区和金中都附近的北

1 卷五〇《食货志下》，中华书局，1975年，第四册，第1116页。
2 《金史》卷四三《舆服志下》，中华书局，1975年，第三册，第986页。
3 《金史》卷四三《舆服志上》，中华书局，1975年，第三册，第975页。
4 《金史》卷五六《百官志二》，中华书局，1975年，第四册，第1273—1275页。
5 《金史》卷五六《百官志二》，中华书局，1975年，第四册，第1287页。
6 《金史》卷五六《百官志二》，中华书局，1975年，第四册，第1256页。
7 《金史》卷五六《百官志二》，中华书局，1975年，第四册，第1259页。
8 《金史》卷六〇《交聘表上》，中华书局，1975年，第五册，第1386页。
9 《金史》卷五六《百官志二》，中华书局，1975年，第四册，第1262页。

京、内蒙古和河北等地。整体而言，金源地区的墓葬或窖藏年代多为金代早中期，其他地区则多为金代中晚期，从中可以大致了解金代金银器发展的一般情况。

黑龙江畔绥滨中兴的金代墓群，出土了较多的金银器，有金腰佩、金花饰、鎏金银马鞍、银钏、银簪、银钗、银碗等[1]。吉林长春石碑岭完颜娄室墓出土有银网冠、银镊以及金钏、金环、金笄等首饰及其他饰品[2]。完颜娄室是女真族著名将领，在灭辽战争中亲自俘获辽天祚帝，死于天会八年（1130年）[3]。阿城巨源乡城子村发现大定二年（1162年）左右金齐国王完颜宴夫妻合葬墓出土有“太尉开府仪同三司事齐国王”银牌、金环饰、金项链、金锭、金耳环、金鞘玉柄刀等[4]。完颜宴是金太祖完颜曼（阿骨打）的堂弟，生前封太尉、齐国王，城子村小城当是他的故乡和封地。金上京故城窖藏出土银器十二件[5]。这是目前金代金银器皿较集中的一次发现，包括六曲花口盏二、“撮形银器”二（银片折叠而成，均有女真文墨书）、敛口盏（钵）一、如意纹盘一（带“一十九角五分”墨书）、龙首衔环吊炉（罐）、八曲龙纹盒盖一、银锭一、扁圆形浅盘一，另有大量银器残片。绥滨县奥里米古城墓葬出土金银器若干件，有金饰、耳坠、银片等[6]。哈尔滨市新香坊墓地出土金银器三十余件，金器有耳饰、圈饰、帽顶饰、指环、佩铃等，银器有鞍饰、镯、盏、钵、药壶、簪和骨朵等[7]。阿城双城村金墓群出土银器（征集）有壶、碗、筷、镯、盘和锅等[8]。双城市东官镇东利村银器窖藏出土碟一、锭四[9]。2009年在金上京故地阿城东北宾县发现两件鎏金银器，一为鎏金豆形镂雕银熏炉，一为鎏金簪花银首饰盒，年代为金代早中期[10]。

北京市房山区金太祖睿陵出土金丝凤冠一件，金丝花饰二十件，出土时均在墓主人头部附近，应为冠帽及其上的装饰品[11]。通州金墓[12]一号墓的墓主为大金故宣威将军河东路第一将正将兼知大和寨在事上骑都尉武威县开国子食邑五百户石宗璧，官职为五品，大定十七年（1177年）葬，其夫人为女真贵族，墓内出土两片錾环形回纹的金饰片；二号墓的墓主似为石宗璧的妻室，墓中出土有银簪两支、

1 黑龙江省文物考古工作队：《黑龙江畔绥滨中兴古城和金代墓群》，《文物》1977年第4期，第40—49页之第44页。

2 孙传波：《旅顺博物馆藏金代完颜娄室墓出土的部分文物》，《北方文物》2001年第2期，第51、52页。

3 《金史》卷七二《娄室传》，中华书局，1975年，第五册，第1649—1653页。

4 黑龙江省文物考古研究所：《“金源故地”发现金齐王墓》，《北方文物》1989年第1期，第55、56页；黑龙江省文物考古研究所：《黑龙江阿城巨源金代齐国王墓发掘简报》，《文物》1989年第10期，第1—10、45页之第7、8页。

5 阎井泉：《金上京故城内发现窖藏银器》，《黑龙江文物丛刊》1981年第1期，第57—60页。

6 黑龙江省文物考古工作队：《松花江下游奥里米古城及其周围的金代墓群》，《文物》1977年第4期，第56—62页。

7 黑龙江省博物馆：《哈尔滨新香坊墓地出土的金代文物》，《北方文物》2007年第3期，第48—58页。

8 阎景全：《黑龙江省阿城市双城村金墓群出土文物整理报告》，《北方文物》1990年第2期，第28—41之35、38页。

9 姜勇：《黑龙江省双城市金代银器窖藏》，《北方文物》2010年第3期，第53页。

10 赵国华：《金源文物的一缕灿烂辉光——金源地区出土的两件鎏金文物赏析》，《首都博物馆丛刊》第23辑，2009年，北京燕山出版社，第226—230页。

11 北京市文物研究所：《北京金代皇陵》，文物出版社，2006年，第79—82页。

12 北京市文物管理处：《北京市通县金代墓葬发掘简报》，《文物》1977年第11期，第9—14、6页。

镶宝石金坠饰两件、金箔饰片两件。西城区月坛地区出土有金盘、金高足杯等[1]。内蒙古四子王旗红格尔墓葬出土银器十余件，有耳坠、钗、簪、剪和饰片等[2]。乌兰察布卓资山县忽洞坝出土银盏托和龙首柄银勺各一件[3]。陕西临潼相桥窖藏发现金步摇、金耳饰等金银饰 18 件，银镯、钗、簪、项圈、壶盖等银器 13 件，银铤 31 件，其中四件银铤纪年为金章宗太和六年（1206 年）[4]。青海互助县沙塘川乡窖藏出土金钵（盂）一件、银钵（盂）五件、银錾杯一件、银盘五件、银手镯两件、银饼两件，根据锥刺圆点纹、锥刺卷云纹、双鱼纹等，推定为金代[5]。

金代金银佛教用具目前发现有两批，年代为金代早期。河北固安于沿村宝严寺塔基地宫[6]出土的一块铭砖表明其为金代营建的地宫，纪年有"大金国天辅十年（1126 年）[7]、天会十五年（1137 年）至天眷元年（1138 年）"。地宫中出土的舍利容器组合为银函—银函—舍利；金银供养品有银八棱香炉、金钵、银钵、鎏金银法轮饰件、银金刚杵饰件各一件，银佛幡及架杆两件，金银观音菩萨像三尊[8]。河北正定天宁寺凌霄塔塔基地宫[9]出土一件仰莲式石函，刻有云："自唐代宗朝起寺建塔，至宋庆历五年重修，又至大金皇统元年（1141 年）再建宝塔一座，时正隆六年（1161 年）十月二十八日，藏佛牙舍利塔铭"等铭文；另一件长方形石函上的画押文字与金代铜镜上的画押相似，也应是金代遗物。地宫中出土的舍利容器组合为石函—石函—鎏金银棺—带座鎏金银棺・银棺・鎏金银净瓶・银净瓶・小银瓶・银瓶・琉璃瓶・瓷葫芦形瓶—佛牙・舍利。

除去宗教用器，目前所见的金代金银器皿主要有高足杯、盘盏、碟、碗、盒、罐等。金上京故城窖藏出土的银盘盘底装饰菱花穿环的如意纹，盘沿錾刻一周回字纹，这与安徽休宁县南宋朱晞颜夫妇墓出土的六角形金盘盏一副[10]和四川彭州南宋窖藏银三足圆盘的装饰纹样相似；八葵形银盒盖上的三爪龙纹与吐尔基山辽墓出土的

1 《北京文物精粹大系》编委会、北京市文物局：《北京文物精粹大系・金银器卷》，北京出版社，2005 年第 2 版，图 28—31、34 文后的文字说明。

2 田广金：《四子王旗红格尔地区金代遗址和墓葬》，《内蒙古文物考古》创刊号，1981 年，第 102—114 页。

3 张景明：《中国北方草原古代金银器》，文物出版社，2005 年，第 221、222 页。

4 赵康民、韩伟、尚志儒：《关于陕西临潼出土的金代税银的几个问题》，《文物》1975 年第 8 期，第 73—81 页。

5 许新国：《略论互助县窖藏金银器的年代、族属与银盘曼荼罗图案》，《青海社会科学》1995 年第 1 期，第 70—76 页；青海省博物馆、青海民族博物馆：《河湟藏珍・历史文物卷》，文物出版社，2012 年，第 214—218 页，图 200—204。自十一世纪初以来，吐蕃后裔建立的唃厮啰政权，以及北宋、西夏和金政权都曾占领、控制青海东部一带。二十世纪八十年代，在青海湟中、互助、大通、乐都、民和、化隆等地，陆续发现了具有各个政权时代特征的文物。互助县的这批金银器的文化因素可能并不单一或暂难遽定其所属，西夏、宋、金，甚至蒙元均有可能。《河湟藏珍・历史文物卷》将其定为宋代。这里依许新国的研究暂定为金代。

6 河北省文物研究所、河北大学历史系、固安县文物保管所：《河北固安于沿村宝严寺塔基地宫出土文物》，《文物》1993 年第 4 期，第 1—17 页。

7 天辅年号只使用七年。

8 关于金代的舍利瘗埋制度，参读冉万里：《中国古代舍利瘗埋制度研究》，文物出版社，2013 年，第 430—441 页。

9 刘友恒、樊子林：《河北正定天宁寺凌霄塔地宫出土文物》，《文物》1991 年第 6 期，第 28—37 页。

10 安徽省博物院：《江淮撷珍》，文物出版社，2013 年，第 16、17 页。

图 6-28　黑龙江出土金代银碗、银盏

类似银盒盖面上的盘龙纹基本相同；长径 31.6 厘米，宽 13.4 厘米的长盘则可能是酒船。哈尔滨新香坊墓地出土的鎏金边葵花银盏为象生花式造型，由六个花瓣形的银片相铆焊而成，花瓣相压，饰花草纹金边，盏心也是两重的六瓣花心，口径 9.9 厘米，高 4.4 厘米（图 6-28：右上）。这是南宋银盏较常见的样式，造型和纹样与之相似的有四川彭州南宋金银器窖藏的六葵形银盏[1]和安徽休宁南宋朱晞颜夫妇墓的六葵形金盏[2]。双城市东官镇东利村银器窖藏出土的荷花纹银碗口沿内侧有一圈带状卷草纹，口沿外侧錾文"曹家造"；碟心錾刻出荷叶、荷花、兰草纹（图 6-28：左、右下）。北京西城区月坛地区出土的金高足杯，采用锤打、錾刻、焊接工艺精制而成；敞口，唇外卷，深腹，小圜底，高足；杯体及高足均錾刻卷草纹及宝相花；杯内壁留有外壁錾刻花纹的痕迹；月坛地区出土的银盘有素面圆盘、錾花十二曲盘和锤花圆盘三种，其中錾花盘的外壁和底錾刻卷草、忍冬纹，内底中心饰三连牡丹纹；锤花盘中央有托，原应为盘盏一副，失盏，盘底及盘沿锤揲出寿桃纹（图 6-29）。

首饰、冠服饰品方面。哈尔滨新香坊墓地出土大量金银饰品，其中的金镶玉耳饰、金圈饰、金帽顶饰、金佩铃等金首饰或冠服饰尤为精美。绥滨中兴金墓出土的金佩饰出土时由数层丝绸包裹，由金、银、玉石、玛瑙制成，上部是一个鎏金银盒，子母口；银盒下缀一横长方体金饰，上饰缠枝花，内镶嵌两块红玛瑙，金饰两侧各系一串玛瑙珠，珠底附黄金叶托，金饰下方用黄丝线缀一水晶球，球上下两端置鎏金银花托，下方为一水滴状玉饰；两串玛瑙珠下方各与两片上下叠置的长方形玉条两端相连。玉条下有一个梭形玉饰，下缀 15 颗红玛瑙珠；全长 37.7 厘米（图 6-30）。这种金佩饰可能是女真贵族腰间佩戴的"金列鞢"。《金史》卷六五《谢里忽传》记载，谢里忽曾救金昭祖完颜石鲁之性命，"及来流水乌萨扎部杀完颜部人，昭祖往乌萨扎部以国俗治之，大有所获，颁之于诸父昆弟而不及谢里忽。谢里忽曰：'前日免汝于死者吾之力也，往治乌萨扎部者吾之谋也。分不及我，何邪。'昭祖于是早起，自赍间金列鞢往馈之。……昭祖曰：'石鲁先择此宝，而后颁及他人，敢私布之。'……列鞢者，腰佩也。"[3] 金代舆服制度多承袭辽代，金列鞢可能并非女真人的发明。金太祖睿陵 M6-3 皇后棺内出土的金丝编帽盛子，形似覆钵，用锤打均匀的细金丝编织而成；编结从帽顶开始，先自帽顶

1 扬之水：《奢华之色——宋元明金银器研究》第三卷《宋元明金银器皿》，中华书局，2012 年第 3 版，第 43—46 页。
2 安徽省博物院：《江淮撷珍》，文物出版社，2013 年，第 14、15 页。
3 中华书局，1975 年，第五册，第 1540 页。

心编一圆环，第二圈编结如水滴形八瓣花状连结，从第三圈开始用金丝编出一个个相连的如意花瓣形，一圈一圈向下扩编，直至盛子下口沿，最后均固定在底圈粗金丝圈上；底径 17.1 厘米，高 9.5 厘米，重 117 克（图 6-31）。这件盛子应该是金代皇后所戴“花株（或珠）冠”用的盛子，原内衬丝织物和外附织物及更多

图 6-29　北京西城区月坛地区出土金高足杯、盘

图 6-30　黑龙江绥滨中兴金墓出土的金佩饰

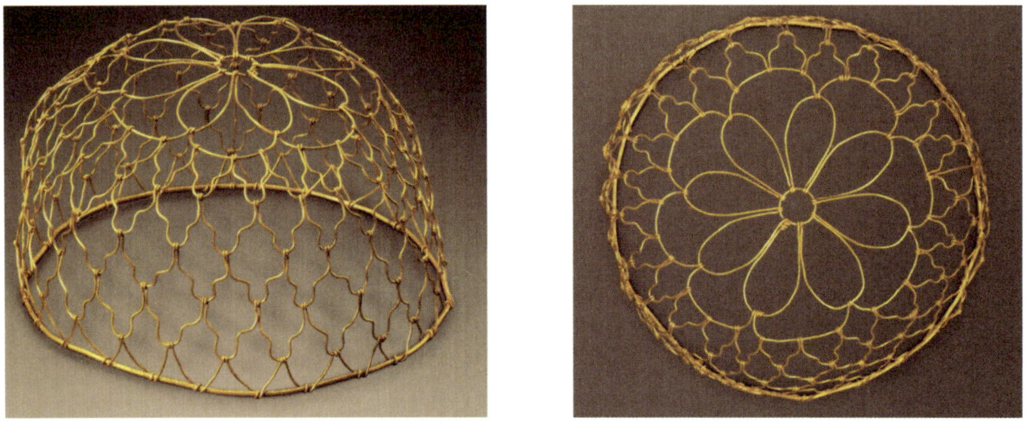

图 6-31　北京市房山区金太祖睿陵出土金冠

有机质饰品已朽毁，头部附近有掐丝金花二十粒，估计是冠上的饰件[1]。这种花珠冠较完整的形态及其佩戴方式可以参考辽宁旅顺博物馆藏完颜娄室墓出土银丝冠、黑龙江阿城国王完颜晏出土的铁丝盛子花珠冠。

金代金银马具发现不多。绥滨中兴金墓出土有银制龙纹马鞍桥。哈尔滨市新香坊墓地出土鎏金银鞍饰六件、银边鎏金铜鞍饰六件，装饰鱼鳞地双龙戏火珠纹、鱼鳞地云龙纹、卷草及流云纹等。

绥滨中兴的金墓和哈尔滨市新香坊墓地还出土有银骨朵。新香坊墓地的银骨朵杖头为陀螺形，空心，以两个半圆形银片相铆焊，接缝处有八个铆钉；杖柄以银片铆焊，有 61 个铆钉，底端的柲以铁皮包住，锥形；通长 132 厘米。

金代的丧葬用具有完颜宴夫妇墓出土的带铭银牌，放置在棺盖板中央，平面近似扁平幢形，由三部分组成：顶部呈一荷叶形，两端别翘，叶中央连着一朵盛开的仰莲花；中部为长方形牌身；底部为一仰莲花银托，上饰莲蓬。牌身正面中间自上而下压印“太尉开府仪同三司事齐国王”12 字，阳文，背面无铭文。通高 48.5 厘米，顶宽 35.5 厘米，牌身宽 17 厘米，底宽 31.5 厘米。

金代银、钞、钱三类货币并行，铸钱、行钞效仿宋代，铸造银锭也效仿宋代，尤其是南宋时期；金代银锭的器形、蜂窝、丝纹以及铭文制作都与南宋相仿，铭文也有戳记，但多以錾刻的为主，内容包括年号、制作者、用途、责任人、鉴定者以及重量、成色等，各方信用要素显得比宋代还要齐全[2]。双城窖藏出土银锭四件，均为弧首束腰扁平形，其中一件长 15.2 厘米，首宽 8.8 厘米，腰宽 5.9 厘米，厚 2 厘米，重 1900 克；锭面亮白，边缘隆起，錾文竖排，内容丰富，从右到左依次为“上戌六二十四客善匠王库佽禋”“金源”“觉趸称”“行人郑公甫”“滨州邢家真花锭银”“上京”“裴元”“伍拾两”，此外还有六个规则排列的押记和一个“7”形符号。金代银锭上多表明“行人”和“称子”，他们是金银行铺的从业人员。“行人”负责鉴定银锭成色及其实价，“称子”专门掌管称重、收支官物。这件银锭应由“滨州邢家”银铺铸造，经“行人郑公甫”鉴定，称子“觉趸”称重后，錾文“真花锭银”“伍拾两”，说明其重量足，成色好。六个押记当为银锭发行及持有者的画押。

盐税是国家财政赋税收入的一项重要来源。金代官府将所得的盐税铸成银铤，此类盐税银铤在已出土的金代银铤中占有很大的比重，特别是山西解池附近的河南西峡县、陕西临潼出土的“解盐使司”银铤，记载尤为详尽，为研究金代的盐课税制、金银行会制度等提供了重要的实物资料[3]。银铤汉文铭文一般包括盐司名、店户姓名（或客人）、（银）行人姓名、引领姓名、秤子姓名、盐判职衔姓氏、铤重、银价（贯 / 两）和其他[4]。如陕西历史博物馆等在临潼征集的一件银铤上的铭文为：“莱五十二分治使司泰和七年五月初九店户陈彦肆拾玖两叁钱又一钱任理验（倒书）银行人师琢秤子钱林每两钱贰贯文承直郎盐判张”，另有花押戳记三处[5]。这则铭文的大略含义是：解盐使司分治司将税收银钱托付金银铺户“店户陈

1 北京市文物研究所：《北京金代皇陵》，文物出版社，2006 年，第 245—247 页。

2 周卫荣、杨君：《中国古代银锭形制演变刍议》，《中国钱币》2014 年第 4 期，第 15、16 页。

3 参读陈娟：《金代解盐使司银铤浅析》，《中原文物》2006 年第 2 期，第 64—68 页。

4 郭正忠：《临潼金代解盐银铤考》，《文物》1997 年第 4 期，第 46—52、45 页。

5 朱捷元：《介绍三笏金泰和年间的盐税银铤》，《考古与文物》1982 年第 1 期，第 64、65 页。

图 6-32　河北固安宝严寺塔基地宫出土鎏金银舍利柜

彦”，此金银铺户奉命铸铤，“银行人师珎”“秤子钱林”均为该金银铺户人，具体分工已见前述；此盐利由解盐使司正使和副使之下的“盐判”、文散官“承直郎”张负责具体的业务；铤重 49 两 31 钱；银价为 2 贯 / 两。

河北固安于沿村宝严寺塔基地宫出土的鎏金银舍利棺是这一时期难得一见的珍品（图 6-32）。其内侧刻“严村宝严寺西史毛贾三村邑众等共办此之佛舍利棺一所天会十二年（1134 年）五月一日永记”。舍利棺由棺和基座组成，棺顶盖正中錾刻衔花双凤团花纹，其外以水波纹衬底饰游龙戏珠纹，四角饰花枝纹。斜刹和盖沿以鱼子纹为地錾大朵缠枝花。棺身正、背及两侧分别錾六个或三个画面，为护法神、乐伎、舞伎等人物形象，四角填以灵芝或如意云纹。画面人物头戴花冠，配以光环，身着宽衣，臂缠长带，衣带飘逸，富有动感，为不可多得的金代乐舞画面。主体纹饰上方仍以鱼子纹为地錾刻大朵缠枝花，下方衬水波纹，底足为倒悬的如意云头。基座为束腰须弥座，基座平台围有栏板、望柱，座身束腰镂空或錾刻花叶、云龙，束腰上下錾刻缠枝纹、蔓草纹。基座四角各饰一金刚力士鼎力支撑的铸像，座下饰如意云头底足。

虽然凤纹、龙纹、联珠纹棱饰常见于辽代金银器，但宝严寺的鎏金银舍利棺有其独特的风格。双凤纹不是相对而飞，所衔花枝大小各异；凤纹两侧各有一条龙以爪相抓，比辽代的龙更生动。舍利棺联珠纹棱饰十分突出，与辽代装饰特征相同。鱼子纹为底纹由唐经辽一直传承，但该器物只作为花纹带的地纹而出现。以写实莲荷为主地的缠枝花卉写实华美，舒展流畅，与宋代银器相似，比辽银器更显纤巧之意。顶盖还出现常见于宋代南方银器水波纹。独特的云头纹角饰，似乎撷辽、宋金银器之精华而又有新意。

宝严寺塔基地宫还发现一些普通器皿，其中银熏炉的制作比较精致，别有一番韵味。银熏炉由器身、提梁、器盖和链索组成，通体錾刻花纹，由肩至底饰如意云朵、蝶戏牡丹、多瓣花朵，盖顶焊接八瓣半浮雕莲花，周围镂出八个气孔，盖沿立饰十六个如意云朵。器身和器盖以折棱錾花瓣纹为界。提梁以短链连接器盖，以长链连接圆环，可以悬挂。这件折枝牡丹纹八棱银熏炉，与内蒙古赤峰辽代折枝牡丹纹八棱银执壶及八棱银温碗一脉相承，说明辽金时代产生出民间匠人，并形成产品的特有风格。银五曲碗内底錾刻缠枝莲花，外圈足錾花凸痕一周。银盒底顶盖饰凤衔牡丹。这些器物从造型到纹饰都与宋代的器物极为相近。根据当时涿州固安的地理位置及所出石函刻铭，可知当时布施者除当地的佛徒之外，也有燕京名寺的僧人及邑众。金代前期，汉人工匠的大量迁入，促进了金代经济文化的迅速发展。因此，不排除这批金银器有在燕京或汴京定做的可能。

总而言之，金源地区墓葬、窖藏所见金银器是目前金代金银器的大宗，从遗迹的年代看，比较能反映出金代早中期金银器发展的一些特点[1]。金中都附近的发现还很少，整体情况不甚明朗。出土金银器的金代墓葬一般为贵族墓。金上京窖藏出土的吊香炉（罐）为银质龙首，可能为车辇上的吊饰，其拥有者的身份应该很不一般。哈尔滨新香坊墓地位于金上京腹地，这里被当地人称为“王子坟”，几十年前地表上还有石人、石虎，应该是一处贵族墓地。虽然目前考古发现的金代金银器不多，但是种类较齐全，包括人体装饰品及带具、马具及其饰件、器皿和宗教用具，还有骨朵一类的仪仗用具，其中器皿类有较多中原文化的因素，装饰品则可能更多地体现出女真本民族的特色或是对辽代舆服传统的继承，比如金银装饰品常与玉、石、玛瑙、水晶等制作而成的其他饰品组合使用，金耳坠多作曲柄，有的还做出枝叶承托橡子的仿生形。尽管目前很多金墓或金代窖藏的断代不够具体，但似乎能隐约看出金代偏早阶段的金银器辽风较盛，而偏晚阶段的金银器则汉风渐浓。宋金南北对峙时期，南宋金银器对金代金银器应有所影响。

1 参考赵永军、李陈奇：《黑龙江金代考古述论》，《北方文物》2011 年第 3 期，第 32 页。

第七章
元明清金银器

元朝是疆域空前辽阔且强大的帝国，但有元一代的金银器在中国古代金银器中并不十分突出。至少就目前的考古发现而言，很难企及辽代的水平。元朝建立后，虽然金银的采冶和生产较前朝有所恢复和发展，但金银矿产勘探与开采技术的停滞不前、对金银冶户无偿地劳役剥削以及生产、开采的无序和混乱导致了金银生产水平的下降[1]。这在很大程度上制约了元代金银器的发展。元朝统治时间不长，实行分而治之的政策，这使得有元一代金银器自身的特征不鲜明，而是更多地沿袭着以往不同的传统，缓慢发展。游牧文化氛围浓厚的北方、草原地区的金银器显得简洁、实用，中原和南方地区的金银器则延续着宋朝的细腻、精美。

因考古发现的局限性、偶然性，古代皇家、宫廷使用的金银器难得一见，明清的情况则有所不同，包括明神宗万历皇帝定陵在内的一批经科学发掘的明代高等级墓葬中出土了很多皇家所用或出自宫廷的金银器。清代墓葬虽然发掘、报道不多，但目前在已公布资料的几位公主、受宠大臣、太监的墓葬中有不少发现。最值得一说的当然是故宫的收藏，这是清代皇室金银器最好的展示。

整体而言，目前所见的明清金银器集中国古代金银工艺之大成，呈现出皇家的奢华和瑰丽。金银器本身已尽极致，又多镶嵌宝石，还经常与玉、瓷等器物组合成套装器，注重华美，陈设用品增多，制作巧妙，工艺精湛，更有文玩趣味，令人目不暇接。但应该指出的是，因为明清考古整体的薄弱，在考古学上，我们对当时中下阶层官民使用金银器的情况还缺乏必要的认知，所以，目前明清皇家金银器所呈现的奢华和精湛，只可以作为明清金银器的重要特点之一，而不能将其视为这一时代的特色[2]。

---

1 刘明罡：《元代金银研究》，河北大学博士学位论文，2015年。

2 扬之水指出了明代金银器的一些时代特征："与金银首饰的发现情况相同，明代金银器皿的发现也以皇族贵戚为大宗，因此与考古发现中多出自民间制作的宋元金银器形成强烈反差。也因此我们无法仅从今天能够看到的实物出发，来评述明与宋元实际上的异同。在这一前提之下，试言其大略：宋元金银器皿造型与纹饰的设计构思多来自绘画小品，在绘画向着造型语汇的转换中，也颇为用心的以一锤一錾保存了不少笔情墨韵，以是而特有着清新活泼的意趣。明代于宋元多有继承，却以制作的规整使得造型趋于端重，装饰纹样几乎全部演变为吉祥题材，不论花卉禽鸟还是人物故事。出自禁中的作品更是以镶玉嵌宝装点豪华，以此把金银器皿的制作推向一个高峰——然而却不是艺术的海拔。"见扬之水：《奢华之色——宋元明金银器研究》第三卷《宋元明金银器皿》，中华书局，2012年第3版，第169页。

第一节　“各依本俗”与金银饰品的兴盛

至元八年（1271年），蒙古大汗忽必烈把原来属西夏、金、宋、大理国的地域和蒙古本土合并成一个帝国，国号“大元”。地域的广阔使得统治者只得把帝国分为几个汗国，实行“各依本俗”的统治。而蒙古族文化、汉族传统文化、伊斯兰文化等多种文化并存，使这个时期的金银器反映出特殊的历史背景和文化特色。

迄今为止，未发现明确为元代皇族所用的金银物品[1]。蒙古人所盛行的秘葬制度，为蒙古贵族使用的金银器蒙上了一层神秘的面纱。不过，从文献记载可以看出，当时设有衙署专门管理金银器的制作。据《元史》卷八五《百官志一》载，至元十二年（1275年）在工部始置诸色人匠总管府（秩正三品）掌百工之技艺，下有银局（秩从七品），掌金银之工；至元十四年（1277年），又设诸司局人匠总管府（秩正三品），领两都金银器盒及符牌等一十四局事[2]。皇家礼仪中使用的金银装饰、服饰、首饰、配饰、帐幕、车舆和鞍辔等富丽堂皇，在《舆服志》《祭祀志》中有详细的记载。仪仗中的金器皿有金炉合、金水盆、金水瓶、金香球、金香合、金唾壶和金唾盂等，在殿中导从队中有专人执奉[3]。卷七五《祭祀志四》记载，神御殿（也称影堂）是皇家供奉祖宗织锦御容的地方，祭器中的金银器也是琳琅满目，“黄金瓶斝盘盂之属以十数，黄金涂银香合碗碟之属以百数，银壶釜杯匜之属称是”[4]。马可波罗曾目睹蒙古大汗宴饮时所使用的金银酒器：“大汗所坐殿内，有一处置一精金大瓮，内足容酒一桶。大瓮之四角，各列一小瓮，满盛精贵之香料。注大瓮之酒于小瓮，然后用精金大杓取酒。其杓之大，盛酒足供十人之饮。取酒后，以此大杓连同带柄之金盏二，置于两人间，使各人得用盏于杓中取酒。妇女取酒之法亦同。应知此种杓盏价值甚巨，大汗所藏杓盏及其他金银器皿数量之多，非亲见者未能信也。”[5]

皇室、宫廷的金银器可以通过赏赐流通到品官阶层。元初常用金银器奖赏有功之人：世祖忽必烈朝（1260—1294年），博罗欢督五诸侯兵平息了哈丹的反叛，凯旋后，“陈其金银器于延春阁，上召诸侯王将帅分赐之。博罗欢辞，帝曰：‘卿可谓能让。’乃赐金银器五百两以旌之。”[6]张荣实是元初的功臣，因骁勇善战屡受褒奖[7]。他曾统领水军，与宋将吕文德战于淮水，俘五十余人，赏银椀、战马。战却宋舟师于汉水，获人百余，战船数十艘，赐锦袍及银十五斤。又破宋军于太湖，赏银百两。中统三年（1262年），李璮叛，张荣实从史天泽讨平之，赏金椀

1 湖北钟祥明代梁庄王墓出土六件镶嵌宝石、玉石的金帽顶，有学者推测是元代皇室之物，见湖北省博物馆：《梁庄王墓——郑和时代的瑰宝》，文物出版社，2007年，第37—39页。

2 中华书局，1976年，第七册，第2144、2145页。

3 中华书局，1976年，第七册，第1982页。

4 中华书局，1976年，第六册，第1875页。

5 （意）马可波罗著，冯承钧译：《马可波罗行纪》，上海书店出版社，2001年，第219页。

6 中华书局，1976年，第一〇册，第2990、2991页。

7 中华书局，1976年，第一三册，第3904、3905页。

及银二百五十两、马一匹，命镇胶西。至元五年（1268年），从丞相阿术攻襄阳，败夏贵，擒张顺；又攻樊城，俘其二将，赏银百两及弓矢鞍勒。

元代皇族之外金银器的使用情况文献中也有一些记载。仁宗延祐元年（1314年）曾下诏"定服色等第"，明确划分了职官、命妇及庶人所用服饰、首饰、器皿和马具等的质料[1]：职官除龙凤纹外，"一品、二品服浑金花，三品服金答子，四品、五品服云袖带襕，六品、七品服六花，八品、九品服四花。系腰，五品以下许用银，并减铁"；命妇衣服"一品至三品服浑金，四品、五品服金答子，六品以下惟服销金，并金纱答子"；命妇首饰"一品至三品许用金珠宝玉，四品、五品用金玉珍珠，六品以下用金，惟耳环用珠玉"；所用的"器皿，（谓茶酒器。）除级造龙凤文不得使用外，一品至三品许用金玉，四品、五品惟台盏用金，六品以下台盏用镀金，余并用银"；"鞍辔，一品许饰以金玉，二品、三品饰以金，四品、五品饰以银，六品以下并饰以鍮石铜铁"；庶人"帽笠不许饰用金玉……首饰许用翠花，并金钗錍各一事，惟耳环用金珠碧甸，余并用银。酒器许用银壶瓶台盏盂镟，余并禁止"。

仁宗朝的这次"服色等第"的规定，为我们了解元代金银器在当时社会各阶层中流通和使用的情况提供了重要信息。诏文中首先明确规定："蒙古人不在禁限，及见当怯薛诸色人等，亦不在禁限，惟不许服龙凤文（龙谓五爪二角者）。"另外，"诸色目人，除行营帐外，其余并与庶人同"。"今后汉人、高丽、南人等投充怯薛者，并不在限。"诸"服色"包括衣服（职官含腰带、命妇含首饰）、器皿、帐幕、车舆和鞍辔等，都涉及了金银的使用，因种族、品阶和身份等的不同而有所差异。其中，与考古发现联系最紧密的是器皿、首饰和鞍辔，每一类大致都有金玉、金珠、金、镀金和银的等级差别。器皿"谓茶酒器"，指明了金银器皿的主要功能，器形则有台盏、壶、瓶、盂、镟等，加上前述皇家礼仪中使用的金银器，可谓极为丰富，其中台盏可能是十分常用的器物。器皿的纹饰不得使用含有五爪二角龙的龙凤纹。鞍辔成为"服色"的一个重要门类应是游牧民族政权的特色，金银鞍辔只有五品以上（包括五品）可以使用。另外，庶人可以使用"金钗錍各一事"，耳环还可用"金珠碧甸"，这可能是考古发现中元代金首饰数量可观的原因之一。庶人使用的器皿主要是酒器，只能使用银器，且有器形的限定。诏文最后还明确了对违者惩戒的方式，"服色等第，上得兼下，下不得僭上。违者，职官解见任，期年后降一等叙，余人决五十七下。违禁之物，付告捉人充赏。有司禁治不严，从监察御史、廉访司究治"。

总而言之，文献中所见，金银在元蒙皇族、贵族、品官和普通民众的生活中的使用是较为广泛的。尽管目前无从了解元蒙皇族使用金银器的具体实物，但是南北方地区发现的金银器已经能在一定程度上反映出元代金银器发展的整体情况。据不完全统计，目前考古出土的元代金银器皿有399件，其中金器皿28件，银器皿371件；金银首饰803件，其中金首饰438件，银首饰365件；另有金马具27件，银马具3件[2]。金器皿的种类主要有杯、盏、碗、盘，金杯数量最多，有22件。银器皿的种类更为丰富，主要有杯、盏、盘、碟、盒、马盂（匜）、瓶、碗、

1 中华书局，1976年，第七册，第1942—1944页。

2 统计数目及器类分析据廖望春《宋代金银器物研究》，南京大学出版社，2012年，第187、188页。

壶、箸、匙勺等，每一种发现的数量都在 13 件以上。

就功能而言，元代金银器皿依然是主要作为筵席所用的“茶酒器”，较完整的器物群可以安徽合肥小南门内原孔庙大成殿西庑元代金银器窖藏所出的为代表。该窖藏总计出土金银器 102 件（图 7-1）。根据“至顺癸酉”“庐州丁铺”“章仲英造”等铭文可知这批器物是由元文宗至顺四年（1333 年）庐州丁铺的章仲英制造的，主要有酒杯及酒盏，果盘、果菜碟、水菜碟，马盂、酒经、酒樽与勺，果盒与箸等几大类[1]。元代金银器皿使用的情况可以参考内蒙古赤峰三眼井元墓[2]壁画中的宴饮图、陕西蒲城洞耳村元墓[3]壁画（图 7-2）中的饮酒图以及陕西西安韩森寨元墓西壁的侍宴图[4]。尽管所绘未必都是金银器，但用途应该相同。其中盘盏和玉壶春瓶是元代酒器中较为固定的组合，与宋代常见的盘盏和注碗组合有所不同，这应与宋元之际酒的品种以及温酒方式发生变化有关[5]。

北方地区的元代金银器主要发现于内蒙古地区，目前已有十几批[6]。总的来说，这些金银器带有较鲜明的游牧生活的痕迹，主要的种类包括首饰、带饰、佩饰和马饰（具）等装饰品，以酒器为主的生活器皿，金银牌符印章以及金银

图 7-1　安徽合肥小南门内原孔庙大成殿西庑元代金银器窖藏出土部分金银器

1 扬之水：《奢华之色——宋元明金银器研究》第三卷《宋元明金银器皿》，中华书局，2012 年第 3 版，第 117、118 页。

2 项春松、王建国：《内蒙昭盟赤峰三眼井元代壁画墓》，《文物》1982 年第 1 期，第 54—58 页。

3 陕西省考古研究所：《陕西蒲城洞耳村元代壁画墓》，《考古与文物》2000 年第 1 期，第 16—21、48 页。

4 西安市文物保护考古所：《西安韩森寨元代壁画墓》，文物出版社，2004 年，第 27 页，图一九。

5 扬之水：《奢华之色——宋元明金银器研究》第三卷《宋元明金银器皿》，中华书局，2012 年第 3 版，第 90—93 页；扬之水：《元明时代的温酒器》，《南方文物》2016 年第 1 期，第 232—234 页。

6 关于这十几批金银器的发现参读张景明、赵爱军（内蒙古博物馆）：《内蒙古地区蒙元时期金银器》，《内蒙古文物考古》1999 年第 2 期，第 51—59 页。

币等。

图 7-2 陕西蒲城洞耳村元墓墓室西北壁壁画局部

马具是元代金银器中较有特点的一种，主要见于内蒙古地区。目前较完整的发现见于镶黄旗乌兰沟元墓[1]和苏尼特左旗恩格尔河元墓[2]。乌兰沟元墓的墓主是一位年轻的女性，墓中随葬的卧鹿纹金马鞍饰，为一组六件，其中前鞍桥一件，后桥一件，前鞍翅两件，后鞍翅两件，均系纯金制成。前鞍桥锤揲精致的图案，八曲海棠形边框内半浮雕大角卧鹿，前后饰以花草，边框外饰缠枝牡丹，边饰栉齿纹、莲瓣纹和草叶纹（图 7-3）。饰件精美、华丽，工艺精湛。恩格尔河元墓也是随葬金马鞍饰，一组八件，基本可复原，形制与前者大同小异，所不同的是采用了镂雕工艺，整套马鞍都装饰龙、凤等具有等级象征的图案，另外在前鞍桥、前鞍翅、后鞍翅等显要位置都镶嵌有宝石。从工艺和纹饰上看，后者似更显尊贵，其拥有者可能是汪古部的贵族[3]。

北方地区的带具、配饰也别具特色。带具装饰纹样以动物为主。赤峰敖汉旗发现的几处窖藏[4]中的窝铺村窖藏有带具一套，带扣为委角方形，双钩边框内有人格化的神鹰，脚踏灵芝，似欲展翅飞翔，人和鹰巧妙结合为一体，图案富有动感；太吉合窑窖藏的银带具由镂空龙纹椭圆形带饰、镂空荷花鸳鸯纹圭形铊尾、带饰、带头组成；四家子镇南大城窖藏发现狮子衔授纹银带扣。元上都城南砧子山墓地[5]30 号墓出土有便于游牧生活的独特的银佩饰，银丝编成的链条连接着五条小链，下端分别悬挂着微型饰物，包括银制玉壶春瓶、盖罐、盒和铜质剪、镊各一件（图 7-4）。同样的佩饰在明清时期也可以见到。这类装饰品可称为“事情”，

1 内蒙古博物馆、锡林郭勒盟文物管理站：《镶黄旗乌兰沟出土一批蒙元时期金器》，《内蒙古文物考古文集》第一辑，中国大百科全书出版社，1994 年，第 605—609 页之第 605 页。

2 内蒙古自治区博物馆、锡林郭勒盟文物工作站：《苏尼特左旗恩格尔河的元代墓葬》，《内蒙古文物考古》2005 年第 2 期，第 27—32 页。

3 丁勇：《苏尼特左旗恩格尔河元代墓葬的再认识》，《草原文物》2011 年第 2 期，第 90—94 页。

4 敖汉旗博物馆：《敖汉旗发现的元代金银器窖藏》，《内蒙古文物考古》1991 年第 1 期，第 89—100 页之第 90 页。

5 内蒙古文物考古研究所、锡林郭勒盟文物管理站、多伦县文物管理所：《元上都城南砧子山南区墓葬发掘报告》，《内蒙古文物考古文集》第一辑，中国大百科全书出版社，1994 年，第 639—671 页之第 656—658 页。

辽代陈国公主墓出土一副，为玉质。明顾起元《客座赘语》卷四“女饰”条记载：“以金珠玉杂治为百物形，上有山云题、若花题，下长索贯诸器物，系而垂之，或在胸曰‘坠领’，或系于裾之要曰‘七事’。”[1]即顶端总束长索的牌子上装饰卷云或花草纹，索系各器物。

时常迁徙的游牧生活可能使北方地区金银器皿的使用受到一定的限制，在数量较少的器皿中，雍容华贵、轻便小巧的高足杯、鋬耳杯和带柄勺是较为常见且形制丰富的物品，这与游牧民族善饮奶、酒、茶的生活习俗有着密切的联系。小巧玲珑的高足杯在唐宋时期并不常见，金元时期开始增多，成为常见器皿。镶黄旗乌兰沟元墓出土了一件金高足杯，侈口，口沿外缘一周凸棱，深腹，素面，倒置喇叭形足，底边上卷成棱，口径10.5厘米，底径6.2厘米，高14.5厘米，重153.3克（图7−5）。鋬耳杯大致有两种类型，一种是一侧有压指板或上有压指板，下有环耳，环耳当便于马上携行，比如锡林郭勒盟正蓝旗汉克拉乡五一牧场出土一件鋬耳金杯[2]、乌兰察布市兴和县五股泉乡五甲地元墓出土的鋬耳杯[3]（图7−6）。这类鋬耳杯目前常见金质，应该就是前述《马可波罗行纪》中所谓的“带柄之金盏”，是挹饮相兼的饮器。另一种杯身与前者相同，但不带压指板，也无环耳，比如敖汉旗新丘窖藏出土一件银灵芝单耳杯（图7−7：右）。数量不多的高足杯与鋬耳杯似乎常常同时共用，比如内蒙古兴和县五股泉乡五甲地墓葬中就有金高足杯和鋬耳杯各一。带柄勺的勺身侈口、弧腹、平底，一侧有龙首衔环柄，一般高约3厘米，口径约10厘米，器型小巧，便于携带。山西灵丘县曲回寺窖藏[4]出土一件银勺，高3厘米，口径9厘米；敖汉旗新丘窖藏出土的银勺，高2.9厘米，口径7.7厘米，为四出花口，内底心錾一株折枝茶花，外口沿錾刻卷云纹，柄上龙角虬曲，一长一短相叠而披垂，其中长角一只搭在银勺口沿（图7−7：左）。带柄勺应该是文献中所谓的“马杓”，也是挹饮相兼的饮器[5]。

除了这些轻巧的饮器之外，北方地区发现的元代金银器皿还有碗（盏）、盘和斗罐等，多为银制。锡林郭勒盟正蓝旗羊群庙祭祀遗址附近的墓葬都为竖穴土坑单人葬，一般无随葬品，仅M1出土一件鎏金弧腹平底银碗（盏），外壁近口处饰卷草纹，内底施牡丹纹，口径8厘米，底径5.4厘米，高2.5厘米[6]；元上都城南砧子山墓地的南区墓葬M21出土弧腹平底银碗（盏）一件，素面，口径8.4厘米，高2.9厘米[7]。窖藏中也有不少发现。敖汉旗新窝铺乡盛家窝铺村窖藏发现有银素面盘二、龙纹盘一；玛尼罕乡五十家子窖藏有银碗（盏）两件。山西灵丘县曲回寺窖藏出土银斗罐一件、碗两件。盛家窝铺窖藏中的银龙纹盘，残小半，平

1 谭棣华、陈稼禾点校，元明史料笔记丛刊本，中华书局，1987年，第111、112页。

2 湖北省博物馆：《黄金草原——中国古代北方游牧民族文物》，文物出版社，2013年，第123页。

3 盖山林：《兴和县五甲地古墓》，《内蒙古文物考古》1984年第3期，第109—112页之第109页。

4 李白军：《曲回寺金银器考释》，《文物世界》2004年第4期，第5—8页。

5 扬之水：《奢华之色——宋元明金银器研究》第三卷《宋元明金银器皿》，中华书局，2012年第3版，第97—103页。

6 内蒙古文物考古研究所、正蓝旗文物管理所：《正蓝旗羊群庙元代祭祀遗址及墓葬》，《内蒙古文物考古文集》第一辑，中国大百科全书出版社，1994年，第610—621页之第619页。

7 内蒙古文物考古研究所、锡林郭勒盟文物管理站、多伦县文物管理所：《元上都城南砧子山南区墓葬发掘报告》，《内蒙古文物考古文集》第一辑，中国大百科全书出版社，1994年，第639—671页之第656—658页。

图 7-3　内蒙古镶黄旗乌兰沟元墓出土金鞍饰

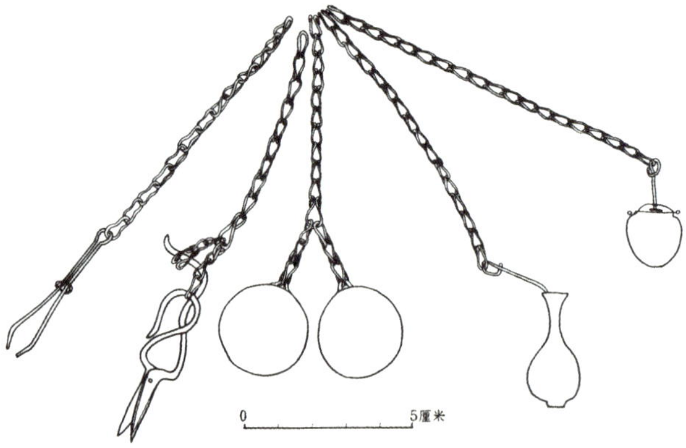

图 7-4　内蒙古元上都城南砧子山墓地 M30 出土银六事

图 7-5　内蒙古镶黄旗乌兰沟元墓出土金高足杯

图 7-6　内蒙古乌兰察布市兴和县五股泉乡五甲地元墓出土的錾杯

图 7-7　内蒙古敖汉旗新丘窖藏出土银杯、马杓

图 7-8　山西灵丘县曲回寺窖藏出土银斗罐、银碗

沿卷唇，沿面刻小团花边，内底刻四爪团龙纹，间填以祥云，口径 8.3 厘米，底径 6 厘米，高 3.4 厘米。曲回寺窖藏中的银斗罐，直口，高领，圆鼓腹，圜底，腹部锤揲出凹凸的柳条编织纹，口径 8.5 厘米，高 7 厘米；银碗素面，口径 7 厘米，高 3.5 厘米（图 7-8）。

南方地区元代金银器的发现主要集中在江苏、安徽和湖南省。其中，湖南出土的元代金银器数量之多，品种之丰富，纹饰之精美，保存之完好，居全国之首，绝大多数出自窖藏，少数为墓葬，其年代涵盖了宋末至元末的百余年时间，这应与元代湖南金银矿藏的大规模开发有关[1]。数量较多的发现[2]有：1978 年，临澧县新合窖藏，发现金器 144 件，银器 70 件，主体年代为元代；1996 年，临澧县柏枝乡窖藏发现银器 58 件，主体年代为宋末元初；1992 年，攸县丫江桥乡河源村窖藏发现金银器 50 余件，主体年代为元代；1994 年，株洲堂市乡刘家湾窖藏发现银器 50 余件，主体年代为元代；1994 年，涟源市桥头河镇石狗乡石洞村窖藏发现银器 40 件，年代为元代晚期。1966 年，江苏金坛洮西湖溪窖藏出土夹层大银碗、银小碗、银盏、银盘、银镯、银钏、银锭、银条等 50 余件，年代为元代晚期[3]。安徽合肥小南门内窖藏出土金碟、金杯、银碟、银果盒、银壶、银匜、银碗、银筷、银勺等金银器十一种，一百余件，根据金银器上所刻的“至顺癸酉”（1333 年），其年代为元代晚期[4]。

南方地区墓葬中较大宗的发现有四处：元初安徽六安夫妇合葬墓[5]中，除各自随葬银质日常所用的盘、杯、盏托、钵、把杯、勺、唾盂和器盖以外，女性墓主还随葬有梳妆用具和首饰。官至宣慰副使的江苏吴县吕师孟[6]（大德八年、延祐二年，1304 年、1315 年）随葬金银器最为丰富，达五十余件，其中有金碗一、金盘

1 喻燕姣：《湖南出土金银器》，湖南美术出版社，2009 年，第 67—79 页。

2 喻燕姣：《湖南出土金银器》，湖南美术出版社，2009 年；湖南省博物馆：《湖南宋元窖藏金银器发现与研究》，文物出版社，2009 年。

3 肖梦龙（镇江博物馆）：《江苏金坛元代青花云龙罐窖藏》，《文物》1980 年第 1 期，第 59—62 页之第 60 页。

4 吴兴汉：《介绍安徽合肥发现的元代金银器皿》，《文物》1957 年第 2 期，第 51—58 页。

5 安徽六安县文物工作组：《安徽六安县花石咀古墓清理简报》，《考古》1986 年第 10 期，第 916—921 页。

6 江苏省文物管理委员会：《江苏吴县元墓清理简报》，《文物》1959 年第 11 期，第 19—24 页之第 19 页。

二、金香囊一、金带饰十、金条七，银八棱盒一、银盂一、银扁盒一、银圆盒二、梅花银盒一、小银盒一、银水盂一、银尊一、银匙二、银锭十。葬于延祐七年（1320年）的无锡钱裕[1]虽无官职，但随葬品也毫不逊色。钱裕头部随葬金杯、金簪、银碗、银筷、银匙各一件（副），腰部有金带饰三、箍形金饰一。其夫人除金银首饰外，身旁有银盏托、银筷、银匙、银匕各一，还有银瓶四、银盒二、银匜二、银唾盂二、银带流杯一、银盆二、银罐一散放于下部。至正二十五年（1356年）苏州张士诚母曹氏墓[2]，随葬有金冠、钗、簪、耳环、镯、戒指等金器，银器主要是梳妆品和餐具等。

图 7-9　韩国新安沉船出水银觚

另外，韩国新安沉船原是至治三年（1323年）从庆元（今浙江宁波）出发驶向日本京都的商船，运载有陶瓷器两万余件，铜钱二十八吨，紫檀木一千余根，另外有金属器、漆木器、石器、骨角器、香辛料、药材等。银器有钵、净瓶、觚（图7-9）、灯盏和烛台等，主要应是宗教、礼佛用器[3]。银钵内底刻莲瓣纹，阴刻“王九郎”三字，其余均为素面。

整体而言，南方地区元代金银器种类、造型、纹样和工艺依旧沿袭中原及南方的文化传统，承袭着南宋以来的发展。与北方地区较单调、简单的器类形成强烈对比的是，南方地区官僚和富绅墓葬中随葬的金银器比南宋更为丰富，器类以日常用具多见，而且女性墓主也多有随葬。

喜饰金银是元蒙时期不同民族的共同习性，金银器分布之广、出土之多，为之前各朝所少见。或许是适于迁徙游牧的生活中对美的追求，饰件是北方地区金银制品中最多见的，其中首饰或装饰品流行金质。内蒙古镶黄旗乌兰沟墓葬中有金手镯和金耳坠。乌兰察布察右前旗元集宁路古城附近的墓葬[4]，石板墓有金银头饰，土

1 无锡市博物馆：《江苏无锡市元墓中出土一批文物》，《文物》1964年第12期，第52—60页之第52—54页。

2 苏州市文物保管委员会、苏州博物馆：《苏州吴县张士诚母曹氏墓清理简报》，《考古》1965年第6期，第289—300页之第295—297页。

3 沈琼华（浙江省博物馆）主编：《大元帆影——韩国新安沉船出水文物精华》，文物出版社，2012年，第38、58、59、62、166、167页。

4 内蒙古自治区文物工作队：《乌兰察布盟察右前旗古墓清理记》，《文物》1961年第9期，第58—61页之第58、60页。

坑墓也有铅银合金手镯、银钗、嵌金铜簪、镶绿松石金耳饰。辽宁康平县方家屯曾发现金耳饰一对、银簪一对[1]。山西曲回寺窖藏出土有金飞天一，金蜻蜓、凤凰、蝴蝶、簪、耳坠各一对，金配饰、项链各一（图 7-10）。

北方地区的汉族民众也有同好。地处元上都城南砧子山墓地的墓葬，据石碑、砖铭、买地券可知，葬者有内地迁来的汉族居民，同样多用金银饰物随葬，M5 有金簪，M41 有金凤首银簪，M46 有鎏金银簪，M30、M35 有银簪，M46、M30 有银钗，M38C、M30、M22 有金耳坠，M30、M31 有银耳坠，M26、M7 有银耳环。长城以南河北石家庄的史天泽家族墓[2]中出土的四十三件金银器，竟也是簪、钗、镯、耳坠、戒指、梳背和金币等，有的发簪正面錾刻纹饰，背面还有“史舍之记”的标记。

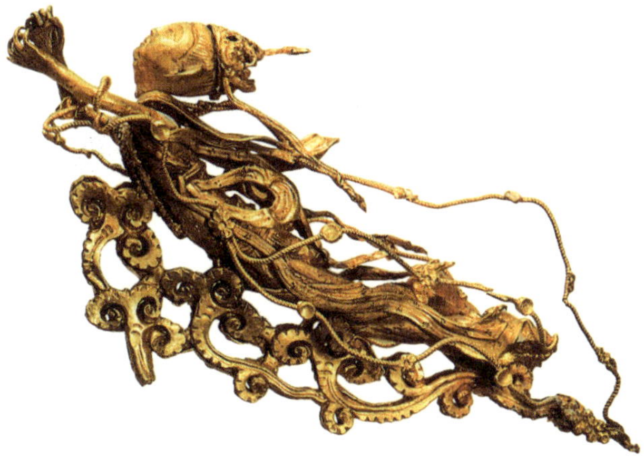

图 7-10　山西灵丘县曲回寺窖藏出土金飞天、金蜻蜓

南方地区的贵妇更是有过之而无不及。安徽六安夫妇合葬墓的女墓主佩饰出土鎏金鸳鸯纹银霞帔坠一件、刻花金钗两枚、缠丝纹金钗两枚。湖北武汉黄陂周家田元墓[3]出土金瓜头簪一，金穿玉满池娇荷叶簪一，金螭虎钗一对，金二龙戏珠纹梳背一，金累丝镶宝莲塘小景纹耳环一对，银缠钏一等[4]。湖南沅陵双桥村元黄澄存夫妇墓出土金银首饰多件[5]，是元代金银首饰中较有代表性的，有金耳挖簪一，金环耳瓜棱瓶顶锥脚簪一，金摩羯托玉凤簪一，金折股钗一，金连三式竹节钗一对，银摩羯衔花钗一对，金双鸾纹包背玳瑁梳、金竹节纹包背木梳各一枚，金穿玉慈姑叶耳环一对，金缠钏一

1 张少青：《康平方家屯元墓》，《辽海文物学刊》1986 年创刊号，第 52—53 页之第 52 页。

2 河北省文物研究所：《石家庄市后太保元代史氏墓群发掘简报》，《文物》1996 年第 9 期，第 47—57 页；河北省文物研究所：《石家庄后太保村史氏家族墓发掘报告》，《河北省考古文集》，东方出版社，1998 年，第 344—369 页之第 361—363 页。

3 武汉市博物馆：《黄陂县周家田元墓》，《文物》1989 年第 5 期，第 81—85 页之第 83—84 页。

4 器物定名、归类依据扬之水：《奢华之色——宋元明金银器研究》第一卷《宋元金银首饰》，中华书局，2014 年第 2 版，第 204 页。

5 湖南省地方志编纂委员会：《湖南省志》第二十八卷《文物志》，湖南出版社，1995 年，第 274 页（转引自湖南省博物馆：《湖南宋元窖藏金银器发现与研究》，文物出版社，2009 年，第 1 页）。

对[1]等（图7-11）。

图7-11　湖南沅陵元黄氏夫妇墓出土金银首饰一套

金银饰物所受的喜爱使之成为珍藏的主要对象，钗簪不仅是窖藏的大宗，也是品种和花色最为繁复的。敖汉旗南塔乡三家村窖藏铜玉壶春瓶里装着金银簪钗，有荔枝纹金钗、椰树纹金簪、石榴树纹金簪花各一，凤纹银簪二、小银簪三、双龙纹银钗二、鸡冠花银钗一、竹节式银钗三、扭索式银钗一。太吉合窑窖藏装在绿釉黑花瓷罐里的三十余件金银器饰中，有龙纹金钗（钗铤的两尖端刻有“交南”）、扭索式金钗两、双龙牡丹花纹银钗两、竹节式银钗两枚和弯头形银钗，以及小金簪两枚和金耳环等。四家子镇南大城窖藏则有双龙牡丹纹金钗、树冠形银柄金花簪、凤纹银簪、小金簪、镯各一和银耳勺二等。新窝铺乡盛家窝铺村窖藏发现镯三，为联珠式示意性的造型。玛尼罕乡五十家子窖藏发现蟹纹菱形银牌饰、项圈三、环一、镯二。湖南临澧窖藏中发现的金银首饰也不少，有双龙夺珠金发片、大金凤簪二、小金凤簪六、花鸟金顶簪三、金瓜簪六、并联花果耳挖金簪八、耳挖金簪五、叉形花金簪五、联珠金簪二、多花并列金钗二十一、舞凤回首金钗、双螭捧花金钗两枚、葵花金钗两枚、套环金钗十九，各式插花有掐丝镶嵌宝石金插花十三、錾刻镂空金插花十四、火焰纹金插花七、金玉喜鹊插花一对、镀金莲瓣银帽顶饰、龙首联珠金手镯两对、金戒指、联珠银手镯四对、银钏十五对（有的刻阿拉伯文）。

总体而言，与之前相比，元代金银首饰的发现数量惊人，且金首饰要多于银首饰。金银首饰常见的种类基本与宋代相同，对两宋的传统继承较多，如竹节钗、如意簪、连二连三式花头簪钗、桥梁式簪钗等；也有新创的钗簪式样，如螭虎钗、荔枝簪、瓜头簪、满池娇荷叶簪、牌环，等等[2]。

元代金银器中还常见银锭和牌符。元代货币主要是银、钞并行，银锭在宋金的基础上有所变化，形态有仿造型和变异型两种：前者几乎完全与南宋相同，在大锭的背面有的铸有“元宝”或所在行政区划的名称等字，这些银锭大多是官府

1 器物定名、归类依据扬之水：《奢华之色——宋元明金银器研究》第一卷《宋元金银首饰》，中华书局，2014年第2版，第203、204页。

2 扬之水：《奢华之色——宋元明金银器研究》第一卷《宋元金银首饰》，中华书局，2014年第2版，第205页。

锭，铭文非常齐全，包括地点、官署、官衔、工匠和纪重等内容；后者两侧弧度更曲、中段束腰明显变窄，有的两头稍稍起翘，这些银锭大多戳印有铸银铺户和“花银”“真花银”等银色称谓，大多用于民间商贸交易[1]。前者如吉林农安县发现的“蒙山银课”银锭[2]，呈亚腰式，锭面中部微凹，錾刻文字，周缘泛水波纹，背部密布蜂窝状气孔，无字；其中一件锭长15.7厘米，首宽12.02厘米，腰宽6.49厘米，厚1.5厘米，重1904克；锭首横书二行：“蒙山银课天字号”，下直书六行：“瑞州路总管府提调官库官丁谅库子易观文炉户雷兴吾销银匠余珍可至正十年（1350年）月日造”；这是江西行省瑞州路新昌州上高县蒙山银场向政府缴纳的岁课银锭。内蒙古敖汉旗敖吉乡新丘村发现有相同的瑞州总管府至正八年（1348年）造蒙山课银[3]（图7-12）。后者如湖南益阳八字哨乡关王村元代窖藏出土的“柴君茂铺”银锭三件，长4.2厘米，宽3厘米，束腰宽1.7厘米，厚0.3厘米，重25.5—29.4克[4]（图7-13）。

图7-12 内蒙古敖汉旗敖吉乡新丘窖藏出土银锭

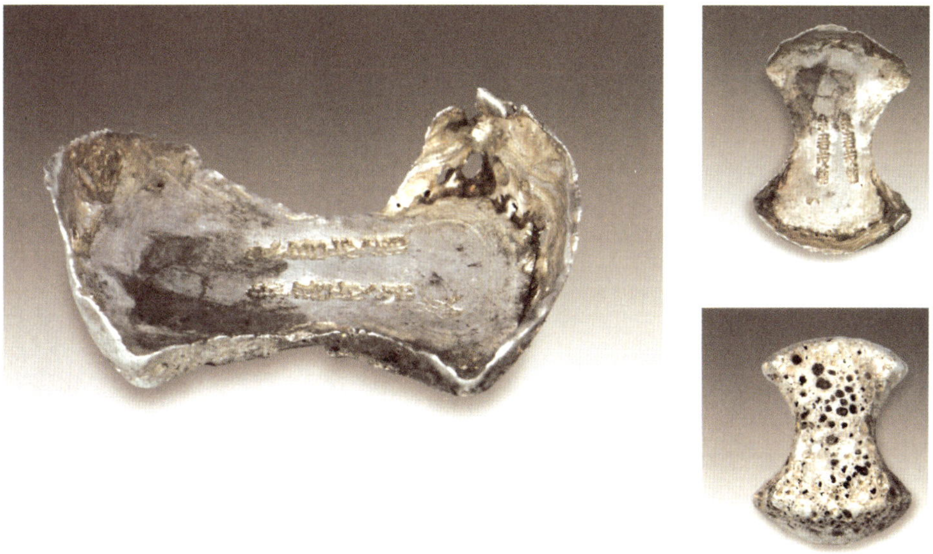

图7-13 湖南益阳八字哨乡关王村元代窖藏出土“柴君茂铺”银锭

1 周卫荣、杨君：《中国古代银锭形制演变刍议》，《中国钱币》2014年第4期，第16页。
2 谷潜：《元代蒙山岁课银锭的发现与研究》，《中国钱币》1986年第3期，第28—35、27页。
3 敖汉旗博物馆：《敖汉旗发现的元代金银器窖藏》，《内蒙古文物考古》1991年第1期，第89—100页之第90页。
4 湖南省博物馆：《湖南宋元窖藏金银器发现与研究》，文物出版社，2009年，第272页，图548—550。

蒙元时期在乘驿、职官、夜禁等方面广泛使用牌符，主要有乘驿牌、职官牌和夜禁牌三种，目前已在俄罗斯、乌克兰和中国等地陆续发现约二十面，有金银合金牌字鎏金、银牌字鎏金、铜牌字鎏金、铜牌带字、铁牌嵌金字和铁牌嵌银字等不同类型[1]。目前所见的银牌主要是乘驿牌或职官牌。前者如河北廊坊文物商店从盐山一位农民手中购得的“成吉思皇帝圣旨银牌”，圆角长方形，长21.7厘米，宽6厘米，厚0.3厘米，牌上部有一圆孔，内嵌有圆环，正面刻双勾鎏金汉字三行，为“天赐成吉思皇帝圣旨疾”，背面牌心刻双勾契丹文字二，意为：“宜速”“走马”或“快马”等[2]。后者如内蒙古文物考古研究所在呼和浩特市清水河县下城湾古城征集的一件元代八思巴文鎏金银牌，上端有圆孔，内嵌一圆环，可旋转活动；圆环一侧刻有“丁字八十号”五个汉字；正面阴刻三行双勾八思巴文，背面刻有两行，共计三十字，意为：“借助长生天的力量，皇帝的名字是神圣不可侵犯的，不尊敬服从的人将会被定罪致死”（图7-14）；此银牌当为元代四五品官员所佩用的职官牌[3]。

图7-14　内蒙古呼和浩特市清水河县下城湾古城征集元代八思巴文鎏金银牌

第二节　精美与生动的巧妙结合

能够代表元代金银器制作水平的还是南方地区发现的金银器。元代的金器较宋代多见。吕师孟墓有金器五件（组），合肥窖藏有金碟六件、金杯四件；临澧窖藏有金杯七件（其中单耳瓜形金杯、葵花式金杯、梅花式金杯两件、鼓腹圆金杯两件、高足雕花金杯）。吕师孟墓中的金盘、金带饰最为精致。“金盘”一大一小共两件，造型、纹样相同，为盘盏一副[4]。金盘（图7-15）采用如意头式花瓣纹组成菱花造型，边缘凸起。满盘錾饰十六朵形态各异的花朵及连绵的缠枝叶蔓。金盘盘体由四个如意头式花瓣两两相对，构成优美的菱花形，盘心有四个组合在

1 参读党宝海：《蒙古帝国的牌符——以实物为中心》，《欧亚学刊》第四辑，2002年，第183—203页。
2 史树青：《成吉思皇帝圣旨金牌考》，《收藏家》2000年第4期，第45、46页。
3 内蒙古自治区文物考古研究所：《文物华章——内蒙古自治区文物考古研究所60年重要出土文物》，文物出版社，2014年，第206、207页，图161。
4 扬之水：《读物小札：吕师孟夫妇墓出土金银器细读》，《南方文物》2014年第2期，第143—145页。

图 7-15 江苏吴县吕师孟墓出土金盘、盏一副

一起、突出于底面的小如意头式花瓣，同时饰以牡丹、月季、石榴、莲花、菊花等十六朵形态各异的花朵，并以缠枝叶蔓将花朵连接起来。工艺制作是先用金片锤揲出花瓣构成的基本器形，边缘凸起，线条流畅，再在盘内錾刻繁花似锦的花卉，使盘的整体层次分明，富于变化，具有浮雕效果。金带饰的方形边框内以锤揲和镂刻技法做出高浮雕状缠枝花果，花果共五个，中间一个、四角各一个，形象逼真，排列有序。花果间以悬浮于底面的缠枝叶蔓连接，异常精美。缠枝叶蔓大都游离于底面之上，花果也高高凸起，细部精心雕刻。由于采用了高浮雕的技法，立体感、厚重感极强，充分显示出黄金细工特有的表现力。同类饰物在墓中共出土七件，有的为长方形，制法、纹样基本相同，为带銙上的饰件。金带饰上的缠枝花果纹是宋代舆服制度中的“荔支”“御仙花”，吕师孟生活在南宋后期，曾任兵部侍郎等职，降元后并没有实职，不久便归隐故里，卒于大德八年（1304年），这套象征其官员身份和地位的金带具可能是南宋朝廷赐予的[1]。江西遂川北宋政和四年（1114年）郭知章墓出土了完整的鎏金银荔枝带銙一副[2]。

对金器的追求使得鎏金银器也依然盛行。吕师孟墓出土的鎏金银盒为多曲花瓣形。盒上托一浅盘，盘中央錾刻双凤纹，盒外壁錾刻牡丹，纹样鎏金。湖南益阳关王村银器窖藏[3]发现有鎏金瓜棱形银盏、鎏金高足杯、鎏金龙扳银杯。福建泰宁窖藏发现有鎏金瑞果纹圆形银盘、鎏金云龙纹椭圆形银盘、鎏金狮戏绣球纹八棱体银盘、鎏金夔龙狮球纹八棱体银杯、鎏金行龙折枝花卉纹银杯、鎏金“寿比仙桃”银杯、鎏金香草龙纹银耳投壶[4]。工艺十分精细，鎏金的部位极其精确，很少溢出。

元代的高足杯是非同一般的器物，不仅多为金制或鎏金，也是北方少量的器皿中最多见的器类，且为南北都有，很值得关注。北方的高足杯器形较大，内蒙古镶黄旗乌兰沟墓葬出土的金高足杯，侈口，深腹，高圈足，口沿和圈足底边为卷棱，口径 10.5 厘米，高 14.5 厘米，底径 6.2 厘米，重 153.3 克。乌兰察布盟征集的高足杯与之相同，还装饰着花纹，口沿和圈足边饰花纹带，腹部錾刻四组花纹，内底有

1 魏采苹：《吕师孟墓金银器考察》，《东南文化》1994 年第 3 期，第 124—130 页。

2 唐昌扑、梁德光：《遂川发现北宋郭知章墓》，《江西历史文物》1980 年第 1 期，第 40、9 页；肖发标：《华贵绮丽——江西出土金器撷珍》，《南方文物》2006 年第 2 期，第 108、109 页。

3 益阳地区博物馆：《益阳县发现的宋元银器窖藏》，《湖南考古辑刊》第四集，岳麓书社，1987 年，第 68—73 页。

4 李建军：《福建泰宁窖藏银器》，《文物》2000 年第 7 期，第 65—70 页。

荷花。苏尼特左旗恩格尔河元墓出土的金高足杯高 10 厘米，口径 5.2 厘米，口沿及近足底处錾刻缠枝花卉纹。南方的高足杯则矮小而精致。益阳关王村窖藏的鎏金银高足杯，浅弧腹，口沿和圈足底边饰卷草纹带，杯腹三等分置开光，内饰繁茂的花叶，内底饰两枝折枝花卉。高 7.5 厘米，口径 7.7 厘米，足径 4.2 厘米，足高 3.8 厘米，重 75 克。临澧县新合窖藏的鎏金银高足杯口径 5.2 厘米，高仅 6.5 厘米，形制更接近唐代的高足杯，纹饰却有了许多不同，上腹部以云雷纹为地饰兽面纹，下腹部和圈足的上部饰蕉叶纹和水波纹（图 7–16）。

图 7–16　湖南常德临澧县新合窖藏的鎏金银高足杯

江苏金坛窖藏里的梵文银盘是少见的时代特征突出的器物。盘口沿刻一周回纹，盘内底中间敲制出八瓣仰莲，花芯和莲瓣内压印梵文，莲花周围饰以法器金刚杵（图 7–17）。这件银盘的纹样均采用藏传佛教艺术的题材，是十分罕见的器物装饰，具有浓厚的宗教气氛和神秘色彩。银盘外底刻阿拉伯文回历纪年铭文，是回年“714 年 1 月”（1314 年）的纪年，为元代中期。此外，临澧窖藏的银钏上也刻有阿拉伯文铭记。藏传佛教在元蒙时期的宗教信仰中占有十分重要的地位，从蒙哥汗时代开始，历代大汗、君主都是藏传佛教的忠实信徒。因此，具有藏传佛教色彩的装饰出现在这一时期的金银器中，反映出时代特色。

图 7–17　江苏金坛洮西湖溪窖藏出土梵文银盘

元代南方金银器的造型和装饰承继着宋代的风尚，模仿佳花瑞果的器物更加逼真。临澧窖藏中的瓜形金杯，杯身如半剖的香瓜，做出瓜棱、瓜脐，以瓜叶上托出的小瓜为柄，形象生动。吕师孟墓中的水盂体呈柿形，盖如柿蒂，盖柄如柿梗，盖下接小勺，既实用又具观赏性。不仅杯、碗、盘、盒的口、身等形制仿梅花、莲花、菊花、葵花、荷叶，追求赏心悦目，甚至有些器物的把柄也只是为了装饰，并无实用功能。益阳关王村窖藏的鎏金瓜形银杯侧边以镂空的如意几何为把，鎏金圆杯以飞龙为把。临澧新合窖藏的瓜形金杯以瓜叶上托一小瓜作环把，瓜形银杯以三片瓜叶附以弯曲的瓜藤作环把，银杯外附兽形把。此类把多为装饰，不能受力承重。湖南澧县澧南乡出土的银莲舟仙渡盘盏十分别致，银盘呈椭圆形，内里打作翻卷的海浪，浪尖上托起一叶轻巧

图 7-18　湖南澧县澧南出土银莲舟仙渡盘盏

图 7-19　江苏金坛洮西湖溪窖藏出土蟠螭银碗

的莲舟，舟中端坐一老翁；承盘长 20 厘米，宽 13.7 厘米，通高 5.8 厘米，重 181.78 克[1]（图 7-18）。此时的动物形象也十分生动。江苏金坛窖藏器物中的蟠螭银碗外壁饰一浮雕蟠螭，螭首伸出盏口成为提手。螭双臂扶沿，前爪搭于沿边，螭体环绕碗身；内壁阴刻云雷纹；外沿下刻“范婆桥西徐二郎花银”九字，为私人作坊产品（图 7-19）。此碗利用外壁装饰的蟠螭使器物造型显得厚重而活泼，富有生机，为元代银器中的精品。

元代的银制妆奁用具比宋代更加精美和完备。安徽六安夫妇合葬墓以菱形刻花百子银奁盛装梳妆用具，银奁内置三层，第一层装铜镜一，第二层装木梳一、银粉盒四、铜粉具一，第三层装银胭脂碟一、银粉缸一、银胭脂罐一、银粉盂二、银粉具二、银蝴蝶饰一、银狮形饰一，以及有柄铜镜一，角梳四，黑漆盘一，钱币四十。这些银器与福建福州南宋黄昇墓[2]所出多有相同，而装有各种梳妆用具的菱形刻花百子银奁又与苏州张士诚母曹氏墓出土的近似。张士诚为元代末年一度割据姑苏的吴王，其母曹氏墓葬规模大，随葬品丰富，均为元代的高级用品，特别是齐全、成套的梳妆用具，弥足珍贵（图 7-20）。六瓣葵花式的大银奁也分三层，内盛银镜、银粉盒、银梳、银蓖、银叉、银匕、银柄刷、银水罐、银剪刀、银碟等 24 件，还有金银钱 48 枚。这应是元代贵妇人日常生活中的实用器具。

曹氏墓的银镜架更是难得的发现。镜架由前后两个支架交叉组成，后架为主体，上部为如意式顶背，雕镂双凤戏牡丹图案和卷草纹，顶端是阔叶衬托的葵花；

1 湖南省博物馆：《湖南宋元窖藏金银器发现与研究》，文物出版社，2009 年，第 184 页，图 371。
2 福建省博物馆：《福州市北郊南宋墓清理简报》，《文物》1977 年第 7 期，第 1—17 页。

图 7-20 江苏吴县张士诚母曹氏墓出土银镜奁

中部的正中为团龙，龙两侧雕镂牡丹，牡丹上下镂有菱形窗式图案；底部为横梁，以可活动的方板与前支架相连并起固定支架的作用，板心的六瓣花形边框内饰浮雕状花鸟。前架上横梁置活动方板，方板的另一端以双钩勾连后架，形成斜面承放镜体，板心的六瓣花形框内锤出浮雕状玉兔、蟾蜍、灵芝。架体横梁的两端均饰云头。银镜架仿木制框架结构，机环较多，既可立放，又能折合，设计新奇，美观实用。其装饰技法是在支架上包镶银皮，再在银皮上敲制出精巧的纹样。后支架上、中部的装饰系一块银皮制成，竖杆、横梁处锤打成半弧形，錾凿而成的繁缛细腻的纹样看上去犹如模制，足见工匠的手法娴熟，功力极深。所饰的团龙、牡丹及鸟雀花草等纹样，象征着至高无上、富贵荣华和喜添祥瑞。此银架用于承镜，既可立放，又能折合，设计精巧，美观实用，是一件极为珍贵的元代银器精品，也是元代银器工艺的代表作。

当时很注重金的成色，钱裕墓的金器无论出自“邓万四郎”，还是由“陈铺造”，都特别标明成色为“十分赤金”。许多金银制品上也刻有制造作坊和工匠的名字，如吕师孟墓出土有“闻宣造”金盘、银奁、银盒，“沈二郎造”银盒等。合肥窖藏中发现的三件金碟、四件金杯、五件银壶上均刻有“章仲英造”的铭文，四件刻“至顺癸酉”、四件刻“卢州丁铺”。“至顺癸酉”为元代文宗至顺四年（1333 年），这是一批制作工匠、作坊、时代明确的遗物。钱裕墓出土金银器以素面器物为主，形制多样，是元代民间的日常生活用品，金杯、簪、箍形饰压印有“邓万四郎……金”，金带饰三件和银瓶、银盒、银匜、银唾盂、银筷、银匙、银匕压印有“葆桥东陈铺造”或“陈铺造”字样。虽然“邓万四郎”和“陈铺造”分别出现在不同的物品上，但带流杯底和木梳银栉背压印有“陈万四郎”，或许二者为一家，金银器皿、饰品都制作。而无官的乡绅所能置办的家用当在本地制作。江苏金坛湖溪窖藏发现的五十余件银器多带“沈万贰郎”“董乙郎”“林子成”“张四郎”“陈子禾”“朱五郎”等银匠的戳记。银镯还带有“集庆阳四”“金陵姚记”“高口记”“鲍浪记”“花银”“十分银”等银铺号和银子成色的印记。此外，还有“时宅行嫁”“葛华甫宅顿丘郡记”“范婆桥西徐二郎花银”等字样，足见元代民间的银器制造延续着宋代的风习。根据这些铭文，可确认一些名不见经传却留下优秀作品的工匠。

元代还出现了一些技艺超群且留下姓名的工艺大师。浙江嘉兴的朱碧山，以善制精美的银器而负盛名，作品曾受到元代文人的歌咏称颂。元陶宗仪《南村辍耕录》卷三〇“银工”记载，“浙西银工之精于手艺表表有声者，屈指不多数也”，最著名的有嘉兴魏塘的朱碧山，平江的谢君余和谢君和，以及松江的唐俊卿[1]。现藏于北京故宫博物院带有“朱碧山”刻款的银槎[2]是体现其造诣的杰作。该银槎杯因形似龙似树，故又名“龙槎”，在元代是酒器，到了清代已经把它作为古艺术品看待，升格为陈设器，原陈设在紫禁城内重华宫。银槎铸后再施雕琢，仙人的头、手、履等部分是铸成后焊接上去的，但浑然无痕，如一体铸成。槎身作老树槎枒之状，一仙人依槎而坐，手中执卷。槎尾有“龙槎”刻铭，杯口下刻行楷15字：“贮玉液兮自畅，泛银汉以凌虚，杜本题。”槎腹刻楷书20字：“百杯狂李白，一醉老刘伶，知得酒中趣，方留世上名。”槎后刻“至正乙酉（1345年），渭塘朱碧山造于东吴长春堂中，子孙保之”楷书21字，钤“华玉”章一。朱碧山所造此类银槎目前发现有五件[3]，江苏苏州市吴中区文物管理委员会收藏的一件为目前唯一的出土品，出自该区藏书乡社光村，背面槎尾上刻“至正乙酉（1345年）朱碧山造”八字[4]（图7-21）。

图7-21　江苏苏州吴中区出土“朱碧山”刻款的银槎

第三节　皇家与外戚的金银珍宝

明代宫廷金银器皿主要见于万历皇帝的定陵和一些外戚的墓葬中。神宗皇帝朱翊钧与二皇后于万历四十八年（1620年）合葬的定陵[5]，位于北京昌平天寿山下。墓中出土各类文物2648件，有堪称稀世珍品的金冠等大量的金银器，这是历朝皇室随葬金银器的首次发现。其中的金冠（图7-22）及镶满各色宝石的金壶和金爵（图7-23），豪华精美。

1 据元明史料笔记丛刊本，中华书局，1959年，第372、373页。

2 郑珉中：《朱碧山龙槎记》，《故宫博物院院刊》1960年第2期，第165—169页；朱家溍主编：《故宫珍宝》，紫禁城出版社，2007年，第110、111页，图50。

3 郑珉中：《朱碧山龙槎记》，《故宫博物院院刊》1960年第2期，第165—169页。

4 金维诺总主编，齐东方卷主编：《中国美术全集·金银器玻璃器二》，时代出版传媒股份有限公司、黄山书社，2010年，第316页。

5 中国社会科学院考古研究所、定陵博物馆、北京市文物工作队：《定陵》，文物出版社，1990年。

随葬器物放在帝后三具棺内和宝床南北两端的随葬器物箱内。万历帝棺内尸体上约放十层，丝织袍料及服饰与金器交替放置。在锦被下，第一层至第四层的西端主要放置金执壶、爵、酒注、提梁罐、盆、碗和玉器、首饰、梳妆用具、冕旒以及金银锭。第五层为金翼善冠等冠带、玉器、金器。第十一层为尸体所着冠带、袍服以及金带饰、金带钩、镶宝金版、金锭、金器等。尸体下约九层，最底层在南北两侧放置二十枚银锭。另在随葬器物箱中盛放金器21件。

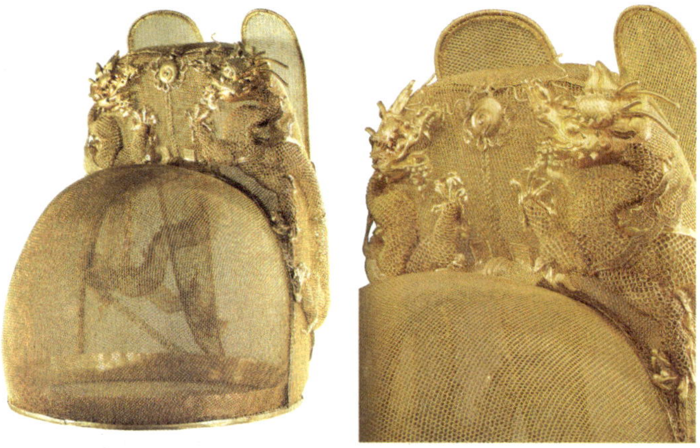

图 7-22　北京昌平明定陵出土金龙冠

孝端后头部的棕帽上插有镶着各色珠宝的金簪，下层两侧对称放银锭二十八枚、金锭二十枚。孝靖后尸体上东端两侧放有银罐、银盘、银盆、银盂、银皂盒等，头部有首饰两副，一副插在棕帽上，一副散放在头部周围。垫被四角分别放银锭一枚。

图 7-23　北京昌平定陵出土金爵、盘

万历帝后的冠戴为目前出土所见金银首饰中数量最多、最为华丽的。万历帝有金簪五十六枚，其中镶珠宝金簪四十四枚、白玉顶嵌宝金簪四枚、葫芦形顶镶珠宝金簪两枚、镶琥珀金簪两枚、镶动物形金簪，以及金钗两枚。孝端后有金簪三十八枚，包括镶珠宝玉龙戏珠一、花蝶金簪六、“玉吉祥”一、玉佛金簪一、镶宝玉文字十三、镶宝金簪二、镶珠金簪十一、镶宝刻云龙纹金簪二；另外还有镶珠宝银簪一、镶宝玉花金钗一、金环宝石耳坠二。孝靖后有首饰两副，其中一副有金簪十六件，包括镶宝立佛金簪一、镶宝花丝人物金簪一、镶宝动物形金簪三、镶宝玉花篮金簪二、镶宝玉花形金簪五、镶猫眼石金簪二、刻花金簪二。鎏金银簪二十五枚，包括镶宝玉佛鎏金银簪一、镶宝玉观音鎏金银簪二、镶宝花丝仙人鎏金银簪一、镶宝玉人鎏金银簪三、镶珠宝花蝶鎏金银簪六、镶宝玉禽鸟鎏金银簪四、镶宝花卉鎏金银簪六、镶宝心形鎏金银簪二。有镶宝石金钗一、镶宝石鎏金银钗一、“喜报平安”金耳坠二。另一副首饰有金簪二十五枚，包括镶宝仙人金簪一、镶珠宝花丝金龙金簪四、镶珠宝宝塔形金簪一、镶宝动物形金簪六、镶珠宝花蝶金簪二、镶宝梅花金簪七、镶宝曲颈金簪四。另外还有鎏金银簪十二枚，包括镶珠宝花蝶鎏金银簪二、镶宝玉龙顶鎏金银簪二、镶宝凤蝶鎏金银簪二等。

定陵共出金器二百八十九件，多数出自帝后棺内尸体上下及两侧，少数放在随葬器物箱内。其中万历帝棺中出土一百三十三件，孝端后一百三十件，孝靖后六件，第六随葬器物箱十八件，第二箱和第十四箱内各一件。有酒注二、爵四、尊一（内有漏勺一、勺一、匙二）、执壶五、壶瓶二、匙箸瓶（内有箸一副、铲一）、提梁罐一、带柄罐三、盆九、盒十、漱盂七、唾壶四、盘一、镶梨花木金碗四、杯五、盏一、香熏（霞帔坠）二、肥皂盒一、匙二、箸两副、枕顶二、金锭一百〇八个、金饼一以及“吉祥如意”十七和“消灾延寿”金钱一百枚等二十五类。

金器大部分为锤揲制成，较为复杂的器形如器物的颈、腹、底、圈足、把、流等则分部件打制，然后焊接在一起。除素面以外，大部分饰有云龙纹，少数为花凤纹。主体纹样部分采用锤成凸纹法，主体细部采用雕刻法，集合花丝工艺制成精美的图案。有的金器还镶嵌珠宝作装饰。部分金器刻有铭文，内容包括制作年代、制作机构、器物名称、金的成色和重量，有的还刻有经管官和匠作的姓名。从部分金器边缘有磕碰痕迹、器底有较多的磨损痕迹来看，这些金器大部分是实用器，死后随葬。部分金器经过含金量测定，其实际含量与器铭所载成色大致不差，只有个别的含金量稍高或低于铭文所记的金的成色。含金量最高的是爵，达95%；最低是执壶、壶瓶和唾壶，仅有50%。从外表观察，含金量在70%以下的呈青白色，80%的呈黄色，90%的呈紫红色。

银器二百七十一件。有尊一、把壶一、提梁罐一、盆一、漱盂一、盘三、碗一、勺一、肥皂盒二、器盖二、银锭六十五个、银饼一和鎏金银钱一百九十二枚等十三类。其中属于生活用具的前十类均出自孝靖后棺内南北两侧。与此同出的还有金器和铜器。这些银器大都锈蚀严重，个别的已破损。孝靖后初葬东井，应是初葬时随葬的器物，与万历帝合葬时，又随同棺椁一起从东井迁来。这批银器系锤揲制成，器形复杂者分为若干部分分制后再焊接在一起，器表为灰色，锈蚀严重者呈褐灰色。多数素面，少数刻龙凤及花卉纹。其中九件刻有铭文，记载器物的制造年代、地点、名称和重量，有的还刻有经管官和匠户的名字。

明代外戚因女而贵，成化帝万贵妃之父万贵卒于成化乙未年（1475年），其墓位于北京右安门外，墓中随葬有大量的金银、珠宝、玉器，金器有金执壶、盒、杯（盂）、盘（图7-24、图7-25）、簪、镯、锭、钱等，银器有壶、洗盘、盆、锭等；金银器物的总重量达五百两[1]。万通为万贵之子，万贵妃的弟弟，

图7-24　北京右安门外万贵墓的錾花人物楼阁图八角金盘

1 郭存仁：《明万贵墓清理简报》，《北京文物与考古》第三辑，1992年，第238、239页；北京市文物研究所：《北京市考古五十年》，《新中国考古五十年》，文物出版社，1999年，第22页；《北京文物精粹大系》编委会、北京市文物局：《北京文物精粹大系·金银器卷》，北京出版社，2005年第2版，第80—94页。

图 7-25　北京右安门外万贵墓出土金八仙故事盂

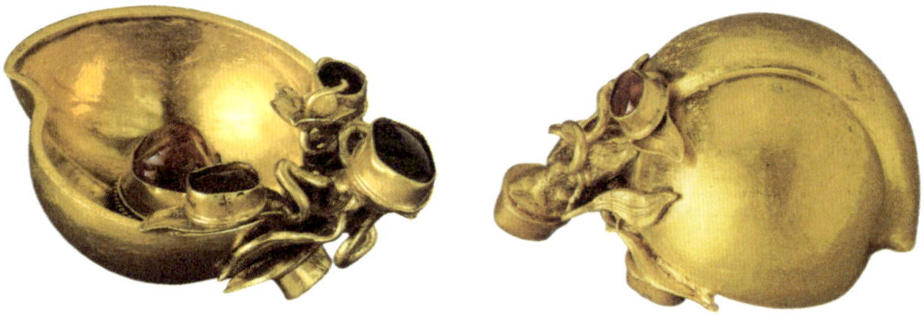

图 7-26　北京永定门外南苑万通墓出土的金桃形杯

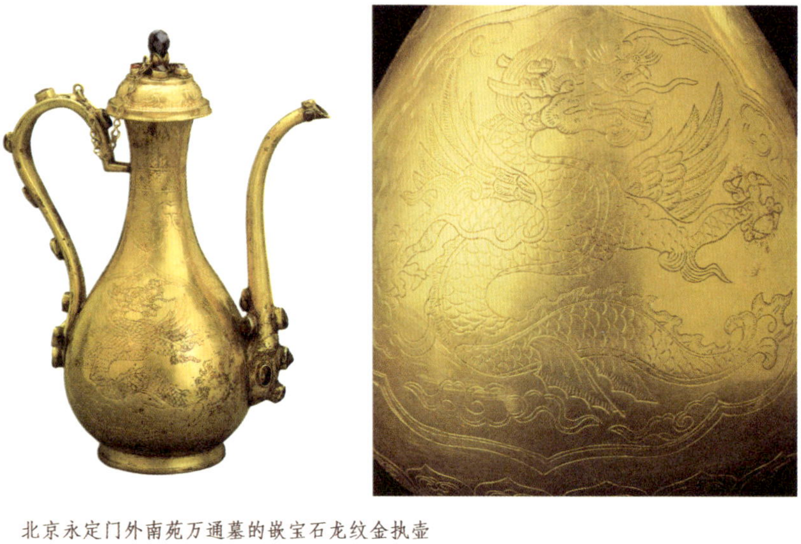

图 7-27　北京永定门外南苑万通墓的嵌宝石龙纹金执壶

卒于成化壬寅年（1482 年），其墓位于北京永定门外南苑，墓中随葬有嵌宝石金盘、金杯（盂）（图 7-26）、金执壶（图 7-27）、金带钩以及錾花金带饰，还有串珠形的金镯等[1]。万贵父子所葬金制器具当是宫中物品，或可作为明代宫廷金银

1 《北京文物精粹大系》编委会、北京市文物局：《北京文物精粹大系·金银器卷》，北京出版社，2005 年第 2 版，第 95—104 页。

器佳作的代表。

北京市郊的武清侯李伟夫妇墓[1]也发现了皇室用具。李伟为万历帝朱翊钧的外祖父，卒于万历十一年（1583年），棺内有抹金系链盖银壶、小银元宝。王氏棺内有大银元宝和银器皿，如錾花错金执壶、錾花错金盘盏、小罐、盆、洗、银花片，金制品除金锭以外多是饰物，有真武像、凤簪、镯、耳坠、嵌玉梅花簪、花针、戒指、耳挖、掐丝镶嵌花钗、大花顶簪、人物花簪、火焰纹花簪、花簪、小钱。李伟是很有权势的皇亲，银盆和银洗标明“慈宁宫”和“大明万历壬午年御用监造”及用银重量。慈宁宫是李伟女儿李太后的住处，盆和洗都是慈宁宫的日用器皿，在王氏棺内出现证明其与李太后关系密切。御用监是内府十二监之一，置办御前所用围屏、摆设、器具。王氏棺内金饰品的数量较多，大部分为宫廷制品。近年，在北京丰台区发现了李伟二子李文贵墓，李文贵系万历皇帝生母李太后的兄长，为“荣禄大夫中军都督府左都督敬山公”，墓中出土了金簪、金耳钉、金玉耳坠和银元宝等[2]。

图7-28　北京故宫博物院藏清代金编钟局部

清代金银器工艺空前发展，皇家用金银器更是遍及典章、祭祀、冠服、生活、陈设和佛事等方面。北京故宫博物院所藏的清代皇室使用的金银器物，主要由养心殿造办处制作，保存之多难以统计。金编钟为清代皇帝举行大典时演奏的一套乐器，在元旦、冬至、皇帝生日、大婚、常朝、庆典时使用，用以显示帝王的威严（图7-28）。“金瓯永固”杯，嘉庆二年（1797年）造，是清代皇帝每年元旦子时举行开笔仪式时专用的金酒杯，显示了皇室专用器物的高贵典雅（图7-29）。金八宝双凤盆为清宫中后妃仪仗中使用的八件金器之一，器形浑厚庄重，为清代罕见的大型金器。许多器物的形体很大，如金天球仪，是清代清宫造办处制作的金制天文模型，蔚为壮观，气势磅礴，是精美的陈设品，也可用于科学研究，为中国古代黄金制品中罕见的大型器具。此外，金银制作的大佛像、藏经匣、佛塔、供器等形体也很大，其中清代皇室供奉的一件金佛塔，高5.33米，重达350千克。传世品中还有许多蒙古、维吾尔和藏族等少数民族的金银器，如著名的西藏布达拉宫的历代达赖喇嘛塔。

考古发现的清代金银器主要见于贵族女性墓葬，尤其是几位公主的随葬品。

清初固龙雍穆长公主是清太宗皇太极之女，葬在内蒙古哲里木盟（现通辽市）扎鲁特旗[3]。墓室后壁平台上放置银屋，银屋内放置以金锦和暗花缎包裹着的骨灰。银屋长51.5厘米、宽45厘米、高60厘米。基座和屋身一体呈盒状，屋顶即

1 张先得、刘精义、呼玉恒：《北京市郊明武清侯李伟夫妇墓清理简报》，《文物》1979年第4期，第54—63页。

2 北京市文物研究所：《北京市丰台区明李文贵墓》，《文物》2008年第9期，第47—53页。

3 张柏忠：《清固龙雍穆长公主墓》，《文物资料丛刊》第7集，文物出版社，1983年，第127—133页之第131页。

是盒盖，可以开启。基座为一方木板制成，五面包以银皮，正面上部錾出一层乳钉纹，下錾刻莲瓣花纹。银屋平面为回廊式，面阔三间，进深二间。前壁正面錾刻对扇格子门及台阶。屋顶为歇山九脊式，饰有脊兽。屋顶前后左右四坡施银制板瓦与筒瓦，用银钉铆于顶板之上。整座银屋玲珑精致，前所未见。此银屋即骨灰盒，辽金以后北方火葬较为盛行，这种形式的墓葬反映了北方民族的特点。

图 7-29　北京故宫博物院藏清代“金瓯永固”杯

荣宪公主是清圣祖康熙第二女，康熙六十一年（1722 年）葬于内蒙古赤峰市巴林右旗[1]。墓中随葬的一百余件金制饰件最为华丽。除金制凤冠外，还有多种簪和插饰。金簪均镶嵌宝石、珍珠等，有梅花鹿、菊花形。金凤饰昂首展翅，有的腹、尾部饰以宝石或珍珠，有的口衔串珍珠、翎嵌宝石。“岁寒三友”金饰中的梅花采用五瓣花形玛瑙，花蕊嵌宝石或珍珠。另外，也有饰件在枝叶之间架飞鸟、云彩，并饰以寿字。金镯通身錾有行龙四条，线条细微，刻工精致。金链由 13 节组成，每节呈中空扁平状，用丝线串连，节间穿珍珠一粒。链扣合处，一端用一小珍珠粒作扣，另一端用细丝线作钮。此外，还发现有金戒指、朝珠、垂珠。

乾隆、嘉庆年间葬在吉林通榆兴隆山的清代公主[2]，头戴金制冠具，枕金元宝，身着丝织服饰，随葬的 265 件物品中也有大量首饰。金簪有多种，饰有龙、松、竹、梅、云形、卍字、卷云或镶嵌宝石。更多的是插戴的金饰，有凤、孔雀、龙、花、云纹带穿、葵花、寿字、蝙蝠寿字、心形钱纹、心形绞丝、莲花等。银质的有簪杆、蜻蜓饰、钏、花扣、鎏金寿字扣等。另外，还有金银戒指、金元宝和银锭。墓中出土的金冠饰，金孔雀、龙、凤饰以及袍服残片与《清史稿》卷一〇三《舆服志二》记载的清代亲王福晋、世子福晋、郡王福晋、贝勒夫人及固伦、和硕公主的冠服制度大体相同[3]。即便是陪葬的女性，竟也随葬金丝花饰、金灵芝簪、金扁簪、金首嵌玉石银簪、寿珠银簪、金蝶穿珠银簪等。

皇族贵妇们华丽的金银冠带为一般官吏的眷属向往和效法。南京邓府山顺治年间诰赠淑人前封孺人陈氏[4]就拥有金制包髻、簪、钗、耳坠、戒指、钱币，以及模印松针、竹叶、梅枝、兰草“四友”图案的鎏金银腰带和银笄、银耳挖等。虽然墓葬规模较小，但随葬品丰富，金制器物做工细致，设计精巧。其中的金包髻、蜘蛛形金簪、竹节状金戒指、金龙裹琥珀冠饰、鎏金银腰带等堪称明末清初民间工艺精品。

1 项春松：《内蒙古白音尔灯清代荣宪公主墓》，《文物资料丛刊》第 7 集，文物出版社，1983 年，第 122—126 页之第 123—125 页。

2 吉林省文物工作队、白城地区文管会、通榆县文化局：《吉林通榆兴隆山清代公主墓》，《文物》1984 年第 11 期，第 76—84 页之第 77、78 页。

3 中华书局，1977 年，第一一册，第 3033—3063 页。

4 南京市博物馆、雨花台区文管会：《江苏南京市邓府山明佟卜年妻陈氏墓》，《考古》1999 年第 10 期，第 57—63 页（总第 921—927 页）之第 57—59 页（总第 921—923 页）。

江苏吴县嘉庆二年（1797 年）的毕沅墓[1]合葬着毕沅夫妇及五位侧室。毕沅的朝带，金带头、带扣重 88 克，嵌有 110.85 克紫宝石。毕沅夫人汪德的嵌碧霞金凤冠，重 616.40 克，上有金凤九只，金叶压印有“恩荣”字牌及“日”“月”“奉”“诰”“命”“朝”“冠”等字样；还有重 62 克的金“同心合”和嵌宝石累丝松鼠葡萄金耳坠。此外，5 号墓还出土嵌宝石攒珠金累丝如意灵芝鬓发花插、金累丝秋海棠长春花银柄花插，3 号墓出土嵌宝石金累丝西番莲花银柄花插和重达 590.32 克的金手镯。这些镶嵌宝石的金银饰物也只有高官的家眷才能得以享用。

科左后旗衙门营子发现清中期卓里克图亲王福晋[2]的冠戴则远较清初的公主们逊色，除耳环为金制品以外，凤形饰、双龙戏珠纹簪为银鎏金。其他饰物皆为银制，簪上的镶嵌也只是珍珠和料珠，形状也简单得多，为梅花首、圆首。银插饰有菊花形、葫芦形、六吉祥。此外，还有银镯、银指套、银戒指、银用具佩饰及菊花形银冠饰、莲花形银插等。用具佩饰是以银链连接珐琅彩银牌，再悬挂珐琅彩柄刀和耳勺、小锥各两件。从这些小件用具的柄部都饰珐琅可以看出，金银与珐琅的复合工艺已经融入日常生活。

受宠的大臣和太监也经常从皇室直接得到金银珍玩。荣禄是清代后期的直隶总督兼军机大臣。《清史稿》卷四三七《荣禄传》[3]称“荣禄久直内廷，得太后信仗。眷顾之隆，一时无比。事无巨细，常待一言决焉”，贵极一时。他葬于北京朝阳门外高碑店乡荣家茔地内，随葬大量金银珠宝，一件金葫芦重达 139.6 克，刻有“丙申重阳皇太后赐臣荣禄”字样[4]（图 7-30）。荣禄生于道光十六年（1836 年），丙申年受赐时整一花甲。这件金葫芦是慈禧太后在荣禄六十寿辰的赏赐。清末大

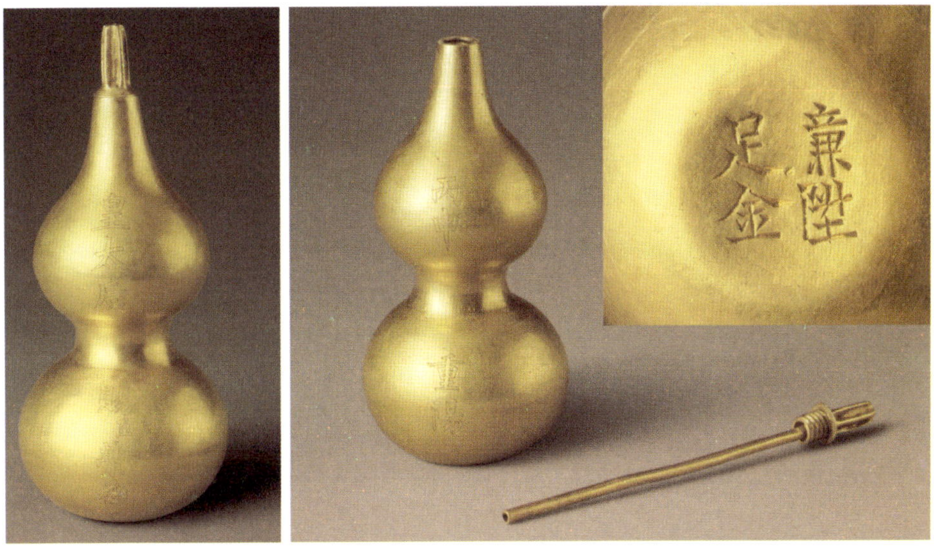

图 7-30　北京朝阳高碑店清荣禄墓出土金葫芦

1 南波：《江苏吴县清毕沅墓发掘简报》，《文物资料丛刊》第 1 集，文物出版社，1977 年，第 141—145 页之第 142 页。

2 于宝东、武雅琴：《科左后旗衙门营子出土的清代文物》，《内蒙古文物考古文集》第一辑，中国大百科全书出版社，1994 年，第 689—696 页之第 689—691 页。

3 中华书局，1977 年，第四一册，第 12373—12375 页。

4 《北京文物精粹大系》编委会、北京市文物局：《北京文物精粹大系·金银器卷》，北京出版社，2005 年第 2 版，第 244、245 页，图 298—300。

太监李莲英墓[1]在北京恩济庄关帝庙北，他九岁入宫，历经咸丰、同治、光绪、宣统四朝，六十一岁时慈禧死后出宫，六十四岁卒。棺内出土五十余件金、玉器，以直径 1.6 厘米的钻石帽正、花宝石镶钻戒指、光绪款金烟碟为珍品。

第四节 功臣、藩王的礼遇与贵妇的冠戴

1368 年，红巾军领袖朱元璋在元末大动乱中脱颖而出，翦灭群雄，建立明朝。明初的许多开国功臣葬在南方。这些新兴的贵族因军功受到礼遇，墓中经常出土金银器。

荣禄大夫、同知大都督府事、蕲国公康茂才[2]战功卓著，洪武三年（1370 年）病卒于征战途中。墓葬位于南京中央门外，双层结构，下层的后室出土金带钩、金冥钱。前室出土遗物多，组合也较全，多是胎薄易蚀的银、锡类明器，有金碗、盘，银鼎、玉壶春瓶、双耳瓶、瓶、碗、盘、筷、匙、勺、带钩、耳挖等。

相距一公里的东胜侯汪兴祖墓[3]，墓葬形制与康茂才墓相近，所出金银器也略同，后室木棺附近有日字金饰、菱形金饰、带字金片和月字银饰，前室放有银盘、碗、匙、筷、玉壶春瓶、壶、杯等。汪兴祖随朱元璋征战十余年，官至荣禄大夫、同知大都督府事，战死于洪武四年（1371 年）。

东瓯王汤和与朱元璋为同乡，也是明代开国的重要将领，于洪武二十八年（1395 年）葬在安徽蚌埠[4]，墓内曾遭盗扰，尚存的金银器包括金花、嵌蓝宝石金戒指、金簪、金钱，银碟、盘、勺、筷、瓶、匜、碗、杯、香炉、烛台、锅灶、锁、簪、钗和日月饰等。

由于在开国的战争中立下赫赫战功，以上三位墓主都得到过特殊的礼遇，除了被赠授爵禄之外，康茂才享受到"特敕有司造墓"的待遇；汪兴祖战死后，皇上"命有司迎其丧，所过州县皆设祭"，葬在"京城西北官营冢圹"；汤和也承蒙天子"遣人吊祭"。

既然蒙受皇上的恩泽，这三座洪武年间（1368—1398 年）墓葬中的器物应具有相似性。银器基本组合是碗、盘、匙、筷、玉壶春瓶、壶、杯，前后相隔二十五年的康茂才和汤和墓中还各有大、中、小银盘、碟各四件，可见当时丧葬所用银器的组合是有一定模式的。康茂才墓中的这些银器置于前室且胎薄易蚀，可能非平日所用器具，专为祭奠之用，推及其他各墓也大抵同此。

目前的考古发现所见，永乐、正统年间（1403—1424 年、1436—1449 年）埋葬的功臣和皇亲国戚的墓中出土的金银制品主要为饰件，日用器皿极少。

南京中华门外朗宅山有明初宋朝用、宋晟家族墓[5]。宋晟随父宋朝用参加朱元

1 北京市文物研究所：《北京市考古五十年》，《新中国考古五十年》，文物出版社，1999 年，第 23 页。

2 南京市博物馆：《江苏南京市明蕲国公康茂才墓》，《考古》1999 年第 10 期，第 11—17 页之第 12—14 页。

3 南京市博物馆：《南京明汪兴祖墓清理简报》，《考古》1972 年第 4 期，第 31—33 页之第 33 页。

4 蚌埠市博物展览馆：《明汤和墓清理简报》，《文物》1977 年第 2 期，第 35—39 页之第 38—39 页。

5 南京市文物保管委员会：《南京中华门外明墓清理简报》，《考古》1962 年第 9 期，第 470—478 页。

璋的反元斗争，是明代初年知名的权贵，因其二子均为明成祖选为驸马，所以也是皇亲国戚，其家族墓中的金银制品以饰物为主。宋朝用墓中出土金冠、串枝莲纹银盒、银钱，夫人墓出土梅花形和牡丹形金簪、竹节形金钗、金发饰、牡丹花金耳饰及银粉盒、银棺钉(铸有“银”字)。西宁侯宋晟，卒于永乐五年（1407年），墓中出土金蝶、飞天金饰、金耳挖及银提梁罐、银温器、银钩和银锭；夫人叶氏，卒于永乐十六年（1418年），墓中出土金耳饰、金簪；夫人许氏，卒于永乐十九年（1421年），墓中出土金簪、耳饰、牌饰等。

葬在南京江宁的定远忠敬王沐晟[1]卒于正统四年（1439年），墓中随葬品不丰富，除其妻程氏随葬有金发冠、嵌宝石金发插、金簪、金耳环、嵌蓝宝石金戒指及金箔剪成的金钱外，多是特制的鎏金锡质、鎏金铜质明器。

徐俌是明开国功臣徐达的第五世孙，正德十二年（1517年）与二妇葬于南京太平门外[2]，棺内有金镶玉革带、日月银牌、扁圆形金帽饰、金簪、银冥钱。合葬的原配朱氏墓中有攒珠如意灵芝凤冠、金凤钗、金钗、金簪、鎏金银簪、嵌宝石金耳坠、蝶式金扣、银扣、银冥钱；分葬的继室王氏椁内出土金钏、金葫芦形耳坠、金簪、嵌宝石金钗、嵌宝石金头饰、金扣。金凤钗与江西南城朱祐槟妻彭氏棺内出土的极为相似。

鉴于前朝覆亡之教训，明太祖为确保朱氏子孙永有天下，大封诸王，把二十四个儿子和一个重孙分封在全国各地，以“慎固边防，翼卫王室”。这些亲王“岁禄万石”，而且占有大批田庄。亲王的诸子封为郡王，郡王以下虽不能继承王位和所赐田产等，但也是“禄之以终身。丧葬予费”。因此，在明代的官僚机构以外，又形成了一个庞大的封建贵族统治阶层。目前发现的明代金银制品多为藩王及其家族殓葬时的冠戴。其中藩王所用金银器饰不多，变化不明显，而其妻室插戴的饰物经历了从繁到简的变迁。明代亲王墓葬出土的金银器是在定亲、纳征、册封等仪式上所用的“吉礼用器”，因为这些器物均由礼部监造，所以很多器物大同小异[3]。

山东邹县鲁荒王朱檀卒于洪武二十二年（1389年），发髻贯金簪，冕和皮弁也镶金圈、金边，贯金簪。织金缎龙袍缀有29枚小金花和11对金扣。身下铺褥，上有19枚“洪武通宝”金钱。梳妆具布袋中，有银柄毛刷、金挖耳勺、金牙签。另有银筷一双[4]。

湖南望城蚂蚁山一号墓出土金铃一套九件、圆形金饰片一、束腰形金片一，银器有金刚杵一、勺形器一、筷形器二、圆形方孔银币41枚[5]。该墓是目前所见湖南地区规模最大、保存最完整的砖石墓。据墓志铭记载，墓主人为明代谷王乳

---

1 南京市文物保管委员会：《南京江宁县明沐晟墓清理简报》，《考古》1960年第9期，第31—35页之第33页。

2 南京市文物保管委员会、南京市博物馆：《明徐达五世孙徐俌夫妇墓》，《文物》1982年第2期，第28—33页之第30—31页。

3 王纪潮：《明代亲王葬制的几个问题》，《文物》2003年第2期，第63—65、81页之第65页。

4 山东省博物馆：《发掘明朱檀墓纪实》，《文物》1972年第5期，第25—36页之第27、31页；山东博物馆、山东省文物考古研究所：《鲁荒王墓》，文物出版社，2014年。

5 长沙市文物考古研究所、望城县文物管理局：《湖南望城蚂蚁山明墓发掘简报》，《文物》2007年第12期，第42—55页。

母张妙寿，追随谷王先后分封至上谷和长沙，下葬于永乐十一年（1413年）。

湖北钟祥梁庄王朱瞻垍与继妃魏氏合葬墓随葬的金器是历年发掘的明亲王墓中数量最多的一次，可以作为明代早期金器的代表[1]。经整理复原约200余件（套）。种类有用具、首饰和法器等，采用铸造、锤揲、花丝、錾花、镶嵌等工艺和焊接、切削、抛光、铆、镀、刻凿等技术，器物形制和不少器物的铭文都表明它们是宫廷内府的制品。一件金壶刻有“银作局洪熙元年（1425年）正月内成造捌成伍色金贰拾叁两盖嘴攀索全外焊壹分”铭文，实测含金量为86.73%，与铭文所记吻合（图7-31）。墓中还发现一件金锭和梁庄王妃的镀金银封册。梁庄王墓出土的金银器对明代金银器研究具有特殊的意义，不仅是因为它们数量大、年代早、几乎是仅次于定陵的高规格，还因为不少器物都与郑和下西洋有关，能在一定程度上较集中地反映出中西文化交流对明代金银器的影响。墓中出土的一件金锭上刻有：“永乐十七年（1419年）四月　日西洋等处买到八成色金壹锭伍拾两重”铭文，明确为西洋之物（图7-32）。除了这件金锭，还有金器上镶嵌的很多宝石也应该是郑和下西洋时采买的“番国宝货”[2]。朱瞻垍应该是在出生、被册封为梁王或大婚时得到了永乐帝赏赐的这些直接来自西洋，或由西洋宝石镶嵌、装饰的华贵金器。

图7-31　湖北钟祥梁庄王墓出土金壶

葬在江西新建的朱权[3]，是朱元璋第十七子，正统十四年（1449年）葬，口含小金钱，发插金簪，肋部有银耳挖。右手处有金手杖，杖顶为嵌蓝宝石金饰，杖下有银镦。随葬的物品多是特制的鎏金锡质、鎏金铜质的明器。南昌宁靖王夫人吴氏[4]是朱权世孙奠培的夫人，葬于弘治十七年（1504年）。她的凤冠插着凤形簪、针状簪，发髻插着菊纹金簪、牡丹纹金簪和金耳挖，戴着金耳坠，口内含金银珠各一枚，双手戴五枚镶宝石金戒指，霞帔末端有凤纹坠，身下有金银薄片剪成的冥币各32枚。

明代在江西设立了三藩，益王一系统治的时间最长，在南城县已发掘的数座益府藩王的墓葬，基本和其统治相始终，而墓中随葬的金银器也是明代王侯使

1 湖北省文物考古研究所、湖北省钟祥市博物馆：《梁庄王墓》，文物出版社，2007年；湖北省博物馆：《梁庄王墓——郑和时代的瑰宝》，文物出版社，2007年。

2 林梅村：《珠宝艺术与中外文化交流》，《考古与文物》2014年第1期，第83—88页。

3 陈文华：《江西新建明朱权墓发掘》，《考古》1962年第4期，第202—205页之第203—204页。

4 江西省文物考古研究所：《南昌明代宁靖王夫人吴氏墓发掘简报》，《文物》2003年第2期，第19—34页之第24—27页。

用金银制品的一个缩影。益端王朱祐槟是朱元璋第六代孙，于明弘治八年（1495 年）就藩建昌府，开始统治建昌地区。他卒于嘉靖十八年（1539 年）[1]，棺内只出土金簪。合葬的彭氏棺内有金凤钗一对、金簪两对、金耳环一对、金鬓花一对、金扣花、金霞帔坠等。益庄王朱厚烨（葬于 1557 年）[2]是朱祐槟长子，墓中出土 255 件金玉器，金器以首饰居多，多使用高超的掐丝技艺。江西南城明墓[3]仅出土男性所用的金冠，方首金银簪各两枚，服饰有金带钩一、金花饰十二、方形金饰四，还有金杖一、七星钱七。墓中出土的万历二十一年（1593 年）“典服所”开具的“成造敛衣数目”清单所列内容为《明史》卷六六《舆服二》所载郡王以上的定制[4]相近，墓主身份可能为郡王。

图 7-32　湖北钟祥梁庄王墓出土金锭

湖北蕲春葬有死于嘉靖三十九年（1560 年）的荆瑞王朱厚烇次妃刘氏[5]，随葬品多系金银首饰、器物，其中银制器饰居多。银锭四枚分置棺内四角，还有盒二、钵一、锤一、壶二、压胜钱二、银圈四十八、法子一。金器有金饰凤冠一、镶宝石戒指四，簪十一。

益宣王朱翊鈏卒于万历三十一年（1603 年）[6]，棺内只有金钱六枚、银钱一枚，而与他合葬的妻室都有华美的金银首饰，元妃李英姑有凤冠一、金凤钗一对、珠翠金耳环一对、金挖耳二、银簪二、银钱七，继妃孙氏有凤冠一、嵌宝石金凤钗一对、观音乘凤金钗一、飞凤穿花金钗一、龙凤呈祥金钗一、云凤鬓花金钗一对、双龙献福寿鬓花金钗一对、蝶恋花金钗三、金发箍一、金帽檐一、凤头金钗二、龙头金钗二、金簪一对、玉坠金耳环一对、金钱六、银钱八和金银装饰的凤冠二。

益定王朱由木[7]与二妃合葬于崇祯七年（1634 年），朱由木棺内有金钱、金帽顶饰、鎏金银发簪、鎏金银插等，元妃黄氏棺内有十余件锡明器，次妃王氏棺内

1 江西省博物馆：《江西南城明益王朱祐槟墓发掘报告》，《文物》1973 年第 3 期，第 33—45 页之第 35—36 页。

2 江西省文物管理委员会：《江西南城明益庄王墓出土文物》，《文物》1959 年第 1 期，第 48—52 页之第 48 页。

3 薛尧：《江西南城明墓出土文物》，《考古》1965 年第 6 期，第 318—320 页。

4 中华书局，1974 年，第六册，第 1629—1631 页。

5 小屯：《刘娘井明墓的清理》，《文物》1958 年第 5 期，第 55、56 页。

6 江西省文物工作队：《江西南城明益宣王朱翊鈏夫妇合葬墓》，《文物》1982 年第 8 期，第 16—28 页之第 20—23 页。

7 江西省文物工作队：《江西南城明益定王朱由木墓发掘简报》，《文物》1983 年第 2 期，第 56—64 页之第 57—58 页。

有金钱、鎏金银凤冠、鎏金凤钗及金簪。未经盗掘的王氏棺内的随葬品不丰富，金器罕见，垫背的金钱成色也差，与死于五十年前的益宣王继妃孙氏棺内随葬大量精美的金饰品相比，差别很大。此后十年，明王朝灭亡，继位的益末王不久也死于广州，结束了在建昌地区一百五十年的统治。

江西明代藩王墓中制作精致的金银首饰，多是以掐丝编织而成，通体具有镂空效果，工艺技术十分精湛。益端王朱祐槟妃彭氏棺内的凤凰金钗，钗头耸立着脚踩祥云、挺胸扬尾的凤凰，用较粗的金丝和金饰为骨，冠、尾、翅等处以极为精细的掐丝和嵌珠制成。金钗玲珑剔透，插在头上走动时可微微颤动。钗脚上刻有“银作局永乐贰拾贰年（1424年）拾月内成造玖成色金贰两外焊贰分”的字样，可知为内府产品，代表了明代金器细工的最高水平。益庄王朱厚烨妃的楼阁人物金簪用细金丝编织衬底，再以金片和细丝做出楼阁人物。上层阁内有二人倚坐，侍女立于两旁。下层廊中端坐一人，两旁有侍女执物侍候。这件以掐丝编织而成且具有镂空效果的首饰，在很小的空间内，刻画出建筑的脊瓦、廊柱及不同姿态的人物，做工极为精细。虽然仅是一件小型饰物，但整个饰物的立体空间感，表现出了雄伟建筑的意趣。益宣王元妃李英姑凤冠上的凤钗阴刻铭文“银作局嘉靖二十六年（1547年）八月内造金七钱五分”，继妃孙氏凤冠两侧所插凤尾上刻“大明万历庚辰（1580年）五月吉旦益国内典宝所成造珠冠上金凤每只计重贰两贰钱八分正”，还有一件玉佩上的金钩上刻“银作局嘉靖元年（1521年）六月内造金五钱”，说明是由皇宫赏赐的。这类由银作局制作的金首饰，均为贵妇人的用品，也是明代制作最精致的装饰品。另一部分金器刻有“益国内典宝所”，是益府制造的。

藩王和贵族的奢华引领着社会风尚，官吏、富绅竞相效仿。各地墓葬中所出的金银首饰就是当时社会风习的缩影。

甘肃兰州虽地处西北，冠戴并不逊色。诰封一品的彭泽之妻吴氏[1]，头戴凤冠，插有金银簪钗三十件。兰州市郊上西园明墓[2]男性墓主头部有镶金梨木碗、金筷、金笄，腰部有玉带和金钱（法轮转回）；女性墓主的金饰件极为丰富，头部有凤冠、嵌宝石金耳坠、嵌金骨钗、嵌宝石金簪、嵌宝石二龙戏珠金簪、金凤钗，腰部有玉带金饰、镶宝石金戒指、金霞帔坠以及金玉镶嵌的鱼、人、梨、花叶、小动物等各种佩饰。从镶金梨木碗的刻铭“嘉靖拾陆年（1537年）四月十七日监造内使武镇银匠汤金重二两玖钱除底在外”和金霞帔坠的刻铭“银造局正德五年（1510年）八月内造金一两九钱”看，可能是地方官府的制品。

上海宝山朱守城与二妇合葬墓[3]，其中杨氏卒于万历九年（1581年）。墓中出土金戒指、银戒指、银簪、金耳饰、银耳饰，最为华丽的是鎏金饰件，有镶嵌九颗宝石的弧形发饰，有嵌珍珠和蓝宝石的，也有嵌玉的，形状有凤凰、螳螂、人物、花叶等。

---

1 甘肃省文物管理委员会：《兰州上西园彭泽墓清理简报》，《考古通讯》1957年第1期，第46—49页之第48页。

2 甘肃省博物馆：《兰州市上西园明墓清理简报》，《考古》1960年第3期，第42—44页之第44页。

3 上海市文物管理委员会：《上海宝山明朱守城夫妇合葬墓》，《文物》1992年第5期，第61—68页。

四川剑阁万历十二年（1584年）兵部尚书赵炳然与夫人王氏、杨氏合葬墓[1]的随葬物品基本是金银饰品。赵炳然棺中有银笄。王氏棺中出土八仙庆寿金头饰、金鹤、金牛、金饰件，鎏金银凤钗二、银币三，鎏金银簪两对、衣扣花、金耳坠一对，鎏金银戒指八等。杨氏棺中有金币三、鎏金银笄二、鎏金银凤钗一、鎏金银发簪两对、金耳坠一对、金指环二、鎏金银指环六。

江苏无锡的华复诚[2]生前官至登仕佐郎、南京鸿胪寺鸣赞，登仕佐郎为明代文官从九品散阶，但其墓中不仅有品官所用的铭旌，还使用了五品以上使用的墙翣妾。埋葬的时间不晚于万历十六年（1588年）。其妻曹氏的发髻和金银钗饰佩戴装束保存完好，有鎏金银丝发罩、云纹发饰、莲花坐佛鎏金银插花、玉叶金蝉银插花、鎏金如意银簪、鎏金桃形银簪、嵌宝石梅花形鎏金银簪、莲花鎏金银簪、鎏金银笄、玉佛饰金耳坠。莲花簪与上海潘氏墓出土的素簪几近相同，鎏金桃形银簪和兰州彭泽墓、重庆大竹林明墓的桃形簪钗相似。

现南京市江宁区将军山原名观音山，明代此山南麓被划为黔宁昭靖王沐英家族墓地，后更今名。二十世纪五十年代至今，这一地区陆续发现了十余座沐英家族墓葬。万历年间（1573—1620年）的沐朝辅夫妇墓左侧室出土金束发冠、金护心镜、金帽花、银锭及金冥钱21枚、银冥钱数枚；右侧墓室出土金帽花、金香囊、金纽扣、金镯及金冥钱八枚、银冥钱十枚；崇祯年间（1628—1644年）的沐启元墓出土金链琥珀挂件、嵌宝石花叶形金饰件、“黔宁王遗记”金牌、金葫芦盒、嵌宝石金盒、嵌宝石金镯、嵌宝石金帽饰、镶玉金环、金饰件五、金冥钱四十九（有模压“爵位高升”四字）、金锭三、银冥钱十二、银压胜钱（孔四周压印“天启通宝”）、银勺、银锭十二、嵌宝石金镶玉腰带一（带板二十块）、嵌宝石金簪二、嵌玛瑙花叶形金簪二、嵌水晶金簪[3]。这些金、银、玉、宝石等不同质料制成的工艺品，相互装点，工艺精巧。沐昌祚墓所出金牡丹花，花形逼真，端庄富贵。沐睿墓出土的嵌宝石金镶玉腰带，造型奇巧，做工精致，金托上所镶嵌的玉片及红、蓝宝石相互辉映，光彩照人。沐睿墓还有金质小用具，外部为一长形小金筒，内装耳挖、牙剔、镊子、鼻烟棒。耳挖等器具用一条金链拴住，伸缩的口链上系一半圆形小盖。近年来发掘的成化十一年（1475年）第二代黔国公沐斌夫人梅氏墓（M14）[4]、正统十一年（1446年）沐英第三子沐昂夫妇墓[5]以及永乐二十二年

1 四川省博物馆、剑阁县文化馆：《明兵部尚书赵炳然夫妇合葬墓》，《文物》1982年第2期，第34—38页之第35—36页。

2 无锡市博物馆：《江苏无锡明华复诚夫妇墓发掘简报》，《文物资料丛刊》第2集，文物出版社，1978年，第137—141页之第138—140页。

3 南京市博物馆：《江苏南京市明黔国公沐昌祚、沐睿墓》，《考古》1999年第10期，第45—56页。后经研究，发掘者对两座墓葬的墓主进行了修订，原79JJSM4（沐昌祚夫妇墓）应为沐朝辅及其夫人陈氏墓，原74JJSM3（沐睿墓）应为沐睿子沐启元墓。参见邵磊：《明黔国公沐昌祚墓辨讹及其相关问题——从沐朝辅妻陈氏墓志的发现谈起》，《东南文化》2011年第1期，第54—59页；力子：《明黔国公沐睿墓辨讹》，《东南文化》2012年第4期，第81—88页。

4 南京市博物馆、江宁博物馆：《南京江宁将军山明代沐斌夫人梅氏墓发掘简报》，《文物》2014年第5期，第39—55页。

5 南京市博物馆、江宁博物馆：《南京将军山明代沐昂夫妇合葬墓及M6发掘简报》，《东南文化》2013年第2期，第46—63页。

（1424年）沐昂侧室邢妙仙墓[1]均出土了不少精美的金银器，以首饰类装饰品为主，其中梅氏墓出土有金顶簪、挑心、分心、掩鬓一对、莲花簪、耳坠一对、银镯一对、带链香盒、扣一对、大小冥币26枚；银器（可能为狄髻）、耳挖簪、簪、银锭四、大小冥币18枚。

沐氏自沐英开始世袭统治云南，共计十二世十六王（公），长达260多年。沐英子孙只有世袭的黔国公才归葬南京观音山。位于云南呈贡王家营的龙山墓地埋葬了沐英第五至八代后裔，属明代中晚期。该墓地自二十世纪五十年代以来经过三次发掘。其中六十年代发掘的沐英第五代孙沐详、第六代孙沐崧夫妇墓中出土的金银器较多，且精美[2]。沐详墓出土有金发冠、金银饰等，多镶嵌有宝石。金发冠通高7.5厘米，直径10.7厘米，重280克。冠身用薄金片制成，四周用金片重叠装饰，冠两侧有对称小孔，用金簪穿入发髻固定。沐崧墓有金发冠和金饰，金发冠镶嵌红、蓝、绿、白各色宝石，异常精美。

在湘西凤凰西郊嘉靖三十二年（1553年）湖广道直隶五寨长官司彭氏墓[3]中也出土了一批珍贵的金制装饰品。金花饰呈五叠梅花形，每叠都有花蕊，花心上有筒形柱。凤形金饰重17.8克，昂头、展翅，头、颈、背、尾饰彩色玉石十一路，全长8厘米、高4厘米。桃叶形金饰上附四朵小花饰和十颗彩色玉石，背面为云形花纹并有二长方穿孔。全长9.3厘米、高2.2厘米。桃形金饰两件，共重13.6克。桃面凸起，上端饰叶纹和鸟雀，背面有一长方形穿孔，附一铜柄托。这些饰物是在墓室一端发现的，系死者头冠上的装饰品。

明代金银首饰的考古发现数量远大于前，因此在中国古代金银首饰的发展史上占有十分突出的地位[4]。与宋元时期相似，考古发现的明代金银首饰，多出自墓葬，极少见于窖藏，且以南方地区为多；与宋元时期明显不同的是，明代，出自宫廷的金银首饰的比重很大。明代首饰，因发髻上有了䯼髻作为支撑，作为头饰的簪首尺寸变得更大，簪钗类型以及装饰手段更加丰富，纹样布置也更为复杂。䯼髻是明代已婚女子戴在发髻上面的发罩，通常用金丝或银丝编成，只罩发而不覆首，里外可以衬帛覆纱。作为时尚，䯼髻大约兴起于明中期，目前相应的遗存多发现于南方地区。与宋元时期相比，明代金银首饰最大的变化是类型和样式的增多。综合来看，其样式与风格的变化，似可以嘉靖（1522—1566年）为界粗略分为前后两个时期：前期的代表为湖北钟祥梁庄王墓（图7-33）、北京右安门外万贵墓、江苏常州王家村明墓，后期的代表则是江西南城明益王墓、北京房山定陵。

除了上述高级别的墓葬之外，一些中小型的明墓中也有不少金银器的发现。江苏南京市板仓村的明墓规模较小，结构也较为简单，但出土遗物却颇为丰富。金腰带有金带板二十块，模压五种不同的蟒龙图案，形态生动，均为四爪，昂首，张口，有的腾飞向前，有的首尾顾盼，游戏于云海之中。另外，还有金簪两

1 南京市博物馆、江宁博物馆：《南京将军山明代沐昂侧室邢氏墓及M21发掘简报》，《东南文化》2013年第2期，第64—69页。

2 云南省文物工作队：《云南呈贡王家营明清墓清理报告》，《考古》1965年第4期，第185—192页。

3 张中一：《湘西凤凰县五寨长官司彭氏墓调查》，《文物》1962年第1期，第58页。

4 关于明代金银首饰的专门研究，参读扬之水《奢华之色——宋元明金银器研究》第二卷《明代金银首饰》，中华书局，2012年第3版。

件，呈钉状，身饰一缠绕的盘龙，顶端饰为龙首。金冥钱21枚，孔四周模压“长命富贵”四字。但从随葬物品的等级分析，墓主人生前应有相当高的地位。金腰带上所饰蟒龙，皆四爪，应即所谓“五爪为龙，四爪为蟒”的区别。龙在封建社会是帝王权力的标志，像这种以爪为区分、似龙非龙的蟒龙，实际上是一种鱼目混珠的做法。蟒龙图案在明代曾多次禁用。《明史》卷六七《舆服三》记载：明英宗“天顺二年（1458年）定官民衣服不得用蟒龙……”又记：明孝宗“弘治十三年（1500年）奏定，公、侯、伯、文武大臣……违例奏请蟒衣……科道纠劾，治以重罪。”“（正德）十六年（1521年），世宗登极诏云：‘近来冒滥玉带、蟒龙……皆庶官杂流并各处将领夤缘奏乞，今俱不许。’”虽三令五申，但这种僭用还是屡禁不止。[1] 而明初严格的舆服制度，到了明代中晚期更已是无章可循，名存实亡了。

图7-33 湖北钟祥梁庄王墓出土头面所用簪

土司遗存考古是近年来宋元明考古发现与研究进展颇多的新领域。土司制度是元明清时期在西南边疆及其他南方类型的少数民族聚居地区实行的一项统治制度。《明史》卷七二《职官志一》记载：“凡土司之官九级，自从三品至从七品，皆无岁禄。其子弟、族属、妻女、若婿及甥之袭替，胥从其俗。附塞之官，自都督至镇抚，凡十四等，皆以诰敕辨其伪冒。”[2] 土司实为部族首领，享有尊贵的地位。

云南景东傣族陶氏土司统治景东前承元末，中历明代，后续清朝。二十世纪九十年代以来发掘了陶氏墓地的部分墓葬，其中第九任知府陶金墓中出土金器512件、银器21件，有金面具、镶宝石金盒、镶宝石压印莲叶盖罐、如意云纹莲瓣帽顶、带盖长颈蕉叶纹银净水瓶、莲瓣形錾云纹金勺、穿底菱形金杯、莲花金水碗、金镶宝石执壶和带托八角金杯等，其选材精良，造型美观，做工精巧[3]。

湖南永顺老司城为永顺宣慰司数百年的司治所在，二十世纪九十年代至今进行了多次调查和发掘，基本明确了其宫殿区、衙署区、墓葬区、宗教区和苑墅区。作为墓葬区的紫金山墓地是明代永顺土司的家族墓地，已探明土司及其眷属墓葬

1 中华书局，1974年，第六册，第1638、1639页。
2 中华书局，1974年，第六册，第1752页。
3 罗一华：《傣族土司墓葬出土的金银器》，《中国文物报》2011年9月14日第5版。

30余座，近年发掘了其中的部分墓葬，出土有精美的累丝金器[1]。

贵州遵义地区是元、明时期播州杨氏土司的主要统治范围，1949年以来陆续发现并发掘了一批杨氏土司及其家族的墓葬，出土了不少金银器[2]。其中，弘治十四年（1501年）杨子墓的腰坑中出土金龙、银虎、金朱雀、银玄武、银钵等；汇川区高坪镇衙院地瓜堡明墓出土有九凤三龙嵌宝石金冠、九龙嵌宝石金冠、金鱼、金碗、银盆等。遵义高坪"播州土司"杨氏家族[3]的小型石室墓中出土一顶完整的金凤冠。

与宋元时期相比，明清时期窖藏金银器的发现可谓极少，明确的目前仅见属于明末的几处。浙江衢州市龙游县石佛村窖藏[4]出土的四件高足金杯是少见的带有年款的器物（图7-34）。两件足外底阴刻"天启六年（1626年）季春月，佘荣四六置，吉旦"，内底刻"元""亨"。两件足外底阴刻"崇祯十三年（1640年）仲春月，佘荣四六置，吉旦"，内底刻"行""文"。湖南通道侗族自治县江口瓜地窖藏[5]出土金银器二十八件，主要是酒具，有鼎六件、盘十一件、蟠桃杯七件和爵、斝、匜、树枝各一件。银鼎、银爵（图7-35）、银匜的形制仿商周时期的青铜礼器。这批银器中十一件器物上带有铭文，文字内容表明这批银器是送给"党公"或"党翁老大人"的生日寿礼。党公即党哲，明末靖州知州，死于清顺治四年（1647年）。这批银器的出土地点距党哲为官的靖州城约30公里，零乱地埋藏在一坑内，可能是清军破靖州，党哲死后其家属携带这批银器逃跑时在途中掩埋的。通道县江口瓜地窖藏出土的这批金银器，是目前明清金银器中为数不多的能反映中等阶层金银器使用情况的实物。不论是银质仿古的爵、斝、鼎、匜，仿生的桃形梗枝把杯，还是葵形盘都与宋元时期的同类器物差别不大，只是因用途特殊而突出了祝寿的题材。

图7-34 浙江衢州市龙游县石佛村窖藏出土金高足杯

四川平武县龙安镇银器窖藏出土银四瓣花形银盘

1 湖南省文物考古研究所：《湖南永顺县老司城遗址》，《考古》2011年第7期，第33—38页之第35页。
2 周必素：《播州杨氏土司墓葬研究》，《贵州民族研究》2008年第5期，第199—207页。
3 贵州省博物馆：《遵义高坪"播州土司"杨文等四座墓葬发掘记》，《文物》1974年第1期，第62—73页之第65页。
4 朱土生：《浙江龙游县出土窖藏明代金杯》，《文物》1993年第2期，第96页。
5 怀化地区文物工作队、通道县文化局：《湖南通道发现南明窖藏银器》，《文物》1984年第2期，第88—93页。

二、五曲梅花盏一、束发冠二（包括金瓜头五棱发针二）、花枝二，出土时盛装在一铜罐内[1]。梅花盏壁呈五曲梅花形，外壁錾刻梅花，并以枝干造型的把手与之相连，形成天然花枝状，构造奇巧，内底为突起的梅花。两件银盘窄沿，斜壁，平底，口径13厘米，内底装饰有凸纹图案。一件盘为出行图，两人骑马，两人步行随从，画面上方有“迳转回银烛，林开散玉珂”的题铭；一件为主人漫步于园苑之内，身旁有一人，远处假山上有一贵妇同侍女在谈话，画面上方题铭为“云开金阙回，树□玉堂悬”。制作工艺细腻，融诗书画一体，是少见的工艺品。

图7-35　湖南通道侗族自治县江口下水涌瓜地南明窖藏出土银爵

这些银器的造型和纹样清新活泼，与明代帝王公侯所享用的金器的华丽浓艳迥然不同，或可作为明代民间金银工艺的典型代表[2]。

第五节　嵌珠镶宝的精致与华丽

明代发达的经济带动了全国经济商品化，带来了社会的变化，城市及乡村市镇中的市民阶层渐渐壮大，市民脱离了简朴的农村生活，在物质生活满足的同时，迫切需要精神食粮。于是，以描述市民及现实生活，来取悦消费市民的文艺作品便陆续出现，形成市民文艺的风气。而南宋以来，中原文人艺术结合了江南秀润景色，产生一股工整细丽、清新雅淡的风尚，影响了江南文化面貌。这两种原本不同的风尚互相影响，形成一种独特的市民文化。

明清金银器以工巧华丽见长，除了宫中有优秀的御用工匠以外，民间制作也十分昌盛，其中江南的工艺仍居首位，倒金、金箔的店铺和作坊遍布江南，十分繁盛。当时金银制品的用途不再局限于宗庙、宫廷、文房、闺房等方面，已渗透到生活的细节中，向全方位发展。金银器的制作工艺方面，在传统的基础上有了新的发展，手法更为丰富。蒲松龄《七言杂文·银匠第十七》云：“惟有银工手不贫，手持钳铁打金银。枝叶拔丝入钢板，掠钩倾片上锤錾。耳坠响铃衬颟额，丁香排环坠耳轮。花缠明珠光照耀，金镶蝴蝶闹纷纭。簪顶牢钳石榴子，金箍摇动水波云。巧为官员錾银爵，喜逢美女打金盆。十镮金钗媚少女，千两银壶送夫人。寿星更骑梅花鹿，天仙又送玉麒麟。全凭加焊移轻重，又复搀铜乱假真。打作鎞

1 平武县文物保管所冯安贵：《四川平武发现两处宋代窖藏》，《文物》1991年第4期，第85—88页。案，平武银器窖藏的年代，简报定为宋代，孙机先生认为不确，指出其中的银盏与江苏溧阳平桥宋代银器窖藏出土的同类器差别很大，银盏的折枝把手与湖南通道瓜地村出土的南明桃形银盏更相近，另外出土的束发冠也具有明代特征，故将此窖藏定为明代（孙机：《中国古舆服论丛（增订本）》，上海古籍出版社，2013年，第301页）。可以补充的是，出土的银盘上的楼阁人物纹的意匠与北京右安门外万贵墓出的八角金盘上的錾花人物楼阁图（图7-24）十分相似。
2 喻燕姣：《湖南出土金银器》，湖南美术出版社，2009年，第317、318页。

钗三钱重，化来止剩银三分……”[1]锤打、錾刻、拔丝、累丝、镶嵌等工艺一应俱全。

图 7-36 河南新蔡县城北门外出土金折枝花纹枝梗把杯

明清金银器皿的造型继续向艺术化方向发展。湖南通道县江口下水涌瓜地南明窖藏、北京永定门外南苑万通墓出土的（金）银桃形杯，形若一颗剖开的寿桃，卷曲的桃枝巧成杯把，宛若天成。这是专门制作的寓意长寿的器物，形体逼真，桃与枝叶结合巧妙。同样的银器曾在江苏溧阳南宋银器窖藏中已有出土，内刻“寿比蟠桃”四字，构思巧妙，形态逼真，寓意延年益寿。河南新蔡县城北门外出土的金折枝花纹枝梗把杯[2]杯身打作成玉兰和栀子，一侧焊接枝梗为杯柄（图7-36），是不同于宋元式杯盏的明代样式，可能与文献中所谓的“大梅花金卮杯”相近[3]。湖北圻春县刘娘井村刘氏墓出土的银盒，盖与身做成八瓣形，扣合后整体成为一个八瓣瓜状。盖顶附加八瓣叶蒂，上立一长尾小兽。银盒的整体犹如一个写实的多瓣瓜果，构思新颖、奇特[4]。与之相似的作品曾在江苏吴县元代吕师孟墓中出土过，体呈柿形，被称为银水盂。此类器物融形制与纹样、使用和观赏为一体，制作虽简洁，却有很高的艺术性，这也是元明时期金银器造型艺术的重要特征。通道县江口瓜地南明窖藏还出土各式的鼎、爵、斝、匜等，形制仿商周时期的青铜礼器，造型古雅，器体小巧，显然用于陈设观赏。明代以后，这类仿古作品更加流行，这是受文人艺术影响，金银器皿向文玩化嬗变的重要例证。

明清工艺品的色泽以人工色为主，连本身拥有美丽色彩的玉器、金银器也增加了人工色泽的气氛，嵌珠镶宝、变幻无穷。定陵金镶宝爵杯盘就是这种工艺的精品。金爵的双柱顶嵌红宝石，爵腹部饰二龙戏珠，爵身与托盘中心镶嵌各色宝石的凸起装饰，并连成一体；托盘的盘沿也镶嵌各色宝石，内底锤揲出浮雕式的二龙戏珠纹样。器体虽仿照商周时期青铜爵的造型，但不注重形似，着意其庄重高贵。定陵金壶的壶盖带玉质宝珠状钮，腹上设流和把手，把手与壶盖间以金链相连；壶下有一直壁平底圆形托盘；壶颈部满饰如意云纹，肩及腹上部镶嵌白玉及各色宝石，腹下饰二龙戏珠，托盘外壁饰折枝牡丹纹。此壶的形制独特，端庄华丽，制作工艺以锤揲和錾刻相结合，又在黄金本色上配嵌白玉和各色宝石，绚丽多彩，辉煌灿烂，是明代皇室专用的金器，造型、纹样和工艺技术都反映出皇

1 刘心健、范华、赵文俊：《蒲松龄佚著〈七言杂文〉手抄本》，《文物》1983年第8期，第89、90页，图版捌：3。

2 金维诺总主编，齐东方卷主编：《中国美术全集·金银器玻璃器二》，时代出版传媒股份有限公司、黄山书社，2010年，第347页。

3 扬之水：《奢华之色——宋元明金银器研究》第三卷《宋元明金银器皿》，中华书局，2012年第3版，第154页。

4 小屯：《刘娘井明墓的清理》，《文物》1958年第5期，第55、56页。

室的富丽与堂皇。

金、银、玉、瓷等组合形成套装器也是明清金银器皿的特点之一。比如明定陵地宫出土的累丝龙纹玉盂金盒一套；累丝龙纹金盖、金托盘、玉碗一套（图7-37）。梁庄王墓出土的金爵、银爵和镀金银托盘一套三件；金锺盖、青花高足碗和银鎏金托盘一套三件。金锺盖、青花瓷锺、银托盘均装饰五爪龙纹，盖口沿内壁有“承奉司正统二年（1437年）造金锺盖四两九钱”铭文（图7-38）。

图 7-37　北京昌平定陵出土累丝龙纹金盖、金托盘、玉碗

皇家的金银器制作不惜成本，许多器件范铸而成，焊接附件，錾刻纹饰。比如定陵出土金药罐，“大明万历年御用监造八成五色金重二十二两四钱”，现重895克；“大明万历庚申年（1620年）银作局制金箸一根重二两”，现重149.4克；北京右安门外万贵墓出土的金盂盘一副，总重377.5克；北京海淀区青龙桥董四墓出土的弘治元年（1488年）银作局所造“汤鼓一个盖替环全计八成色金二十五两重”，现重900克[1]。

图 7-38　湖北钟祥梁庄王墓出土金锺盖、青花瓷锺、鎏金银托盘

皇室宫廷的宝物通过不同的渠道流向民间。北京海淀区八里庄太监董四墓出土的金汤敦、盂、执壶、盆、箸、尊、勺等，据錾刻铭文，均为“银作局”所造，其中金勺的铭文为“随御用大明宣德六年（1431年）八月日内造金勺一把用九成金净重三两四钱五分”[2]。外戚墓也有不少宫中物品。

1 分别参见《北京文物精粹大系》编委会、北京市文物局：《北京文物精粹大系·金银器卷》，北京出版社，2005年第2版，图169、171、52、65、97文后的文字说明。

2 分别参见《北京文物精粹大系》编委会、北京市文物局：《北京文物精粹大系·金银器卷》，北京出版社，2005年第2版，图97、100、101、104—106、48—50、46。

万贵墓的錾花人物楼阁图八棱体盘，范铸成形后錾刻人物、楼阁、树木、水波、桥梁、马匹、山石等。二十一位人物或骑马，或携琴，或交谈，或对饮，将我国的传统绘画表现在金器制作上。万贵墓的金八仙故事盘盂一副中的盂也呈八棱体，盂心圆雕唐代诗人张志和像[1]，外壁錾刻八仙人物。全器以范铸、焊接、錾花等手法制作。而海水江崖瑞兽纹金盏托，盘心有双钩篆书寿字，周围饰半浮雕式海水江崖瑞兽纹，起伏的波纹中隐现着马、龙、狮、象、鱼等。该金盏可置于盘托正中的寿字上，二者相配组成一副器具。这种形制的盂与盘或许源自宋代。四川遂宁宋代窖藏出土的银盘[2]，一件内底中心刻莲蓬，周围饰龟、象、鱼、鹿等嬉戏于浪涛中，设计独具匠心；一件为内底中心刻莲花，周围随形刻繁茂的折枝花。虽未见相配的盂，根据盘的直径、盘心圆形的直径，可以推测就是与盂相配的盘。錾花金挂件，由荷花形牌饰和七件坠饰组成，荷叶形牌饰上部为相对的鸳鸯立于荷叶上，荷叶下以七环连缀金链，分别坠有鱅、瓶、盒、罐、剑、袋、剪，小巧精致。尤其是罐、瓶、袋、盒通体錾刻精美纹饰，极富装饰性。

万通墓的嵌宝石龙纹金壶，腹部两侧开光内刻翼龙，自颈部到底部錾刻蕉叶纹、卷草纹、如意云头、莲瓣纹；盖顶、流、柄还镶嵌二十七颗红蓝宝石。嵌宝石桃形金杯呈剖开的半个桃子形，柄为桃枝与桃叶，杯中与柄部镶嵌红、蓝宝石，以范铸、焊接和镶嵌制成。

明代金银工艺品富丽堂皇的艺术风格，必须有极高的工艺技术支持，才能发挥得淋漓尽致。定陵神宗皇帝佩戴的金冠，用极细的金丝编织而成，冠后部编饰两条对称的蟠龙；龙头于冠顶会合，构成二龙戏珠图案；龙体态灵活，生动逼真；冠的下檐镶金口。此冠结构巧妙，金丝纤细如发，编织紧密，薄如轻纱，显示了明代金细工艺的高超技艺。陵中还有一顶乌纱冠与此冠形制相同，冠顶也有两条戏珠的蟠龙。这种金冠名为“翼善冠”，是皇帝的常服之一。冠上双龙飞舞，神奇威严，体现了帝王的神圣和崇高，也是考古发掘出土的唯一完整无损的中国古代皇帝所戴的金冠。

江苏南京市太平门外板仓明墓[3]出土的金带板，正面以云气纹为底，锤揲出形象生动的龙，制作精湛，在明代民间金器中罕见。按照明代的舆服制度，金带是高级官员佩戴之物。此金带板保存完整，为已知明代考古发现的唯一实例，是研究明代金器工艺和舆服制度、丧葬制度的重要资料。浙江龙游石佛村窖藏出土的高足金杯，器壁较薄，为使金杯在盛装液体后保持稳定，杯足内加铁增重；杯形如花朵，线条流畅，融形制与纹样为一体，为明代民间金器的精品。

清代金银器的用途广泛，有典章、祭祀方面的器物，佛教仪式中的法器，房屋建筑的模型，室内陈设的盆景，服装的饰件，入朝觐见的冠戴等。器物种类繁多，造型千变万化，无固定模式。制作工艺更加精细，熟练地运用了雕、錾、锤、刻等技术，还常常与镶嵌工艺相结合。清代金银器上还出现点烧珐琅或以金掐丝

---

1 此像过去认为是李太白，扬之水考证为张志和，见扬之水：《奢华之色——宋元明金银器研究》第三卷《宋元明金银器皿》，中华书局，2012 年第 3 版，第 145—152 页。

2 金维诺总主编，齐东方卷主编：《中国美术全集·金银玻璃器二》，时代出版传媒股份有限公司、黄山书社，2010 年，第 290 页。

3 南京市博物馆：《江苏南京市板仓村明墓德发掘》，《考古》1999 年第 10 期，第 39—44 页（总第 903—908 页）之第 40—41 页（总第 904—905 页）。

填烧珐琅的新工艺。累丝工艺的作品堪称清代金银细工一绝。

龙纹金壶为皇帝御用酒器。壶盖錾缠枝番莲花，嵌珍珠为花芯。壶体在流云纹地上錾二龙戏珠，并镶嵌各色宝石、珊瑚。圈足錾刻海水、杂宝。器物纹样异常华丽，突出了龙的主题。器身饰龙为清代各类宫廷器物的一般做法，这件壶除了常见的二龙戏珠图案外，壶把、流也都用了龙的造型。把的上部为龙头，张口咬住壶上腹，龙身为把，龙尾贴在壶下腹。壶流则在壶下腹处做出张口的龙头，口上为弯曲的管状流，使用时倒出的液体如从龙口吐出。通体龙的主题显示了宫廷器物的庄严与华美。

“金瓯永固”杯造型仿古作鼎形，两侧以夔龙为耳，龙头顶端嵌珍珠一颗；三个卷鼻象头为足，以金丝象牙环抱；杯体满嵌宝相花，花纹对称，并以珍珠和红、蓝宝石饰作花芯；杯口饰回纹及“金瓯永固”“乾隆年（1736—1795年）制”的刻铭；通高12.5厘米，口径8厘米，足高5厘米。此杯造型古朴别致，纹样繁缛精细，以浮雕为主，多处饰有光洁晶莹的珠宝，色彩绚丽，富丽堂皇。金錾花扁壶则是造型和纹饰都具仿古风格的金器，腹部正中饰夔龙，与战国、西汉时期的铜镜纹样略同；颈、腹侧边和足部均刻回纹，有仿商周青铜器纹样的意匠。器物造型稳定而富有变化，装饰纹样细腻精致，一丝不苟。

八宝双凤金盆的沿上錾出灵芝、犀角、宝轮、双钱、法螺、法轮、画轴、宝鼎、金刚杵、金鱼、宝瓶、锭胜等八宝及杂宝图案，又嵌以绿松石、珊瑚作装饰。盆内底以缠枝纹为地，饰以三朵凸出于底面的莲花，两侧錾对称的双凤，双凤身尾与盘底结为一体，以锤揲、錾刻的技法表现，自颈部以上昂然挺起，高高立于盘底之上。羽毛錾雕精细，层次分明，使双凤的形态既轻盈秀丽，又富有生气。沿面上的八宝原是佛教供器中的吉祥物，杂宝自明代开始流行，皆寓意吉祥，清代宫廷和民间都十分盛行。

银提梁壶似乎观赏胜于实用。装饰纹样的内容充满诗情画意。壶盖錾以海水云龙纹，颈部錾松鼠葡萄纹，腹上方为一周云龙纹带，其下以山水竹林为背景，分别錾刻老者对弈、饮酒赏月、携琴访友、读书吟诗等人物。纹样以独特的錾刻手法取胜，錾刻后的线条内均填以黑漆，使光亮的壶体与油黑的纹样形成强烈的对比，增强了艺术效果。

累丝工艺在明清以前不见，是新兴的银器制作技术。制作过程是先以较粗的银丝组成卷草纹为主纹，间隙用细银丝堆累细部，然后用熔焊的技法使表面略有熔融，光滑平整。这种以技艺卓越的累花工艺制成的银器，具有极高的欣赏价值。器体玲珑剔透，并具有织物柔软华丽的质感。银累丝花瓶是清代的陈设用器。瓶通体为十二瓣，先用银丝分瓣制作，再焊接成器体，每瓣饰细小的凤尾状花叶纹；高17.1厘米，口径10.5厘米（图7-39：右）。此瓶分瓣组装，瓣间深凹，使器壁

图7-39　北京故宫博物院藏清代银累丝圆盒、花瓶

增添了厚度感，通体又犹如一朵含苞欲放的花蕾。银累丝圆盒以银丝累出缠枝花纹为地，再用粗银丝掐成花卉图案，并镶嵌烧蓝和绿色珐琅釉；径 9.5 厘米，高 3.9 厘米（图 7-39：左）。这两件器物是清代银累丝工艺的代表性作品。

图 7-40　北京昌平定陵出土十二龙九凤冠

金嵌珠天球仪的球体以金叶制作的两个半球合成，由九条不同姿态的行龙承托，下部为珐琅底座，通高 82 厘米，底径 43.5 厘米，球径 30 厘米。球体接缝处为赤道。分布在球体上的三百个星座、3242 颗星，用大小珍珠镶嵌而成，并刻有星的名称。球外环绕子午圈和地平圈。天球仪为中国古代黄金制品中罕见的大型器具，造型壮观，气势磅礴；嵌珠为星，精妙绝伦。球体九条行龙组成的承架雕刻精细，龙的须眉、鳞片清晰，自然生动。整个器物神秘庄重，不仅在金制工艺品中独树一帜，也是显示清代科学技术成就的珍贵实物资料。

嵌珠镶宝工艺所造就的精致和华丽在金银首饰上也有很好的体现。金银首饰的嵌宝之风兴盛于元代，明代宫廷首饰的制作，珠宝、金银可谓平分秋色，到了清代，西洋工艺带来了珠宝加工技术的跃进，珠宝开始成为首饰装饰的主角，用作陪衬的金银除了累丝之外，便是点翠[1]。累丝已见前述。点翠之“翠”，即翠羽，翠鸟之羽，这是金属工艺和羽毛工艺的完美结合。先用金或鎏金的金属做成不同图案的底座，再把翠鸟背部亮丽的蓝色的羽毛仔细地镶嵌在座上，以制成各种首饰器物。明代嵌宝累丝点翠而成的金银首饰可以定陵出土的二后龙凤冠为代表（图 7-40）。到了清代以后，金银首饰的点翠成为主流，结珠铺翠是清代首饰的一大特色。清宫旧藏的后妃首饰中，集累丝、点翠、镶嵌三种工艺于一身加工而成的各种簪、钗、香囊等十分常见[2]。

造型、装饰纹样与色泽是工艺美术形式美的三大要素，造型反映出人们对事物的认识水平，纹样体现人们的思想意识，色泽则折射出人们的审美观念。明清金银制品造型多样化、纹饰世俗化和色泽趋向华贵，都显示出金银工艺一改宋元时期清淡、素雅和恬静的风格，向华贵、辉煌嬗变。

1 扬之水：《中国古代金银首饰》卷三，故宫出版社，2014 年，第 778—779 页。
2 故宫博物院：《清宫后妃首饰图典》，故宫出版社，2012 年。

结 语

金银器或许是保存至今的古代遗物中最为璀璨夺目的一类人工制品，在考察中国乃至世界古代物质文化史，进而研究古代人类与社会时都具有重要价值。黄金、白银引人注目的色泽使它们成为人类早期利用的金属，金银的稀有又决定它们总是为文明社会的宗教、权力、富裕阶层所保有，不论是供奉神灵，还是为日常所用，都汇聚了每个时代最精湛的工艺和几乎所有人力可及的巧思。金银工艺最先并非中国所长，但随着文化交流的深入、频繁，中国自发的金银创造，在外来文化的影响下突飞猛进，一跃成为世界古代金银器格局中不可低估的重要板块，体现着中华民族自身的风貌，阐释着中华文明的兼容并蓄、博大精深。

从物质文化史的角度考察中国古代金银器，我们需要从中梳理出它们在造型、纹样、工艺以及功能上的时代嬗变、发展水平和区域特征等，也需要通过与周边地区金银器进行一些比较，从而了解中国古代金银器的民族特色。在本书的分段叙述中，虽然章节设置不一，但每个时段，我们都尽量涉及该时期金银器的生产、考古发现、时代演变、区域特征以及周边金银器的情况，进而形成对中国古代金银器发展的总体认识。

古代中国是一个等级社会，这是华夏文明自然发展所经历的过程。金银器是其中表征性的符号之一。黄金的闪耀几乎与阶级分化同时发生。夏商时期，中原、南方的金器主要用作其他器物上的附属装饰，点缀青铜礼器、棺椁、车马器等具有礼制、等级象征的器具。三星堆、金沙遗址出土的金器很多与神权、原始宗教直接相关。北方和西北地区的金器很早就用于装饰人体、马具，成为游牧民族的传统。大约从西周开始，随着金银开采、冶炼技术的进步，单体的金饰、金容器、银器开始出现。因为银相对易得，银器一旦出现就成为中国古代金银器的主流。

秦代金银器可视为战国的余绪，没有十分明显的时代特征。两汉的情况则完全不同。因为大量王侯墓葬的考古发现，金银器的资料十分丰富。从中可以发现，金银已经渗透到了贵族生活的方方面面，如沐浴、起居、饮食、穿戴、出行等。虽然数量激增，应用广泛，但当时中国自产的金银器在器形、装饰和工艺上多是模仿早已成熟的青铜、漆木器。这一传统一直持续到魏晋南北朝时期。北方草原地区的金银器，因为匈奴帝国的建立，达到了第一次高峰。西方金银器的影响在这一时期已经显现无疑，从目前的考古材料看，沿海地区尤为明显。

魏晋南北朝时期是帝国分裂、政治混乱、经济凋敝的时期，但同时也是一个文化大融合的时代。中原地区与南方地区，中原地区与北方草原地区，以及中外之间人群流动、贸易往来、文化交流十分频繁。中国古代金银器终于在经历了秦汉时期的缓慢发展、三国时期的了无踪迹后，在两晋南北朝时期有了新的生机。这一时期金银器总的特征是：中、外两种文化因素并存，外来色彩浓烈，考古发现的金银器中有不少是直接的输入品，但最引人注意的还是那些带有外来文化因素的器物。为数不多的西方金银器本身不可能对中国金银器的生产造成全局的改变，西方金银输入品背后的人员往来、技艺切磋、模仿学习才是中国古代金银器即将迎来发展高峰的重要原因。

唐代金银器发展的主题是“中国化”。隋代和初唐的金银器仍能看出很多外来文化因素，但从盛唐时期开始，金银器造型和纹样中的西方色彩逐渐褪去，到了中唐时期，中国金银器的制作已经摆脱了外来器物的影响，完成中国化过程。与此同时，南北方因为生产方式、文化传统的不同，出现了不同的风格。北方风格是严谨和粗犷并存，这与皇室、中央的金银作坊院、文思院统一管理有关；南方的风格是活泼而细腻，是地方官府和民间私营作坊自主生产的结果，这也为宋代金银器的普及奠定了基础。

宋代金银器发展的主题是“世俗化”。唐中叶以后，伴随着安史之乱造成的经济中心南移，金银器的生产开始打破了宫廷、中央官府独揽的模式，南方地区的地方官府和私人作坊也开始生产，享用者也出现民间阶层。到了宋代，民间作坊的产品成为主流，产品的重要特征是世俗化和商品化，银器已经成为富庶人家的日常生活用品。器物的制作向两个方向发展：一是更加华丽、精细，二是趋于素朴、简洁，适应了社会不同阶层的需求。另外，在程朱理学的影响下形成的尚文重理的文化氛围和含蓄空灵的审美情趣也影响到了宋代金银器的发展，简朴素雅、心物化一、克己复礼的作品成为时代的主流。

辽、金和西夏与两宋政权共存，目前只有辽代金银器的整体面貌比较清楚，其特征可以概括为“承唐”“接宋”。辽代早期金银器在造型、纹饰、制作工艺等方面都直承唐风。在此基础上，从辽中期开始，辽代金银器吸收、消化周边各民族文化，发展出了自己的特色，其中既有富于民族文化特征的装饰品、马具和殓葬用具，也有与中原关系密切的日常生活器皿。辽代晚期金银器发现不多，但总体风格逐渐与北宋相近。

元朝虽然是疆域空前辽阔且强大的帝国，但有元一代的金银器在中国古代金银器中并不十分突出，至少就目前的考古发现而言，很难企及辽代的水平，这与元朝金银生产水平的下降有关。元代金银器自身的特征不鲜明，而是更多地沿袭着以往不同的传统，缓慢发展。游牧文化氛围浓厚的北方、草原地区的金银器显得简洁、实用；中原和南方地区的金银器则延续着宋朝的细腻、精美。

明清金银器集中国古代金银工艺之大成，呈现出皇家的奢华和瑰丽。金银器本身已尽极致，又多镶嵌宝石，还经常与玉、瓷等器物组合成套装器，注重华美，陈设用品增多，制作巧妙，工艺精湛，更有文玩趣味，令人目不暇接。但应该注意的是，因为明清考古整体的薄弱，在考古学上，我们对当时中下阶层官民使用金银器的情况还缺乏必要的认知，所以，目前明清皇家金银器所呈现的奢华和精湛，只可以作为明清金银器的重要特点之一，而不能将其视为这一时代的特色。

如果从功能上划分，考古发现的中国古代金银器大致可以分为如下三大类，各类又可分为若干组：

一、装饰品

甲组：直接装饰人体的首饰、冠帽。

乙组：附属于冠帽、衣服的装饰，如带具、佩饰和其他各种金银修饰。

丙组：附属于车具、马具的装饰，如片饰、珠饰、鞍饰等。

丁组：附属于漆木器、青铜器、铁器、瓷器等上的装饰，比如棺椁、漆器、青铜像、剑鞘、铜镜上的饰片，瓷器上金银扣等。

二、容器和用具

甲组：容器，主要是饮食器，以茶酒器居多；还包括佛教的舍利容器。

乙组：用具，如烛台、熏炉、陈设器、专门的丧葬用具等；还包括锡杖、佛像、香炉、瓜果等佛教用具。

三、通用品

甲组：金银币、饼、铤、锭等货币。

乙组：印玺、牌符等。

这三大类几乎都见于中国古代各个主要时期。金银的稀有、珍贵决定装饰品，尤其是直接装饰人体的装饰品可能是最早出现的金银器。随着金银采冶技术的进步，金器皿、银器皿相继登场，大大丰富了金银器的种类，也扩大了金银器使用的范围。但有一点必须注意，不论是装饰人体，修饰冠帽、衣服、车马、其他器皿或用具，还是用作日常容器或用具，抑或作为货币、印玺和牌符等使用，中国古代金银器的服务对象从始至终都是人而不是神。这在世界范围内构成中国古代金银器的特色，也决定了它独特的发展模式。

主要参考文献

一、图录

综合

1. 藤田国雄、桑原住雄:《中华人民共和国出土文物展》，凸版印刷株式会社，1973 年。

2.Prudenc e Oliver Harper，The Royal Hunter. New York，1978.

3. 镇江市博物馆、陕西省博物馆:《唐代金银器》，文物出版社，1985 年。

4. 中国美术全集编辑委员会编，杨伯达卷主编:《中国美术全集 · 工艺美术编 10 · 金银玻璃珐琅器》，文物出版社，1988 年。

5. 奈良县立美术馆:《シルクロ－ド大文明展 · シルクロ－ド · 草原の道》，大冢巧艺社，1988 年。

6. NHK 大阪放送局:《正倉院の故郷中国の金 · 銀 · ガラス—展》，日本写真印刷株式会社，1992 年。

7. 中国文物精华编辑委员会:《中国文物精华》，文物出版社，1993 年。

8. 国家文物局主编:《中国文物精华大全 · 金银玉石卷》，商务印书馆（香港）有限公司、上海辞书出版社，1994 年。

9. 杨伯达主编，杨新、单国强副主编:《故宫文物大典（三）》，浙江教育出版社、江西教育出版社、福建人民出版社、紫禁城出版社，1994 年。

10. 中国历史博物馆:《中国通史陈列》，朝华出版社，1998 年。

11. 中国金银玻璃珐琅器全集编辑委员会:《中国美术分类全集 · 中国金银玻璃珐琅器全集》第 1—3 卷，金银器（一）—（三），河北美术出版社，2004 年。

12. 贺云翱:《中国金银器鉴赏图典》，上海辞书出版社，2006 年。

13. 金维诺总主编，齐东方卷主编:《中国美术全集 · 金银器玻璃器》（一、二），时代出版传媒股份有限公司、黄山书社，2010 年。

14. 国家文物局:《惠世天工——中国古代发明创造文物展》，中国书店，2012 年。

15. 南京博物院:《金色中国：中国古代金器大展》，译林出版社，2013 年。

16. 湖北省博物馆:《黄金草原：中国古代北方游牧民族文物》，文物出版社，2013 年。

17. 甘肃博物馆：《丝绸之路：大西北遗珍》，文物出版社，2014 年。

18. 葛嶷、齐东方主编：《异宝西来：考古发现的丝绸之路舶来品研究》，上海古籍出版社，2017 年。

安徽省

安徽省博物院：《江淮撷珍》，文物出版社，2013 年。

北京市

1. 中国社会科学院考古研究所、定陵博物馆、北京市文物工作队：《定陵掇英》，文物出版社，1989 年。

2. 北京市海淀区博物馆：《海淀博物馆》，文物出版社，2005 年。

3.《北京文物精粹大系》编委会、北京市文物局：《北京文物精粹大系・金银器卷》，北京出版社，2005 年第 2 版。

4. 朱家溍主编：《故宫珍宝》，紫禁城出版社，2007 年。

5. 故宫博物院：《清宫后妃首饰图典》，故宫出版社，2012 年。

福建省

福州市文物管理局：《福州文物集粹》，福建人民出版社，1999 年。

甘肃省

1. 甘肃省文物局：《甘肃文物菁华》，文物出版社，2006 年。

2. 甘肃省博物馆编（韩博文主编）：《甘肃丝绸之路文明》，科学出版社，2008 年。

3. 甘肃省文物考古研究所：《西戎遗珍——马家塬战国墓地出土文物》，文物出版社，2014 年。

4. 国家文物局：《秦韵——大堡子山出土文物精粹》，文物出版社，2015 年。

湖北省

湖北省博物馆：《梁庄王墓：郑和时代的瑰宝》，文物出版社，2007 年。

黑龙江省

黑龙江省博物馆：《黑龙江省博物馆馆藏精粹》，文物出版社，2012 年。

湖南省

1. 喻玉娇：《湖南出土金银器》，湖南美术出版社，2009 年。

2. 湖南省博物馆：《湖南宋元窖藏金银器发现与研究》，文物出版社，2009 年。

江西省

江西省文物考古研究所、首都博物馆：《五色炫曜：南昌汉代海昏侯国考古成果》，江西人民出版社，2016年。

江苏省

1. 南京市文化局、南京市文物局：《南京文物精华·器物编》，上海人民美术出版社，2000年。

2. 中国国家博物馆、徐州博物馆：《大汉楚王——徐州西汉楚王陵墓文物辑萃》，中国社会科学出版社，2005年。

3. 苏州博物馆：《苏州博物馆藏出土文物》，文物出版社，2009年。

4. 镇江博物馆：《镇江出土金银器》，文物出版社，2012年。

内蒙古自治区

1. 上海博物馆编：《草原瑰宝——内蒙古文物考古精品》，上海书画出版社，2000年。

2. 内蒙古敖汉旗博物馆编著，邵国田主编：《敖汉文物精华》，内蒙古文化出版社，2004年。

3. 史金波总主编，塔拉、李丽雅分主编：《西夏文物·内蒙古编三·金属器卷》，中华书局、天津出版传媒集团、天津古籍出版社，2014年。

4. 内蒙古自治区文物考古研究所：《文物华章：内蒙古自治区文物考古研究所60年重要出土文物》，文物出版社，2014年。

青海省

青海省博物馆、青海民族博物馆编著，祝君主编：《河湟藏珍：历史文物卷》，文物出版社，2012年。

四川省

1. 成都市文物考古研究所、北京大学考古文博学院：《金沙淘珍：成都市金沙村遗址出土文物》，文物出版社，2002年。

2. 四川省文物考古研究院、三星堆博物馆、三星堆研究院：《三星堆出土文物全纪录：陶器·金器》，四川出版集团、天地出版社，2009年。

陕西省

1. 陕西省博物馆、文管会编：《文化大革命期间陕西出土文物》，陕西人民出版社，1973年。

2. 陕西省考古研究所：《陕西新出土文物选萃》，重庆出版社，1998年。

3. 陕西历史博物馆、北京大学考古文博学院、北京大学震旦古代文明研究中心：《花舞大唐春：何家村遗宝精粹》，文物出版社，2003年。

4. 申秦雁编：《陕西历史博物馆珍藏·金银器》，陕西人民美术出版社，2003

年。

5. 陕西历史博物馆：《陕西古代文明》，陕西人民出版社，2008 年。

6. 西安博物院：《金辉玉德——西安博物院藏金银器玉器精萃》，文物出版社，2013 年。

7. 陕西省考古研究院、陕西历史博物馆、北京大学考古文博学院、北京大学赛克勒考古与艺术博物馆：《异世同调：陕西省蓝田吕氏家族墓地出土文物》，中华书局，2013 年。

8. 宝鸡市考古研究所：《秦墓遗珍——宝鸡益门二号春秋墓》，科学出版社，2016 年。

新疆维吾尔自治区

1. 新疆文物事业管理局、新疆博物馆、新疆文物考古研究所编，马承源、岳峰主编：《新疆维吾尔自治区丝路考古珍品》，上海译文出版社，1998 年。

2. 新疆维吾尔自治区文物局：《丝路瑰宝——新疆馆藏文物精品图录》，新疆人民出版社，2011 年。

浙江省

1. 衢州市博物馆：《衢州文物精品》，西泠印社，1999 年。

2. 浙江省文物考古研究所：《雷锋遗珍》，文物出版社，2002 年。

3. 浙江省义乌市博物馆吴高彬主编：《义乌文物精粹》，文物出版社，2003 年。

其他

沈琼华（浙江省博物馆）主编：《大元帆影：韩国新安沉船出水文物精华》，文物出版社，2012 年。

二、研究论著

蔡长金、陆荣军、宋湘荣：《中国金矿物志》，冶金工业出版社，1994 年。

林梅村：《西域考古与艺术》，北京大学出版社，2017 年。

林梅村：《丝绸之路考古十五讲》，北京大学出版社，2006 年。

中国文物学会专家委员会主编，贺云翱、邵磊主讲：《中国金银器》，中央编译出版社，2008 年。

倪润安，《光宅中原——拓跋至北魏的墓葬文化与社会演进》，上海古籍出版社，2017 年。

郭物：《新疆史前晚期社会的考古学研究》，上海古籍出版社，2012 年。

杨建华、邵会秋、潘玲：《欧亚草原东部的金属之路——丝绸之路与匈奴联盟的孕育过程》，上海古籍出版社，2017 年。

韩建业：《新疆的青铜时代和早期铁器时代文化》，文物出版社，2007 年。

罗世平、齐东方：《波斯和伊斯兰美术》，中国人民大学出版社，2010 年。

卢兆荫：《玉振金声：玉器 · 金银器考古学研究》，科学出版社，2007 年。

中国社会科学院考古研究所:《中国考古学·夏商卷》，中国社会科学出版社，2003年。

中国社会科学院考古研究所:《中国考古学·两周卷》，中国社会科学出版社，2004年。

中国社会科学院考古研究所:《中国考古学·秦汉卷》，中国社会科学出版社，2010年。

黄维、陈建立、王辉、吴小红:《马家塬墓地金属制品技术研究——兼论战国时期西北地区文化交流》，北京大学出版社，2013年。

James C.Y. Watt, An Jiayao, Angela F.Howard, et al., China: Down of a Golden Age, 200-750AD. Exh. Cat, New York: The Metropolitan Museum of Art, 2004.

王仁湘:《善自约束：古代带钩与带扣》，上海古籍出版社，2012年。

孙机:《汉代物质文化资料图说（增订版）》，上海古籍出版社，2008年。

孙机:《中国圣火：中国古文物与东西文化交流中的若干问题》，辽宁教育出版社，1996年。

孙机:《中国古舆服论丛（增订本）》，上海古籍出版社，2013年。

孙机:《中国古代物质文化史》，中华书局，2014年。

孙机:《仰观集——古文物的欣赏与鉴别》，文物出版社，2015年。

熊昭明:《汉代合浦港考古与海上丝绸之路》，文物出版社，2015年。

扬之水:《奢华之色——宋元明金银器研究》第一卷《宋元金银首饰》，中华书局，2014年第2版。

扬之水:《奢华之色——宋元明金银器研究》第二卷《明代金银首饰》，中华书局，2012年第3版。

扬之水:《奢华之色——宋元明金银器研究》第三卷《宋元明金银器皿》，中华书局，2012年第3版。

扬之水:《中国古代金银首饰》（1—3卷），故宫出版社，2014年。

罗丰:《胡汉之间——“丝绸之路”与西北历史考古》，文物出版社，2004年。

冉万里:《中国舍利瘗埋制度研究》，文物出版社，2013年。

Fredrik Hiebert, Pierre Cambon. AFGHANISTAN: Hidden Treasures from the National Museum, Kabul, NATIONAL GEOGRAPHIC, WASHINGTON. D.C.（2008）.

陈凌:《突厥汗国与欧亚文化交流的考古学研究》，上海古籍出版社，2013年。

（苏）蒙盖特:《苏联考古学》，中国社会科学院考古研究所资料室（内部资料），1963年。

（美）爱德华·谢弗著，吴玉贵译:《唐代的外来文明》，陕西师范大学出版社，2005年。

宿白:《魏晋南北朝唐宋考古文稿辑丛》，文物出版社，2011年。

邢义田:《画为心声：画像石、画像砖与壁画墓》，中华书局，2011年。

霍巍:《吐蕃时代考古新发现及其研究》，科学出版社，2012年。

（日）加藤繁:《唐宋时代金银之研究——以金银之货币机能为中心》，中华书局，2006年。

廖望春：《宋代金银器物研究》，南京大学出版社，2012 年。

朱天舒：《辽代金银器》，文物出版社，1998 年。

张景明：《中国北方草原古代金银器》，文物出版社，2005 年。

张景明：《辽代金银器研究》，文物出版社，2011 年。

林英：《唐代拂菻丛说》，中华书局，2006 年。

潘玲：《伊沃尔加城址和墓地及相关匈奴考古问题研究》，科学出版社，2007 年。

蔡鸿生：《唐代九姓胡与突厥文化》，中华书局，1998 年。

三、研究论文（凡已收录于以上专著的论文不再列出）

Emma C.Bunker，Gold in the Ancient Chinese World：A Cultural Puzzle，Artibus Asiae，Vol.L Ⅲ /1-2.1993.pp.27-50.

林沄：《夏代的中国北方系青铜器》，《边疆考古研究》第 1 辑，科学出版社，2002 年。

林沄：《中国北方长城地带游牧文化带的形成过程》，《燕京学报》第 14 期，北京大学出版社，2003 年。

马健：《公元前 8—前 3 世纪的萨彦—阿尔泰：早期铁器时代欧亚东部草原文化交流》，《欧亚学刊》第 8 辑，中华书局，2008 年。

马健：《黄金制品所见中亚草原与中国早期文化交流》，《西域研究》2009 年第 3 期。

黄盛璋：《论中国早期（铜铁以外）的金属工艺》，《考古学报》1996 年第 2 期。

安志敏、安家瑗：《中国早期黄金制品的考古学研究》，《考古学报》2008 年第 3 期。

王辉：《张家川马家塬墓地相关问题初探》，《文物》2009 年第 10 期。

安志敏：《金版与金饼：楚、汉金币及其有关问题》，《考古学报》1973 年第 2 期。

罗丰：《中原制造：关于北方动物纹金属牌饰》，《文物》2010 年第 3 期。

李零：《论西辛战国墓裂瓣纹银豆：兼谈我国出土的类似文物》，《文物》2014 年第 9 期。

韦正：《金珰与步摇：汉晋命妇冠饰试探》，《文物》2013 年第 5 期。

韦正：《鲜卑墓葬研究》，《考古学报》2009 年第 3 期。

单月英、卢岩：《匈奴腰饰牌及相关问题研究》，《故宫博物院院刊》2008 年第 2 期。

单月英：《东周秦代中国北方地区考古学文化格局：兼论戎、氐、胡与华夏之间的互动》，《考古》2015 年第 3 期。

乔梁：《中国北方动物纹牌饰研究》，《边疆考古研究》2002 年第 1 期。

乔梁：《鲜卑遗存的认定与研究》，载《中国考古学的跨世纪反思》，商务印书馆，1999 年。

岑蕊：《试论东汉魏晋墓葬中的多面金珠用途及其源流》，《考古与文物》

1990年第3期。

孙莉：《萨珊银币在中国的分布及其功能》，《考古学报》2004年第1期。

袁泉：《唐宋之际陶瓷工艺对金属器的借鉴》，《华夏考古》2008年第4期。

扬之水：《晚唐金银酒器的名称和样式》，《中国历史文物》2008年第6期。

扬之水：《元明时代的温酒器》，《南方文物》2016年第1期。

扬之水：《关于吐尔基山辽墓出土银壶所绘人物故事图》，《收藏家》2011年第10期。

沈睿文：《何家村窖藏再认识：从考古学的功能研究谈起》，载《华林》第三卷，中华书局，2004年。

秦大树：《宋代丧葬习俗的变革及其体现的社会意义》，《唐研究》第十一卷，北京大学出版社，2005年。

刘未：《辽代契丹墓葬研究》，《考古学报》2009年第4期。

林梅村：《珠宝艺术与中外文化交流》，《考古与文物》2014年第1期。

杨伯达：《中国古代金饰文化板块论》，《故宫博物院院刊》2007年第6期。

党宝海：《蒙古帝国的牌符——以实物为中心》，《欧亚学刊》第四辑，2002年。

周卫荣、杨君：《中国古代银锭形制演变刍议》，《中国钱币》2014年第4期。

石渡美江：《甘肃省靖远出土鎏金银盘图像せの年代》，《古代オリエント博物馆纪要》，Vol. XⅢ，1992。

夏鼐：《北魏封和突墓出土萨珊银盘考》，《文物》1983年第8期。

夏鼐：《综述中国出土的波斯萨珊银币》，《考古学报》1974年第1期

马雍：《北魏封和突墓及其出土的波斯银盘》，《文物》1983年第8期。

孙培良：《略谈大同南郊出土的几件银器和铜器》，《文物》1977年第9期。

杭志宏：《再议何家村遗宝的主人、年代和埋藏地点》，《陕西历史博物馆馆刊》第19辑，三秦出版社，2012年。

田中一美：《都管七箇国盒の図像とその用途》，《佛教芸術》第210号，1993年。

任新来：《法门寺茶器具考释》，《农业考古》2013年第2期。

后 记

本书在《古代金银器》（文物出版社，2008 年）的基础上修改而成，具体工作主要由河北师范大学历史文化学院陈灿平完成。为了方便读者使用本书，现将修改的情况说明如下：

一、按照《中国古代物质文化史》丛书的要求，重新设计、组织章节，原书第二章“秦汉魏晋南北朝金银器”分解为“秦汉金银器”（本书第二章）和“魏晋南北朝金银器”（本书第三章）两章。本书各章在原来的基础上增加了若干小节，其中第一章第四节，第二章第四、五、六、七节，第三章第五节，第四章第六、八节，第五章第六、七、八节，以及结语部分由陈灿平主笔完成。其余全部章节都做了增订、整理和补论，诸多改动之处，无法一一说明。

二、本书尽可能地吸收了原书出版至今中国古代金银器的新发现和新的研究成果，并加入新的论述。

三、按照丛书的要求，重新修改文本、注释格式，增加插图和表格。需要特别说明的是关于插图的使用。众所周知，考古发掘简报或报告是考古学研究的原始文本资料。但因为时代的局限或者关注视角的不同，早年的一些简报或报告并没有呈现或没有很好地呈现本书所涉及金银器的实物图。而往往之后的一些因专题展览，或专门研究而出版的金银器图录能弥补这方面的缺陷，即有更佳的展示，或展示出更多的细节。但此类出版物琳琅满目，器物反复辗转，图版质量不一。我们尽可能进行比对，以选出更好的图版。本书插图使用的基本原则是：如果原始简报或报告的图版不够理想，一般选用当地文物部门出版的相关图录，总旨是尽可能采录行文需要的理想图版。

本书的写作始终得到了开明出版社领导和编辑们的大力支持。感谢焦向英先生对我们的信任。在成书过程中，责任编辑谭天佼和魏红岩女士始终给予了我们极大的理解和宽容，并为书稿的编辑、校对付出了辛勤的劳动。河北师范大学汉唐考古方向硕士研究生张卫红、孙亚青、祁杭参与了本书引文的核实、注释的校对等工作。

作者

2018 年 12 月

图书在版编目(CIP)数据

中国古代物质文化史．金银器 / 齐东方，陈灿平著．
-- 北京：开明出版社，2018.12
ISBN 978-7-5131-0017-5
Ⅰ．①中… Ⅱ．①齐… ②陈… Ⅲ．①物质文化-文化史-中国-古代
②金银器(考古)-中国 Ⅳ．① K220.3 ② K876.43

中国版本图书馆 CIP 数据核字(2018)第 240842 号

出 版 人：陈滨滨

责任编辑：魏红岩　刘赫臣　王大勇
美术编辑：郑雯月
装帧设计：羽人·高伟

出　版：开明出版社(北京市海淀区西三环北路 25 号青政大厦 6 层)
印　制：保定市中画美凯印刷有限公司
开　本：889×1194　1/16
印　张：19.5
字　数：300 千
版　次：2019 年 12 月 北京第 1 版
印　次：2019 年 12 月 北京第 1 次印刷
定　价：150.00 元

印刷、装订质量问题，出版社负责调换货。联系电话：(010) 88817647

ISBN 978-7-5131-0017-5

9 787513 100175 >